David Petry

Konfliktbewältigung
als Medienereignis

Reichsstadt und Reichshofrat
in der Frühen Neuzeit

Institut für Europäische Kulturgeschichte
der Universität Augsburg

Colloquia Augustana
Band 29

Herausgegeben von
Johannes Burkhardt, Theo Stammen
und Wolfgang E. J. Weber

Redaktion
Elisabeth Böswald-Rid,
Tobias Brenner und Stefan Paulus

David Petry

Konfliktbewältigung als Medienereignis

Reichsstadt und Reichshofrat
in der Frühen Neuzeit

Akademie Verlag

Gedruckt mit Unterstützung der Hedwig Linnhuber – Dr. Hans Saar-Stiftung, Nürnberg, sowie der Stadt Augsburg.

Abbildung auf dem Einband: Ausschnitte aus (v. l. n. r.): Staats- und Universitätsbibliothek Bremen. Mikrofilmarchiv, Ja 2463. Ordentliche Wochentliche Postzeitung; Universitätsbibliothek Erlangen-Nürnberg. Johann Christoph Uffenbach, Tractatus de Excellsissimo Consilio Caesareo Imperiali Aulico 1684, Titelbild; Stadtarchiv Dinkelsbühl. E 8. Reichshofrats-Conclusum vom 9. Oktober 1731.

Idee und Umsetzung: Andreas Amtmann, Nürnberg.

Abdruck mit freundlicher Genehmigung der Staats- und Universitätsbibliothek Bremen, der Universitätsbibliothek Erlangen-Nürnberg sowie des Stadtarchivs Dinkelsbühl.

Bibliografische Information der Deutschen Nationalbibliothek
Die Deutsche Nationalbibliothek verzeichnet diese Publikation in der Deutschen Nationalbibliografie; detaillierte bibliografische Daten sind im Internet über http://dnb.d-nb.de abrufbar.

© Akademie Verlag GmbH, Berlin 2011
Ein Wissenschaftsverlag der Oldenbourg Gruppe

www.akademie-verlag.de

Das Werk einschließlich aller Abbildungen ist urheberrechtlich geschützt. Jede Verwertung außerhalb der Grenzen des Urheberrechtsgesetzes ist ohne Zustimmung des Verlages unzulässig und strafbar. Das gilt insbesondere für Vervielfältigungen, Übersetzungen, Mikroverfilmungen und die Einspeicherung und Bearbeitung in elektronischen Systemen.

Einbandgestaltung: hauser lacour
Druck und Bindung: Beltz Bad Langensalza GmbH

Dieses Papier ist alterungsbeständig nach DIN/ISO 9706.

ISBN 978-3-05-004939-7
eISBN 978-3-05-005593-0

Vorwort

Ich danke den Verantwortlichen des Graduiertenkollegs *Wissensfelder der Neuzeit. Entstehung und Aufbau der europäischen Informationskultur* der Universität Augsburg, an dem ich diese Dissertation von 2006 bis 2008 als buchstäblich letzter Stipendiat anfertigen durfte: insbesondere meinem Doktorvater Prof. Dr. Johannes Burkhardt sowie Prof. Dr. Wolfgang E. J. Weber, dem Leiter des Instituts für Europäische Kulturgeschichte. Danken möchte ich zudem Prof. Dr. Wolfgang Wüst von der Universität Erlangen-Nürnberg, an dessen Lehrstuhl die der Dissertation vorausgehende Magisterarbeit entstanden ist. Bedanken möchte ich mich auch bei allen Freunden und Helfern, die an dieser Stelle nicht namentlich genannt werden können, sowie bei den im Anhang genannten Archiven und Bibliotheken. Mein ganz besonderer Dank gilt meinen Eltern. Und mehr als es in einem Vorwort auszudrücken möglich ist, möchte ich meiner Frau danken, der ich dieses Buch widme.

Erlangen, im Mai 2011   David Petry

Inhaltsverzeichnis

I.	**Einführung**	11
II.	**Konflikte und Konfliktaustrag in den Reichsstädten**	23
1.	Zeit der Unruhen?	23
2.	Das Beispiel Augsburg	25
3.	Das Beispiel Nürnberg	30
III.	**Konfliktaustrag und Recht**	37
1.	Reichspolitik und Reichsgerichtsbarkeit	37
	1.1 Kaiser des Rechts: Der Reichshofrat unter Karl VI.	37
	1.2 Stützen des Reiches: Die Reichsstädte und Karl VI.	41
	1.3 Reformen des Reichshofrats: Professionalisierung und Beschleunigung	44
2.	Wahrnehmung der Reichsgerichtsbarkeit	48
3.	Leistungsbilanz der Reichsgerichtsbarkeit	54
	3.1 Verrechtlichung	54
	3.2 Demokratisierung?	58
4.	Zusammenfassung	65
IV.	**Konfliktaustrag und personale Beziehungen**	67
1.	Rahmenbedingungen	67
2.	Das Reich in der Region: Das Beispiel Augsburg	71
3.	Die Region im Reich: Das Beispiel Nürnberg	75
	3.1 Die Gesandten des Magistrats	75
	3.1.1 Heinrich Christoph Hochmann	75
	3.1.2 Joachim Ernst Walther	78
	3.1.3 Friedrich Senft	81
	3.2 Die Gesandten der Kaufmannschaft	83
4.	Zwischen Reich und Region: Die Reichshofratsagenten	87
	4.1 Rechtlicher Status	87
	4.2 Rekrutierung und Karrierewege	88
	4.2.1 Einstellungskriterien des Reichshofrats	88

		4.2.2	Einstellungskriterien der Prozessparteien	94
	4.3	Funktionen und Aufgabenbereich		97
		4.3.1	Informationsbeschaffung	97
		4.3.2	Interessenvertretung	100
		4.3.3	Beratungstätigkeit	102
5.	Zusammenfassung			103

V. Konfliktaustrag und Wissen — 105

1. Der Reichshofrat und die Reichspublizistik — 105
   - 1.1 Zum Stand der Reichspublizistik — 105
   - 1.2 Der Reichshofrat im Spiegel der ‚kleinen Reichspublizistik' — 106
     - 1.2.1 Personal und Prozessrecht — 106
     - 1.2.2 Machtfülle und Friedenssicherung — 110
     - 1.2.3 Magistratskritik und Untertanenschutz — 115
   - 1.3 Der Reichshofrat im Spiegel der ‚großen Reichspublizistik' — 123
     - 1.3.1 Veröffentlichungen zum Reichshofratsrecht — 123
     - 1.3.2 Die Publikationen Johann Jacob Mosers — 127
2. Sammlung des Reichs- und Territorialstaatsrechts — 132
   - 2.1 Das Reichsarchiv — 132
   - 2.2 Die Regionalarchive — 137
     - 2.2.1 Das Archiv als ‚Seele eines jeden Gemeinwesens' — 137
     - 2.2.2 Prozessbezogene Wissenssammlungen — 139
3. Zusammenfassung — 143

VI. Konfliktaustrag und Medien — 145

1. Medienstrategien der kaiserlichen Gerichtsbarkeit — 145
   - 1.1 Das Beispiel Augsburg — 145
   - 1.2 Das Beispiel Dinkelsbühl — 149
2. Medienstrategien der Prozessparteien — 153
   - 2.1 Zeremonien, Architektur und Objektmedien — 153
   - 2.2 Gegenräume und Gegenöffentlichkeiten — 156
   - 2.3 Mündliche und performative Medien — 160
   - 2.4 Schrift- und Druckmedien — 163
3. Medienwandel und Medienereignisse — 169
4. Zusammenfassung — 174

VII. Fazit — 177

VIII. Anhang 183
1. Abkürzungen 183
2. Bildnachweise 183
3. Quellenverzeichnis 183
4. Quellenauswertung 185
    - 4.1 Liste der ausgewerteten Vota ad Imperatorem bei reichsstädtischen Prozessen (1708–1735) 185
    - 4.2 Belegstellen zu den Schlagworten ‚Beschleunigung'/‚Weitläufigkeit' in Reichshofratsurteilen (1710–1729) 187
    - 4.3 Eingaben/Bitt- und Beschwerdeschriften reichsstädtischer Bürger (1707–1731) 189
    - 4.4 Bewerbungsschreiben um eine Stelle als Reichshofratsagent (1695–1726) 190
    - 4.5 Zeitungsmeldungen zu Reichshofrats-Personalia (1709–1734) 195
    - 4.6 Zeitungsmeldungen zu Reichshofratsprozessen (1712–1735) 199
    - 4.7 Verzeichnis der Flug- und Prozessschriften (1717–1735) 213
5. Literaturverzeichnis 218
    - 5.1 Literatur vor 1800 218
    - 5.2 Literatur nach 1800 219

IX. Register 243
1. Personenregister 243
2. Orts- und Sachregister 246

I. Einführung

Im Mai 1732 kam es vor dem Wiener Reichshofrat, einem der beiden obersten Gerichte des Heiligen Römischen Reiches, zu einem Rededuell der besonderen Art. Zwei zutiefst verfeindete Parteien standen sich mit ihren Rechtsbeiständen gegenüber:[1] auf der einen Seite aufbegehrende Nürnberger Kaufleute, auf der anderen hochrangige Abgeordnete des dortigen Rats. Während die Handelsleute ihrem Magistrat politisches Versagen und Despotismus unterstellten, beklagten sich die Ratsherren über eine systematische Rufschädigung durch die Bürger. Aus Sicht der Ratsvertreter war die Nürnberger Obrigkeit durch eine gezielte Medienkampagne der protestierenden Kaufleute im ganzen Reich diffamiert worden. Als Beweis legte die Magistratsseite eine Liste mit über einhundert diffamierenden Passagen vor, die den Schmähschriften der Kaufleute entnommen waren. In ihnen wurde dem Nürnberger Patriziat unter anderem Despotismus, Unfähigkeit, Missachtung der Reichsverfassung und die Unterdrückung schutzbedürftiger Reichsbürger vorgeworfen. Die Beschuldigungen gipfelten in der Formulierung, dass das Nürnberger Ratsregiment eine schändliche Missgeburt sei, die auf dem Boden des freien deutschen Vaterlandes nicht geduldet werden könne und die daher erstickt werden müsse.

Diese hitzige Debatte ist in mehrfacher Hinsicht aufschlussreich. Sie ist einerseits ein Beleg dafür, dass die deutsche Geschichte mitnichten – wie lange Zeit behauptet – von einer ‚Untertanenmentalität' gekennzeichnet war.[2] Sie verweist ferner darauf, dass der gute Ruf und die öffentliche Meinung für die gerichtliche Auseinandersetzung bereits in dieser Zeit von einer gewissen, noch näher zu bestimmenden Bedeutung waren. Und sie wirft ein scheinbar bezeichnendes Licht auf die Situation der Reichsstädte im 18. Jahrhundert, die von Stagnation, Querelen und einem kontinuierlichen Niedergang gekennzeichnet zu sein scheint. So sahen es zumindest viele zeitgenössische Publizisten.[3] Als Christoph Martin Wieland diese Zeitläufte im Jahr 1778 in seinen ‚Abderiten' parodierte, empörte man sich in nicht weniger als 50 Reichsstädten über die vermeintlich gezielte Verun-

---

[1] Vgl. Kap. VIII.4.3, Nr. 6. Eine ausführliche Quellenauswertung findet sich in Kap. VIII. Anhang, Nr. 4: Quellenauswertung. Diese wird wie folgt abgekürzt: Kap. VIII.4.

[2] Vgl. die grundlegende Untersuchung von Peter Blickle: Deutsche Untertanen. Ein Widerspruch. München 1981. S. 92f. Vgl. auch Wolfgang Schmale: Mentalitätengeschichte: Historiographische Wenden. In: Anette Völker-Rasor (Hg.): Oldenbourg Geschichte Lehrbuch. Frühe Neuzeit. München 2006. S. 177.

[3] Vgl. Rudolf Schlögl: Vergesellschaftung unter Anwesenden. Zur kommunikativen Form des Politischen in der vormodernen Stadt. In: Ders. (Hg.): Interaktion und Herrschaft. Die Politik der frühneuzeitlichen Stadt. Konstanz 2004 (Historische Kulturwissenschaft. Bd. 5). S. 10.

glimpfung der dortigen Zustände.⁴ Auch neuere Einschätzungen beschreiben das Gros der Reichsstädte als zerstrittene, weitgehend reformunfähige Gebilde.⁵ Und aufgrund der zahlreichen innenpolitischen Konflikte ist die Geschichte der frühneuzeitlichen Reichsstadt sogar als eine „Geschichte von Verfassungskonflikten" bezeichnet worden.⁶

Einige dieser zahlreichen Konflikte bilden die Grundlage der folgenden Untersuchung: Der zeitliche Schwerpunkt der Untersuchung liegt auf der Regierungszeit des von der Forschung lange unterschätzten ‚Friedenskaisers' Karl VI.,⁷ der räumliche auf dem süddeutschen Raum, und hier mit Nürnberg, Augsburg, Weißenburg sowie Dinkelsbühl auf jeweils zwei größeren und kleineren fränkischen und schwäbischen Reichsstädten. Ergänzend werden Fallbeispiele aus Frankfurt, Hamburg, Mühlhausen (Thüringen) und Biberach herangezogen (siehe Kapitel II: ‚Konflikte und Konfliktaustrag in den Reichsstädten'). Auf den ersten Blick scheint dieser Themenbereich wenig Neues zu bieten, wenn man bedenkt, dass es bereits eine kaum überschaubare Anzahl von Arbeiten zu Untertanen- und Verfassungskonflikten gibt,⁸ und man weiter davon ausgeht, dass von der reichsstädtischen Geschichte ohnehin „keine großen Flügelschläge"⁹ zu erwarten sind. Doch die Perspektive in dieser Arbeit ist eine grundlegend andere. Im Zentrum stehen nicht so sehr die Ursachen der Konflikte als vielmehr ihre Beilegung. Im Gegensatz zu vielen, vor allem älteren Darstellungen, die auf der Annahme beruhen, dass der gesellschaftliche ‚Normalzustand' von Harmonie und Konfliktlosigkeit gekennzeichnet ist, werden im Folgenden soziale und politische Differenzen auch nicht als zwangsläufig pathologisch oder krisenhaft verstanden.¹⁰ Fokussiert man nicht die Auseinandersetzungen selbst, sondern die Form ihrer Beilegung, so entdeckt man darin – wie neuere Forschungen gezeigt haben – bedeutende innovatorische und modernisierende Elemente, so zum Beispiel die Entstehung kritischer Öffentlichkeiten.¹¹ Auch das erfolgreiche Krisenmanagement des Reichs-

---

4   Vgl. Christoph Martin Wieland: Auszug aus einem Schreiben an einen Freund in D. In: Der Teutsche Merkur. 3. Viertelj. 1778. S. 244.
5   So etwa Heinz Duchhardt: Die Reichsstadt in der Frühen Neuzeit. In: Wolfgang Behringer/Bernd Roeck (Hg.): Das Bild der Stadt in der Neuzeit 1400–1800. München 1999. S. 42.
6   So nachzulesen bei Rita Sailer: Verwissenschaftlichung des Rechts in der Rechtspraxis? Der rechtliche Austrag reichsstädtischer Verfassungskonflikte im 17. und 18. Jahrhundert. In: Zeitschrift der Savigny-Stiftung für Rechtsgeschichte. Germanistische Abteilung. 119. 2002, hier S. 106.
7   Vgl. Johannes Burkhardt: Vollendung und Neuorientierung des frühmodernen Reiches 1648–1763. Stuttgart 2006 (Gebhardt Handbuch der deutschen Geschichte. Bd. 11).
8   Zur Vielzahl der Veröffentlichungen vgl. Siegrid Westphal: Stabilisierung durch Recht. Reichsgerichte als Schiedsstelle territorialer Konflikte. In: Ronald G. Asch/Dagmar Freist (Hg.): Staatsbildung als kultureller Prozess. Strukturwandel und Legitimation von Herrschaft in der Frühen Neuzeit. Köln 2005. S. 237.
9   Otto Borst: Demokratie in den Reichsstädten? In: Ders./Haus der Geschichte Baden-Württemberg (Hg.): Südwestdeutschland – die Wiege der deutschen Demokratie. Tübingen 1997 (Stuttgarter Symposion. Bd. 5). S. 42. Ein Plädoyer für die Erforschung von Kleinstaaten verfasste findet sich auch bei Matthias Schnettger: Kleinstaaten in der Frühen Neuzeit. Konturen eines Forschungsfeldes. In: Historische Zeitschrift. 286. 2008, hier S. 605–641.
10 Vgl. beispielhaft zur Kritik an dem in der Geschichtswissenschaft oft fokussierten Konstrukt der Krise: Christopher Alan Bayly: The Birth of the Modern World (1780–1914). Global Connections and Comparisons. Oxford 2004. S. 88.
11 Vgl. insbesondere die Arbeiten von Andreas Würgler: Unruhen und Öffentlichkeit. Städtische und ländliche Protestbewegungen im 18. Jahrhundert. Tübingen 1995 (Frühneuzeit-Forschungen.

Einführung

hofrats, dessen Leistungen von der preußisch-nationalstaatlichen Geschichtsschreibung ignoriert oder unterschätzt wurden,[12] sind zweifelsohne ein solches modernes Element. Sind, so könnte man weiter fragen, die reichsstädtischen Reichshofratsprozesse in diesem Sinne „auch politisch interessant"?[13] Zur Beantwortung dieser Fragen zielt die folgende Untersuchung im Wesentlichen in zwei Stoßrichtungen: Einerseits werden die Prozesse aus medien- und kommunikationsgeschichtlicher Perspektive beleuchtet, andererseits wird eine Verbindung von reichs- und landesgeschichtlichen Fragestellungen angestrebt.[14] Im Kern geht es um den Zusammenhang von Konfliktaustrag und Kommunikation.

Bd. 1). S. 41; Ders.: Das Modernisierungspotential von Unruhen im 18. Jahrhundert. In: Geschichte und Gesellschaft. 21. 1995, hier S. 195–217; Ders.: Veröffentlichte Meinungen – Öffentliche Meinung. Lokalinternationale Kommunikationsnetze im 18. Jahrhundert. In: Peter-Eckhard Knabe (Hg.): Opinion. Concepts and Symbols of the Eighteenth Century in Europe – Concepts et symboles du XVIIIe siècle européen. Berlin 2000. S. 101–135. Siehe außerdem Sailer: Verwissenschaftlichung des Rechts (Anm. 6). S. 106.

[12] Vgl. Georg Schmidt: Deutschland am Beginn der Neuzeit: Reichs-Staat und Kulturnation? In: Christine Roll (Hg.): Recht und Reich im Zeitalter der Reformation. Festschrift für Horst Rabe. Frankfurt/New York 1996. S. 14; Ders.: Geschichte des Alten Reichs. Staat und Nation in der Frühen Neuzeit 1495–1806. München 1999. S. 243; Anton Schindling: Kaiser, Reich und Reichsverfassung 1648–1806. Das neue Bild vom Alten Reich. In: Olaf Asbach/Klaus Malettke/Sven Externbrink (Hg.): Altes Reich, Frankreich und Europa. Politische, philosophische und historische Aspekte des französischen Deutschlandbildes im 17. und 18. Jahrhundert. Berlin 2001 (Historische Forschungen. Bd. 70). S. 42, 51 et passim; Matthias Schnettger: Von der ‚Kleinstaaterei' zum ‚komplementären Reichs-Staat'. Die Reichsverfassungsgeschichtsschreibung seit dem Zweiten Weltkrieg. In: Hans-Christof Kraus/Thomas Nicklas (Hg.): Geschichte der Politik. Alte und neue Wege. München 2007 (Historische Zeitschrift Beihefte. Neue Folge. Bd. 44). S. 152.

[13] Ob Reichsgeschichte so geschrieben werden kann oder sollte, dass sie von politischem Interesse ist und etwa als Anknüpfungspunkt für demokratische Strukturen geeignet ist, bleibt umstritten. Während etwa Johannes Burkhardt das „Recht der Frühen Neuzeit, politisch interessant zu sein" postuliert (Johannes Burkhardt: Über das Recht der Frühen Neuzeit, politisch interessant zu sein. Eine Antwort an Martin Tabaczek und Paul Münch. In: Geschichte in Wissenschaft und Unterricht. 50. 1999), zeigt sich Barbara Stollberg-Rilinger gegenüber Versuchen, dem Alten Reich Traditionen wie Rechts- und Nationalstaatlichkeit oder Parlamentarismus zuzuschreiben, kritisch (Barbara Stollberg-Rilinger: Die zeremonielle Inszenierung des Reiches, oder: Was leistet der kulturalistische Ansatz für die Reichsverfassungsgeschichte? In: Matthias Schnettger (Hg.): Imperium Romanum – irregulare corpus. Das Alte Reich im Verständnis der Zeitgenossen und der Historiographie. Mainz 2002 [Veröffentlichungen des Instituts für Europäische Geschichte Mainz Beiheft. Bd. 57]. S. 233f.).

[14] Vgl. allgemein dazu: Wolfgang Wüst: Wege ins Nirgendwo? Die Frage nach den herrschaftlichen Koordinaten in der Landesgeschichte vor 1800. Das Beispiel Franken. In: Blätter für deutsche Landesgeschichte. Neue Folge des Korrespondenzblattes. 136. 2000, hier S. 253; Rolf Kießling: Kommunikation und Region in der Vormoderne. Eine Einführung. In: Carl A. Hoffmann/Ders. (Hg.): Kommunikation und Region. Konstanz 2001 (Forum Suevicum. Bd. 4). S. 27; Westphal: Stabilisierung durch Recht (Anm. 8). S. 239; Rolf Kießling: Einführung. In: Ders./Sabine Ullmann (Hg.): Das Reich in der Region während des Mittelalters und der frühen Neuzeit. Konstanz 2005 (Forum Suevicum. Bd. 6). S. 11–23. Oder, um ein frühes Plädoyer für die Verbindung von Landes- und Reichsgeschichte zu nennen: Peter Moraw/Volker Press: Probleme der Sozial- und Verfassungsgeschichte des Heiligen Römischen Reiches im späten Mittelalter und in der frühen Neuzeit. Zu einem Forschungsschwerpunkt. In: Zeitschrift für historische Forschung. 2. 1975, hier S. 95–107.

Was ist darunter zu verstehen? Die forschungsleitende Hypothese der Arbeit lautet, dass es im Zuge der Prozesse zu einer kommunikativen Verdichtung zwischen Reich und Region und damit zu einer verstärkten Integration der Territorien in das Reich kam.[15] Mit anderen Worten: Das Reich war in den Reichsstädten präsent, während umgekehrt die Reichsstädte einen wichtigen Beitrag zum Reichserhalt leisteten.[16] Als Indikatoren für diesen Integrationsprozess dienen die institutionellen, personellen, kommunikativen und ideellen Beziehungen zwischen dem Imperium und seinen Gliedern.[17] Es ist Ziel des dritten Kapitels („Konfliktaustrag und Recht'), die Leistungen der Reichsgerichtsbarkeit für diesen Prozess aufzuzeigen. Bereits die vermehrte Lösung der reichsstädtischen Konflikte durch den Reichshofrat kann als Stärkung der ‚gesamtstaatlichen' Ebene und damit als Zeichen einer fortschreitenden Integration betrachtet werden.[18] Da die Impulse für die Prozesse in aller Regel ‚von unten' kamen, wird in diesem Kapitel außerdem der Versuch unternommen, sich der bislang kaum erforschten Sichtweise der Untertanen anzunähern.[19] Hier schließt sich eine Reihe von Fragen an: Wie wurde die Reichshofratsjurisdiktion auf der Ebene klagender Bürger wahrgenommen, welche Kenntnisse, Erwartungen und Bilder lassen sich diesbezüglich nachweisen?[20] Endete der „Einfluss von

---

[15] Vgl. Helmut Neuhaus: Das Reich in der Frühen Neuzeit. München 1997 (Enzyklopädie deutscher Geschichte. Bd. 42). S. 52f.; Andreas Otto Weber: Grenzüberschreitung und Friedenspolitik in der Mitte Frankens. Studien zu politischer Praxis, Professionalisierung und Institutionalisierung in der Außen- und Nachbarschaftspolitik zu Beginn der Neuzeit. Die hohenzollerschen Markgraftümer, das Hochstift Bamberg und die Reichsstadt Nürnberg im Vergleich. Erlangen 2007. S. 302.

[16] Vgl. zur nicht unumstrittenen Rolle der Reichsstädte seit dem Westfälischen Frieden: Monika Neugebauer-Wölk: Reichsstädtische Reichspolitik nach dem Westfälischen Frieden. In: Zeitschrift für historische Forschung. 17. 1990, hier S. 34–37; André Krischer: Reichsstädte in der Fürstengesellschaft. Politischer Zeichengebrauch in der Frühen Neuzeit. Darmstadt 2006 (Symbolische Kommunikation in der Vormoderne) sowie Hans-Jürgen Becker: Die Städtekurie am Immerwährenden Reichstag zu Regensburg als Rechtsform. In: Andreas Otto Weber (Hg.): Städtische Normen – genormte Städte. Zur Planung und Regelhaftigkeit urbanen Lebens und regionaler Entwicklung zwischen Mittelalter und Neuzeit. Ostfildern 2009 (Stadt in der Geschichte. Veröffentlichungen des Südwestdeutschen Arbeitskreises für Stadtgeschichtsforschung. Bd. 34). S. 145–161. Für die ältere Forschung vgl. stellvertretend Karl Siegfried Bader: Der deutsche Südwesten in seiner territorialen Entwicklung. Stuttgart 1950. S. 57f. et passim; Ders.: Die Reichsstädte des Schwäbischen Kreises am Ende des Alten Reiches. In: Ulm und Oberschwaben. 42. 1951, hier S. 47–70. Bader attestiert den Reichsstädten gar ein „negatives Reichsbewusstsein".

[17] Vgl. dazu die im Folgenden als Vorbild dienenden Kriterien bei Michael North: Die Integration des südlichen Ostseeraumes in das Alte Reich. In: Nils Jörn/Ders. (Hg.): Die Integration des südlichen Ostseeraumes in das Alte Reich. Köln/Weimar/Wien 2000 (Quellen und Forschungen zur höchsten Gerichtsbarkeit im Alten Reich. Bd. 35). S. 2f.

[18] Vgl. North: Integration (Anm. 17). S. 2f.

[19] Vgl. beispielhaft Jim Sharpe: History from Below. In: Peter Burke (Hg.): New Perspectives on Historical Writing. Cambridge 2001. S. 25–42.

[20] Vgl. zu den entsprechenden Forschungsansätzen und -desideraten beispielsweise Gabriele Haug-Moritz: Des ‚Kaysers rechter Arm'. Der Reichshofrat und die Reichspolitik des Kaisers. In: Harm Klueting (Hg.): Das Reich und seine Territorialstaaten im 17. und 18. Jahrhundert. Aspekte des Mit-, Neben- und Gegeneinander. Münster 2004 (Historia profana et ecclesiastica. Bd. 10). S. 28; North: Integration (Anm. 17). S. 7; Dagmar Freist: Öffentlichkeit und Herrschaftslegitimation in der Frühen Neuzeit. Deutschland und England im Vergleich. In: Ronald G. Asch/Dagmar Freist (Hg.): Staatsbildung als kultureller Prozess. Strukturwandel und Legitimation von Herrschaft in der Frühen Neuzeit 2005. S. 327; Ralf-Peter Fuchs: Kaiser und Reich im Spiegel von Untertanenbefra-

Einführung 15

Kaiser und Reich" tatsächlich über der „Ebene [...], von der aus das Leben des Einzelnen bestimmt war"?[21] Vor allem aber stellt sich die ‚Vertrauensfrage'. Auch zeitgenössische Staatstheoretiker wie John Locke[22], David Hume[23] oder Johann Jacob Moser[24] sahen im Vertrauen in die Herrschaft das Fundament eines jeden stabilen Gemeinwesens. Das Vertrauen in die Neutralität und Effizienz der kaiserlichen Gerichtsbarkeit kann in diesem Sinne als eine Art Gradmesser für die Funktionalität des Alten Reiches verstanden werden.[25] Dass eine derartige Untersuchung aus methodischen Gründen selbst im besten Fall nur einen kleinen Ausschnitt der zeitgenössischen Wahrnehmung liefern kann, braucht kaum betont werden. Doch insbesondere Textsorten mit Bitt- oder Beschwerdecharakter wie Suppliken, Gravamina oder Memoriale können, wie diverse Untersuchungen gezeigt haben, wertvolle Hinweise auf individuelle oder gruppenspezifische Erfahrungen und Vorstellungen liefern.[26] Als Quellengrundlage wurden daher – mit einer Ausnahme – an den Kaiser beziehungsweise den Reichshofrat gerichtete Schreiben verwendet.[27]

---

gungen des 16. und 17. Jahrhunderts. In: Stephan Wendehorst/Siegrid Westphal (Hg.): Lesebuch Altes Reich. München 2006 (bibliothek altes Reich. Bd. 1). S. 48–51. Vgl. zu den Desideraten in Bezug auf (Justiz-)Erfahrungen als historische Kategorie Paul Münch: Einleitung. In: Ders. (Hg.): ‚Erfahrung' als Kategorie der Frühneuzeitgeschichte. München 2001 (Historische Zeitschrift Beihefte. Neue Folge. Bd. 31). S. 15–17; Gerd Schwerhoff: Justiz-Erfahrungen. Einige einleitende Gedanken. In: Münch: Erfahrung (Anm. 20). S. 345.

[21] So Karl Otmar von Aretin: Das Alte Reich. Stuttgart 1993. Bd. 1: Föderalistische oder hierarchische Ordnung (1648–1684). S. 13.
[22] Vgl. Rudolf Speth: Vertragstheorien und Demokratie. In: Politische Bildung. 32/2. 1992, hier S. 37.
[23] Vgl. Haug-Moritz: Kaysers rechter Arm (Anm. 20). S. 28.
[24] Vgl. Sabrina-Simone Renz: Johann Jacob Mosers staatsrechtlich-politische Vorstellungen. ‚Niemals war je eine so merkwürdige Zeit, niemals ein solcher Kampf zwischen Finsternis und Licht, Vernunft und Glauben, Natur und Gnade.' Würzburg 1997 (Spektrum Politikwissenschaft. Bd. 2). S. 70.
[25] Vgl. Ute Frevert: Vertrauen – eine historische Spurensuche. In: Dies. (Hg.): Vertrauen. Historische Annäherungen. Göttingen 2003. S. 7–10, 55 sowie grundlegend Niklas Luhmann: Das Recht der Gesellschaft. 2. Aufl. Frankfurt 1995. S. 132 et passim.
[26] Vgl. Rosi Fuhrmann/Beat Kümin/Andreas Würgler: Supplizierende Gemeinden. Aspekte einer vergleichenden Quellenbetrachtung. In: Rosi Fuhrmann/Peter Blickle (Hg.): Gemeinde und Staat im Alten Europa. München 1998 (Historische Zeitschrift Beihefte. Neue Folge. Bd. 25). S. 267–323; Katharina Simon-Muscheid: Frauen vor Gericht. Erfahrungen, Strategien und Wissen. In: Münch: Erfahrung (Anm. 20). S. 392; Sabine Ullmann: Vm der Barmherzigkait Gottes willen. Gnadengesuche an den Kaiser in der zweiten Hälfte des 16. Jahrhunderts. In: Kießling/Ullmann: Reich in der Region (Anm. 14). S. 171–173; Helmut Neuhaus: Supplikationen auf Reichstagen des 16. Jahrhunderts. Zahl, Inhalt und Funktion. In: Maximilian Lanzinner/Arno Strohmeyer (Hg.): Der Reichstag 1486–1613. Kommunikation – Wahrnehmung – Öffentlichkeiten. Göttingen 2006 (Schriftenreihe der Historischen Kommission bei der Bayerischen Akademie der Wissenschaften. Bd. 73). S. 160f.
[27] Die hier untersuchten Quellen finden sich im Kap. VIII.4.3 (Eingaben/Bitt- und Beschwerdeschriften reichsstädtischer Bürger, 1707–1731).

Das Alte Reich wird in diesem Sinne also nicht nur als gemeinsamer Friedens- und Rechtsraum,[28] sondern auch als Kommunikationsgemeinschaft verstanden.[29] Wie, so könnte man fragen, kam das Reich nun in die Region und umgekehrt, inwiefern war „Wien ein Schauplatz des Reiches"[30]? Im vierten Kapitel (,Konfliktaustrag und personale Beziehungen') werden zunächst die infrastrukturellen Voraussetzungen behandelt. Besonders die Bedeutung der Reichspost, deren Leistung als Motor der frühneuzeitlichen Kommunikationsrevolution von Wolfgang Behringer herausgearbeitet wurde,[31] verdient hier Beachtung. Daran anschließend werden die personalen Beziehungen zwischen den Reichsstädten und dem Wiener Hof näher untersucht.[32] Wer, um die oben gestellte Frage zu präzisieren, brachte also das Reich in die Region?[33] Eine besonders häufige Form der *praesentia regis et imperii* waren die vom Reichshofrat eingerichteten Lokalkommissionen, deren Leistungen als Konfliktlösungsmechanismus bereits herausgearbeitet wurden.[34] Noch weitgehend unerforscht sind dagegen die so genannten kaiserlichen Residenten, eine vom Kaiser in vielen Reichsstädten installierte Gruppe des Reichspersonals.[35] Der personale Austausch erfolgt selbstredend auch in die Gegenrichtung. Auf

---

[28] Vgl. Schmidt: Reichs-Staat und Kulturnation (Anm. 12). S. 14–17.

[29] Vgl. zu kommunikationsorientierten Forschungsansätzen North: Integration (Anm. 17). S. 9; Michael North: Das Reich als kommunikative Einheit. In: Johannes Burkhardt/Christine Werkstetter (Hg.): Kommunikation und Medien in der Frühen Neuzeit. München 2005 (Historische Zeitschrift Beihefte. Neue Folge. Bd. 41). S. 237; Peer Friess: Reichsstädtische Diplomatie als Indikator für die politische Struktur einer Region. In: Hoffmann: Kommunikation und Region (Anm. 14). S. 118; Dietmar Schiersner: Überblick von unten – oder: ein kleines Reich. Was hat die Regionalgeschichte der Reichsgeschichte zu sagen? In: Johannes Burkhardt/Sabine Ullmann/Thomas Max Safley (Hg.): Geschichte in Räumen. Festschrift für Rolf Kießling zum 65. Geburtstag. Konstanz 2006. S. 320; Burkhardt: Vollendung und Neuorientierung (Anm. 7). S. 446.

[30] Barbara Stollberg-Rilinger: Des Kaisers alte Kleider. Verfassungsgeschichte und Symbolsprache im Alten Reich. München 2008. S. 285.

[31] Vgl. zur Bedeutung der Post als Motor der frühneuzeitlichen Medienrevolution die einschlägigen Publikationen von Wolfgang Behringer: Wolfgang Behringer: Im Zeichen des Merkur. Reichspost und Kommunikationsrevolution in der Frühen Neuzeit. Göttingen 2003 (Veröffentlichungen des Max-Planck-Instituts für Geschichte. Bd. 189); Ders.: ‚Von der Gutenberg-Galaxis zur Taxis-Galaxis'. Die Kommunikationsrevolution – ein Konzept zum besseren Verständnis der Frühen Neuzeit. In: Burkhardt/Werkstetter: Kommunikation und Medien (Anm. 29). S. 39–54.

[32] Vgl. hier erneut North: Integration (Anm. 17). S. 4 sowie Günther Schulz: Soziale Position und gesellschaftliches Netzwerk in Spätmittelalter und Frühneuzeit. Ansätze und Fragen der Forschung. München 2002 (Deutsche Führungsschichten in der Neuzeit. Bd. 25). S. 15 und Schnettger: Kleinstaaten (Anm. 9). S. 622–628.

[33] Vgl. Dietmar Schiersner: Wer bringt das Reich in die Region? Personelle Verbindungen zwischen Schwaben und dem Reich. In: Kießling/Ullmann: Reich in der Region (Anm. 14). S. 61.

[34] Vgl. die grundlegende Arbeit von Eva Ortlieb: Im Auftrag des Kaisers. Die kaiserlichen Kommissionen des Reichshofrats und die Regelung von Konflikten im Alten Reich (1637–1657). Köln/Weimar/Wien 2001 (Quellen und Forschungen zur höchsten Gerichtsbarkeit im Alten Reich. Bd. 38). S. 346 sowie beispielsweise Martin Fimpel: Reichsjustiz und Territorialstaat. Württemberg als Kommissar von Kaiser und Reich im Schwäbischen Kreis (1648–1806). Tübingen 1999 (Frühneuzeit-Forschungen. Bd. 6). S. 291.

[35] Vgl. Thomas Lau: Diplomatie und Recht. Die Rolle der kaiserlichen Residenten bei innerstädtischen Konflikten in den Reichsstädten der Frühen Neuzeit. In: Anja Amend u.a. (Hg.): Die Reichsstadt Frankfurt als Rechts- und Gerichtslandschaft im Römisch-Deutschen Reich. München 2008 (Bibliothek Altes Reich. Bd. 3). S. 103.

Einführung 17

der anderen Seite entsandten auch die reichsstädtischen Prozessparteien Vertreter nach Wien, wie die Gesandten des Nürnberger Magistrats oder die Deputierten der dortigen Kaufmannschaft. Ihre Kontakte zum Reichspersonal und ihre Leistungen als kommunikative Schnittstellen zwischen den Territorien und der Kaiserstadt bilden einen weiteren Schwerpunkt dieses Kapitels. Zum Dritten wird ein überaus bedeutender, aber bislang nur unzureichend untersuchter Personenkreis behandelt, die Reichshofratsagenten, also die offiziellen Prozessvertreter der Parteien am Hofe, die eine Mittlerstellung zwischen Prozessparteien und Reichshofrat einnahmen.[36] Während es zu den Prokuratoren am Reichskammergericht bereits fundierte prosopographische Untersuchungen gibt,[37] liegen zu den Reichshofratsagenten bislang weder eine Gesamtliste noch detaillierte Studien zu ihrer Herkunft, ihren Karrierewegen oder Familienverbindungen vor, was nicht zuletzt der schlechten Quellenüberlieferung geschuldet ist.[38] Mithilfe der Bestände des Wiener Haus-, Hof- und Staatsarchivs und lokaler Archive werden in diesem Kapitel die Karrierewege und das Arbeitsprofil der Agenten rekonstruiert. Als Quelle dienen die zahlreichen, größtenteils auf Deutsch verfassten Bewerbungsschreiben um Agentenstellen aus den Jahren 1695 bis 1795, die im Hinblick auf Strategien und Einstellungskriterien (Herkunft, Qualifikation sowie Patronage- beziehungsweise Verwandtschaftsbeziehungen) analysiert werden.[39] Auch in diesem Fall wird der Blick von der Reichsebene um die regionale Perspektive ergänzt. Die Quellenbestände in Weißenburg, Augsburg und Nürnberg geben dabei Auskunft über die Einstellungspraxis durch reichsstädtische Prozessparteien und das Aufgabenspektrum der Agenten. Besonderes Gewicht liegt auf der Frage, welche Bedeutung den Akteuren als Informations- und Wissensvermittlern zukam.

Damit ist bereits die Bedeutung des Informations- und Wissenstransfers für den Integrationsprozess der Reichsstädte angedeutet worden. Dieser Themenkomplex bildet das fünfte Kapitel (‚Konfliktaustrag und Wissen'). Als schwierig gestaltet sich dabei die Abgrenzung der beiden Begriffe, divergieren doch die Ansichten darüber, was Wissen und was Information ist, auch im viel beschworenen Informationszeitalter noch immer stark.[40] Um

---

[36] Vgl. Stefan Ehrenpreis: Die Reichshofratsagenten: Mittler zwischen Kaiserhof und Territorien. Winfried Schulze zum 60. Geburtstag. In: Anette Baumann u.a. (Hg.): Reichspersonal. Funktionsträger für Kaiser und Reich. Köln/Weimar/Wien 2003 (Quellen und Forschungen zur höchsten Gerichtsbarkeit im Alten Reich. Bd. 46). S. 165.

[37] Vgl. Anette Baumann: Die Prokuratoren am Reichskammergericht in Speyer und Wetzlar. Stand der Forschung und Forschungsdesiderate. In: Dies.: Reichspersonal (Anm. 36). S. 192; Dies.: Advokaten und Prokuratoren. Anwälte am Reichskammergericht (1690–1806). Köln/Weimar/Wien 2006 (Quellen und Forschungen zur höchsten Gerichtsbarkeit im Alten Reich. Bd. 50).

[38] Vgl. Ehrenpreis: Reichshofratsagenten (Anm. 36). S. 165f.

[39] Zum Quellenbestand: HHStA. RHR, RK Verfassungsakten, RHR 50, Reichshofratsagenten, Listen. Große Lücken bestehen hier zwischen 1721 und 1750. Als Quellennachweis der einzelnen Stücke dient die Auswertung der Briefe in: Kap. VIII.4.4 (Bewerbungsschreiben um eine Stelle als Reichshofratsagent, 1695–1726).

[40] Während etwa Michael Giesecke Wissen durch seine kulturelle Bedeutung und seine generationenübergreifende Tradierung definiert (Michael Giesecke: Die Entdeckung der kommunikativen Welt. Studien zur kulturvergleichenden Mediengeschichte. Frankfurt 2007. S. 482), setzen viele informationswissenschaftliche Konzepte keine inhaltlichen Kriterien an, sondern definieren Informationen, stark vereinfacht, als aktiviertes und akut benötigtes Wissen (Kai Lehmann: Der lange Weg zur

die Wissensbestände in Reich und Region zu untersuchen, wird im Folgenden die von Peter Burke getroffene Unterscheidung verwendet, nach der Wissen sich primär durch seinen Tiefgang und seine Komplexität von Information abgrenzt.[41] Ausgangspunkt des Kapitels ist die These, dass das erste Drittel des 18. Jahrhunderts eine Umbruchs- oder Aufbruchsphase darstellte, in der es zur vermehrten Akkumulation und Veröffentlichung des Reichs- und Territorialstaatsrechts kam. Dabei soll der Blick in die reichsstädtischen Sammlungen Aufschluss darüber geben, inwieweit das Alte Reich auch in Form handschriftlicher oder gedruckter Akten in der Region anwesend war.[42]

Es mag erstaunen, dass es bis zum Ende des 17. Jahrhunderts kaum juristische Fachliteratur über den Reichshofrat gab.[43] Umso dringender stellt sich die Frage, ob und wie das Wissen über die Kompetenzen, das Verfahrensrecht oder die verfassungsrechtliche Stellung des Reichsgerichts publik gemacht wurde. Oft unterschätzt und doch, wie Untersuchungen zu anderen Territorien zeigen, von bedeutender integrativer Bedeutung war die vielfältige und vielseitige „kleine Reichspublizistik"[44]. Hierzu zählen auch die in diesem Kapitel fokussierten Zeitungen, an deren enormer Reichweite, so die Ergebnisse der neueren Forschung, kaum noch gezweifelt werden kann.[45] Geht man von einem Rezipientenkreis von etwa zehn Lesern beziehungsweise Hörern (durch gemeinsame Abonnements oder Vorlesen) pro Exemplar und einem vergleichsweise hohen Bildungs- und Alphabetisierungsgrad[46] in den Reichsstädten aus, so stellt sich beinahe zwangsläufig auch

---

Wissensgesellschaft. In: Kai Lehmann/Michael Schetsche (Hg.): Die Google-Gesellschaft. Vom digitalen Wandel des Wissens. Bielefeld 2005. S. 34). Vgl. kritisch zu Ansätzen letzterer Art Neil Postman: Die zweite Aufklärung. Vom 18. ins 21. Jahrhundert. 2. Aufl. Berlin 2007. S. 105–124.

[41] Peter Burke: Papier und Marktgeschrei. Die Geburt der Wissensgesellschaft. Berlin 2001. S. 20: „Der Einfachheit halber verwenden wir in diesem Buch den Begriff Information für das, was roh, spezifisch und praktisch ist, während Wissen das Gekochte bezeichnet, das gedanklich Verarbeitete oder Systematisierte."

[42] Vgl. Burkhardt: Vollendung und Neuorientierung (Anm. 7). S. 448f.

[43] Vgl. dazu Wolfgang Sellert: Prozeßgrundsätze und Stilus Curiae am Reichshofrat im Vergleich mit den gesetzlichen Grundlagen des reichskammergerichtlichen Verfahrens. Aalen 1973 (Untersuchungen zur deutschen Staats- und Rechtsgeschichte. Bd. 18). S. 39–41.

[44] Vgl. hierzu die Unterteilung von Wolfgang E. J. Weber: Der südliche Ostseeraum im Spiegel der Reichspublizistik. Ein kulturhistorischer Versuch. In: Jörn: Integration (Anm. 17). S. 534, 502. Weber unterscheidet hier zwischen einer „kleinen" und einer „großen" Reichspublizistik.

[45] Vgl. zur Breitenwirkung beziehungsweise dem Rezipientenkreis von Zeitungen u. a.: Martin Welke: Russland in der deutschen Publizistik des 17. Jahrhunderts. In: Forschungen zur osteuropäischen Geschichte. 23. 1976, hier S. 162–165; Andreas Gestrich: Absolutismus und Öffentlichkeit. Politische Kommunikation in Deutschland zu Beginn des 18. Jahrhunderts. Göttingen 1994 (Kritische Studien zur Geschichtswissenschaft. Bd. 103). S. 171f.; Jürgen Wilke: Grundzüge der Medien- und Kommunikationsgeschichte. Von den Anfängen bis ins 20. Jahrhundert. 2. durchges. und erg. Aufl. Köln/Weimar/Wien 2008. S. 63–65; Ders.: Vom stationären zum mobilen Rezipienten. Entfesselung der Kommunikation von Raum und Zeit – Symptom fortschreitender Medialisierung. In: Jahrbuch für Kommunikationsgeschichte. 6. 2004, hier S. 2–4; Jutta Schumann: Die andere Sonne. Kaiserbild und Medienstrategien im Zeitalter Leopolds I. Berlin 2003 (Colloquia Augustana. Bd. 17). S. 21, 234; Johannes Weber: Straßburg 1605: Die Geburt der Zeitung. In: Jahrbuch für Kommunikationsgeschichte. 7. 2005, hier S. 3–26.

[46] Vgl. Würgler: Modernisierung (Anm. 11). S. 207 für Augsburg beispielsweise Bernd Roeck: Geistiges Leben 1650–1800. In: Gunther Gottlieb u.a. (Hg.): Geschichte der Stadt Augsburg. Von der Römerzeit bis zur Gegenwart. Stuttgart 1984. S. 486.

Einführung 19

die Frage nach der volksaufklärerischen Bedeutung der Zeitungen.[47] Zur Beantwortung dieser Frage werden im ersten Teil des Kapitels eine Reihe von Zeitungen im Hinblick auf ihre Darstellung des Reichshofrats und der reichsstädtischen Prozesse untersucht.[48] Systematisch ausgewertet wurden der Nürnberger ‚Friedens- und Kriegs-Courier‘[49], die ‚Wöchentliche Relation der merckwürdigsten Sachen‘ aus Halle[50], der ‚Hildesheimer Relations-Courier‘[51], die Münchner ‚Mercurii Relation oder wochentliche Reichs Ordinari Zeitungen von unterschidlichen Orten‘[52] und die Regensburger ‚Kurtz gefasste Historische Nachrichten‘.[53] Berücksichtigt wurden ferner einzeln überlieferte Zeitungsmeldungen, wie sie in den ehemaligen Beständen des Nürnberger Rats[54] und des dortigen Handelsvorstands[55] als Original, Kopie oder Exzerpt überliefert sind.[56] Besonders das Archiv des Handelsvorstands bietet die Chance, den Kenntnis- und Wissensstand über die Reichsgerichtsbarkeit unterhalb der Herrschaftsebene zu ermitteln und damit die Frage zu erörtern, ob in den Reichsstädten bereits in dieser Phase eine informierte kritische Öffentlichkeit existierte.

Es ist überaus umstritten, ob man in diesem Zusammenhang und für diese Zeit von einer Öffentlichkeit, besonders einer kritischen, sprechen kann. Dass der Begriff ebenso

---

[47] Vgl. dazu insbesondere Holger Böning: Weltaneignung durch ein neues Publikum. Zeitungen und Zeitschriften als Medientypen der Moderne. In: Burkhardt/Werkstetter: Kommunikation und Medien (Anm. 29). S. 133f.; Ders.: Zeitung und Aufklärung. In: Martin Welke/Jürgen Wilke (Hg.): 400 Jahre Zeitung. Die Entwicklung der Tagespresse im internationalen Kontext. Bremen 2008 (Presse und Geschichte – neue Beiträge. Bd. 22). S. 306.

[48] Siehe Kap. VIII.4.5 (Zeitungsmeldungen zu Reichshofrats-Personalia (1709–1734) sowie Kap. VIII.4.6 (Zeitungsmeldungen zu reichsstädtischen Reichshofratsprozessen (1717–1735).

[49] Anfang des 17. Jahrhunderts erschien dieser bereits sechs Mal pro Woche. Vgl. Charlotte Bühl: Nürnberger Friedens- und Kriegskurier. In: Michael Diefenbacher/Rudolf Endres (Hg.): Stadtlexikon Nürnberg. 2. verb. Aufl. Nürnberg 2000. S. 758.

[50] Die von August Hermann Francke initiierte, königlich privilegierte ‚Wöchentliche Relation‘ aus Halle war eine der frühesten preußischen Zeitungen. Sie erschien seit 1708; ab 1709 kam sie als Samstagsausgabe der montags, dienstags und donnerstags erscheinenden Hallischen Zeitungen heraus. Vgl. Arthur Bierbach: Die Geschichte der Hallischen Zeitung. Landeszeitung für die Provinz Sachsen für Anhalt und Thüringen. Halle 1908. S. 8–28.

[51] Der Hildesheimer Relations-Courier wurde vom dortigen Rat gefördert und erschien seit 1705 zweimal pro Woche. Vgl. Mirjam Litten: Bürgerrecht und Bekenntnis. Städtische Optionen zwischen Konfessionalisierung und Säkularisierung in Münster, Hildesheim und Hamburg. Hildesheim 2003 (Historische Texte und Studien. Bd. 22). S. 209.

[52] Die seit 1627 in München herausgegebene Relation bestand aus vier Seiten mit Meldungen die von ‚Extra-Schreiben‘ oder ‚Extra-Zeitungen‘ ergänzt wurden. Vgl. Susanne Friedrich: Drehscheibe Regensburg. Das Informations- und Kommunikationssystem des Immerwährenden Reichstages um 1700. Berlin 2007 (Colloquia Augustana. Bd. 23). S. 446.

[53] Zu den untersuchten Zeitungen siehe auch Kap. VIII.4.6 (Zeitungsmeldungen zu Reichshofratsprozessen, 1717–1735).

[54] Vgl. die Bestände in: StAN. Rst. Nbg, Rep. 26 sowie StadtAN. B 11, Ratskanzlei.

[55] Vgl. die Bestände in: StadtAN. E 8.

[56] Da es sich bei den Meldungen mitunter um handschriftliche Kopien handelt, ist eine klare Zuordnung zu einer bestimmten Zeitung und eine genaue Datierung der einzelnen Meldungen nicht immer möglich.

schillernd wie vielschichtig ist,[57] muss kaum betont werden. Mitunter erscheint er bis zur Unbrauchbarkeit diffus, konturlos und beliebig.[58] Von einer mediengesellschaftlichen Öffentlichkeit lässt sich für die erste Hälfte des 18. Jahrhunderts sicher nicht sprechen,[59] weswegen in der Forschung oft zwischen diversen räumlichen, situativen oder ständischen Teilöffentlichkeiten unterschieden wird.[60] Unabhängig von definitorischen Schwierigkeiten war die Meinung des Publikums, so die im Folgenden vertretene These, aber ein für den Prozessverlauf entscheidender Faktor, der von allen Beteiligten berücksichtigt wurde.[61] Das sechste Kapitel (‚Konfliktaustrag und Medien') hat daher die Form der Mediennutzung – wenn man so will, der frühneuzeitlichen ‚Öffentlichkeitsarbeit'[62] – zum Inhalt. Dabei muss darauf hingewiesen werden, dass der in dieser Arbeit verwendete Medienbegriff sehr weit gefasst ist. Er ist nicht auf technische Mittel beschränkt,[63] sondern umfasst neben Schrift- und Druckmedien auch Gestaltungs- oder Menschmedien,[64] besonders Formen oraler oder performativer Kommunikation.

---

[57] Vgl. grundlegend Lucian Hölscher: Öffentlichkeit und Geheimnis. Eine begriffsgeschichtliche Untersuchung. Stuttgart 1979 (Sprache und Geschichte. Bd. 4). Vgl. außerdem beispielhaft Jörg Requate: Öffentlichkeit und Medien als Gegenstände historischer Analyse. In: Geschichte und Gesellschaft. 25. 1999, hier S. 10–12. Gleiches gilt für die Verwendung des Begriffes ‚öfenliche Meinung'. Vgl. Carl A. Hoffmann: ‚Öffentlichkeit' und ‚Kommunikation' in den Forschungen zur Vormoderne. Eine Skizze. In: Ders.: Kommunikation und Region (Anm. 14). S. 74–75.

[58] Vgl. Freist: Öffentlichkeit (Anm. 20). S. 330.

[59] Vgl. zu den Merkmalen der modernen mediengesellschaftlichen Öffentlichkeit aus systemtheoretischer Perspektive Klaus Merten: Öffentlichkeit in systemtheoretischer Perspektive. In: Peter Szyszka (Hg.): Öffentlichkeit. Diskurs zu einem Schlüsselbegriff der Organisationskommunikation. Wiesbaden 1999. S. 64.

[60] Vgl. zu den Unterteilungen Bob Scribner: Mündliche Kommunikation und Strategien der Macht in Deutschland im 16. Jahrhundert. In: Kommunikation und Alltag in Spätmittelalter und früher Neuzeit. Wien 1992 (Sitzungsberichte der philosophisch-historischen Klasse der Österreichischen Akademie der Wissenschaften. Bd. 596). S. 183–185; Gerd Schwerhoff: Öffentliche Räume und politische Kultur in der frühneuzeitlichen Stadt. Eine Skizze am Beispiel der Reichsstadt Köln. In: Schlögl: Interaktion und Herrschaft (Anm. 3). S. 116; Johannes Arndt: Gab es im frühmodernen Heiligen Römischen Reich ein ‚Mediensystem der Publizistik'? Einige systemtheoretische Überlegungen. In: Jahrbuch für Kommunikationsgeschichte. 6. 2004, hier S. 88; Rudolf Schlögl: Der Raum als ‚Universalmedium' in der frühneuzeitlichen Stadt. Vortrag, gehalten am 9. November 2004 im Rahmen der Tagung ‚Machträume in der frühneuzeitlichen Stadt', die vom Teilprojekt S des SFB 537 in Dresden veranstaltet wurde (http://www.uni-konstanz.de/FuF/Philo/Geschichte/Schloegl/Schloegl/RaumalsUniversalmedium03.pdf, Stand: 20.2.2010). S. 7.

[61] So betont beispielsweise Werner Faulstich, dass Öffentlichkeitsarbeit keine Erfindung des 20. Jahrhunderts ist. Vgl. Werner Faulstich: Der Öffentlichkeitsbegriff. Historisierung – Systematisierung – Empirisierung. In: Szyszka: Öffentlichkeit (Anm. 59). S. 75.

[62] Dabei muss einschränkend betont werden, dass frühneuzeitliche Öffentlichkeitsarbeit weniger konsistent, präzise beziehungsweise plan- und kontrollierbar war als moderne Öffentlichkeitsarbeit. Vgl. grundlegend dazu die Untersuchung von Schumann: Die andere Sonne (Anm. 45). S. 21, 35–35 et passim.

[63] Als Beispiel für einen technisch ausgerichteten Medienbegriff: Wilke: Medien- und Kommunikationsgeschichte (Anm. 45). S. 1. Vgl. auch Fabio Crivellari/Marcus Sandl: Die Medialität der Geschichte. Perspektiven einer interdisziplinären Zusammenarbeit von Geschichts- und Medienwissenschaften. In: Historische Zeitschrift. 277. 2003, hier S. 622.

[64] Vgl. dazu die Einteilung bei Werner Faulstich: Die bürgerliche Mediengesellschaft (1700–1830). Göttingen 2002 (Geschichte der Medien. Bd. 4). S. 253.

Einführung   21

Zunächst steht die Strategie des Reichshofrats, genauer seiner Lokalkommissionen, im Vordergrund. Am Beispiel Augsburg und Dinkelsbühl wird untersucht, welche „Herrschaftsmedien"[65] eingesetzt wurden, um die kaiserliche Herrschaft auf der regionalen und überregionalen Ebene zu inszenieren, zu stabilisieren und zu legitimieren.[66] Wie in den vorhergehenden Kapiteln wird ein multiperspektivischer Ansatz verfolgt, das heißt, dass im zweiten Teil des Kapitels der Mediengebrauch der Prozessparteien im Zentrum der Untersuchung steht. Von besonderer Relevanz ist die Frage nach den Strategien und Kompetenzen unterhalb der Herrschaftsebene. Relevant ist sie im Hinblick auf die Kontroverse um die Entstehung einer kritischen Öffentlichkeit in der Frühneuzeit, die seit dem Grundlagenwerk von Jürgen Habermas national wie international geführt wurde.[67] Von einer kritischen Öffentlichkeit kann, so der Ausgangspunkt, dann gesprochen werden, wenn der obrigkeitliche Anspruch auf Meinungshoheit und -bildung durch Untertanen mit Worten oder Taten untergraben wird.[68] Überträgt man diese Definition auf die reichsstädtischen Prozesse, so stellt sich die Frage, in welchen Räumen[69] und mit welchen Protestmedien[70] es reichsstädtischen Bürgern gelang, ‚Gegenöffentlichkeiten' zu formieren.[71] Daraus ergeben sich für das letzte Kapitel folgende Leitfragen: Mit welchen Herrschaftsmedien wurde die von den reichsstädtischen Obrigkeiten proklamierte „offizielle öffentliche Meinung"[72] in Frage gestellt? Blieben mündliche Kommunikationsformen

---

[65] Vgl. zum Begriff der Herrschaftsmedien Harm von Seggern: Herrschermedien im Spätmittelalter. Studien zur Informationsübermittlung im burgundischen Staat unter Karl dem Kühnen. Ostfildern 2003 (Kieler Historische Studien. Bd. 41). S. 23. Von Seggern definiert Herrschermedien als die „medialen Techniken vorstaatlicher Obrigkeiten".

[66] Vgl. Burkhardt: Vollendung und Neuorientierung (Anm. 7). S. 449; Gestrich: Absolutismus und Öffentlichkeit (Anm. 45). S. 24; Schlögl: Vergesellschaftung (Anm. 3). S. 23. Vgl. zu den methodischen Ansätzen Wolfgang E. J. Weber: ‚Bekennen und thun hiemit kunth und offentlich'. Bemerkungen zur kommunikativen Funktion der Reichsabschiede des 16. Jahrhunderts. In: Lanzinner: Reichstag (Anm. 26). S. 286–308 und Achim Landwehr: Geschichte des Sagbaren. Einführung in die historische Diskursanalyse. Tübingen 2001. S. 103–110.

[67] Vgl. zur Auseinandersetzung mit Habermas' mehrfach aufgelegtem und überarbeitetem Grundlagenwerk ‚Strukturwandel der Öffentlichkeit. Untersuchungen zu einer Kategorie der bürgerlichen Gesellschaft' exemplarisch: Andreas Gestrich: The Early Modern State and the Public Sphere in 18th Century Germany. In: Peter-Eckhard Knabe: Opinion (Anm. 11). S. 1–14; Würgler: Unruhen und Öffentlichkeit (Anm. 11) sowie für internationale Forschungen: Nick Crossley/John Michael Roberts (Hg.): After Habermas. New Perspectives on the Public Sphere. Oxford 2004 (The sociological review monographs. Bd. 52/1); Judith Pollmann/Andrew Spicer (Hg.): Public Opinion and Changing Identities in the Early Modern Netherlands. Essays in Honour of Alastair Duke. Leiden/Boston 2007 (Studies in Medieval and Reformation Traditions. History, Culture, Religion, Ideas. Bd. 121).

[68] Vgl. erneut Würgler: Unruhen und Öffentlichkeit (Anm. 11). S. 41.

[69] Vgl. hierzu insbesondere Schwerhoff, der in diesem Zusammenhang von „Gegenräumen" oder „gefährlichen Räumen" spricht, Schwerhoff: Öffentliche Räume (Anm. 60). S. 126f. Rudolf Schlögl spricht beschreibt den Raum als Universalmedium, Schlögl: Universalmedium (Anm. 60).

[70] Den Begriff Protestmedien verwende ich hier – die beschriebene Definition von Herrschaftsmedien (von Seggern: Herrschermedien [Anm. 65]. S. 23) umkehrend – als mediale Techniken von Bürgern und Untertanen, die mit dem Ziel der Herrschaftsdelegitimation eingesetzt werden.

[71] Vgl. hier erneut Schwerhoff: Öffentliche Räume (Anm. 60). S. 126f.

[72] Vgl. das Modell Scribners, der die öffentliche Meinung in verschiedene Komponenten unterteilt und den Diskurs zur Bildung einer dominanten Gesamtmeinung als interaktiven Prozess, als „Machtspiel" verschiedenster Gruppen, definiert. Scribner unterteilt in eine „offizielle öffentliche

in der frühneuzeitlichen Stadt auch im 18. Jahrhundert dominant?[73] Oder wurden verstärkt Druckmedien[74] wie Flugschriften[75] eingesetzt, um die überregionale Öffentlichkeit und den Reichshofrat von der Legitimität des eigenen Anliegens zu überzeugen? Auch hier steht die Kernfrage im Vordergrund, wie reichsstädtische Reichshofratsprozesse zu frühneuzeitlichen ‚Medienereignissen' wurden – ein Themenbereich, dem die Forschung zwischenzeitlich verstärkt Aufmerksamkeit geschenkt hat.[76]

Meinung" (Aussagen der Obrigkeit, des Rates), „ritualisierte öffentliche Meinung" (zum Beispiel Gemeindeversammlungen, Eidschwören, Ratswahl), „partielle öffentliche Meinung" (zum Beispiel Genossenschaften, Viertel, Pfarrgemeinschaften), „öffentliche Meinung der Geselligkeit" (Wirtshaus, Gasthäuser etc.), „öffentliche Meinung des menschliches Handlungsraumes" (Straße, Markt) und eine „private öffentliche Meinung" (zum Beispiel Familie). Vgl. Scribner: Mündliche Kommunikation (Anm. 60). S. 183–185.

[73] Vgl. die Thesen Schlögls zu der von Mündlichkeit geprägten städtischen „Anwesenheitsgesellschaft" und ihrem gebrochenen Verhältnis zur Schrift (Schlögl: Universalmedium [Anm. 60]. S. 7).

[74] Vgl. hierzu die Thesen Faulstichs: Werner Faulstich: Medien zwischen Herrschaft und Revolte. Die Medienkultur der frühen Neuzeit (1400–1700). Göttingen 1998 (Die Geschichte der Medien. Bd. 3). S. 298; Faulstich: Mediengesellschaft (Anm. 64). S. 252–258; Werner Faulstich: Begann die Neuzeit mit dem Buchdruck? Ist die Ära der Typologie im Zeitalter der digitalen Medien endgültig vorbei? Podiumsdiskussion unter der Leitung von Wilfried Schulze. Diskutanten: Werner Faulstich und Michael Gieseke (Medienhistoriker), Johannes Burkhardt und Gudrun Gersmann (Historiker). In: Burkhardt/Werkstetter: Kommunikation und Medien (Anm. 29). S. 21f. Faulstich geht dabei von einem starken Bedeutungszuwachs der Druckmedien seit 1700 aus. Vgl. dagegen die einschlägigen Publikationen von Barbara Stollberg-Rilinger, die die Bedeutung performativer und symbolischer Kommunikation hervorhebt: Barbara Stollberg-Rilinger: Zeremoniell, Ritual, Symbol. Neue Forschungen zur symbolischen Kommunikation in Spätmittelalter und Früher Neuzeit. In: Zeitschrift für Historische Forschung. 27. 2000, hier S. 394–399; Stollberg-Rilinger: Zeremonielle Inszenierung (Anm. 13); Barbara Stollberg-Rilinger: Symbolische Kommunikation in der Vormoderne. Begriffe – Thesen – Forschungsperspektiven. In: Zeitschrift für Historische Forschung. 31. 2003. S. 489–528; Gerd Althoff/Barbara Stollberg-Rilinger: Rituale der Macht in Mittelalter und Früher Neuzeit. In: Ders./Axel Michaels (Hg.): Die neue Kraft der Rituale. Sammelband der Vorträge des Studium Generale der Ruprecht-Karls-Universität Heidelberg (Wintersemester 2005/2006). Heidelberg 2007. Vgl. zur Kritik an Faulstichs theorielastiger Vorgehensweise Enno Bünz: Bücher, Drucker, Bibliotheken in Mitteldeutschland um 1500. Zur Einführung. In: Ders. (Hg.): Bücher, Drucker, Bibliotheken in Mitteldeutschland. Neue Forschungen zur Kommunikations- und Mediengeschichte um 1500. Leipzig 2006 (Schriften zur Sächsischen Geschichte und Volkskunde. Bd. 5). S. 28. Zu den kontroversen Bewertungen der mediengeschichtlichen Umbrüche in der Frühneuzeit vgl. Johannes Burkhardt/Christine Werkstetter: Die Frühe Neuzeit als Medienzeitalter und ihr kommunikatives Spektrum. Einleitung. In: Burkhardt/Werkstetter: Kommunikation und Medien (Anm. 29). S. 3. Vgl. zu „Medienumbrüchen" exemplarisch Ralf Schnell: ‚Medienumbrüche'. Konfigurationen und Konstellationen. In: Ders. (Hg.): MedienRevolutionen. Beiträge zur Mediengeschichte der Wahrnehmung. Bielefeld 2006 (Medienumbrüche. Bd. 18). S. 9.

[75] Vgl. Michael Schilling: Medienspezifische Modellierung politischer Ereignisse auf Flugblättern des Dreißigjährigen Krieges. In: Ute Frevert/Wolfgang Braungart (Hg.): Sprachen des Politischen. Medien und Medialität in der Geschichte. Göttingen 2004. S. 128. Zur problematischen Abgrenzung von Flugschrift und Flugblatt vgl. Wolfgang Brückner: Flugschrift. In: Friedrich Jaeger (Hg.): Enzyklopädie der Neuzeit. Stuttgart/Weimar 2006. Bd. 3. Sp. 1026 mit weiterführender Literatur.

[76] So fand im Oktober 2009 eine von der Gesellschaft für Reichskammergerichtsforschung organisierte Tagung zum Thema ‚Die höchsten Reichsgerichte als mediales Ereignis' statt, an welcher der Verfasser teilnehmen durfte (http://www.reichskammergericht.de/call; http://hsozkult.geschichte. hu-berlin.de/termine/id=10379, Stand jeweils: 2.1.2010). Der Tagungsband erscheint voraussichtlich im Laufe des Jahres 2012.

II. Konflikte und Konfliktaustrag in den Reichsstädten

1. Zeit der Unruhen?

In denen Reichsstaetten seynd in vorigen Zeiten vilfaeltig grosse innerliche Unruhen und Empoerungen gegen den Magistrat oder das Patriciat entstanden, wobey es mehrmalen blutige Koepfe gesezt, oder sonst eine merckliche oder gaenzliche Abaenderung des Stattregiments erfolget ist.[1]

Mit diesen Worten fasste der Staatsrechtler Johann Jacob Moser im Jahr 1772 die Grundzüge der reichsstädtischen Geschichte des 17. und 18. Jahrhunderts zusammen. Moser bietet damit, wenn man so will, eine konzise Einführung in den Gegenstand der Arbeit: Zum einen betont er die vielen, teilweise gewalttätigen innenpolitischen Auseinandersetzungen zwischen Bürgerschaft und Obrigkeit, von denen in der Frühneuzeit rund 70 Prozent aller Reichsstädte betroffen waren.[2] Diese Konflikte waren, unabhängig davon, ob man von Unruhen, Aufständen oder gar Widerstandsbewegungen spricht,[3] ein Charakteristikum frühneuzeitlicher reichsstädtischer Geschichte.[4] Zum anderen verweist Moser – wenngleich nur indirekt – auf die Reformtätigkeit des Reichshofrats, dessen Rechtsprechung vielerorts zu *merckliche*[n] Änderungen des Stadtregiments führte. Diesen maßgeblichen Einfluss des Wiener Reichsgerichts auf die politische Kultur der Reichsstädte hob Moser an anderer Stelle noch deutlicher hervor: *Bei gar vilen Reichstaetten*

---

[1] Johann Jacob Moser: Von der Reichs-Stättischen Regiments-Verfassung […]. Frankfurt/Leipzig 1772 (Neues teutsches Staatsrecht. Bd. 19). S. 422.

[2] Vgl. Reinhard Hildebrandt: Rat contra Bürgerschaft. Die Verfassungskonflikte in den Reichsstädten des 17. und 18. Jahrhunderts. In: Zeitschrift für Stadtgeschichte, Stadtsoziologie und Denkmalpflege. 1. 1974, hier S. 225.

[3] Vgl. kritisch dazu Urs Hafner: Republik im Konflikt. Schwäbische Reichsstädte und bürgerliche Politik in der frühen Neuzeit. Tübingen 2001 (Oberschwaben – Geschichte und Kultur. Bd. 8). S. 95–96 sowie allgemein Luise Schorn-Schütte: Politische Kommunikation in der Frühen Neuzeit. Obrigkeitskritik im Alten Reich. In: Geschichte und Gesellschaft. 32. 2006, hier S. 281.

[4] So Rita Sailer: Verwissenschaftlichung des Rechts in der Rechtspraxis? Der rechtliche Austrag reichsstädtischer Verfassungskonflikte im 17. und 18. Jahrhundert. In: Zeitschrift der Savigny-Stiftung für Rechtsgeschichte. Germanistische Abteilung. 119. 2002, hier S. 106: „Die Geschichte der frühneuzeitlichen Reichsstädte ist eine Geschichte von Verfassungskonflikten."
Das erhöhte Konfliktpotential ist keine Besonderheit der Reichsstädte, sondern ist in vielen Städten innerhalb und außerhalb des Heiligen Römischen Reiches nachweisbar. Vgl. Klaus Gerteis: Die deutschen Städte in der Frühen Neuzeit. Zur Vorgeschichte der ‚bürgerlichen Welt'. Darmstadt 1986. S. 81f.; Arlette Farge: Frauen im Aufstand. In: Dies./Natalie Zemon Davis (Hg.): Geschichte der Frauen. Frankfurt/New York 1994. Bd. 3: Frühe Neuzeit. S. 507.

beruhet nunmehro ein grosser Theil ihrer Regiments-Verfassung auf denen Spruechen und Erkenntnissen derer hoechsten Reichsgerichte.[5] Mosers Zitate bieten dabei, überspitzt formuliert, eine Zusammenfassung neuerer Forschungsergebnisse. Wie Moser betonen neuere Arbeiten die modernisierende und stabilisierende Wirkung der jurisdiktionellen und legislativen Konfliktlösungsarbeit des Reichshofrats.[6]

Wenngleich das Eingreifen des obersten Reichsgerichts eine reichsrechtliche Selbstverständlichkeit und eben nicht, wie oft diagnostiziert, zwangsläufig das Symptom eines unaufhaltsamen und kontinuierlichen Niedergangs war,[7] so gab es doch in den Reichsstädten durchaus erheblichen Reformbedarf. Die Konflikte speisten sich zumeist aus einer breiten Unzufriedenheit über das politische Versagen des jeweiligen Magistrats und einer auf Nepotismus beruhenden Ämtervergabe.[8] Neben administrativen und wirtschaftlichen Reformen und der Veröffentlichung des lokalen Rechts forderten die reichsstädtischen Bürgerschaften vielerorts tief greifende politische Umstrukturierungen, insbesondere erweiterte Kontroll- und Mitsprachebefugnisse. Viele Oppositionelle beriefen sich auf – tatsächliche oder erfundene – althergebrachte Privilegien der Bürgerschaft, um ihre Forderungen nach erweiterten Partizipationsrechten zu rechtfertigen. Trotz einer Reihe von Gemeinsamkeiten waren die Unruhen aber keinesfalls homogen. Schon aus den unterschiedlichen politischen und sozialen Strukturen der Reichsstädte ergaben sich differierende Konfliktverläufe.[9] Diese Diversität und Komplexität innenpolitischer Auseinandersetzungen verdeutlichen insbesondere die Beispiele Augsburg und Nürnberg.

---

[5] Moser: Reichs-Stättische Regiments-Verfassung (Anm. 1). S. 15.
[6] Vgl. beispielsweise Siegrid Westphal: Zur Erforschung der obersten Gerichtsbarkeit des Alten Reiches. Eine Zwischenbilanz (http://www.ahf-muenchen.de/Forschungsberichte/Berichte2000/Westphal.shtml, Stand: 8.11.2006); Martin Fimpel: Reichsjustiz und Territorialstaat. Württemberg als Kommissar von Kaiser und Reich im Schwäbischen Kreis (1648–1806). Tübingen 1999 (Frühneuzeit-Forschungen. Bd. 6); Thomas Lau: Die Reichsstädte und der Reichshofrat. In: Wolfgang Sellert (Hg.): Reichshofrat und Reichskammergericht. Ein Konkurrenzverhältnis. Köln/Weimar/Wien 1999 (Quellen und Forschungen zur höchsten Gerichtsbarkeit im Alten Reich. Bd. 34). S. 129–153; Volker Press: Die Reichsstädte im Reich der frühen Neuzeit. In: Rainer A. Müller (Hg.): Reichsstädte in Franken. Aufsätze 1: Verfassung und Verwaltung. München 1987 (Veröffentlichungen zur bayerischen Geschichte und Kultur. Bd. 15/1). S. 9–27.
[7] Vgl. Otto Borst: Demokratie in den Reichsstädten? In: Ders./Haus der Geschichte Baden-Württemberg (Hg.): Südwestdeutschland – die Wiege der deutschen Demokratie. Tübingen 1997 (Stuttgarter Symposion. Bd. 5). S. 24.
[8] Allerdings waren die erhobenen Vorwürfe in einigen Fällen haltlos. So etwa in Nürnberg, wo die reichsstädtischen Ämter durchaus mit professionellem Personal besetzt waren. Vgl. Peter Fleischmann: Professionalisierung oder Ausschluß von Führungseliten in der Reichsstadt Nürnberg? In: Günther Schulz (Hg.): Sozialer Aufstieg. Funktionseliten im Spätmittelalter und in der frühen Neuzeit. München 2002 (Deutsche Führungsschichten in der Neuzeit. Bd. 25). S. 70. Im Fall Nürnberg ist auch darauf hinzuweisen, dass der von vielen Bürgern beklagte Steuerdruck nicht unbedingt der Gier des Patriziats, sondern auch den großen finanziellen Verpflichtungen der Stadt gegenüber dem Reich geschuldet war. Vgl. Rudolf Endres: Nürnberg im 18. Jahrhundert. In: Mitteilungen des Vereins für Geschichte der Stadt Nürnberg. 75. 1988, hier S. 135.
[9] Man denke an das zunftfreie Nürnberg. Im Gegensatz dazu besaßen die Zünfte in Köln weitgehende Mitspracherechte, vgl. Gerd Schwerhoff: Öffentliche Räume und politische Kultur in der frühneuzeitlichen Stadt. Eine Skizze am Beispiel der Reichsstadt Köln. In: Rudolf Schlögl (Hg.): Interaktion und Herrschaft. Die Politik der frühneuzeitlichen Stadt. Konstanz 2004 (Historische Kulturwissenschaft. Bd. 5). S. 114f. Hinzu kommt die unterschiedliche Größe und die sich daraus

2. Das Beispiel Augsburg

Der Augsburger Verfassungskonflikt ist hinsichtlich seiner Ursachen und mehr noch seiner Lösung für zahlreiche reichsstädtische Konflikte beispielhaft. Sieht man von vorhergehenden Auseinandersetzungen, wie sie schon im 17. Jahrhundert beziehungsweise im Spätmittelalter nachweisbar sind,[10] ab, so markiert das Jahr 1715 den Beginn des Konflikts. In diesem Jahr berichtete der in Augsburg agierende kaiserliche Resident Jacob Emmanuel von Garb dem Kaiserhof in einem Brief von zahlreichen Missständen und Unordnungen des Regiments. Seine heftige Kritik zielte auf den ausufernden Nepotismus ab, der gleichermaßen im evangelischen (hier vor allem durch die Familie von Stetten) wie im katholischen Ratsteil (hier insbesondere durch die von Langenmantel) ausgeprägt war.[11] Für Garb waren die Umtriebe präpotenter Patrizierfamilien ein *Unkraut*, das sich am *heylsamen Gewächs* der von Karl V. erlassenen Verfassung emporrankte.[12] Um Abhilfe zu schaffen, ließ der Reichshofrat in Augsburg eine sogenannte Lokalkommission einrichten,[13] eine überaus effiziente, aber auch teure Form der gerichtlichen Konfliktlösung, bei der zumeist ein benachbarter Reichsstand mit der Streitschlichtung, Untersuchung oder Exekution am Ort des Geschehens beauftragt wurde.[14] Die Augsburger Kommission wurde geleitet vom kaiserlichen Residenten Jacob Emmanuel von Garb und dem Bischof von Konstanz, der seinerseits den Oberhofmarschall Paul Niclas Freiherr von Reichenstein sowie den Konstanzer Hofrat Friedrich Wilhelm Balbach von Gastel als Subdelegierte ernannte.[15] Während ihrer Tätigkeit von 1718 bis 1720 reformierte die Kommission das Finanz- und Ämterwesen und erarbeitete 1719 eine neue Regimentsordnung, mit der die Kompetenzen der Stadtpfleger und der Geheimen Räte gegenüber dem

---

ergebende differierende Sozialstruktur, vgl. Rudolf Endres: Sozial- und Bildungsstrukturen fränkischer Reichsstädte im Spätmittelalter und in der Frühen Neuzeit. In: Horst Brunner (Hg.): Literatur in der Stadt. Bedingungen und Beispiele städtischer Literatur des 15. bis 17. Jahrhunderts. Göppingen 1982 (Göppinger Arbeiten zur Germanistik. Bd. 343). S. 48–50.

[10] Vgl. Rolf Kießling: Augsburg im Aufstand. Ein systematischer Vergleich von Unruhen des 14./16. Jahrhunderts mit denen des 17./18. Jahrhunderts. In: Angelika Westermann (Hg.): Streik im Revier. Unruhe, Protest und Ausstand vom 8. bis 20. Jahrhundert. Herrn Prof. Dr. Harald Winkel gewidmet. St. Katharinen 2007. S. 153–175.

[11] Vgl. Ingrid Bátori: Reichsstädtisches Regiment, Finanzen und bürgerliche Opposition. In: Gunther Gottlieb u.a. (Hg.): Geschichte der Stadt Augsburg. Von der Römerzeit bis zur Gegenwart. Stuttgart 1984. S. 461.

[12] HHStA. RHR, Decisa, 289. Brief Garbs an den Kaiser (Kopie), 1715 (?).

[13] Neben einer Lokalkommission vor Ort (*in loco partium*) gab es auch Hofkommissionen in Wien (*in loco judicii*). Vgl. Hans-Joachim Hecker: Die Reichsstädte und die beiden oberen Reichsgerichte. In: Rainer A. Müller (Hg.): Reichsstädte in Franken. Aufsätze 1: Verfassung und Verwaltung. München 1987 (Veröffentlichungen zur bayerischen Geschichte und Kultur. Bd. 15/1). S. 174.

[14] Vgl. zu den vielfältigen Aufgaben von Kommissionen Eva Ortlieb: Im Auftrag des Kaisers. Die kaiserlichen Kommissionen des Reichshofrats und die Regelung von Konflikten im Alten Reich (1637–1657). Köln/Weimar/Wien 2001 (Quellen und Forschungen zur höchsten Gerichtsbarkeit im Alten Reich. Bd. 38). S. 351f.

[15] Vgl. Ingrid Bátori: Die Reichsstadt Augsburg im 18. Jahrhundert. Verfassung, Finanzen und Reformversuche. Göttingen 1968 (Veröffentlichungen des Max-Planck-Instituts für Geschichte. Bd. 22). S. 179–183 et passim.

Ratsplenum reduziert und strikte Regelungen zu Verwandtschaftsbeziehungen eingeführt wurden.[16]

Vergleichbare Entwicklungen finden sich in vielen Reichsstädten, weitgehend unabhängig von ihrer Größe, Konfession oder Region. Zu nennen sind etwa die Ereignisse im ebenfalls bikonfessionellen Biberach, wo es 1732 und 1733 zu einem spektakulären Höhepunkt durch bürgerschaftliche Tumulte und den Einmarsch von Schwäbischen Kreistruppen kam.[17] Als besonderes Beispiel ist das thüringische Mühlhausen einzustufen, einerseits wegen der gescheiterten Reformbemühungen, andererseits in Anbetracht der schweren Tumulte 1733 und des außergewöhnlich harten Vorgehens der Exekutionskommission.[18] Aufzuführen ist auch der Frankfurter Bürgerprozess von ca. 1705 bis 1732, bei dem vergleichbare Vorwürfe (Parteilichkeit der Justiz, Fälschungen und Veruntreuungen durch Ratsangestellte etc.) und Forderungen (erweiterte Mitsprache- und Kontrollrechte) laut wurden. Wie in Augsburg war in Frankfurt ein kaiserlicher Resident, hier Georg Ludwig von Völckern, für die Einrichtung einer Lokalkommission maßgeblich verantwortlich.[19] Ein weiteres Exempel bietet die Handelsmetropole Hamburg,[20] wo im Gefolge von Bestechungs- und Nepotismusvorwürfen ein Verfassungsstreit um die oberste städtische Gewalt entbrannte. Hier gelang es einer Lokalkommission nach wiederholten und teilweise gewaltsamen Unruhen im Jahr 1712 durch eine Verfassungsreform einen Kompromiss zwischen den Konfliktparteien zu erreichen.[21] Ein exponiertes Beispiel für die kleineren Reichsstädte ist wiederum das von zahlreichen Kommissionen betroffene Dinkelsbühl. 1726 und 1731 ergingen in dieser Causa scharfe und viel beachtete Reichshofrats-Conclusa. Neben der Bestrafung von ungehorsamen Magistratsmitgliedern wurden administrative Reformen und Neuregelungen im Bau-, Policey-, Forst-, Kanzleiwesen sowie in Zoll-, Umgeld- und Vormundschaftsangelegenheiten durch die dortigen Lokalkommissionen angeordnet.[22]

Derartige Verfassungskonflikte wurden, vor allem in älteren Arbeiten, zumeist als Auseinandersetzung zwischen Bürgerschaft und Rat dargestellt und mitunter als frühmoderne bürgerliche Freiheitskämpfe verklärt. Doch diese Gegenüberstellung von zwei monoli-

---

[16] Vgl. Bátori: Reichsstadt Augsburg (Anm. 15).
[17] Vgl. Volker Press: Biberach – Reichsstadt im späten Mittelalter und in der frühen Neuzeit. In: Ders. u.a. (Hg.): Geschichte der Stadt Biberach. Stuttgart 1991. S. 56–59; Fimpel: Reichsjustiz (Anm. 6). S. 116–220; Hafner: Republik im Konflikt (Anm. 3). S. 117–124.
[18] Vgl. Thomas Lau: Bürgerunruhen und Bürgerproteste in den Reichsstädten Mühlhausen und Schwäbisch Hall in der Frühen Neuzeit. Bern 1999 (Freiburger Studien zur Frühen Neuzeit. Bd. 4). S. 491–493.
[19] Vgl. Sailer: Verwissenschaflichung (Anm. 4). S. 138.
[20] Offiziell wurde der Status Hamburgs als Reichsstadt erst 1768 bestätigt. Vgl. Karl Otmar von Aretin: Das Alte Reich. Stuttgart 1993. Bd. 1: Föderalistische oder hierarchische Ordnung (1648–1684). S. 110.
[21] Vgl. Gerd Augner: Die kaiserliche Kommission der Jahre 1708–1712. Hamburgs Beziehung zu Kaiser und Reich zu Anfang des 18. Jahrhunderts. Hamburg 1983 (Beiträge zur Geschichte Hamburgs. Bd. 23). S. 1–16.
[22] Vgl. Günter Wagner: Dinkelsbühl contra Dinkelsbühl. Innere reichsstädtische Konflikte zwischen dem Westfälischen Frieden und dem Reichsdeputationshauptschluss. In: Rainer A. Müller: Reichsstädte (Anm. 13). S. 333–335.

thischen Blöcken ist in der Forschung wiederholt angezweifelt worden.[23] Aufgeklärte Kritik am reichsstädtischen Regierungsstil oder Reformvorschläge kamen auch aus den Reihen der Regierenden, etwa in Nürnberg 1702 durch die Herren Älteren.[24] Darüber hinaus finden sich vielerorts innerpatrizische Rivalitäten,[25] bei denen es meist um den Machtausschluss aufstrebender Familien oder, wie in Augsburg,[26] um deren Benachteiligung bei der Ämtervergabe ging. Viele Verfassungskonflikte sind daher als Auseinandersetzungen zwischen politisch privilegierten auf der einen und von der Partizipation ausgeschlossenen Eliten auf der anderen Seite zu interpretieren.[27] Dafür spricht auch, dass es nach der Kooptation neuer Familien oder der Kompetenzerweiterung zugunsten bürgerschaftlicher Gremien nicht selten zu neuen Abschottungstendenzen kam.[28]

Rat contra Bürgerschaft – dieses Modell muss also an vielen Stellen präzisiert werden, schon weil die Proteste keinesfalls nur gegen den jeweiligen Magistrat gerichtet waren. In Frankfurt war die Bürgerschaft zerstritten und die eingereichten Memoriale zeugen von judenfeindlichen Ressentiments und Anfeindungen.[29] Dass es in den Reichsstädten nicht nur zu horizontalen, also zwischen Bürgerschaft und Patriziat verlaufenden Kon-

---

[23] Vgl. Christopher R. Friedrichs: Politik und Sozialstruktur in der deutschen Stadt des 17. Jahrhunderts. In: Georg Schmidt (Hg.): Stände und Gesellschaft im Alten Reich. Stuttgart 1989 (Veröffentlichungen des Instituts für Europäische Geschichte Mainz Beiheft. Bd. 29). S. 165. Friedrichs betont, dass der Antagonismus von Bürgerschaft und Magistrat, wenn überhaupt, erst am Ende der Konflikte stand.

[24] So in Nürnberg schon 1702: Vgl. StAN. Rst. Nbg., Rep. 26/42. Extrakt eines Verlasses der Herren Älteren vom 31.5.1702 an sämtliche Ämter mit dem Befehl zur Erarbeitung von *patriotischen und practicablen* Verbesserungsvorschlägen zur *abstellung eingerissener Mißbräuche*. Ein weiteres Beispiel sind die Modernisierungsmaßnahmen in Schwäbisch Hall. Vgl. Lau: Bürgerunruhen (Anm. 18). S. 514.

[25] Vgl. z. B. Press: Biberach (Anm. 17). S. 56–58.
Siehe außerdem die Reichshofrats-Conclusa für Giengen (31.8.1725. In: Johann Jacob Moser: Merckwürdige Reichs-Hof-Raths-Conclusa [...]. Frankfurt 1726. Bd. 1. S. 948–950), Wangen (28.1.1717. In: Moser: Reichs-Hof-Raths-Conclusa 1 (Anm. 25). S. 35) oder Isny (19.7.1728. In: Johann Jacob Moser: Merckwürdige Reichs-Hof-Raths-Conclusa [...]. Frankfurt 1730. Bd. 6. S. 623–632).

[26] Vgl. für Augsburg Bátori: Reichsstädtische Regiment (Anm. 11). S. 461. Schon vor den Briefen des Residenten Garb hatte sich der Augsburger Patrizier Koch von Gailenbach beim Reichshofrat über den Nepotismus und die Benachteiligung der eigenen Familie bei der Ämterbesetzung beschwert. Weitere Beispiele: HHStA. RHR, Salva Guardia 2 Konvolut 2. Salva Guardia für Johann Thomas von Rauner, Patrizier und Ratsmitglied zu Augsburg auf zwölf Jahre (9.8.1716) (Entwurf); HHStA. Reichskanzlei, Kleinere Reichsstände 18. Kopie des kaiserlichen Reskripts vom 24.6.1739 zur Berufung des Johann Baptist von Rehlingen.

[27] So unterteilt etwa Lau: Reichsstädte (Anm. 6). S. 142.

[28] Für Bern vgl. Andreas Würgler: Zwischen Verfahren und Ritual. Entscheidungsfindung und politische Integration in der Stadtrepublik Bern in der Frühen Neuzeit. In: Schlögl: Interaktion (Anm. 9). S. 90. Für Nürnberg zum Ende des 18. Jahrhunderts siehe Walter Bauernfeind: Nürnberg 1793 bis 1814. Eine Darstellung der politischen Entwicklung aus patrizischer Sicht und der Verfassungsentwurf für eine wieder zu errichtende Reichsstadt. In: Mitteilungen des Vereins für Geschichte der Stadt Nürnberg. 92. 2005, hier S. 203.

[29] Vgl. HHStA. MEA, RHR 8a, Akten zum Fall der Bürgerschaft und Stadt Frankfurt gegen den Magistrat daselbst 1707. Gravamen wider die Juden. fol. 119ff. Rund ein Jahrhundert zuvor war es im so genannten Fettmilch-Aufstand zu Plünderungen und Morden im jüdischen Viertel gekommen. Vgl. Sailer: Verwissenschaftlichung (Anm. 4). S. 116.

fliktlinien, sondern auch zu vertikalen Spaltungen innerhalb beider Gruppen kam, zeigen insbesondere die Auseinandersetzungen in den bikonfessionellen Orten.

Auch in diesem Punkt sind die Augsburger Ereignisse repräsentativ. Hier kam es im Juni 1718, also parallel zum Verfassungskonflikt und in Anwesenheit der Reichshofratskommission zu schweren konfessionellen Auseinandersetzungen.[30] Ausgangspunkt waren Störungen bei der Fronleichnamsprozession. Eskalierend wirkte dabei das Gerücht, dass Protestanten einen Stein auf die Hostie geworfen hätten, aus der sich dann ein großer Blutschwall ergossen hätte. Die Folge waren mehrtägige schwere Unruhen, die aber, wie die Krawalle der unzufriedenen Weber in der Jakobervorstadt zeigen,[31] keinesfalls nur konfessionell motiviert waren. Blutiger Höhepunkt war die Erschießung zweier angeblicher Unruhestifter, eines Weberknappen und eines katholischen Studenten, durch evangelische Stadtgardisten.[32] Den tatsächlichen Tathergang im Falle des erschossenen Studenten zu ermitteln, gestaltete sich als überaus schwierig. Zeugenaussagen zufolge soll der Corporal der evangelischen Stadtgardisten seinen Männern *Schießt die Baptistische hundt nur alle todt!* zugerufen haben,[33] die darauf das Feuer auf eine Gruppe fliehender katholischer Studenten eröffnet hatten. Soweit die katholische Sichtweise. Festzustehen scheint, so der Obduktionsbericht des Stadtarztes Dr. Schröck, dass eine Kugel den Studenten Kleb unterhalb der Brustwarze getroffen und ihm Lungenflügel und Herzkammer zerrissen hatte.[34] Als sicher kann ferner gelten, dass die Situation in der Reichsstadt beinahe außer Kontrolle geriet. Die Lokalkommissare sprachen in ihrem Bericht an den Kaiser von nicht weniger als einem bevorstehenden *Totall massacre*.[35] Ihr Verdienst ist es, dass trotz verhärteter Fronten und tumultartiger Zustände eine friedliche Konfliktlösung erreicht werden konnte. Es spricht für ein ausgeprägtes Vertrauen in die Reichshofratsjurisdiktion, dass die aufgebrachte katholische Menge sich in dieser Situation *theils mit entblößtem gewehr* und dennoch *fußfällig* an die Lokalkommission wandte, um auf rechtlichem Weg Satisfaktion für die Erschießungen zu fordern. Und für die Handlungsfähigkeit und das überkonfessionelle Vertrauen, das die Kommissare genossen, spricht die Tatsache, dass es ihnen gelang, den tief gegeneinander animierten Rat

---

[30] Zur Unterscheidung von Motivation und Legitimation bei Religionskonflikten vgl. Johannes Burkhardt: Der Dreißigjährige Krieg als frühmoderner Staatenbildungskrieg. In: Geschichte in Wissenschaft und Unterricht. 45. 1997, hier S. 488–490, mit Verweis auf Repgen (Konrad Repgen: What is a ‚Religious War'? In: E.I. Kouri/Tom Scott (Hg.): Politics and Society in Reformation Europe. Essays for Sir Geoffrey Elton on his Sixty-Fifth Birthday. London 1987. S. 311–328).

[31] Vgl. HHStA. Reichskanzlei, Kleinere Reichsstände 16. Bericht der Kommission an den Kaiser vom 24.6.1718.

[32] Vgl. HHStA. Reichskanzlei, Kleinere Reichsstände 16. Bericht der Kommission an den Kaiser vom 24.6.1718.

[33] HHStA. Reichskanzlei, Kleinere Reichsstände 16. Protocollum In General und Special Inquisitionssachen wegen der Aufstände am 15./17. und 19.6.1718 und den zwei Todesfällen, Aussage Simon Grubers.

[34] Vgl. HHStA. Reichskanzlei, Kleinere Reichsstände 16. Protocollum In General und Special Inquisitionssachen wegen der Aufstände am 15./17. und 19.6.1718 und den zwei Todesfällen, Medizinisches Gutachten der Obduktion des Studenten Kleb von Stadtarzt Dr. Schröck.

[35] HHStA. Reichskanzlei, Kleinere Reichsstände 16. Bericht der Kommission an den Kaiser vom 24.6.1718.

zu einen, eine Einstellung des Schießbefehls zu erwirken und mit dem Versprechen einer unparteilichen Untersuchung die allgemeine Ruhe wiederherzustellen.[36] Bemerkenswert ist weiter der erfolgreiche mehrgleisige Medieneinsatz, mit dem eine Ausweitung der Konfliktzone verhindert wurde.[37] Die gelungene Friedensstiftung des Reichshofrats war angesichts sich reichsweit verschärfender konfessioneller Spannungen um das Jahr 1720, dem deutschen Religionsstreit, von hoher symbolischer Bedeutung. Dass es im 18. Jahrhundert bei einem „Beinahe-Religionskrieg"[38] blieb, ist nicht zuletzt dem erfolgreichen Krisenmanagement des Reichshofrats und seiner Kommissionen zu verdanken. Anders als etwa die Auseinandersetzungen um die Störung einer Fronleichnamsprozession rund hundert Jahre zuvor in Donauwörth waren die Augsburger Unruhen kein Anlass für weitergehende Streitigkeiten. Große Wachsamkeit und ein zügiger Informationsfluss, der über den kaiserlichen Residenten von Garb erfolgte, sicherten in den folgenden Jahren den inneren Frieden.[39]

Erfolgreiche Krisenprophylaxe betrieb der Reichshofrat auch in anderen bikonfessionellen Reichsstädten wie Kaufbeuren 1719, wo man neben Tumulten sogar *Mord- und Todschlag*[][40] befürchtete, oder in Ravensburg, wo ebenfalls eine Kommission eingerichtet wurde.[41] In den 1720er Jahren kam es weiterhin zu Spannungen, wie die Konflikte zwischen Katholiken und Protestanten in Dinkelsbühl[42] oder der 1721 vom Reichshofrat angelegte ‚Cathalogus Causarum Religionis' mit seinen zahlreichen reichsstädtischen Beispielen belegen.[43] Einen Sonderfall stellt Hamburg dar. Hier richtete sich der Zorn einiger protestantischer Tumultuanten sogar gegen die kaiserlichen Abgesandten und den dortigen Residenten Theobald von Kurtzrock. So riss eine aufgebrachte Menge 1719 das kaiserliche Legationshaus mitsamt katholischem Gotteshaus nieder, unter anderem, weil von dort aus angeblich anti-evangelische Streitschriften verbreitet worden waren.[44] Maßgeblich verantwortlich für die *Gewaltthaten, Raub, Plünderungen* soll, einem Reichshofratsgutachten zufolge, der *violente Prediger Seelmann* gewesen sein.[45] Der Reichshofrat sah in den Tumulten weniger konfessionelle Unruhen als vielmehr gezielte Destabilisie-

---

36 Vgl. HHStA. Reichskanzlei, Kleinere Reichsstände 16. Bericht der Kommission an den Kaiser vom 24.6.1718.
37 Vgl. Kap. VI.1.1.
38 Johannes Burkhardt: Vollendung und Neuorientierung des frühmodernen Reiches 1648–1763. Stuttgart 2006 (Gebhardt Handbuch der deutschen Geschichte. Bd. 11). S. 347.
39 Vgl. Kap. IV.2.
40 Vgl. Reichshofrats-Conclusum (20.11.1719). In: Moser: Reichs-Hof-Raths-Conclusa 1 (Anm. 25). S. 238.
41 Vgl. dazu die Reichshofrats-Conclusa mit der Einrichtung einer Kommission zur Güte (25.5.1719, 16.10.1719 und 14.8.1720). In: Moser: Reichs-Hof-Raths-Conclusa 1 (Anm. 25). S. 712, 715–717.
42 Vgl. HHStA. RHR, Decisa, 1670. Hier gab es zahlreiche Prozesse: 1712/13 wegen eines antikatholischen Pamphlets, 1717/18 im Fall des Zeugmacherhandwerks gegen den katholischen Ratsteil, 1720–1728 wegen einer Auseinandersetzung um der Schließung der Kaufhäuser an katholischen Feiertagen und 1725 wegen der überproportionalen Aufnahme protestantischer Bürger.
43 Vgl. HHStA. RHR, Judicialia Vota 1 (A). Cathalogus Causarum Religionis vom 7.8.1721.
44 Vgl. Kap. VIII.4.1, Nr. 6.
45 Kap. VIII.4.1, Nr. 6.

rungsmaßnahmen vonseiten Dänemarks, durch die der kaiserliche Einfluss in der Reichsstadt geschwächt werden sollte.[46] Entscheidend ist auch hier die Bilanz der kaiserlichen Rechtsprechung, der es gelang, die kaiserliche Stellung in der Elbestadt zu behaupten und zu festigen. So insistierte der Reichshofrat, dass der Hamburger Magistrat dem Residenten ein neues Haus, in einer besseren und nicht von *ohnzüchtigen Weiberwinkel*[n] umgebenen Gegend zur Verfügung stellte und dem Kaiser eine Geldbuße entrichtete.[47] Außerdem musste eine hochrangige Magistratsdeputation in einem medienwirksam inszenierten Canossa-Gang am Kaiserhof Abbitte für die entstandenen Zerstörungen leisten. War die erste Maßnahme für das lokale Publikum gedacht, so war letztere an die Reichsöffentlichkeit adressiert.

3. Das Beispiel Nürnberg

Etwas anders gelagert war die Situation in Nürnberg. Hier kam es zwar weder zu (nennenswerten) Krawallen noch zur Einrichtung einer Lokalkommission, aber dennoch zu zahlreichen innenpolitischen Konflikten.

Als Ausgangspunkt der gerichtlichen Auseinandersetzungen zwischen Bürgern und Magistrat vor dem Reichshofrat im 18. Jahrhundert wird in der Forschung das Jahr 1730 genannt.[48] In diesem Jahr begann der spektakuläre Prozess des Zacharius Buck und seiner Frau Regina Catharina, die ihr Bürgerrecht wegen des hohen Steuerdrucks aufgaben. Dem Protest der Bucks schlossen sich weitere Nürnberger Kaufleute an, und schließlich auch der Nürnberger Handelsvorstand, in dem sich die Kaufmannschaft seit 1566 mit gewissen Selbstverwaltungsrechten (vor allem in Bezug auf Marktangelegenheiten) organisierte.[49] Mit Unterbrechungen dauerte dieser als ‚Kaufmannsprozess' bezeichnete Rechtsstreit um Steuergerechtigkeit und politische Reformen bis zum Ende des 18. Jahrhunderts. Bei Rudolf Endres' maßgeblicher Darstellung des Prozesses wurde in erster Linie die Rolle des Handelsvorstands und des politisch weitgehend bedeutungslosen Größeren Rats (auch Genanntenkollegium bezeichnet) fokussiert.[50] Dabei wurde jedoch

---

[46] Vgl. Kap. VIII.4.1, Nr. 6. Seit 1640 stand Altona als Teil des Herzogtums Holstein unter dänischer Verwaltung.

[47] Kap. VIII.4.1, Nr. 7.

[48] Vgl. hierzu den grundlegenden Aufsatz von Rudolf Endres: Die Rolle der Kaufmannschaft im Nürnberger Verfassungsstreit am Ende des Alten Reiches. In: Jahrbuch für fränkische Landesforschung. 45. 1985, hier S. 125–167; Walter Bauernfeind: Kaufmannsprozeß. In: Michael Diefenbacher/Rudolf Endres (Hg.): Stadtlexikon Nürnberg. 2. verb. Aufl. Nürnberg 2000. S. 529.

[49] Dieser Einrichtung standen vier beziehungsweise fünf Marktvorsteher vor, denen man nach dem 30-jährigen Krieg zusätzlich zwölf Adjunkten zur Bankaufsicht zuordnete. Vgl. Rudolf Endres: Verfassung und Verfassungswirklichkeit in Nürnberg im späten Mittelalter und in der Frühen Neuzeit. In: Wilfried Ehbrecht (Hg.): Verwaltung und Politik in Städten Mitteleuropas. Beiträge zu Verfassungsnorm und Verfassungswirklichkeit in altständischer Zeit. Köln/Weimar/Wien 1994 (Städteforschung A. Bd. 34). S. 217.

[50] Vgl. Endres: Kaufmannschaft (Anm. 48).

eine Reihe von vorhergehenden und parallelen Verfahren übersehen, die dem ‚Kaufmannsprozess' den Weg bereiteten.

Einer der Vorläufer war der seit dem Ende des 17. Jahrhunderts schwelende Residentenstreit, ein sozialer Rangkonflikt zwischen aufstrebenden Bürgern und dem Patriziat. Er ist neben anderen Zeremonialkonflikten ein Beleg[51] dafür, dass soziale Rangkonflikte keinesfalls nur ein höfisches, sondern auch ein städtisches Phänomen waren.[52] Bei den Residenten handelte es sich in der Regel um eingesessene und wirtschaftlich erfolgreiche Nürnberger Bürger, häufig Akademiker,[53] die bei einem anderen Reichsstand den Titel eines Gesandten erlangten (zumeist erkauften) und daraus bestimmte Exemtionen ableiteten. Auf diesem Wege versuchten sie sich den lokalen Policey- und Kleiderordnungen sowie in Teilen auch der Gerichtsbarkeit und Steuerpflicht zu entziehen.[54] Das Problem der Residenten betraf neben Nürnberg zahlreiche andere Reichsstädte wie Frankfurt, Lübeck, Bremen, Hamburg oder Augsburg, sodass von einer regelrechten ‚Residentenseuche' die Rede war.[55] 1720 kam es zum Höhepunkt und zur Entscheidung: Nicht zuletzt auf Betreiben Nürnbergs erließ Karl VI. ein Dekret, nach welchem die Aufnahme weiterer Residenten verboten wurde und die vorhandenen sich zwischen städtischem Bürgerrecht und Residententitel entscheiden mussten.[56] Der Nürnberger Magistrat sah den Konflikt weniger als Zeichen eines gesellschaftlichen und wirtschaftlichen Strukturwandels, als vielmehr als Ergebnis schwindender Affektkontrolle, was zeitgenössischen Frauenimages zufolge eine typisch feminine Charakterschwäche darstellte.[57] In einer an den Kaiser gerichteten, aber auch für die Reichsöffentlichkeit gedachten Druckschrift machte der Nürnberger Magistrat drei Personenkreise für den Residentenstreit im Besonderen und das gestiegene Konfliktpotenzial im Allgemeinen verantwortlich:[58] Dazu zählten die *stolzen Weiber*[59], die mit Rauschmitteln beschäftigten Berufsgruppen wie Bierbrauer oder Wein- und Bierwirte,[60] und die [g]*ewinn- und zanksuechtige*[n] *Advokaten*, welche friedliche Bürger zum rechtlichen Ungehorsam animierten.[61] Diese Juristenschelte spiegelt den zunehmen-

---

[51] Dazu gehört etwa der Streit der in Nürnberg ansässigen Notare und Prokuratoren gegen den Magistrat. Vgl. Johann Jacob Moser: Merckwürdige Reichs-Hof-Raths-Conclusa [...]. Frankfurt 1728. Bd. 5. S. 676 sowie Ders.: Merckwürdige Reichs-Hof-Raths-Conclusa [...]. Frankfurt 1728. Bd. 4. S. 489f.

[52] Vgl. allgemein Barbara Stollberg-Rilinger: Rang vor Gericht. Zur Verrechtlichung sozialer Rangkonflikte in der frühen Neuzeit. In: Zeitschrift für Historische Forschung. 28. 2001, hier S. 387–390.

[53] Vgl. StAN. Rst. Nbg., Differentialakten, Rep. 4, Nr. 843, Residentenangelegenheiten, Nr. 194.

[54] Vgl. Ingomar Bog: Reichsverfassung und reichsstädtische Gesellschaft. Sozialgeschichtliche Forschungen über reichsständische Residenten in den Freien Städten, insbesondere in Nürnberg. In: Jahrbuch für fränkische Landesforschung. 18. 1958, hier S. 332–340.

[55] Vgl. Bog: Reichsverfassung (Anm. 54). S. 336.

[56] Vgl. Bog: Reichsverfassung (Anm. 54). S. 339f.

[57] Vgl. Natalie Zemon Davis: Die aufsässige Frau. Humanismus, Narrenherrschaft und die Riten der Gewalt. Gesellschaft und Kultur im frühneuzeitlichen Frankreich. Frankfurt/New York 1987. S. 136f.

[58] Vgl. Kap. VIII.4.7, Nr. 10, § 18–22.

[59] Kap. VIII.4.7, Nr. 10, § 22.

[60] Vgl. Kap. VIII.4.7, Nr. 10, § 21.

[61] Kap. VIII.4.7, Nr. 10, § 18.

den Einfluss von Rechtsbeiständen bei Auseinandersetzungen zwischen Obrigkeiten und Untertanen wider[62] und zeigt zudem, dass sich der Verrechtlichungsprozess just in dieser Phase beschleunigte.[63] Obgleich es sich nicht um organisierte Gruppenproteste, sondern um individuelles Aufbegehren handelte, sah der Nürnberger Magistrat im Gebaren der Residenten eine ernsthafte Bedrohung der inneren Ordnung. Zum einen, weil hier einheimische Bürger aus der Schwur-, Wehr- und Steuergemeinschaft der Reichsstadt austraten, zum andern, weil das Policeyrecht für alle sichtbar (durch unstandesgemäße Kleidung, Aufhängen von Wappen an Hauswänden etc.) gebrochen wurde. Oder mit den Worten des Nürnberger Magistrats: Die Missachtung der Luxusordnung durch die Residenten führe früher oder später unweigerlich zum *Umsturz der Gesambten Löbl*[ichen] *Republic.*[64] Deutlicher könnte man kaum zum Ausdruck bringen, dass auch der Residentenstreit im Kern ein Verfassungskonflikt war.[65]

Ähnlich wie im Fall der Residenten argumentierte der Nürnberger Magistrat im Streit mit dem aufbegehrenden Kunstgießer Stephan Werner. Dieser prozessierte ab 1721 vor dem Reichshofrat gegen seine Obrigkeit und das Nürnberger Gürtlerhandwerk wegen eines verweigerten Handwerksprivilegs.[66] Werners Klage, so hieß es in einem Schreiben an den Kaiser, bedrohe die Grundfesten der reichsstädtischen Verfassung, indem durch sie *der Umsturz der Nürnberg*[ischen] *Policey-Ordnung und eine totale Unruh und Confusion unter denen Handwerckern, nothwendig entstehen müste.*[67] Werners Fall stand in enger Verbindung zu parallelen und späteren Reichshofratsprozessen. Bemerkenswert ist, dass Werner mit anderen Magistratskritikern kooperierte, dabei radikale Reformen in der Regierungsform, ja wahrscheinlich sogar eine Abschaffung der Patriziatsherrschaft intendierte.[68]

---

62   Vgl. allgemein dazu Schlögl: Vergesellschaftung (Anm. 3). S. 45.
63   Eine ähnliche Wahrnehmung findet sich auch in dem satirischen Augsburger *Bier Discurs* aus dem Jahr 1721 (StAA. Reichsstadt Augsburg, Münchner Bestand, 39. Kopien von Berichten und Rechnungen das Augsburger Regiment betreffend, 1716–1722, Nr. 476). Zwar ist Juristenschelte kein Novum des 18. Jahrhunderts, doch zielt die traditionelle Kritik am Advokatenstand eher auf eine angebliche Rechtsbeugung durch die Anwälte ab. Vgl. zum Image des Juristen: Wolfgang Sellert: '[…] der Pöbel hätte mich fast gesteinigt, wie er hörte, ich sei ein Jurist' (J. W. v. Goethe). In: Bernd-Rüdiger Kern u.a. (Hg.): Humaniora. Medizin, Recht, Geschichte. Festschrift für Adolf Laufs zum 70. Geburtstag. Berlin 2006. S. 390–393.
64   StAN. Rst. Nbg., Differentialakten, Rep. 4, Nr. 843, Residentenangelegenheiten, Nr. 24. Ratsverlass vom 31.1.1718.
65   Vgl. dazu Barbara Stollberg-Rilinger, die betont, dass Zeremonialkonflikte „genuine Verfassungskonflikte" darstellten. Vgl. Barbara Stollberg-Rilinger: Die zeremonielle Inszenierung des Reiches, oder: Was leistet der kulturalistische Ansatz für die Reichsverfassungsgeschichte? In: Matthias Schnettger (Hg.): Imperium Romanum – irregulare corpus. Das Alte Reich im Verständnis der Zeitgenossen und der Historiographie. Mainz 2002 (Veröffentlichungen des Instituts für Europäische Geschichte Mainz Beiheft. Bd. 57). S. 240.
66   Vgl. zu diesem Fall: HHStA. RHR, Fabriks-, Gewerbe- und Handlungsprivilegien 11, Faszikel 11.
67   HHStA. RHR, Fabriks-, Gewerbe- und Handlungsprivilegien 11, Faszikel 11. Brief des Nürnberger Magistrats, verfasst von Reichshofratsagent Braun an den Kaiser vom. 16.9.1723, Kopie. fol. 439–447 fol. 445^r.
68   Vgl. StAN. Rst. Nbg., Rep. 26/1, Nr. 18, 45. Briefe des Wiener Gesandten Walther vom 22.3.1722 und 27.5.1722; Nr. 105. Brief des Wiener Agenten Hartmann vom 5.9.1722.

Zu seinen Verbündeten gehörte der Nürnberger Jurist Dr. Johann Konrad Sörgel,[69] der ab 1723 seinen Magistrat wegen angeblicher Veruntreuung der Türkensteuer, Misswirtschaft und Willkürherrschaft verklagte.[70] Sörgel wiederum kooperierte nicht nur mit Werner, sondern zumindest zeitweise auch mit der Nürnberger Kaufmannschaft. Darüber hinaus waren Sörgels Motive vor allem privater Natur. Mit seinem Prozess versuchte der hoch verschuldete Jurist eine Pfändung seines Besitzes zu verhindern, indem er der ausbeuterischen Magistratspolitik die Schuld an der eigenen Insolvenz gab und seine Privatangelegenheit zu einer das Gemeinwohl betreffenden Grundsatzfrage deklarierte. Vor dem Reichshofrat war Sörgel dabei in mehrere Schuldenprozesse involviert,[71] die für sich genommen unpolitisch erscheinen, jedoch Teil eines auf verschiedenen Feldern ausgetragenen Verfassungskonflikts waren.[72]

Auch in anderen Reichsstädten findet sich eine Vielzahl paralleler und teilweise miteinander verbundener Einzelklagen, die am Reichshofrat meist unter der Fallbezeichnung *Diversorum Gravaminum* verhandelt wurden. In Weißenburg war es aufgrund massiver Beschwerden bereits zum Ende des 17. Jahrhunderts zur Einrichtung einer Lokalkommission gekommen, die aber weitere Konflikte in den darauf folgenden Jahren nicht verhindern konnte.[73] Zu den hartnäckigsten Klägern gehörte ein gewisser Johann Georg Wechsler, der (später zusammen mit seinem Sohn) jahrzehntelang gegen den Weißenburger Magistrat prozessierte.[74] Selbst oder vielmehr insbesondere kleine Angelegenheiten wie der Streit um Weiderechte wurden dabei zu Grundsatzfragen um die Rechtmäßigkeit politischer Herrschaft. Wechslers Klagen waren wie viele andere eine Mischung aus politischem Verfassungsstreit und Privatfehde des Klägers mit einzelnen Ratsmitgliedern. Letztlich sind, so ist abschließend festzuhalten, individuelle und kollektive Untertanenklagen oft nur schwer oder gar nicht voneinander zu unterscheiden.

---

[69] Die Frage der Türkensteuer steht am Anfang eines sich anschließenden langjährigen Konflikts um Steuergerechtigkeit und Willkürherrschaft. Zu Sörgel, der den Nürnberger Magistrat wegen angeblicher Veruntreuung der Türkensteuer verklagte, und zu seiner Rolle als Vorreiter des Nürnberger Verfassungsstreits vgl. David Petry: Demokratischer Aufbruch oder folgenloses Strohfeuer? Patronage, Spionage und Kolportage im Reichshofratsprozess Dr. Sörgel contra Nürnberg (1722–1730). In: Jahrbuch für fränkische Landesforschung. 65. 2005, hier S. 135–161.

[70] Vgl. StAN. Rst. Nbg., Rep. 26/2, Nr. 145.

[71] Vgl. das Reichshofrats-Conclusum in der Sörgel'schen Schuldensache vom 22.3.1725 (Moser: Reichs-Hof-Raths-Conclusa 1 [Anm. 25]. S. 53–55) sowie vom 1.2.1724 (Johann Jacob Moser: Merckwürdige Reichs-Hof-Raths-Conclusa [...]. Frankfurt 1726. Bd. 2. S. 438f).

[72] Die Bedeutung solcher Konflikte wird in der neueren Forschung stärker betont: Vgl. Siegrid Westphal: Stabilisierung durch Recht. Reichsgerichte als Schiedsstelle territorialer Konflikte. In: Ronald G. Asch/Dagmar Freist (Hg.): Staatsbildung als kultureller Prozess. Strukturwandel und Legitimation von Herrschaft in der Frühen Neuzeit. Köln 2005. S. 238f.

[73] Vgl. zu den Ereignissen in Weißenburg Otto Rieder: Geschichte der ehemaligen Reichsstadt und Reichspflege Weißenburg am Nordgau (1). Neuauflage bearbeitet von Rainer Kammerl. Weißenburg 2002 (Weißenburger Heimatbücher. Quellen und Forschungen zur Geschichte von Stadt und Weißenburger Land. Bd. 10). S. 413–424.

[74] Vgl. Rieder: Weißenburg (Anm. 73). S. 425. Die vor dem Reichshofrat geführten Klagen sind bis mindestens 1727 nachweisbar.

Betont werden muss, dass keinesfalls nur Männern der Rechtsweg offen stand.[75] Einem Verzeichnis der Augsburger Reichshofratsprozesse zufolge waren rund ein Drittel der Prozessparteien in dieser Phase Frauen.[76] Generell kann am Reichshofrat von einem – verglichen mit dem Reichskammergericht – hohen Frauenanteil und grosso modo einer Gleichbehandlung der Geschlechter ausgegangen werden.[77] Die Supplik der Augsburgerin Susanna Wolfin ist daher ein Beispiel für das auch bei Frauen ausgeprägte Reichs- und Rechtsbewusstsein.[78] Unabhängig von den Prozessgegenständen verdeutlicht das Beispiel Augsburg, dass Frauen im Rahmen alltäglicher Zivilklagen ihre Interessen zu behaupten versuchten und eben nicht, wie in älteren Forschungsmodellen behauptet, in schweigsamer Duldsamkeit verharrten.[79]

Wir können also für das erste Drittel des 18. Jahrhunderts von einer breite Bevölkerungskreise umfassenden Verrechtlichungstendenz ausgehen.[80] Die Zahlen bestätigen diese Entwicklung. So ermittelten Ortlieb und Polster in ihrer Auswertung der Prozessfrequenz am Reichshofrat in der Regierungszeit Karls VI. die „am längsten andauernde Periode einer intensiven Tätigkeit des Reichshofrats"[81]. An dieser Prozessvermehrung hatten die Reichsstädte entscheidenden Anteil. So stieg etwa die Zahl der Augsburger Reichshofratsakten in der ersten Hälfte des 18. Jahrhunderts signifikant an,[82] und die Zahl der Prozesse zwischen Bürgern und dem Augsburger Magistrat vor dem Reichshofrat erhöhte sich zwischen 1700 und 1740 beinahe um das Dreifache.[83] Dieser Befund deckt sich außerdem mit der zeitgenössischen Wahrnehmung, wie sie etwa in Zeitungen nachweisbar ist. So berichtete die ‚Wöchentliche Relation' aus Halle im September 1727, dass

---

[75] Frauen waren grundsätzlich prozessfähig, mussten sich aber zumindest offiziell eines Reichshofratsagenten bedienen (auch davon wurde gelegentlich abgesehen). Vgl. Wolfgang Sellert: Prozeßgrundsätze und Stilus Curiae am Reichshofrat im Vergleich mit den gesetzlichen Grundlagen des reichskammergerichtlichen Verfahrens. Aalen 1973 (Untersuchungen zur deutschen Staats- und Rechtsgeschichte. Bd. 18). S. 106, 118.

[76] Vgl. StadtAA. Reichshofratsakten 3. Register über die beym Kaißerl. Reichs Hofrath verhandelten Prozesse von Ao. 1623–1788/1805.

[77] Vgl. Siegrid Westphal: Die Inanspruchnahme des Reichshofrats durch Frauen – quantitative Aspekte. In: Dies. (Hg.): In eigener Sache. Frauen vor den höchsten Gerichten des Alten Reiches. Köln/Weimar/Wien 2005. S. 35–39.

[78] Vgl. StadtAA. Reichshofratsakten 13. Verantwortung und Bitten der Susanna Wolfin vom 20.6.1709.

[79] Vgl. dazu etwa die Ergebnisse des Sammelbandes: Doris Brodbeck (Hg.): Dem Schweigen entronnen. Religiöse Zeugnisse von Frauen des 16. bis 19. Jahrhunderts. Markt Zell 2006. Zum Bild der Frauen bei Protesten vgl. allgemein Farge: Frauen im Aufstand (Anm. 4). S. 508f.

[80] Vgl. Sailer: Verwissenschaflichung (Anm. 4).

[81] Eva Ortlieb/Gert Polster: Die Prozessfrequenz am Reichshofrat (1519–1806). In: Zeitschrift für Neuere Rechtsgeschichte. 26. 2004, hier S. 204.

[82] Von den 38 Faszikeln zu Augsburger Reichshofratsprozessen, die sich im Stadtarchiv Augsburg befinden, enthält der Großteil Material aus dem 18. Jahrhundert. Diese Entwicklung ist natürlich nicht nur der Prozessvermehrung, sondern auch verstärkten Sammlungsbemühungen geschuldet (Vgl. Kap. V.2.2).

[83] Vgl. StadtAA. Reichshofratsakten 3. Register über die beym Kaißerl. Reichs Hofrath verhandelten Prozesse von Ao. 1623–1788/1805.

von verschiedenen Reich-Städten immer neue Klagen beym Reich Hof-Rath einlauffen.[84] Bereits 1722 hatte das Blatt auf eine drastische Aktenvermehrung in Wien aufgrund der vielen Reichshofratsprozesse aufmerksam gemacht.[85] Und der Reichshofratstürhüter Dominik Adolph von Weingarten, der mit der Verteilung der ergangenen Conclusa betraut war, beklagte sich just 1723 in einem Brief an den Kaiser über das gewachsene Arbeitspensum.[86] So auch kein Geringerer als Reichsvizekanzler Friedrich Karl von Schönborn: Ihm zufolge waren es in erster Linie die Reichsstädte, die als Prozessparteien überproportional am Reichshofrat vertreten waren.[87]

---

[84] ‚Wöchentliche Relation' aus Halle am 20.9.1727 in einem Bericht zur Situation in Nürnberg (Kap. VIII.4.6, Nr. 47).
[85] Vgl. die ‚Wöchentliche Relation' aus Halle vom 16.5.1722 (SuUB. Ja 2454/3. Nr. 20).
[86] Vgl. HHStA. Reichshofrat, Alte Prager Akten 211. Beschwerdebrief des Reichshofratstürhüters Dominik Adolph von Weingarten an den Kaiser wegen der Beleidigung durch den Reichshofratsagenten Wirsching vom 26.5.1723.
[87] Vgl. StadtAA. Rst. Augsburg, Reichshofratsakten 2. Brief F. K. Schönborns an die Reichsstadt Augsburg vom 28.5.1722 (Kopie). Vgl. auch Kap. V.2.1.

III. Konfliktaustrag und Recht

1. Reichspolitik und Reichsgerichtsbarkeit

1.1 Kaiser des Rechts: Der Reichshofrat unter Karl VI.

Warum kam es im frühen 18. Jahrhundert zu jener dramatischen Prozessvermehrung, wie sie im zweiten Kapitel festgestellt wurde? Zur Beantwortung dieser Frage gilt es, sich die Bedeutung der Reichshofratsrechtsprechung für die kaiserliche Politik zu vergegenwärtigen. Zwei Aspekte sind dabei hervorzuheben: Zum Ersten erfüllte der aus dem mittelalterlichen Hofrat entstandene Reichshofrat bis zu seiner Auflösung nicht nur jurisdiktionelle, sondern stets auch politische und administrative Aufgaben.[1] Und so ist auch die signifikante Zunahme der reichsstädtischen Prozesse im ersten Drittel des 18. Jahrhunderts Ausdruck der engen Verbindung von Reichspolitik und -gerichtsbarkeit. Zum Zweiten stand die Tätigkeit des Reichshofrats in einer Art Spannungsfeld von kaiserlicher Machtpolitik und ständischer Kritik.

Im Zuge der reichsstädtischen Prozesse spielte der Reichshofrat eine wichtige Rolle als Machtinstrument beim Ausbau der kaiserlichen Einflussnahme in der Region.[2] Der wohl einflussreichste und exponierteste Vertreter eines Primats der Reichspolitik am Wiener Hofe in dieser Phase war Reichsvizekanzler Friedrich Karl von Schönborn

---

[1] Aufgrund der Tatsache, dass der Reichshofrat in bestimmten, die kaiserlichen Reservatrechte betreffenden, Angelegenheiten allein zuständig war, beanspruchte dieser trotz formaler Gleichheit den Vorrang vor dem Reichskammergericht, das er spätestens im 18. Jahrhundert an Bedeutung überflügelte. Zu den Reservatrechten gehörten Lehenssachen, Standeserhöhungen, kaiserliche Privilegien, Schutzbriefe etc. Vgl. dazu Wolfgang Sellert: Der Reichshofrat. In: Bernhard Diestelkamp (Hg.): Oberste Gerichtsbarkeit und zentrale Gewalt im Europa der frühen Neuzeit. Köln/Weimar/Wien 1996 (Quellen und Forschungen zur höchsten Gerichtsbarkeit im Alten Reich. Bd. 29). S. 16–32; Volker Press: Der Reichshofrat im System des frühneuzeitlichen Rechts. In: Friedrich Battenberg/Filippo Ranieri (Hg.): Geschichte der Zentraljustiz in Mitteleuropa. Festschrift für Bernhard Diestelkamp zum 65. Geburtstag. Köln/Weimar/Wien 2004. S. 351; Eva Ortlieb: Vom Königlichen/Kaiserlichen Reichshofrat zum Reichshofrat. Maximilian I., Karl V., Ferdinand I. In: Bernhard Diestelkamp (Hg.): Das Reichskammergericht. Der Weg zu seiner Gründung und die ersten Jahre seines Wirkens (1451–1527). Köln/Weimar/Wien 2003 (Quellen und Forschungen zur höchsten Gerichtsbarkeit im Alten Reich. Bd. 45).

[2] Die Frage, inwieweit der Reichshofrat generell als kaiserliches Machtinstrument verstanden und genützt wurde, ist umstritten. Vgl. dazu Siegrid Westphal: Der Reichshofrat – kaiserliches Machtinstrument oder Mediator? In: Leopold Auer/Werner Ogris/Eva Ortlieb (Hg.): Höchstgerichte in Europa. Bausteine frühneuzeitlicher Rechtsordnungen. Köln/Weimar/Wien 2007. S. 136.

(1705–1734).³ In seiner Amtszeit, und dies ist kein Zufall, kam es zu einer bis dato einmaligen Hochphase an Reichshofratsprozessen.⁴ Schönborns reichspolitische Vorstellungen zeigen sich beispielsweise daran, dass er die kaiserliche Jurisdiktionsgewalt seit den Verhandlungen um die Wahlkapitulationen Karls VI. entschieden gegen reichsständische Kritik verteidigte und dass er die neue Reichshofratsordnung von 1714 maßgeblich prägte.⁵ Sinnfällig ist besonders die Narratio dieser Reichshofratsordnung: In ihr wurde die Bedeutung von Recht und Gesetz als Basis kaiserlicher Herrschaft ausdrücklich betont, wenn es dort hieß,

> *daß die befestigung des irdischen throns, glücks und seegens haubtsächlich in der nach gott- und menschlichen guten und ehrbahren gesätzen und gewohnheiten gleich ertheilenden gerechtigkeiten beruhet.*⁶

Diese Grundidee entsprach auch dem Selbstverständnis des Reichshofrats. Als das Wiener Reichsgericht im Zuge der konfessionellen Spannungen der frühen 1720er Jahre im Kreuzfeuer protestantisch-ständischer Kritik stand, verteidigten sich die Räte in einem Gutachten, das dem Kaiser am 31. Mai 1723 im Prager Schloss im Rahmen einer Sitzung des Geheimen Rats referiert wurde, mit ähnlichen Argumenten. Entschieden verwahrte man sich gegen den Vorwurf konfessioneller Parteilichkeit.⁷ Dabei definierten

---

3   Vgl. grundlegend: Hugo Hantsch: Friedrich Karl Graf von Schönborn (1674–1746). Einige Kapitel zur politischen Geschichte Kaiser Josefs I. und Karls VI. Augsburg 1929 (Salzburger Abhandlungen und Texte aus Wissenschaft und Kunst. Bd. 2). S. 172–182, 344f. et passim. Schönborn zog sich, nachdem er zunehmend an Einfluss verloren hatte, im Jahr 1732 zurück; sein Amt als Reichsvizekanzler legte er aber erst 1734 offiziell nieder. Vgl. auch Harm Klueting: Das Reich und Österreich 1648–1740. Münster 1999 (Historia profana et ecclesiastica. Bd. 1). S. 106f.
    Dabei muss jedoch grundsätzlich betont werden, dass die in der Forschung übliche Unterteilung in zwei Parteien und Interessenssphären (Erblande und Reich) am Hofe in jüngster Zeit kritisiert wurde. Vgl. Andreas Pečar: Die Ökonomie der Ehre. Der höfische Adel am Kaiserhof Karls VI. (1711–1740). Darmstadt 2003 (Symbolische Kommunikation in der Vormoderne). S. 72–74; Johannes Burkhardt: Vollendung und Neuorientierung des frühmodernen Reiches 1648–1763. Stuttgart 2006 (Gebhardt Handbuch der deutschen Geschichte. Bd. 11). S. 362f.
4   Vgl. die Statistik bei Eva Ortlieb/Gert Polster: Die Prozessfrequenz am Reichshofrat (1519–1806). In: Zeitschrift für Neuere Rechtsgeschichte. 26. 2004, hier S. 196, 201–204. Ortlieb und Polster interpretieren die Prozessfrequenz vor allem herrscherbezogen und erklären sie primär als das Ergebnis einer aktiven kaiserlichen Reichspolitik.
5   Vgl. Wolfgang Sellert: Der Mainzer Erzkanzler und die Reichshofratsordnungen. In: Peter Claus Hartmann (Hg.): Kurmainz, das Reichserzkanzleramt und das Reich am Ende des Mittelalters und im 16. und 17. Jahrhundert. Stuttgart 1998 (Geschichtliche Landeskunde. Bd. 47). S. 162 sowie Ders. (Hg.): Die Ordnungen des Reichshofrates. Köln/Wien 1990 (Quellen und Forschungen zur höchsten Gerichtsbarkeit im Alten Reich. Bd. 8/II). S. 264–268, Einleitung zur Reichshofratsordnung vom 14.1.1714.
    Davor hatte es zwei wichtige Reichshofratsordnungen (1559 durch Ferdinand I. und 1654 durch Ferdinand III.) sowie zwei nicht umgesetzte Verordnungen (Rudolphs II., Matthias' I.) gegeben. Vgl. hierzu Oswald von Gschließer: Der Reichshofrat. Bedeutung und Verfassung, Schicksal und Besetzung einer obersten Reichsbehörde von 1559 bis 1806. Nachdruck. Nendeln/Liechtenstein 1970 (Wien 1942 [Veröffentlichungen der Kommission für neuere Geschichte des ehemaligen Österreich. Bd. 33]). S. 65.
6   Reichshofratsordnung vom 14.1.1714. In: Sellert: Ordnungen des Reichshofrats (Anm. 5). S. 269.
7   Vgl. Kap. VIII.4.1, Nr. 2.

Reichspolitik und Reichsgerichtsbarkeit 39

die Richter ihre Institution als Bewahrer der Reichskonstitutionen und als kaiserliches Verfassungsgericht,[8] dessen Schicksal untrennbar mit dem von Kaiser und Reich verbunden war. Unter anderem unterstellten die Reichshofräte einigen Reichsständen die heimliche Hoffnung,

> *daß wan einmahl das gebührende ansehen dieser gerichten als ohn welchen die Kay. Regierung nicht kann geführt werden, geschwächt und zu Boden gelegen wäre, als es dan auch baldt um die Kay. Authoritet gethan seye, folglich alle parition auffhören undt [...] eine Monstrose Anarchia [...] erfolgen müsse.*[9]

Und weiter: Der Kaiser werde sich in seine *allerhöchste Kay. Rechte keines weegs eingreifen lassen*.[10] Beinahe gleichlautend finden sich diese Formulierungen etwa in einem Brief Karls VI. an den Mainzer Reichserzkanzler[11] und in der Reichshofratsordnung von 1714.[12]

Die Abhängigkeit des Wiener Gerichts vom Reichsoberhaupt wurde auch von zeitgenössischen Publizisten akzentuiert. Vom Staatsrechtler Johann Jacob Moser wurde der Reichshofrat in diesem Sinne als des „Kaysers rechter Arm"[13] bezeichnet. Was das Verfahrensrecht betrifft, so zeigte sich das Abhängigkeitsverhältnis einerseits an der Berufungspraxis der Reichshofräte und andererseits an der Prozessform der *Vota ad Imperatorem*. So standen die vom Kaiser ernannten und auf diesen vereidigten Reichshofräte in einem Treue- und Unterwerfungsverhältnis zum Reichsoberhaupt.[14] Bei den besagten *Vota ad Imperatorem* wiederum handelte es sich um dem Kaiser zur Bestätigung vorgelegte Urteile. Besonders in wichtigen oder kontroversen Fällen behielt sich dieser die letzte Entscheidung vor, wobei die beschlossenen Conclusa im Geheimen Rat oder den verschiedenen Konferenzen erneut verhandelt und dann approbiert wurden.[15] Soweit die prozessrechtliche Theorie. Über das Vorgehen in der Praxis geben die Reichshofratspro-

---

8 Vgl. hierzu auch Karl Otmar von Aretin: Das Alte Reich. Stuttgart 1993. Bd. 1: Föderalistische oder hierarchische Ordnung (1648–1684). S. 87.
9 Kap. VIII.4.1, Nr. 2.
10 Kap. VIII.4.1, Nr. 2.
11 HHStA. MEA, RHR 8b, Brief Karls VI. an den Mainzer Kurfürsten (1714). Vgl. Sellert: Ordnungen des Reichshofrats (Anm. 5). S. 268; dort ist die Rede von *Unserm Reichshofrat (dessen Obristes Haubt und Richter allein wir und ein Römischer Kayser selbst ist)*.
12 Vgl. Reichshofratsordnung vom 14.1.1714. In: Sellert: Ordnungen des Reichshofrats (Anm. 5). S. 269. Hier ist die Rede von *dero gehorsambsten reichshofrath, als dessen obristes haubt und und richter allein [...] ein jeder röm. Kayser selbst seyn*.
13 So charakterisiere Johann Jacob Moser die Bedeutung des Reichshofrats. Hier zitiert nach Gabriele Haug-Moritz: Des ‚Kaysers rechter Arm'. Der Reichshofrat und die Reichspolitik des Kaisers. In: Harm Klueting (Hg.): Das Reich und seine Territorialstaaten im 17. und 18. Jahrhundert. Aspekte des Mit-, Neben- und Gegeneinander. Münster 2004 (Historia profana et ecclesiastica. Bd. 10). S. 23.
14 Vgl. Sellert: Reichshofrat (Anm. 1). S. 24–33.
15 Vgl. Sellert: Reichshofrat (Anm. 1). 22. Vgl. zum Verhältnis zwischen dem Geheimen Rat und der Geheimen Konferenz sowie deren Unterteilungen Klueting: Reich und Österreich (Anm. 3). S. 106; Bertrand Michael Buchmann: Hof – Regierung – Stadtverwaltung. Wien als Sitz der österreichischen Zentralverwaltung von den Anfängen bis zum Untergang der Monarchie. Wien 2002 (Schriftenreihe des Instituts für Österreichkunde). S. 56.

tokolle von 1708 bis 1732 zu den großen reichsstädtischen ‚Verfassungskonflikten' Auskunft.[16] Dabei zeigt sich, dass der Kaiser in weiten Teilen dem Urteil seiner Richter beziehungsweise dem Votum der Majorität, dessen Begründung ebenso wie die Meinung der Minderheit referiert wurde, folgte. So im Falle Frankfurt contra Frankfurt 1732, wo das Reichshofratsgutachten an vier verschiedenen Tagen von Karl VI. und seiner Entourage diskutiert wurde. Die Notiz *ist von Ihrer Kayser. May. approbiret, wie es eingerathen worden*, mit der etwa Punkt 2 des am 4. März 1732 verhandelten Gutachtens abgeschlossen wurde, steht hier stellvertretend für das Prozedere in vielen ähnlichen Fällen.[17] Von grundlegenden Änderungen an vorgenommenen Urteilen durch den Kaiser ist in den untersuchten Vota nur selten die Rede, eine Feststellung, die sich mit älteren Befunden deckt.[18] Die Reichshofräte waren unabhängiger und ihre Empfehlungen gewichtiger als dies die formalen Regeln des Geschäftsganges vermuten lassen.[19] Auch wenn es nur selten zu grundlegenden Änderungen kam, so sahen viele Prozessparteien in den Vota eine letzte Möglichkeit, ein ungünstiges Reichshofratsurteil durch die Einflussnahme auf ranghohe Minister abzuwenden. Die Interessenvertreter des Nürnberger Magistrats bemühten sich beispielsweise um die Gunst von Prinz Eugen, Hofkammerpräsident Gundacker Thomas Graf von Starhemberg oder Hofkanzler Ludwig Philipp Graf Sinzendorf,[20] vor allem aber um das Wohlwollen von Reichsvizekanzler Friedrich Karl von Schönborn. Während es dem Nürnberger Magistrat gelang, die Einrichtung einer gefürchteten Lokalkommission zu verhindern, scheiterten ähnliche Bemühungen der Frankfurter[21] und Augsburger Obrigkeit.[22] Was die Prozessgeschwindigkeit der *Vota ad Imperatorem* betrifft, so bieten die 22 untersuchten Fälle ein unterschiedliches Bild. Je nach Dringlichkeit konnten die Reichshofratsgutachten innerhalb eines Tages oder bis zu fünf Monate später verhandelt und vom Kaiser approbiert werden.[23] Immerhin knapp die Hälfte der Beschlüsse wurde innerhalb von einer Woche verhandelt und abgeschlossen.[24]

---

[16] Siehe Kap. VIII.4.1.
[17] Am 4.3.1732 bestätigte der Kaiser 22 von 23 Punkten des Reichshofratsgutachtens vom 21.1.1732 (vgl. Kap. VIII.4.1, Nr. 17).
[18] Vgl. von Gschließer: Reichshofrat (Anm. 5). S. 42.
[19] Vgl. etwa die Empfehlungen des Reichshofrats zum Prozess um die protestierenden Augsburger Schuhknechte 1726. Hier wurden die Vorschläge des Reichshofrats für ein flächendeckendes Vorgehen gegen die Unruhen und für eine reichsweite und die Erblande umfassende Reform des Handwerksrechts umgesetzt (vgl. Kap. VIII.4.1, Nr. 4).
[20] Vgl. StAN. Rst. Nbg., Rep. 26/4. Briefe des Nürnberger Sekretärs Senfts aus Wien vom 17.2.1725 (Nr. 53) und 21.2.1725 (Nr. 57); StAN. Rst. Nbg., Rep. 26/4, Nr. 84. Nürnberger Ratsverlass vom 19.3.1725 sowie Nr. 86.
[21] Vgl. Rita Sailer: Verwissenschaftlichung des Rechts in der Rechtspraxis? Der rechtliche Austrag reichsstädtischer Verfassungskonflikte im 17. und 18. Jahrhundert. In: Zeitschrift der Savigny-Stiftung für Rechtsgeschichte. Germanistische Abteilung. 119. 2002, hier S. 135.
[22] Vgl. HHStA. RHR, Decisa, 289. Brief Garbs wegen der Kommission vom 25.2.1717.
[23] Vgl. Kap. VIII.4.1, Nr. 5, 19.
[24] Vgl. Kap. VIII.4.1.

1.2 Stützen des Reiches: Die Reichsstädte und Karl VI.

Mindestens viermal wurde allein die erwähnte Türkensteuerbeschwerde des Nürnbergers Dr. Sörgel dem Kaiser zur Bestätigung vorgelegt.[25] Und nicht nur die Prozesse größerer und exponierter Reichsstädte wie Hamburg, Frankfurt, Augsburg oder Nürnberg endeten als Votum beim Kaiser, sondern auch die Verfahren kleinerer Städte wie Goslar und Mühlhausen.[26] Die *Vota ad Imperatorem* sind somit Belege für eine aktive Reichspolitik Karls VI. Teil dieser Politik war das Projekt einer Generalreform der Reichsstädte, für die zunächst die von den Lokalkommissionen erarbeiteten Regimentsordnungen für Augsburg (1719) und Frankfurt (1725)[27] sowie später auch die Urteile im Falle Mühlhausen und Hamburg[28] als Vorbild fungieren sollten. 1728 wurden die Frankfurter Reformen in einem Reichshofratsgutachten dezidiert als eine vom Kaiser angeordnete *Richtschnur* zur Beilegung reichsstädtischer Missstände bezeichnet.[29] Langfristiges Ziel war es, ein Netz von Stützpunkten einzurichten, um so den kaiserlichen Einfluss in den Regionen sukzessive auszubauen.[30] Mit Wachsamkeit beobachteten insbesondere Nürnberger Agenten und Gesandte diese Bestrebungen, bei denen einige Reichshofräte angeblich sogar mit reichsstädtischen Bürgern kooperierten. Der stets gut informierte Reichshofratsagent Daniel Hieronimus Braun meldete am 21. August 1726 gar nach Nürnberg, dass der besagte Dr. Sörgel zusammen mit den Brüdern Nesselrode[31] an einem Modell für die ideale Regierungsform arbeite, wobei allerdings unklar bleibt, ob es nur für Nürnberg oder alle Reichsstädte gedacht war.[32] In einer anderen Nachricht aus Wien hieß es, dass ein hochrangiger Minister das Projekt forcierte: *Ein gewisser Minister soll ein gewisses project wegen aller Reichs Stätte vorgeschlagen haben, wodurch der Kayserl. Hof hinter viele und wichtige Dinge wegen ihrer Regierung und Anlagen kommen könnte.*[33] Die treibende Kraft war nach Auskunft eines weiteren Nürnberger Informanten der Hofkammer-

---

25 Vgl. Kap. VIII.4.1, Nr. 8–11.
26 Vgl. Kap. VIII.4.1, Nr. 15, 21.
27 Vgl. Thomas Lau: Die Reichsstädte und der Reichshofrat. In: Wolfgang Sellert (Hg.): Reichshofrat und Reichskammergericht. Ein Konkurrenzverhältnis. Köln/Weimar/Wien 1999 (Quellen und Forschungen zur höchsten Gerichtsbarkeit im Alten Reich. Bd. 34). S. 146. Lau verweist darin auf die Vorbildfunktion von Frankfurt und Augsburg.
Diese Vorbildfunktion kann am Beispiel des Verfassungskonflikts in Mühlhausen bestätigt werden (vgl. das Reichshofratsgutachten vom 23.6.1727, Kap. VIII.4.1, Nr. 15).
28 Den Informanten des Nürnberger Rats zufolge sollten auch die Beschlüsse von Hamburg beziehungsweise Mühlhausen für die Nürnberger Kommission herangezogen werden (vgl. StadtAN. B 11, 964, Nr. 8. Zusammenstellung von Nachrichten aus Wien vom 23.3.1735).
29 Im entsprechenden Gutachten für den Kaiser vom 26.7.1728 (HHStA. RHR, Judicialia, Vota 1) schlug der Reichshofrat Reformmaßnahmen vor, und zwar *in gleichförmigkeit der Reichs-Hoffräthlichen Einrathung und publicirten Kay. Verordnung* für die Reichsstadt Frankfurt, *welche Ihro Kay. May. gestalten dingen nach durchgehends in deren Kay. Reichs Städten, wo gleiche gebrechen vorhanden, als die Richtschnur in gleichförmig schuldigster acht gehalten wißen wollen [...].*
30 Vgl. Sailer: Verwissenschaftlichung (Anm. 21). S. 138f.
31 Bei einem von ihnen handelt es sich um den Reichshofrat Wilhelm Franz Johann Bertram Freiherr von Nesselrode. Vgl. zu Nesselrode: Gschließer: Reichshofrat (Anm. 5). S. 374.
32 Vgl. StAN. Rst. Nbg., Rep. 26/5, Nr. 60. Brief des Reichshofratsagenten Braun vom 21.8.1726.
33 StAN. Rst. Nbg., Rep. 26/2, Nr. 96. Brief Hartmanns vom 2.6.1723.

präsident Gundacker Thomas Graf von Starhemberg, dessen strategisches Ziel es war, durch eine langfristige Modernisierung die wichtigen reichsstädtischen Kontributionen zu sichern. So meldete der Nürnberger ‚Nachrichtendienst' aus Wien in einem weiteren Brief, dass der Kaiser auf *Einrathen der Hofkammer gänzlich resolvirt seyn soll, in allen Reichs-Stätten, eine reforme vorzunehmen.*[34] In den Reichshofratsurteilen ist von dieser Zielsetzung mehrfach, zum Teil implizit, die Rede. Im Fall Nürnbergs verwiesen die Wiener Richter in ihrem Gutachten ausdrücklich auf die große politische, symbolische und wirtschaftliche Bedeutung des Prozesses, weil, wie es hieß, dem Kaiser *und dem gesambten Heyl. Reich an auffrechthalt- und beruhigung dieser guten und ordentlichen Reichs-Statt bekanntlich sehr hoch gelegen seye.*[35] Bezeichnenderweise wurde der Augsburger Rat im großen Rezess von 1719 noch vor der Pflege des Justizwesens zur *Aufrechthalt-, Förderung und Vermehrung der Commercien und Künften, alß den eigendtlichen nervum deß hiesigen Publici* verpflichtet.[36] Selbst im Falle des kleinen Weißenburg überwachte man die vom Reichshofrat verordnete Haushaltskonsolidierung auf das Genaueste.[37] Strategisches Ziel war es, die Stabilität der Reichsstädte, und dies bedeutete im Kern ihre Bonität, zu sichern.[38] Besonders die in den 1720er Jahren erhöhten Steuerbeiträge[39] zeigen den verstärkten Zugriff auf die Reichsstädte.[40] Vor diesem Hintergrund hatte die untertanenfreundliche Jurisdiktion des Reichshofrats dort ihre Grenzen, wo protestierende Bürger sich weigerten, ihre letztlich für das Reich bestimmten Steuern zu zahlen.[41]

Neben erhöhten finanziellen Beiträgen verdeutlichen kanzleizeremonielle Belege den imperialen Machtausbau in der Region. Von großer Symbolkraft war eine scheinbar beiläufige Bestimmung im Reichshofratsurteil vom 21. Juni 1717 zum Wormser Prozess. Darin wurde der dortige Rat nicht nur wegen der widerrechtlichen Inhaftierung eines Bürgers abgestraft, sondern der Reichsstadt wurde zudem ausdrücklich verboten, den Titel einer ‚Republik' zu führen. Das Urteil führte in Nürnberg, und nicht nur dort, zu einer erheblichen Verunsicherung in den Reihen des Magistrats. In der Folge kam es in der fränkischen Reichsstadt zu einer intensiven Auseinandersetzung mit dem Urteil.

---

[34] StAN. Rst. Nbg., Rep. 26/4, Nr. 81. Brief Senfts vom 14.3.1725.

[35] Reichshofratsgutachten vom 23.5.1730 (Kap. VIII.4.1, Nr. 13).

[36] HHStA. RHR, Decisa, 288. Rezess vom 28.4.1719.

[37] Vgl. StadtAW. A 279f(?), Reichshofrats-Conclusum im Fall der Weißenburger Bürgerschaft contra den dortigen Magistrat vom 22.10.1728 (Kopie).

[38] Zu den Beiträgen für das Reich vgl. beispielsweise Hans-Jürgen Becker: Die Städtekurie am Immerwährenden Reichstag zu Regensburg als Rechtsform. In: Andreas Otto Weber (Hg.): Städtische Normen – genormte Städte. Zur Planung und Regelhaftigkeit urbanen Lebens und regionaler Entwicklung zwischen Mittelalter und Neuzeit. Ostfildern 2009 (Stadt in der Geschichte. Veröffentlichungen des Südwestdeutschen Arbeitskreises für Stadtgeschichtsforschung. Bd. 34). S. 145–161.

[39] Vgl. StadtAW. A 2472, Nr. 6. Akten die Stadtsteuern betreffend (1728) sowie StAN. Rst. Nbg., Rep. 44e, Losungamt Akten, S I L 140. Nr. 30.

[40] Vgl. allgemein zum Zusammenhang von Steueraufkommen und Integrationsgrad: Michael North: Die Integration des südlichen Ostseeraumes in das Alte Reich. In: Nils Jörn/Ders. (Hg.): Die Integration des südlichen Ostseeraumes in das Alte Reich. Köln/Weimar/Wien 2000 (Quellen und Forschungen zur höchsten Gerichtsbarkeit im Alten Reich. Bd. 35). S. 8.

[41] So etwa in der Kaiserurkunde vom 16.3.1730, in der es heißt, die Nürnberger Bürger sollten *ihren obliegenden Pflichten* gemäß die *zur Bestreitung derer Reichs-Crayß- und anderen, der jetzigen Reichs Verfassung gemäß nöthigen ausgaben* zahlen (StadtAN. E 8, 4890).

Nachdem Sachverständige, Ratskonsulenten und Gesandte sich beraten und alte Privilegien und Münzbestände gesichtet hatten, wurde beschlossen, künftig auf die Selbstbezeichnung Republik in Briefen an Reichsinstitutionen zu verzichten, weil sie eine allzu große Souveränität impliziere.[42] Eine ähnliche Signalwirkung wie der Wormser Prozess hatte auch die Augsburger Kommissionssache. Ein Brief der Herren Älteren, der Nürnberger Regierungsspitze, vom 2. August 1717 an ihren Gesandten Hochmann in Wien lässt keinen Zweifel daran, dass der Augsburger Prozess als Präzedenzfall und als eine gravierende, das gemeinsame reichsstädtische Interesse bedrohende Angelegenheit wahrgenommen wurde.

> *P.P. Vor diejenige vertraute Nachrichten, welche Uns der Herr Geh. Rath in in verschiedenen das Reichs-Städt. Interesse, und insonderheit löbl. Statt Augspurg betreffenden Materien, sub dato von 22 July: communiciren wollen, und uns durch den ordinari-Wiener-Pothen Fleischmann wohl behändigt worden erstatten wir den gebührenden danck. Wie nun leicht zu erachten, mit was betrübten gemüth wir diese denen vorhin äuserst bedrengten Reichs-Städten so empfindlich zu stoßende Fataliteten vernehmen müßen: auch der H. Geh. Rath deßen ruhmbekannten patriotischen Eifer nach, diese unglückseel. Aspecten gleichfallß mit sorglichen Augen zweiffelsfrey ansiehet: also werden wir zwar hierdurch desto wachsamer auf unserer hut zu stehen, und daß dieses ein und um sich zusammen ziehende trübe gewölck in kein gefährliches ungewitter ausschlage, zuförderst unter göttl. gnade und und obschirmung behutsam zu verhüten Ursache nehmen, wolten aber wünschen, daß einig von denen hohen Kayßerl. Ministris dahin disponirt und gewonnen werden könnten, das wahr Interesse, welches Ihro Kay. May. und dem Reich an den Aufnahm und Conservation der Reichs Stätte gelegen, und wie deren ohnfehlbarer Ruin aus der durch die Untersuchungs-Commissionen nothwendig erfolgenden Schwächung ihres Credits, und aus der durch Übertrag- und Obtrudierung übel-gesinnter Personen [...] Obrigkeitl. Auctoritet und verliehenen Respect bevorstehe, nicht allein erkennen, sondern auch bey ereignenden Gelegenheiten und deliberationib. solches nachtrücklich befördern, und secundiren. Inzwischen wird uns dancknehmigen Gefallen gereichen, wann im fall in obbewährten oder and. dergl. Materien etwas berichts-würdigs vorkommen solte, uns hiervon vertraute Communication geschen mögte. [...] Datum den 2. Aug. 1717.*[43]

Der Brief bietet nicht nur einen Ausblick auf die Prozessstrategie des Nürnberger Magistrats, sondern auch einen Einblick in die Wahrnehmung der reichsstädtischen Reichshofratsverfahren, die im Sinne der *unwetter*-Metapher als unverschuldete schicksalhafte Ereignisse verstanden werden. Deutlich wird auch, wie real die Angst vor einem Machtverlust im Falle einer Lokalkommission war. Besonders bemerkenswert ist die Passage, in der von den *äuserst bedrengten Reichs-Städten* und den ihnen *empfindlich zu stoßende[n]*

---

[42] Vgl. StAN. Rst. Nbg., Rep. 44e, Losungamt Akten, S I L 151, Nr. 7. Ratsverlass vom 15.7.1717; Brief des Gesandten Hochmann aus Wien vom 4.8.1717; Extrakt aus einer Deduktion W. Pirckheimers an Kaiser Maximilian I. aus dem Jahr 1515; Extrakt aus dem Reichshofratsprotokoll vom 21.6.1717 in Sachen Worms contra Worms die Kommission und den incarcerirten Walther betreffend; Verzeichnis einiger beim Losungamt befindlicher Münzen, auf denen „Republik Nürnberg" steht, vom 27.7.1717; Gutachten der Konsulenten vom 28.7.1717.

[43] StAN. Rst. Nbg, Rep 44e, Losungamt Akten, S I L 147, Nr. 10, Nr. 3. Brief der Herren Älteren an den Nürnberger Gesandten Hochmann in Wien (2.8.1717).

Fataliteten die Rede ist.[44] Der Brief lässt keinen Zweifel daran, dass der Nürnberger Magistrat die Entwicklungen aufmerksam verfolgte und besonders an Informationen zum Augsburger Prozess interessiert war; ein Interesse, das sich auch in den umfangreichen Sammlungen von Prozessakten widerspiegelte.[45]

1.3 Reformen des Reichshofrats: Professionalisierung und Beschleunigung

Nicht nur die Reichsstädte, sondern auch der Reichshofrat wurde unter Karl VI. zum Objekt umfassender Modernisierungsmaßnahmen. Die Reformen waren einerseits den besagten reichspolitischen Ambitionen Karls VI. und andererseits der fortlaufenden Kritik der Reichsstände geschuldet. Ein Streitpunkt war die Besetzungspraxis des Reichsgerichts, wobei die Kritiker vor allem auf das katholische Übergewicht und auf die mangelnde Professionalität der Richter abzielten. Doch obwohl der Reichshofrat zahlenmäßig von katholischen Richtern dominiert wurde, lässt sich daraus keine generelle Benachteiligung protestantischer Prozessparteien ableiten.[46] Zum einen, weil die sechs Reichshofräte Augsburger Konfession[47] seit der Reichshofratsordnung von 1654 über ein gemeinsames Vetorecht bei Streitigkeiten zwischen protestantischen und katholischen Prozessparteien verfügten,[48] und zum andern, weil das Gericht in dieser Phase auch von protestantischen Klägern, keinesfalls nur reichsstädtischen, stark frequentiert wurde.[49] Auch der Grad an Professionalität am Reichshofrat war höher als vielfach behauptet. Schon seit der Reichshofratsordnung von 1654 gehörten neben einem Geburtsort im Reich, guten Deutschkenntnissen und Integrität auch politische und juristische Bildung sowie eine rhetorische Grundbildung zu den Einstellungsvoraussetzungen für Reichshofräte.[50] Der Vorwurf mangelnder Fachkenntnisse war also, wenn überhaupt, nur für die adligen und überwiegend erbländischen Angehörigen[51] der so genannten ‚Herrenbank' zutreffend,

---

[44] StAN. Rst. Nbg, Rep 44e, Losungamt Akten, S I L 147, Nr. 10, Nr. 3. Brief der Herren Älteren an den Nürnberger Gesandten Hochmann in Wien (2.8.1717).
[45] Vgl. Kap. V.2.2.2.
[46] Vgl. etwa Aretin: Das Alte Reich 1 (Anm. 8). S. 86f.
[47] Der erste Reichshofrat reformierten Glaubens, Friedrich Karl Freiherr von Danckelmann, trat, obgleich er schon 1694 auf Betreiben Preußens als Reichshofrat angenommen wurde, 1703 beziehungsweise 1704 sein Amt an. Vgl. Gschließer: Reichshofrat (Anm. 5). S. 350–353.
[48] Vgl. Gschließer: Reichshofrat (Anm. 5). S. 74f.; Sellert: Reichshofrat (Anm. 1). S. 35. Seit dem Westfälischen Frieden herrschte zwar keine personelle, dafür aber eine „juridische Parität" (Bernd Mathias Kremer: Der Westfälische Friede in der Deutung der Aufklärung. Tübingen 1989 [Jus ecclesiasticum. Bd. 37]. S. 219).
[49] Dies wurde etwa für die thüringischen Territorien herausgearbeitet von Siegrid Westphal: Kaiserliche Rechtsprechung und herrschaftliche Stabilisierung. Reichsgerichtsbarkeit in den thüringischen Territorialstaaten 1648–1806. Köln/Weimar/Wien 2002 (Quellen und Forschungen zur höchsten Gerichtsbarkeit im Alten Reich. Bd. 43).
[50] Vgl. Haug-Moritz: Kaysers rechter Arm (Anm. 13). S. 26.
[51] Vgl. zur Besetzungspraxis der Herrenbank unter Karl VI.: Pečar: Ökonomie der Ehre (Anm. 3). S. 37–39.

für die das Reichsgericht oft eher Durchgangs- als Endstation ihres Karriereweges war.[52] Auf der anderen Seiten saßen auf der so genannten ‚Gelehrtenbank' überwiegend qualifizierte bürgerliche Juristen. Mögen die hohen Einstellungsvoraussetzungen nicht immer konsequent eingehalten worden sein, so ist doch die Tendenz zu einer Professionalisierung unübersehbar. Unter Joseph I. erging 1706 die Ordre, dass alle Reichshofräte, die vorher nicht im Dienste eines Reichsstandes gestanden hatten, vorab eine Proberelation vorlegen mussten.[53] Mit der Reichshofratsordnung Karls VI. von 1714 wurden diese Einstellungsvoraussetzungen erneuert beziehungsweise erweitert und präzisiert.[54]

Die Tendenz zur Professionalisierung wird besonders evident, wenn man bedenkt, dass unter Joseph I. und Karl VI. einige prominente und renommierte Juristen unter den Reichshofräten zu finden sind. Dazu zählten die Rechtsprofessoren Dr. Nikolaus Christoph Freiherr von Lyncker und sein Schüler, der kursächsische Appellationsrat Dr. Johann Heinrich Berger.[55] Zu nennen ist auch der kursächsische Hof- und Justizrat Dr. Johann Balthasar Werner, den der Kaiser 1729 wegen dessen *ohnverfälschten rechtseyfer[s]*[56] ernannte. Seine Berufung erfuhr in den Zeitungen einen erstaunlichen Widerhall.[57] Anzuführen ist ferner, dass Karl VI. gleich zu Beginn seiner Amtszeit mit Gottfried Wilhelm Leibniz einen bedeutenden Gelehrten zum Reichshofrat ernannte.[58] Nicht nur an die Richter, sondern auch an das übrige Personal wurden erhöhte qualifikatorische Anforderungen gestellt. In der Frage der Neubesetzung der Reichshofrats-Sekretärsstelle der lateinischen Expedition im Jahr 1713 wies der kurmainzische Gesandte von Gudenus in einem Brief an den Erzkanzler explizit darauf hin,

> *wie hoch Ihro Kay. May. sich angelegen seyn lassen, in conformitaet deren ReichsSatzungen das Reichshofraths Dicasterium mit lauther solchen Subjectis künftig zu erßetzen, welche das paritum Juris publici und privati vollkommentlich beßitzen.*[59]

Hohe Anforderungen wurden auch an die Reichshofratsagenten gestellt, von denen in der Regel juristische Studien, Auslandsaufenthalte, Fremdsprachenkenntnisse und Berufserfahrungen erwartet wurden. Dabei kann sogar von einer Spezialisierung der Agenten auf

---

52 Vgl. von Gschließer: Reichshofrat (Anm. 5). S. 68–71; Wolfgang Sellert: Beschleunigung des Verfahrens am Reichshofrat durch Gerichtsorganisation. In: Cornelis H. van Rhee (Hg.): The Law's Delay. Essays on Undue Delay in Civil Litigation. Antwerpen 2004 (Ius commune europaeum. Bd. 47). S. 262–263.

53 Vgl. HHStA. MEA, RHR 8b, Dekret Josephs I. vom 11.3.1706 (Beglaubigte Kopie vom 30.12.1713). Vgl. zum (reichs-)politischen Programm Josephs: Hans Schmidt: Joseph I. In: Anton Schindling/ Walther Ziegler (Hg.): Die Kaiser der Neuzeit 1519–1918. München 1990. S. 195.

54 Reichshofratsordnung vom 14.1.1714. In: Sellert: Ordnungen des Reichshofrats (Anm. 5). S. 274–275.

55 Vgl. Gschließer: Reichshofrat (Anm. 5). S. 379–381; Sellert: Reichshofrat (Anm. 1). S. 40.

56 Zitiert nach Gschließer: Reichshofrat (Anm. 5). S. 405.

57 Siehe Kap. V.1.2.1.

58 Allerdings verstarb Leibniz 1714 nur zwei Jahre nach seiner Berufung, ohne in sein Amt eingeführt worden zu sein. Vgl. Gschließer: Reichshofrat (Anm. 5). S. 378f.

59 HHStA. MEA, RHR 8a, Sammlung zur Besetzung der Reichshofrats-Sekretärsstelle der lateinischen Expedition 1710–1739. Brief des Gesandten von Gudenus an den Mainzer Kurfürsten Lothar Franz von Schönborn vom 4.2.1713.

bestimmte Fachbereiche oder Prozesstypen, wie im Falle der reichsstädtischen Konflikte, ausgegangen werden.[60]

Ein weiteres Charakteristikum der Reichshofratsjurisdiktion war ihre hohe Flexibilität, die sich unter anderem aus der unzureichenden Kodifikation des Prozessrechts ergab. Sie eröffnete dem Reichshofrat verglichen mit dem Reichskammergericht ungleich größere Spielräume für eine schnelle und effiziente Rechtsprechung.[61] Die hohe Prozessgeschwindigkeit am Reichshofrat war – neben den vom Kaiser abgeleiteten, umfangreicheren Machtbefugnissen – ein wichtiger Grund für klagende Reichsstadtbürger, sich beinahe ausnahmslos an das Reichsgericht in Wien und nicht an das in Wetzlar zu wenden. Für eine zügige Verfahrensabwicklung sorgte zudem das am Reichshofrat vorherrschende Primat der Schriftlichkeit.[62] Zu einem verbalen Schlagabtausch zwischen den Prozessparteien beziehungsweise deren Vertretern kam es nur selten; derartige Verfahrensformen erschienen dem Reichshofrat zu träge und von eher eskalierender als befriedender Wirkung. Mit Bezug auf ein ergebnisloses Streitgespräch zwischen den Deputierten des Nürnberger Magistrats und des oppositionellen Handelsvorstands wurde 1734 beispielsweise vermerkt, *daß bey beederseits verspürten starcken Eifer und animosität mit mündlichen Handlungen hier nicht weit zu kommen* wäre.[63] Wenngleich sich auch am Reichshofrat Beispiele für Prozessverschleppungen finden,[64] so ist doch zu bedenken, dass für das Reichsgericht die langfristige Befriedung und die gütliche Einigung stets Vorrang vor der zügigen Verkündigung eines Urteils hatten.[65] Gleichzeitig dienten die Verfahren dazu, rechtliche und konsensorientierte Konfliktlösungsmechanismen zu etablieren.[66]

Zudem finden sich beim Reichshofrat fortlaufend Bestrebungen, den Prozessverlauf zu beschleunigen und zu ökonomisieren. Immerhin zielten rund 80 Prozent aller Verord-

---

[60] Siehe Kap. IV.4.2.2.
[61] Wolfgang Sellert: Prozeßgrundsätze und Stilus Curiae am Reichshofrat im Vergleich mit den gesetzlichen Grundlagen des reichskammergerichtlichen Verfahrens. Aalen 1973 (Untersuchungen zur deutschen Staats- und Rechtsgeschichte. Bd. 18). S. 175–219; Ders.: Reichshofrat (Anm. 1). S. 41; Sailer: Verwissenschaftlichung (Anm. 21). S. 155f.
[62] Vgl. Sellert: Prozeßgrundsätze (Anm. 61). S. 137.
[63] Kap. VIII.4.1, Nr. 14.
[64] Vgl. Sellert: Beschleunigung (Anm. 52). S. 272f.
[65] Generell gab der Reichshofrat, wie bereits Volker Press betont, „dem Vergleich stets den Vorzug vor dem Urteil" (Volker Press: Das Römisch-Deutsche Reich. Ein politisches System in verfassungs- und sozialgeschichtlicher Fragestellung. In: Lutz Heinrich/Grete Klingenstein [Hg.]: Spezialforschung und ‚Gesamtgeschichte'. Beispiele und Methodenfragen zur Geschichte der frühen Neuzeit. München 1982 [Wiener Beiträge zur Geschichte der Neuzeit. Bd. 8). S. 240). Dies gilt insbesondere für die Arbeit von Kommissionen. Vgl. Eva Ortlieb: Im Auftrag des Kaisers. Die kaiserlichen Kommissionen des Reichshofrats und die Regelung von Konflikten im Alten Reich (1637–1657). Köln/Weimar/Wien 2001 (Quellen und Forschungen zur höchsten Gerichtsbarkeit im Alten Reich. Bd. 38). S. 348. Die Betonung der Mediatoren-Funktion der kaiserlichen Gerichtsbarkeit wird hervorgehoben bei Westphal: Der Reichshofrat (Anm. 2). S. 136 und Wolfgang Sellert: Pax Europae durch Recht und Verfahren. In: Leopold Auer/Werner Ogris/Eva Ortlieb (Hg.): Höchstgerichte in Europa. Bausteine frühneuzeitlicher Rechtsordnungen. Köln/Weimar/Wien 2007. S. 115–138.
[66] Vgl. Sabine Ullmann: Friedenssicherung als Kommunikationsereignis. Zur Arbeitsweise des Reichshofrats unter Kaiser Maximilian II. In: Carl A. Hoffmann/Rolf Kießling (Hg.): Kommunikation und Region. Konstanz 2001 (Forum Suevicum. Bd. 4). S. 226.

nungen auf eine zügige Verfahrensabwicklung ab,[67] so auch die Reichshofratsordnung von 1714, wo erneut das Signalwort vom schädlichen *zeitverlust*[68] zu finden ist. Unter Karl VI. war die *Ersparung [von] Zeit und Kosten* ein Leitprinzip und *Beschleunigung* ein virulentes Schlagwort.[69] Angesichts einer rapiden Prozesszunahme war man besonders bemüht, den Schriftverkehr in sprachlicher Hinsicht zu ökonomisieren. So verzichtete der Reichshofrat in den Vota zunehmend auf die überwiegend negativ konnotierten ‚Weitläufigkeiten'. In einem Augsburger Urteil von 1727 sah man von längeren juristischen Ausführungen ab, da diese, wie es hieß, *zu erzehlen zu weittläuffig und überflüssig wäre*.[70] Für den Geschäftsgang erwartete man einen, wie es Moser 1737 in seiner ‚Einleitung zu dem Reichs-Hof-Raths-Proceß' ausführte, kurzen und verständlichen Stil:[71] Die Prozessparteien sollten nur die Fakten darlegen, darüber hinaus auf *Disputationes und Allegationis Juris aber, welche mehrentheils die Sachen nur verwirren und schwerer zu machen pflegen*, verzichten.[72] Weitläufige Titulaturen seien nur in Bezug auf den Kaiser zu verwenden.[73] Dieser nachhaltige stilbildende Einfluss des ‚Reichsstils'[74] auf das Neuhochdeutsche ist, wie jener anderer Reichsinstitutionen, von der Germanistischen Linguistik zu Unrecht unterschätzt oder sogar gänzlich negiert worden.[75] Der gemeinte blinde Fleck der historischen Sprachwissenschaft dürfte auch der Tatsache geschuldet sein, dass einige Nachschlagewerke auf falschen Grundannahmen basieren. Peter von Polenz geht in seinem Standardwerk zur Sprachgeschichte des Deutschen beispielsweise von der irrigen Annahme aus, der Schriftverkehr im Alten Reich sei überwiegend auf Latein erfolgt.[76] Doch das Reich wurde nicht nur überwiegend auf Deutsch regiert, es wurde auch auf Deutsch Recht gesprochen. Schon Johann Jacob Moser betonte, dass Deutsch die Regelsprache am Reichshofrat war.[77] Und insbesondere im frühen 18. Jahr-

---

[67] Vgl. Carola Hartmann-Polomski: Die Regelung der gerichtsinternen Organisation und des Geschäftsgangs der Akten als Maßnahmen der Prozessbeschleunigung am Reichshofrat. Dissertation Göttingen. Göttingen 2000. S. 148. Die meisten Verordnungen bezogen sich auf den Aktengang oder Verhaltensvorschriften.

[68] Reichshofratsordnung vom 14.1.1714. In: Sellert: Ordnungen des Reichshofrats (Anm. 5). S. 283.

[69] Vgl. Kap. VIII.4.2.

[70] Reichshofratsgutachen vom 13.8.1727 (Kap. VIII.4.1, Nr. 4).

[71] Vgl. Johann Jacob Moser: Einleitung zu dem Reichs-Hof-Raths-Proceß. Frankfurt/Leipzig 1737. Bd. 4. S. 522, § 24.

[72] Moser: Reichs-Hof-Raths-Proceß 4 (Anm. 71). S. 556, § 33.

[73] Moser: Reichs-Hof-Raths-Proceß 4 (Anm. 71). S. 516–519, § 18, 19.

[74] Vgl. Burkhardt: Vollendung (Anm. 3). S. 442–460.

[75] Eine Ausnahme bildet Heller, welcher, obwohl er von problematischen Prämissen hinsichtlich der Funktionalität des Alten Reiches ausgeht und von der „Ohnmacht" des Reiches spricht, der Spracharbeit der Reichsorgane durchaus einen gewissen Einfluss zugesteht. Vgl. Martin Johannes Heller: Reform der deutschen Rechtssprache im 18. Jahrhundert. Frankfurt 1992 (Rechtshistorische Reihe. Bd. 97). S. 112, 208–221, 439.

[76] Im Grundlagenwerk von Peter von Polenz ist zum Beispiel zu lesen: „Das Reichskammergericht war mit seiner stärkeren Treue zum Deutschen eine sprachenpolitische Ausnahme." (Peter von Polenz: Deutsche Sprachgeschichte vom Spätmittelalter bis zur Gegenwart. Berlin/New York 1994 [Band 2: 17. und 18. Jahrhundert]. S. 52). Andere Reichsinstitutionen wie der Reichshofrat oder die Reichskreise bleiben bei Polenz gänzlich unberücksichtigt.

[77] Vgl. Moser: Reichs-Hof-Raths-Proceß 4 (Anm. 71). S. 514–516, § 14, 15. Tatsächlich war die Bedeutung des Lateinischen, das vor allem bei Prozessen aus nichtdeutschen Reichsgebieten (insbe-

hundert unterstand die Reichshofkanzlei mit Friedrich Karl von Schönborn einem ambitionierten Sprachpatrioten.[78] Gleichzeitig wurden antike Sprachideale wie *Perspicuitas* und vor allem *Brevitas*[79], mit der die Aufklärer den unverständlichen und weitschweifigen Kanzleistil beziehungsweise den ‚Reichsstil' zu reformieren versuchten,[80] vom Reichshofrat gefordert und gefördert. Wie die Korrespondenz des Abgesandten der Nürnberger Kaufmannschaft Pflüger zeigt, setzten sich auch bürgerschaftliche Kläger mit dem Thema auseinander, sei es, dass sie hinter allzu langen Eingaben des Magistrats eine Verzögerungstaktik wähnten oder dass sie die Weitläufigkeit der eigenen Prozessschriften kritisch reflektierten.[81] Die Prozessvermehrung im frühen 18. Jahrhundert ging also mit einer signifikanten Beschleunigung von „Organisations-, Entscheidungs-, Verwaltungs- und Kontrollprozessen"[82] einher. Was die Prozessgeschwindigkeit betrifft, so kann der Reichshofrat eine – selbst im internationalen Vergleich[83] – gute Bilanz vorweisen. So erreichte der Reichshofrat eine erstaunliche Verfahrensintensivierung, die als entscheidender Schritt zur modernen Rechtsprechung gewertet werden kann.[84]

2. Wahrnehmung der Reichsgerichtsbarkeit

Die massive Prozesszunahme im ersten Drittel des 18. Jahrhunderts ist nicht nur als *top-down*-Prozess, also als das Ergebnis eines kaiserlichen Machtausbaus, zu beschreiben,

---

sondere Reichsitalien) Geschäftssprache war, geradezu marginal. Der Arbeitsanteil der 1651 eingerichteten lateinischen Expedition der Reichskanzlei war deutlich geringer als jener der deutschen. Vgl. Lothar Gross: Die Geschichte der deutschen Reichshofkanzlei von 1559 bis 1806. Wien 1933 (Inventare österreichischer staatlicher Archive. Bd. 5/1). S. 100, 105; Matthias Schnettger: Die Reichsgerichtsbarkeit in Italien in der Frühen Neuzeit. Das Beispiel Ligurien. In: zeitenblicke. 3. 2004 (http://www.zeitenblicke.de/2004/03/schnettger/index.html, Stand: 2.1.2010).

[78] Vgl. Gschließer: Reichshofrat (Anm. 5). S. 378f.

[79] Vgl. zu diesen Stilidealen im Zeitalter des Humanismus Anton Schindling: Der Straßburger Schuldirektor Johannes Sturm, die Schule in Lauingen und die Jesuiten in Dillingen. Humanistische Bildungsreform an Oberrhein und oberer Donau. In: Georg Kreuzer/Wolfgang Wüst/David Petry (Hg.): Grenzüberschreitungen. Die Außenbeziehungen Schwabens in Mittelalter und Neuzeit. Augsburg 2008 (Zeitschrift des Historischen Vereins für Schwaben. Bd. 100). S. 340.

[80] Vgl. die Ausführungen in: Johann Christoph Gottsched: Vollständigere und Neuerläuterte Deutsche Sprachkunst […]. Leipzig 1762. Hg. von Phillip M. Mitchell (Johann Christoph Gottsched Ausgewählte Werke. Bd. VIII/1). Berlin 1978.

[81] Vgl. StadtAN. E 8, 4897. Brief des Gesandten der Nürnberger Kaufmannschaft Pflüger vom 22.10.1731.

[82] Zu den verschiedenen Formen von Beschleunigung vgl. Hartmut Rosa: Beschleunigung. Die Veränderung der Zeitstrukturen in der Moderne. Frankfurt 2005. S. 128.

[83] Vgl. Cornelis H. van Rhee: The Law's Delay. An Introduction. In: Ders. (Hg.): The Law's Delay. Essays on Undue Delay in Civil Litigation. Antwerpen 2004 (Ius commune europaeum. Bd. 47). S. 1, 21.

[84] Vgl. zu den Kriterien moderner Rechtsprechung Bernhard Diestelkamp: Verwissenschaftlichung, Bürokratisierung, Professionalisierung und Verfahrensintensivierung als Merkmale frühneuzeitlicher Rechtsprechung. In: Ders. (Hg.): Recht und Gericht im Heiligen Römischen Reich. Frankfurt 1999 (Ius Commune. Sonderhefte. Bd. 122). S. 263–276.

Wahrnehmung der Reichsgerichtsbarkeit 49

sondern sie war zugleich die Folge einer erhöhten Litigosität innerhalb der reichsstädtischen Bürgerschaften. Was, so stellt sich die Frage, waren die Ursachen für diese von Zeitgenossen beklagte Prozessfreudigkeit? Dass viele Bürger ihre Interessen mithilfe der kaiserlichen Gerichtsbarkeit durchzusetzen versuchten, lässt einerseits auf einen hohen Kenntnisstand und andererseits auf eine positive Erwartungshaltung in Bezug auf den Reichshofrat schließen. Mit anderen Worten: Die Wahrnehmung der Reichsgerichtsbarkeit ist als ein wesentlicher Faktor dieser Entwicklung näher zu untersuchen.

Stellvertretend für das Kaiserbild vieler Reichsstädter steht die Aussage der Sörglin, der Ehefrau des besagten Nürnberger Oppositionellen, die in einem privaten und vom Magistrat abgefangenen Brief von Karl VI. als dem *aller größten Oberhaupt der Wellt* sprach.[85] Wie sie nahmen viele Prozessparteien das Reichsoberhaupt als machtvollen und tugendhaften Herrscher und dabei vor allem als Garant von Recht und Ordnung wahr. So auch der Schwäbisch Gmünder Bürger Isaak Dudium, der 1719 in seiner Supplik an den allseits bekannten *justiz-Eyfer* Karls VI. appellierte.[86] Ganz ähnlich formulierten es Nürnberger Kaufleute 1730, die vom *wohlgepreißenen Justiz-Eifer* des Reichsoberhaupts sprachen.[87] Ebenso charakteristisch ist die demütige Bitte der Nürnberger Handelsleute in ihrem Memorial aus den 1730er Jahren: Aufgrund des Machtmissbrauchs ihrer Obrigkeit sahen sich die Kaufleute danach gezwungen, sich

zu Ihro Kay. May. allerhöchsten Gnaden- und Gerechtigkeits Thron mit dem alleruntertänigsten bitten um allergnädigste Remedur, und allermildeste Mittheilung der hierzu aufschlagenden Reichs Vätter. Hülfs-Mittel, allerdemüthigst fußfällig zu wenden.[88]

Diese Passage ist in mehrfacher Hinsicht charakteristisch für die Diskursstrategie zahlreicher Kläger: Kennzeichnend ist die Beschreibung eines Fußfalls der Supplikanten vor dem kaiserlichen *Gnadenthron*, durch die der traditionelle Akt der persönlichen Übergabe einer Bittschrift visualisiert wird. Ebenso charakteristisch ist die Bezugnahme auf die Milde des Kaisers und seine reichsväterliche Schutzfunktion, eine seit dem Mittelalter gängige Argumentationsweise.[89] Wie hier wurde auch in vielen anderen Schreiben an die Sanftmut, den Langmut und die reichsväterliche Fürsorge des Kaisers appelliert.[90] Typisch ist zum Dritten die Bitte der Nürnberger Kaufleute um *Remedur*, ein ursprünglich medizinisch denotierter Begriff.[91] Hier spiegelt sich das traditionelle Bild eines das

---

[85] Dies geht aus einem Bericht des Nürnberger Kanzlisten Johann Starkgraf für den Magistrat vom 18.3.1722 hervor (vgl. StAN. Rst. Nbg., Rep. 26/1, Nr. 16).
[86] Kap. VIII.4.3, Nr. 10.
[87] Kap. VIII.4.3, Nr. 5.
[88] Kap. VIII.4.3, Nr. 7.
[89] Ähnlich argumentierte man schon im 16. Jahrhundert und früher: Sabine Ullmann: Vm der Barmherzigkait Gottes willen. Gnadengesuche an den Kaiser in der zweiten Hälfte des 16. Jahrhunderts In: Rolf Kießling/Dies. (Hg.): Das Reich in der Region während des Mittelalters und der frühen Neuzeit. Konstanz 2005 (Forum Suevicum. Bd. 6). S. 171–173.
[90] Vgl. Kap. VIII.4.3, Nr. 2, 4, 6, 7, 9.
[91] Remedur von Remedium (med. Heilmittel). Vgl. dazu Kap. VIII.4.3, Nr. 5, 7.

kranke Gemeinwesen heilenden und die Ordnung wieder herstellenden Kaisers wider.[92] Im Sinne dieser Metaphorik beschrieben Nürnberger Bürger ihre Obrigkeit an anderer Stelle als *Pestis Rei Publicae*[93]. Dass sich in Bittschriften und verwandten Textsorten eine derartige Apotheose Karls VI. findet, erscheint wenig überraschend. Doch, so ist zu betonen, auch im internen Schriftverkehr der Prozessparteien lässt sich, von wenigen Ausnahmen abgesehen, ein positives beziehungsweise idealisiertes Kaiserbild feststellen. Es gäbe *Gott zu danck noch einen Kayser der gerecht ist*, schrieb beispielsweise ein Vertreter des Nürnberger Magistrats 1726 angesichts pessimistischer Prognosen für den Prozessverlauf.[94]

Das Bild des Kaisers war also in Teilen weiterhin von traditionellen Vorstellungen geprägt. Wie jedoch wurde das Verhältnis zwischen dem Reichsoberhaupt und seinem Reichsgericht wahrgenommen? Klagende Untertanen, so ist in der Forschung zu lesen, unterschieden in der Regel nicht zwischen dem Kaiser und seinem Gericht.[95] Dies ist in vielen Fällen sicherlich zutreffend. Für das 18. Jahrhundert mehren sich jedoch die Anzeichen für ein zunehmend abstraktes und vom Kaiser unabhängiges Vertrauen in die Reichsjustiz. In der 1708 verfassten und an den Augsburger Magistrat gerichteten Supplik des Augsburgers Johann Christoph Wolf finden sich deutliche Anhaltspunkte für diese Entwicklung.[96] Wolf, der sich von der Augsburger Justiz in einem Privatprozess gegen einen gewissen Marc Christoph Merer ungerecht behandelt fühlte, rechtfertigte in seinem Schreiben zunächst seine Appellation beim Reichshofrat. Ausdrücklich beklagt er darin, dass ihm der Magistrat zuvor *alle rechtliche[n] hilfsmittel abgeschlagen* habe.[97] In einem zweiten Schritt betont er, dass seine Appellation beim Reichshofrat den rechten *Reichs constitutionen auch der kays. Allerhöchsten autoritaet [...] gemäß, und durch gehendes im gantzen Römischen Reich practicabel* sei.[98] Beispielhaft ist sowohl die geradezu selbstverständliche Berufung auf die Reichskonstitutionen wie auch sein Selbstbild als Reichsbürger, der mit bestimmten unveräußerlichen Grundrechten ausgestattet ist, von denen eines die Appellationsmöglichkeit an die Reichsgerichte darstellt.[99] Wolfs positive Wahrnehmung der Reichsjustiz bezieht sich ausdrücklich auf das Kommissionswesen. So stellt er die befangene Augsburger Justiz der unparteiischen Rechtsprechung des Reichshofrats gegenüber, wenn er schreibt, dass sich bei der Einrichtung einer Lokalkommission zeigen werde, was für eine *differenz zwischen einem parteyisch und unparteyischen Richter od[er] Commissario* sei.[100] Bei dieser Untersuchung, so Wolf weiter, werde das despotische Regiment des Magistrats offenbar werden und herauskommen, wie die Augs-

---

[92] Vgl. zur Metaphorik des politischen Körpers und der Idee eines die Gesundheit herstellenden tugendhaften Herrschers Barbara Stollberg-Rilinger: Der Staat als Maschine. Zur politischen Metaphorik des absolutistischen Fürstenstaats. Berlin 1986 (Historische Forschungen. Bd. 30). S. 36.
[93] Kap. VIII.4.3, Nr. 5.
[94] StAN. Rst. Nbg., Rep. 26/5, Nr. 47. Postskript Senfts vom 29.6.1726.
[95] Vgl. etwa Press: Römisch-Deutsches Reich (Anm. 65). S. 237.
[96] Vgl. Kap. VIII.4.3, Nr. 8.
[97] Kap. VIII.4.3, Nr. 8.
[98] Kap. VIII.4.3, Nr. 8.
[99] Vgl. Kap. VIII.4.3, Nr. 8.
[100] Kap. VIII.4.3, Nr. 8.

Wahrnehmung der Reichsgerichtsbarkeit 51

burger Ratsherren *Reichsburger* [...] *wie mich also darnier reyßen* und sie *unschuldiger weiß umb Ihr gantze zeitliche wohlfahrt* brächten. Wolfs Bittschrift nimmt zwischenzeitlich sogar die Züge einer Drohschrift an. So stellt Wolf den Magistrat vor die Wahl, *ihn in der stille amicabiliter zu contentiren* oder es zu einer teuren Reichshofratskommission kommen zu lassen, bei der die Bürgerschaft aufbegehren und *so dann andere weitläuffigkeiten daraus entstehen möchten*.[101]

Im Vergleich mit anderen Bittschriften wird deutlich, dass Wolf auf verbreitete und gängige Vorstellungen und Argumentationsmuster zurückgriff. Wolfs Ausführungen sind also prototypisch, zumindest für reichsstädtische Untertanen. Als Reichsbürger bezeichneten sich in Prozessschriften wiederholt auch die Frankfurter Impetranten,[102] die ihren Protest schon 1707 mit dem Argument rechtfertigten, sie seien keine Rebellen, sondern dem *Reich und Vatterlandt getreue Burger*.[103] Nicht weniger Belegstellen finden sich für die Nürnberger Verfahren. Das eigene Falliment, so schrieb Sörgel 1722 an den Kaiser, sei eine direkte Folge der *Unterdruckung* der Nürnberger *Reichs-burgeren*, welche den *unumgänglichen Ruin und gäntzlichen Untergang der gesamten Stadt endlich nach sich ziehen müßte*.[104] Die Kaufmannschaft tat es ihm in ihren späteren Eingaben nach, etwa mit der Selbstbezeichnung als *des Heil. Reichs freye Burgere*.[105] Und im gedruckten Pamphlet des Alphonsus Freymuth aus dem Jahr 1734 wird ebenfalls wiederholt die *Reichs-Bürger*-Schaft Nürnberger Bürger betont.[106] Diese räumliche und herrschaftliche Verortung ist charakteristisch für Reichsstadtbürger, die sich – pragmatisch gesehen – besonders in Konfliktsituationen und hier in Textgattungen mit Bitt- und Beschwerdecharakter als Reichsbürger titulierten. Daher muss die Behauptung, dass der primäre räumliche Bezugsrahmen für Reichsstädter „nicht weit gespannt war"[107], für Konfliktzeiten und besonders für aufbegehrende Bürger relativiert werden. Auch auf Seiten der Magistrate finden wir ähnliche Beispiele. Während der Nürnberger Magistrat im internen Schriftverkehr häufiger von der Reichsstadt als Vaterland sprach,[108] betonte die Weißenburger Obrigkeit in ihrem an andere Magistrate gerichteten Rundbrief, sie werde aus *Liebe des Rechts und Vatterlands*, hier ist das Reich gemeint, einen großen Beitrag zum Ausbau der Reichskanzlei und des Reichshofratsarchivs kontribuieren.[109]

---

[101] Kap. VIII.4.3, Nr. 8.
[102] Kap. VIII.4.3, Nr. 1.
[103] Kap. VIII.4.3, Nr. 2.
[104] Kap. VIII.4.3, Nr. 3.
[105] So in Kap. VIII.4.3, Nr. 7. Siehe auch Nr. 6.
[106] Kap. VIII.4.7, Nr. 20. S. 25, 28.
[107] Axel Gotthard: Wohin führt uns der ‚Spatial turn'? Über mögliche Gründe, Chancen und Grenzen einer neuerdings diskutierten historiographischen Wende. In: Wolfgang Wüst/Werner K. Blessing (Hg.): Mikro – Meso – Makro. Regionenforschung im Aufbruch. Erlangen 2005 (Arbeitspapiere des Zentralinstituts für Regionalforschung. Bd. 8). S. 38.
[108] Vgl. beispielsweise für Nürnberg: StAN. Rst. Nbg., Rep. 26/2, Nr. 225; Rep. 26/4, Nr. 47; Rep. 26/5, Nr. 9.
[109] StadtAW. A 2471. Gewechselte Schreiben mit einigen Reichs-Städten, Nr. 5. 1726, den freywilligen Beitrag zur neuen Erbauung der Reichshofratskanzlei zu Wien betr. Brief an die Städte Windsheim sowie Rothenburg und Schweinfurt wegen des Beitrags zum Neubau der Reichskanzlei vom 12.6.1726 (Konzept).

Dieser Dienst am Vaterland[110] ist ein weiteres Indiz, dass man das Reich ständeübergreifend als Rechtsraum verstand. Die Betonung des Rechtswesens als Fundament der inneren Ordnung war allen Seiten gemeinsam. Von den Reichskonstitutionen und der Reichsjustiz hatten nicht nur reichsstädtische Konsulenten, sondern auch klagende Bürger eine durchaus konkrete Vorstellung. Nürnberger Bürger beriefen sich beispielsweise sowohl auf das Reichs- wie das Naturrecht, um ihren Protest zu legitimieren. Sie unterstellten ihrem Magistrat nicht nur, er verstoße mit seinem eigenmächtigen und despotischen Regierungsstil gegen die Reichsverfassung, sondern sie behaupteten zudem, der Rat beraube die Bürger ihrer *von Natur zu stehende*[n] *Freyheiten* und Rechte.[111] Der Vorwurf, durch seinen anmaßenden, quasi souveränen Regierungsstil verletze der jeweilige Magistrat gleichermaßen die kaiserliche Autorität und das Reichsrecht, war die Legitimationsbasis bürgerlicher Proteste.[112] Besonders zugespitzt formulierte es der Schwäbisch Gmünder Bürger Dudium, der sich über das anmaßende Gebaren des Gmünder Bürgermeisters Storr beklagte und diesen mit den angeblichen Worten zitierte: *Der Kayser ist Kayser zu Wien und ich bin Kayser zu Gmünd.*[113] Der Nürnberger Sörgel wiederum beschrieb die Magistratsherrschaft als eine *in summo gradu mißbrauchende Gewaltthätigkeit* und berief sich auf das Reichsrecht als Garant dafür, *daß keine obrigkeit seine gewalt wider einen civem Imperii [...] mißbrauchen soll*.[114] Diese Argumentation bezeugt einmal mehr, dass die Idee von einer mit bestimmten Rechten verbundenen Reichsbürgerschaft, wie sie von Staatsrechtlern wie Pufendorf propagiert wurde,[115] und damit einer „konstitutionellen Fundierung der politischen Ordnung"[116] des Reiches in den Reichsstädten weit verbreitet war. Wie ausgeprägt die Kenntnisse dieses Rechtssystems waren und mit welch hoher Professionalität – man könnte in diesem Zusammenhang auch von Medienkompetenz sprechen – selbst die Bürger mittlerer oder kleinerer Städte diese Justiz zu instrumentalisieren verstanden, zeigt die Episode der erfundenen Lokalkommission von Schwäbisch

---

[110] Auch neuere Untersuchungen gehen von einer weiten Verbreitung des Begriffes Vaterland aus. Besonders in den Reichstagsakten und in der Reichspublizistik ist der Begriff häufig nachweisbar. Vgl. die Zusammenfassung des Vortrags von Alexander Schmidt in: Wolfgang Burgdorf: Tagungsbericht: Die deutsche Nation im frühneuzeitlichen Europa. Politische Ordnung und kulturelle Identität? Historisches Kolleg München 13.3.2008–15.3.2008 (http://hsozkult.geschichte.hu-berlin.de/tagungsberichte/id=2057, Stand: 2.1.2010).

[111] Kap. VIII.4.3, Nr. 7.

[112] Vgl. Kap. VIII.4.3, Nr. 2, 3, 4, 5, 6, 7, 10.
Frankfurter Bürger beklagten in ihrem Memorial 1707, der Magistrat mache sich einer *im Röm. Reich ungewöhnlichen despotischen Gewalt* schuldig, die auch die *allerhöchste Authoritaet und Macht, ingleichen das höchstpreiß. Richters Judicatur* bedrohe (Kap. VIII.4.3, Nr. 2). Der Nürnberger Handwerker Werner behauptete beispielsweise 1723 in einer Supplik, dass der Magistrat sogar kaiserliche Schutzbriefe missachte, und gar geäußert habe, *daß Ewer Kay. May. so mächtig nicht wären, einen Burger in Nürnberg zu schützen* (Kap. VIII.4.3, Nr. 4). Den Nürnberger Kaufleuten zufolge beanspruche der Magistrat *über die gesammte burgerschaft die völlige Souverainitaet* (Kap. VIII.4.3, Nr. 5).

[113] Kap. VIII.4.3, Nr. 10.

[114] Kap. VIII.4.3, Nr. 3.

[115] Vgl. Georg Schmidt: Geschichte des Alten Reichs. Staat und Nation in der Frühen Neuzeit 1495–1806. München 1999. S. 241–244.

[116] Rudolf Speth: Vertragstheorien und Demokratie. In: Politische Bildung. 32/2. 1992, hier S. 37.

Gmünd aus dem Jahr 1708. Als dort der Reichshofrat keine Kommission entsandte, kürten die Bürger kurzerhand einen durchreisenden Arzt namens Dr. Johann Baptist Borell zum Kommissar, stürmten eine Sitzung des Magistrats, behaupteten vom Kaiser mit der Untersuchung der Münzmalversation beauftragt worden zu sein und forderten von ihren Oberen Gehorsam ein.[117] Obwohl das Vorgehen letztlich chaotisch, in Gewalt und der Flucht des vermeintlichen Kommissars endete, erkundigte sich der Gmünder Magistrat offensichtlich verunsichert beim Schwäbischen Kreis beziehungsweise dem Württemberger Direktorium nach der Echtheit der Kommission. Das Vorgehen musste wenigstens so überzeugend und die gefälschten Unterlagen und Pässe so echt gewirkt haben, dass sich die Württemberger Gelehrten – ebenfalls verunsichert – ihrerseits beim Reichshofrat ob deren Authentizität rückversicherten.[118] Das inszenierte Eingreifen des Reichshofrats zog weite Kreise und endete schlussendlich gar als *Votum ad Imperatorem*.

Die Selbstwahrnehmung als Reichsbürger und das ausgeprägte Rechts- und Verfassungsbewusstsein sind gewichtige Indizien dafür, dass das Wiener Gericht eine integrierende und stabilisierende Wirkung in der Region hatte, dass es das in den Reichsstädten traditionell ausgeprägte Reichsbewusstsein weiter beförderte.[119] Die fortschreitende Konstitutionalisierung[120] des Reiches war also nicht auf die Herrschaftsebene beschränkt und das populare und gelehrte Rechtsverständnis waren im Falle der Reichsstädte durchaus ähnlich.[121] Mehr noch als in den expliziten Stellungnahmen manifestiert sich das Vertrauen in die Reichsgerichtsbarkeit durch das, was nicht niedergeschrieben wurde. Was sich von wenigen Ausnahmen abgesehen nicht findet, weder in Bezug auf den Reichshofrat noch den Kaiser, ist Kritik. In den unzähligen Quellen, gedruckten wie ungedruckten, unabhängig von Verfasser und Region, und unabhängig davon, ob es sich um offizielle oder vertrauliche Dokumente handelte, findet sich kaum ein negatives Urteil über den Reichshofrat oder über seine Arbeitsweise. Lediglich vereinzelte Anmerkungen zur Prozessgeschwindigkeit sind nachweisbar, doch grundsätzliche Zweifel an der Unparteilichkeit des Gremiums finden sich nicht. Das Ideal eines justizliebenden Kaisers sowie das Bild eines unparteiischen und das Reichsrecht schützenden Reichshofrats, die zusammen eine heilsame Reichsjustiz bilden, sind Zeichen für ein zunehmend abstraktes Systemvertrauen,[122]

---

[117] Vgl. Kap. VIII.4.1, Nr. 22.
[118] Vgl. Kap. VIII.4.1, Nr. 22.
[119] Zum Vergleich mit anderen Fällen siehe: Ralf-Peter Fuchs: Kaiser und Reich im Spiegel von Untertanenbefragungen des 16. und 17. Jahrhunderts. In: Stephan Wendehorst/Siegrid Westphal (Hg.): Lesebuch Altes Reich. München 2006 (Bibliothek Altes Reich. Bd. 1). S. 48–51.
[120] Vgl. zur Konstitutionalisierung des Reiches seit dem Westfälischen Frieden Peter Krause: Die Auswirkungen des Westfälischen Friedens auf das Reichsstaatsrecht. In: Meinhard Schröder (Hg.): 350 Jahre Westfälischer Friede. Verfassungsgeschichte, Staatskirchenrecht, Völkerrechtsgeschichte. Berlin 1999 (Schriften zur europäischen Rechts- und Verfassungsgeschichte. Bd. 30). S. 41f.
[121] Vgl. grundlegend dazu Wolfgang Schmale: Das Heilige Römische Reich und die Herrschaft des Rechts. Ein Problemaufriß. In: Ronald G. Asch/Heinz Duchhardt (Hg.): Der Absolutismus – ein Mythos? Strukturwandel monarchischer Herrschaft in West- und Mitteleuropa (ca. 1550–1700). Köln/Weimar/Wien 1996 (Münstersche Historische Forschungen. Bd. 9). S. 237.
[122] Zum Systemvertrauen siehe: Ute Frevert: Vertrauen – eine historische Spurensuche. In: Dies. (Hg.): Vertrauen. Historische Annäherungen. Göttingen 2003. S. 7–10, 55.

das weit über die traditionelle personalisierte und „mystische[]"[123] Vorstellung vom Kaiser als Hüter des Rechts hinausging und das die Grundlage für den beschriebenen Verrechtlichungsprozess war. Anders formuliert: Weite Teile der reichsstädtischen Bevölkerung vertrauten mehr und mehr einem Rechtssystem, dessen Legitimität und Funktionalität sie zu keinem Zeitpunkt ernsthaft in Frage stellten.

3. Leistungsbilanz der Reichsgerichtsbarkeit

3.1 Verrechtlichung

Reichsstädtische Bürger und Magistrate gleichermaßen vertrauten also auf die Konfliktlösungsarbeit des Reichshofrats. Mitunter wurden Streitfälle, bei denen die Spaltung des Magistrats drohte, frühzeitig, sozusagen vorsorglich an den Reichshofrat verwiesen.[124] Dabei zeigt bereits die Tatsache, dass alle Beteiligten die Konfliktlösung auf rechtlichem Wege suchten, wie innerhalb eines gemeinsamen Regelsystems mit weitgehend ähnlichen Grundannahmen und Werten agiert wurde.[125] Besonders die Obrigkeiten kleinerer Reichsstädte profitierten von der Verrechtlichung politischer und sozialer Auseinandersetzungen mit inneren und äußeren Gegnern. In Wimpfen ermahnten die Wiener Richter 1728 zuvorderst die Untertanen, sich weniger konfrontativ und stärker konsensorientiert zu verhalten.[126] In Schwäbisch Gmünd musste der Reichshofrat 1701 nach Tumulten den dortigen Bürgermeister Storr vor aufgebrachten Bürgern schützen.[127] Und in aller Deutlichkeit forderte der Reichshofrat die Weißenburger Bürger 1724 dazu auf, dass sie das bevorstehende Conclusum *in ruhig und friedsamen betragen abwarthen sollen*.[128] In vielen Quellen begegnet uns also das Bild ohnmächtiger reichsstädtischer Obrigkeiten. Tatsache ist, dass es den Magistraten bei größeren Bürgerunruhen in der Regel an ausreichenden Machtmitteln fehlte und dass sie auf das schützende Eingreifen des Reichshofrats und der jeweiligen Kreistruppen angewiesen waren. Genannt sei erneut das Beispiel

---

[123] Zu korrigieren oder vielmehr ergänzen ist daher Aretins Aussage, dass der Kaiser auf Ebene der Untertanen „in einer mehr mystischen Vorstellung" als Hüter des Rechts wahrgenommen wurde, vgl. Aretin: Das Alte Reich 1 (Anm. 8). S. 13.

[124] Vgl. z. B. für Schwäbisch Gmünd die Prozessakten zum Fall des Johann Eustachius Jauffert 1730/1731 (HHStA. RHR, Decisa, 276).

[125] Vgl. Siegrid Westphal: Stabilisierung durch Recht. Reichsgerichte als Schiedsstelle territorialer Konflikte. In: Ronald G. Asch/Dagmar Freist (Hg.): Staatsbildung als kultureller Prozess. Strukturwandel und Legitimation von Herrschaft in der Frühen Neuzeit. Köln 2005. S. 239f.

[126] Vgl. Reichshofrats-Conclusum vom 9.10.1728. In: Johann Jacob Moser: Merckwürdige Reichs-Hof-Raths-Conclusa [...]. Frankfurt 1731. Bd. 7. S. 969.

[127] Vgl. Reichshofrats-Conclusum vom 19.5.1701. In: Johann Jacob Moser: Merckwürdige Reichs-Hof-Raths-Conclusa [...]. Frankfurt 1726. Bd. 2. S. 686.

[128] StadtAW. A 8678, 1701–1728, Akten zum Wechsler-Prozess. Weißenburg contra Weißenburg in specie Wechßler contra Hochstätter u. Heberer. Kaiserliches Reskript vom 12.6.1724.

Leistungsbilanz der Reichsgerichtsbarkeit 55

Biberach.[129] In Goslar konnte der Rat 1732 nur noch heimlich und *in groser furcht* tagen und die örtliche Stadtwache musste den Unruhen tatenlos zusehen, weil sie *wegen eines zu besorgenden noch größeren tumults keine ordre hätte, sich zu widersetzen*.[130] Dies gilt *mutatis mutandis* sogar für reichsstädtische Metropolen wie Hamburg: Im Zuge der besagten konfessionellen Unruhen in Hamburg von 1719 zeichnete der kaiserliche Gesandte Freiherr von Kurzrock in seinen Berichten das Bild eines machtlosen Rats, der aus Angst vor einer Eskalation nicht gegen den ‚Pöbel' vorzugehen wagte (und möglicherweise auch nicht wollte).[131] In Nürnberg wiederum klagte der Magistrat, dass sich der Handelsmann Frörenteich geweigert habe, einer offiziellen Vorladung nachzukommen, wobei er mit

aufsteigende[r] *Zorn-Hitz ganz entfärbet dahin trozig herausgelaßen* [habe]: *Er komme nicht; er stehe unter der Kaufmannschafft, ganz so,* beklagten die Regierenden, *als ob diese Statum in Statu formieren könnte.*[132]

Aus dieser Perspektive waren die Versuche, mit Härte – seien es willkürliche Verhaftungen oder Gewaltakte – gegen protestierende Bürger vorzugehen, eher ein Zeichen der Fragilität als der Stabilität reichsstädtischer Herrschaft.[133] In Frankfurt, so ist gezeigt worden, pflegte die reichsstädtische Justiz daher eine tendenziell nachsichtige Rechtsprechung, um den inneren Frieden nicht zu gefährden.[134] Die reichsstädtische Regierungspraxis basierte somit in weiten Teilen auf Konsens und Kompromissen.[135]

Die obrigkeitliche Ohnmacht gegenüber bürgerlichem Ungehorsam zeigen auch die schweren Unruhen in Mühlhausen. Hier warnte der Reichshofrat die Konsulenten und Ratgeber der Bürgerschaft im Mai 1731 eindringlich vor eigenmächtigem, selbstrichterlichem und aufrührerischem Verhalten und forderte sie auf, sich *sammt und sonders deswegs Rechtens [...] eintzig und allein zu gebrauchen*.[136] Wie aus dieser Formulierung hervorgeht, war es das strategische Ziel der Reichshofratsjurisdiktion, rechtliche Konfliktlösungsformen zu etablieren und die kaiserliche Macht auszubauen. So auch im Fall Dinkelsbühl. Um den inneren Ruhestand herzustellen, forderte der Reichshofrat die Bür-

---

[129] Vgl. Volker Press: Biberach – Reichsstadt im späten Mittelalter und in der frühen Neuzeit. In: Ders. u.a. (Hg.): Geschichte der Stadt Biberach. Stuttgart 1991. S. 58f.
[130] Reichshofratsgutachten vom 8.11.1732 (Kap. VIII.4.1, Nr. 21).
[131] Vgl. Reichshofratsgutachten vom 2.10.1719 (Kap. VIII.4.1, Nr. 6).
[132] HHStA. Reichskanzlei, Kleinere Reichsstände 381. Promemorial des Rats an den Kaiser mitsamt Beilagen, o. D. (1730/31).
[133] Vgl. Rudolf Schlögl: Vergesellschaftung unter Anwesenden. Zur kommunikativen Form des Politischen in der vormodernen Stadt. In: Ders. (Hg.): Interaktion und Herrschaft. Die Politik der frühneuzeitlichen Stadt. Konstanz 2004 (Historische Kulturwissenschaft. Bd. 5). S. 26.
[134] Vgl. Joachim Eibach: Städtische Strafjustiz als konsensuale Praxis. Frankfurt am M. im 17. und 18. Jahrhundert. In: Schlögl: Interaktion (Anm. 133). S. 196, 206.
[135] Vgl. Ulrich Meier/Klaus Schreiner: Regimen civitatis. Zum Spannungsverhältnis von Freiheit und Ordnung in alteuropäischen Stadtgesellschaften. In: Dies. (Hg.): Stadtregiment und Bürgerfreiheit. Handlungsspielräume in deutschen und italienischen Städten des Späten Mittelalters und der Frühen Neuzeit. Göttingen 1994 (Bürgertum. Bd. 7). S. 14.
[136] Reichshofrats-Conclusum vom 28.5.1731. In: Johann Jacob Moser: Merckwürdige Reichs-Hof-Raths-Conclusa [...]. Frankfurt 1732. Bd. 8. S. 205.

ger auf, sich friedlich und gehorsam zu zeigen; gleichzeitig garantierte er Schutz vor anderen Tumultuanten und Übergriffen des Magistrats.[137] Sieht man von einigen Ausnahmen ab,[138] so wird evident, dass sich der Umgang des Reichshofrats mit inneren Unruhen im frühen 18. Jahrhundert grundlegend wandelte. Hatte die kaiserliche Gerichtsbarkeit im vorhergehenden Säkulum vielfach noch „hart und blutig mit konsequentem Vernichtungs- und Abschreckungswillen"[139] auf bürgerschaftliche Proteste reagiert, so zeigte sich der Reichshofrat nun zunehmend nachsichtig. Den Aufstand der Nürnberger Metzgergesellen 1727 ahndete das Reichsgericht gar nicht, mit der Begründung, die Beteiligten seien sich der Tragweite ihrer Handlung nicht bewusst gewesen und hätten sich zudem schnell eines Besseren belehren lassen.[140] Es gibt, nicht nur in den Reichsstädten, derart zahlreiche Fälle, bei denen sich der Reichshofrat als Schutzmacht vor obrigkeitlicher Willkür gerierte, dass Georg Schmidt sogar von einem „Anfangsverdacht des Despotismus" bei den Reichsgerichten nach 1700 ausgeht.[141] Kaum deutlicher zum Ausdruck kommen könnte dies in der 1711 vorgebrachten reichsständischen Kritik, dass bei der kaiserlichen Gerichtsbarkeit bislang *denen Unterthanen gegen ihre herren zu leicht Gehör gegeben worden* sei.[142]

Diese magistratskritische Einstellung des Reichshofrats mussten zahlreiche reichsstädtische Obrigkeiten leidvoll erfahren.[143] In einem umfangreichen Conclusum zum Fall Weißenburg ordnete der Reichshofrat 1737 an, den zu Unrecht arrestierten Schreiber Mohr umgehend freizulassen. Außerdem solle der vom Bürgermeister und den Stadtknechten regelrecht aus der Stadt gejagte bürgerliche Syndicus Johann Christoph Lotzbeck zurückkehren dürfen und wegen seines *patriotische*[n] *Eyffer*[s] seine Ämter zurückerhalten.[144] Ähnlich in Dinkelsbühl, ebenfalls 1737, wo der Rat ernsthaft besorgt war, die von der Reichshofratskommission erzwungenen Freilassungen könnten seine

---

137 Vgl. StadtAD. E 8, Kommissionsakten 1719–1746, Paket Nr. 4. Reichshofrats-Conclusum vom 9.10.1731.
138 Dazu zählt etwa die Hinrichtung der Rädelsführer der Unruhen in Mühlhausen. In Bezug auf das schnelle und überaus harte Vorgehen des Reichshofrats spricht Lau hier sogar von einem „Justizmord" (Thomas Lau: Bürgerunruhen und Bürgerproteste in den Reichsstädten Mühlhausen und Schwäbisch Hall in der Frühen Neuzeit. Bern 1999 [Freiburger Studien zur Frühen Neuzeit. Bd. 4]. S. 488).
139 Eberhard Isenmann: Die Reichsstadt in der Frühen Neuzeit. In: Georg Mölich/Gerd Schwerhoff (Hg.): Köln als Kommunikationszentrum. Studien zur frühneuzeitlichen Stadtgeschichte. Köln 2000 (Der Riss im Himmel. Bd. 4). S. 74.
140 Vgl. StadtAN. B 11, 61. Brief Nürnberger Metzger (?) an Dr. Sörgel in Wien vom 6.10.1727 sowie das Reichshofrats-Conclusum vom 18.11.1727. In: Moser: Reichs-Hof-Raths-Conclusa 7 (Anm. 126). S. 63–64.
141 Schmidt: Geschichte des Alten Reichs (Anm. 115). S. 243.
142 StadtAN. B 11, 471, Nr. 8. Gravamina Communia wider den Reichs-Hoff-Rath vom 23.9.1711 (Kopie).
143 Vgl. die Reichshofrats-Conclusa zu Worms aus dem Jahr 1717 (StAN. Rst. Nbg., Rep. 44e, Losungamt Akten, S I L 151, Nr. 7) oder die Conclusa zu Giengen, siehe Johann Jacob Moser: Von der Reichs-Stättischen Regiments-Verfassung […]. Frankfurt/Leipzig 1772 (Neues teutsches Staatsrecht. Bd. 19). S. 429f.
144 StadtAW. B 15/3. Conclusum vom 18.6.1737.

Autorität empfindlich schwächen.[145] In Nürnberg fürchtete der Magistrat besonders den untertanenfreundlichen Reichshofratspräsidenten Ernst Friedrich Graf von Windischgrätz. Einem Wiener Informanten zufolge solle Windischgrätz in einem vertraulichen Gespräch geäußert haben, er wolle angesichts des despotischen Herrschaftsstils lieber ein böhmischer Leibeigener als ein Nürnberger Bürger sein.[146] Die Echtheit dieser Aussage ist nicht zu verifizieren; dass ein solches Zitat den Ratsherren glaubhaft erscheint, lässt aber tief blicken. Ein späteres Reichshofratsgutachten bestätigt zudem zweifelsfrei, dass Windischgrätz ein Patron der Nürnberger Opposition und mehr noch der Motor des Sörgel'schen Türkensteuerprozesses war.[147] Hinzu kommen Korrespondenzen, in denen von der Unterstützung des Reichshofratspräsidenten für besagten Dr. Sörgel und dessen Anliegen die Rede ist.[148] Und nicht wenige Richter teilten das Selbstverständnis Windischgrätz'. Mit von Lyncker kann der Reichshofrat daher gar als Schutzmacht, als *das Asyl aller Notleidenden und Bedrängten im Reich hoch und niedern Standes* bezeichnet werden.[149] Andere Reichshofrats-Conclusa belegen die probürgerschaftliche Grundstimmung in den Reihen der Richter. Den Topos eines selbstherrlichen Magistratsregiments übernehmend formulierte eine Mehrheit der Reichshofräte 1723 in ihrem Votum, der Nürnberger Rat habe *zum aller grösten nachtheil Ewer Kays. May. seine gewaldt allzu sehr* missbraucht und fahre fort, mit *fast nie erhörten schwären aufflagen die arme Burgerschaft von tag zu tag mehrers zu enerviren*.[150] Rund zehn Jahre später formulierten die Richter diese Ansicht noch deutlicher. 1734 empfahlen zahlreiche Reichshofräte dem Kaiser die Einrichtung einer Kommission, um, so die Begründung, die leidenden Bürger vom unverhältnismäßig großen Steuerdruck zu befreien.[151]

Am Beispiel Nürnbergs wird offensichtlich, dass die untertanenfreundliche Rechtsprechung die lokale Herrschaftspraxis mittel- oder unmittelbar beeinflusste. So ist nachweis-

---

[145] Vgl. StadtAD. E 5 1737. Extrakt des Ratsprotokolls vom 11.1.1737.
[146] Dies schrieb ein Nürnberger Informant im Sommer 1723. An anderer Stelle heißt es, dass Windischgrätz *ohnehin nicht guth Nürnbergisch seye* (StAN. Rst. Nbg., Rep. 26/2, Nr. 145).
[147] Reichshofrats-Conclusum vom 31.5.1730 (Kap. VIII.4.1, Nr. 13), in dem es rückblickend heißt, der Prozess gegen den Nürnberger Magistrat sei einst von Reichshofratspräsident Windischgrätz vorangetrieben worden.
[148] Vgl. beispielsweise StAN. Rst. Nbg., Rep. 26/3, Nr. 40. Billet Starkgrafs vom 10.2.1724.
[149] Zitiert nach von Gschließer: Reichshofrat (Anm. 5). S. 44.
Zur Schutzherrenrolle Karls VI. für mindermächtige Reichsstände als Machtmittel österreichischer Großmachtpolitik vgl. Harm Klueting: Grafschaft und Großmacht. Mindermächtige Reichsstände unter dem Schutz des Reiches oder Schachfiguren im Wechselspiel von Großmachtinteressen. Der Weg der Grafschaft Tecklenburg vom gräflichen Territorium zur preußischen Provinz. In: Helmut Neuhaus/Barbara Stollberg-Rilinger (Hg.): Menschen und Strukturen in der Geschichte Alteuropas. Festschrift für Johannes Kunisch zur Vollendung seines 65. Lebensjahres, dargebracht von Schülern, Freunden und Kollegen. Berlin 2002 (Historische Forschungen. Bd. 73). S. 130.
[150] Reichshofrats-Conclusum vom 6.8.1723 (Kap. VIII.4.1, Nr. 8).
[151] Vgl. Reichshofrats-Conclusum vom 27.1.1734 (Kap. VIII.4.1, Nr. 14). Darin heißt es: *Es ist doch nicht so viel die Obrigkeit, es ist am allermeisten der Burger und Unterthan welche bey dießen Zeitenläufften extraordinari kräfften anstrecken muß [...]. Und wan er die einmahl nach so langen seuffzen, wünschen und bitten verlangte hüllf gegenwärtig siehet, auff der er die eintzige Hoffnung aus dem gäntzlichen Verderben setzt, so wird er daß seinige mit freuden [...] zu Euer Kay. May. diensten bey dermahligen Umständen dargeben.*

bar, dass sowohl der Magistrat als auch die kaufmännische Opposition in Nürnberg von diesen Präferenzen am Reichshofrat wussten.[152] Im Zuge der Prozesse sah der dortige Magistrat zunehmend, wenn auch nicht bruchlos, von illegalem und despotischem Vorgehen gegenüber seinen Bürgern ab. Als man 1717 gegen ungehorsame Handwerker und Residenten vorging, ließ man in einem Ratsdekret dezidiert verlauten, man werde dabei lediglich alle rechtmäßigen Mittel anwenden.[153] Sogar ein Beispiel für vorauseilenden Gehorsam findet sich: 1722 ließ der Magistrat den erwähnten Handwerker Werner wegen der angeblichen Beteiligung an einer antipatrizischen Schmähschrift inhaftieren. Noch bevor es zu einem Eingreifen des Reichshofrats kam, wurde der Gefangene freigelassen, nachdem die Nürnberger Gesandten in Wien vom großen Imageschaden für die Reichsstadt wegen der Verhaftung berichtet hatten.[154] Vorläufiger Höhepunkt des zunehmend auf Konsens ausgerichteten Regierungsstils war ein Ratsverlass aus dem Jahr 1725, in dem alle Senatoren angehalten wurden, sich wegen des kritischen Prozessverlaufs gegenüber der Bürgerschaft fortan wohlwollend zu verhalten.[155] Die Kontrollfunktion des Reichshofrats führte hier nachweisbar zu einem moderaten Regierungsstil, und sei es nur aus Gründen der ‚Image-Pflege'. So präsentierte sich der Nürnberger Rat 1720 gegenüber den Residenten als großzügig, weil dies, wie es etwa der Gesandte Walther empfohlen hatte, bei Hofe einen guten Eindruck mache.[156]

3.2 Demokratisierung?

Durch seine Kontrollarbeit stärkte und motivierte der Reichshofrat bürgerschaftliche Oppositionen entscheidend. Ob man im Zusammenhang mit den eingeführten Reformen von einer Demokratisierung sprechen kann, bleibt schon aufgrund zum Teil stark differierender Definitionen und Maßstäbe umstritten.[157] Immerhin forderten nicht wenige oppositionelle Bürger, unter Berufung auf echte oder erfundene Privilegien, die Wiederherstellung

---

[152] Vgl. Kap. V.2.2.2.
[153] Vgl. StAN. Rst. Nbg., Rep. 63a, Nürnberger Mandate, Bände, Band Nr. O, Nr. 139. Ratsdekret vom 26.7.1717.
[154] Vgl. StAN. Rst. Nbg., Rep. 26/1, Nr. 45. Brief des Wiener Gesandten Walther vom 27.5.1722. So wurde der *boshaffte* Stephan Werner wegen Mittäterschaft beim Verfassen des Pamphlets festgenommen, jedoch am 2.6.1722 wieder auf freien Fuß gesetzt (siehe Rep. 26/1, Nr. 48). Werner beklagte sich später über seine Inhaftierung (vgl. Rep. 26/1, Nr. 105).
[155] Vgl. StAN. Rst. Nbg., Rep. 26/4, Nr. 12. Ratsverlass vom 31.1.1725.
[156] Vgl. StAN. Rst. Nbg., Differentialakten, Rep. 4, Nr. 843, Residentenangelegenheiten, Nr. 135. Brief des Gesandten Walther vom 4.9.1720. Walther empfiehlt darin, man solle nach dem kaiserlichen Reskript von 2.8.1720 den Nürnberger Residenten einen Vergleich anbieten, da dies am Hof einen guten Eindruck machen würde. Eine auf Konsens ausgerichtete Vorgehensweise findet sich auch schon früher. Bereits 1717 hatte der Nürnberger Konsulent Silberrad dem Rat empfohlen, es mit *gütlichen Mitteln* zu versuchen (StAN. Rst. Nbg., Differentialakten, Rep. 4, Nr. 842, Residentenangelegenheiten, Nr. 32. Gutachten des Konsulenten Silberrad vom 28.6.1717).
[157] Vgl. Meier/Schreiner: Regimen civitatis (Anm. 135). S. 12; Otto Borst: Demokratie in den Reichsstädten? In: Ders./Haus der Geschichte Baden-Württemberg (Hg.): Südwestdeutschland – die Wiege der deutschen Demokratie. Tübingen 1997 (Stuttgarter Symposion. Bd. 5). S. 37f.; Schlögl: Vergesellschaftung (Anm. 133). S. 18, 36.

demokratischer Strukturen. So hieß es beispielsweise in einer Flugschrift aus dem Jahr 1734 zur Nürnberger Regimentsverfassung:

Die Regierungs-Form solle in alten Zeiten dergestalten eingerichtet gewesen seyn, daß das Volck am meisten zu sagen hatte, und im Regiment gesessen, auch ohne dessen Erlaubnuß man nichts vornehmen dörffen.[158]

Tatsächlich hatten derartige Strukturen weder existiert noch wurden sie vom Reichshofrat in dieser Form restituiert.[159] Der Begriff Demokratisierung ist daher, trotz seines weiten Bedeutungsspektrums, nur bedingt geeignet. Ungeachtet terminologischer Schwierigkeiten bleibt es das Verdienst des Wiener Reichsgerichts, mit dem vielerorts installierten System gegenseitiger Kontrolle ein grundlegendes demokratisches Ordnungsprinzip eingeführt beziehungsweise wiederhergestellt zu haben. In zahlreichen Städten stärkte der Reichshofrat das lokale Kräftegleichgewicht durch die Übertragung von Kontrollaufgaben auf bürgerschaftliche Personen und Gremien, wie zum Beispiel in Weißenburg.[160] Oder in Mühlhausen, wo die Rechnungsprüfer 1727 *ohne Furcht des Hasses und daraus entspringenden Verfolg- und Bedruckungen*[161] arbeiten sollten. Die vom Reichshofrat beauftragten Kontrolleure in Dinkelsbühl sollten dabei gleichzeitig die Funktion eines Nachrichtendienstes für den Wiener Hof wahrnehmen.[162] Auf diese Weise sorgte das Reichsgericht als Oberinstanz in einem austarierten System von *check-and-balance* für ausgeglichene Kräfteverhältnisse zwischen den Parteien. In Augsburg funktionierte dieses Ordnungsprinzip offensichtlich besonders gut. Kronzeuge dafür ist kein Geringerer als Montesquieu, der sich für sein Grundlagenwerk ‚De l'esprit des lois' (1748) und das Konzept der Gewaltenbalance vom Augsburger Exempel inspirieren ließ.[163] Zur Verfassung Augsburgs, das er 1729 auf seiner Deutschlandreise besuchte, zur dortigen Parität, dem Gleichgewicht zwischen politischen Gremien sowie zwischen Bischof und Stadt, bemerkte er:

Katholische und evangelische Ratsmitglieder sind gezwungen, in Frieden miteinander zu leben – nicht zuletzt, um zu vermeiden, daß ihnen eine kaiserliche Kommission auferlegt wird, die ihnen sehr viel Geld kostet, wie sie es schon erfahren haben. […] Und sollte jemand Unrecht von Seiten des Magistrats erfahren, so hat er immer die Möglichkeit, sich

---

[158] Kap. VIII.4.7, Nr. 20.
[159] Vgl. Press: Römisch-Deutsches Reich (Anm. 65). S. 238; Reinhard Hildebrandt: Rat contra Bürgerschaft. Die Verfassungskonflikte in den Reichsstädten des 17. und 18. Jahrhunderts. In: Zeitschrift für Stadtgeschichte, Stadtsoziologie und Denkmalpflege. 1. 1974, hier S. 240.
[160] Vgl. StadtAW. B 15/3. Conclusum vom 18.6.1737.
[161] Reichshofrats-Conclusum vom 9.19.1727. In: Johann Jacob Moser: Merckwürdige Reichs-Hof-Raths-Conclusa […]. Frankfurt 1730. Bd. 6. S. 986.
[162] Vgl. StadtAD. E 8. Reichshofrats-Conclusum vom 9.10.1731.
[163] Vgl. Etienne François: Augsburger Freiheit und preußische Tyrannei. Montesquieus Reisetagebuch durch Deutschland 1729. In: Johannes Burkhardt/Sabine Ullmann/Thomas Max Safley (Hg.): Geschichte in Räumen. Festschrift für Rolf Kießling zum 65. Geburtstag. Konstanz 2006. S. 77–80. Vgl. zu den „missverstandenen" Ideen Montesquieus Ulrike Seif: Der missverstandene Montesquieu: Gewaltenbalance, nicht Gewaltentrennung. In: Zeitschrift für Neuere Rechtsgeschichte. 22. 2000, hier S. 166.

an den Hofrat zu wenden, der die Unregelmäßigkeiten bei der Wahl der Ratsmitglieder und den anderen Sachen zurechtrückt.[164]

Prägnanter könnte man die Funktionsweise und Leistungsbilanz des Reichshofrats nicht zusammenfassen. Des Weiteren leistete das Wiener Reichsgericht – wie auch das Reichskammergericht[165] – durch die Aufwertung und Einhaltung eines Katalogs reichsbürgerlicher Freiheitsrechte einen bedeutenden Beitrag zur Konstitutionalisierung des Reiches. Eine dieser unveräußerlichen Freiheiten war die Anrufung der Reichsgerichtsbarkeit selbst. Durch die Prozesskostenbeihilfe für arme Kläger und die Prozessfähigkeit von Frauen sollte der Zugang zur juristischen ‚Selbstverteidigung' uneingeschränkt gewährleistet werden.[166] Hinzu kommt, dass das asymmetrische Verhältnis der Prozessparteien, etwa Untertanen und Obrigkeiten, vor den Reichsgerichten zumindest formal egalisiert wurde. Wie ausgeprägt der Gleichheitsgedanke bei reichsstädtischen Klägern war, zeigt eine Supplik Frankfurter Bürger, die den Kaiser schon 1707 an seine ‚Wahlversprechen' erinnerten, jedem im Reiche unabhängig von Stand, Vermögen oder Religion Gerechtigkeit zukommen zu lassen.[167] Der Reichshofrat schützte nicht nur die körperliche Unversehrtheit, sondern auch das individuelle Eigentum, ein für klagende Handelsleute gewichtiger Punkt. Aus Sicht der Nürnberger Bürger gehörte es zu den zentralen Aufgaben des Wiener Reichsgerichts, ihre Person und ihre *Haab und Güter* vor obrigkeitlichen Übergriffen zu schützen.[168] Dieser rechtliche Schutz des Handels und des Privatvermögens vor obrigkeitlichen Übergriffen ist als modernisierendes Element nicht zu unterschätzen.

Hinzu kam, dass bei despotischem Verhalten der Obrigkeit bürgerlicher Ungehorsam vom Reichshofrat zunehmend toleriert wurde. Viele der Conclusa, in denen das *jus resistendi* der Untertanen implizit oder explizit aufgewertet wurde, stehen so im Widerspruch zu dem über theatrale oder literarische Medien propagierten neostoizistisch-barocken Ideal der Duldsamkeit.[169] Was die Widerstandsformen betrifft, verfolgte der Reichshofrat nicht immer eine klare Linie. Mitunter bleibt unklar, welche Protestformen als legitim verstanden wurden und wann die Grenze zu dem nach der *Constitutio Cautio Criminalis* (Art. 127) strafbaren Aufruhr überschritten wurde.[170] In engen Grenzen war der Reichshofrat bei passivem (zum Beispiel Gehorsamsverweigerung, Auszug aus der Stadt) und

---

[164] Zitiert nach: François: Augsburger Freiheit (Anm. 163). S. 80.
[165] Vgl. Peter Oestmann: Menschenrechte und ihre Durchsetzung im Alten Reich. In: Georg Schmidt-von-Rhein/Albrecht Cordes (Hg.): Altes Reich und neues Recht. Von den Anfängen der bürgerlichen Freiheit. Wetzlar 2006. S. 54–74.
[166] Vgl. Sellert: Prozeßgrundsätze (Anm. 61). S. 106, 118, 126–130. Allerdings ist bislang noch kaum erforscht, inwieweit etwa Prozesskostenbeihilfe im Einzelfall gewährt wurde.
[167] Vgl. Kap. VIII.4.3, Nr. 2.
[168] Kap. VIII.4.3, Nr. 6.
[169] Dieses Ideal wurde zeitgleich beispielsweise im spätbarocken Theater propagiert. Vgl. Werner Wilhelm Schnabel: Herrscherliche Willkür und ihre Opfer. Handlungsmuster und Wertehorizonte im voraufklärerischen Drama. In: Petra Bendel/Thomas Fischer (Hg.): Menschen- und Bürgerrechte. Perspektiven der Regionen. Erlangen 2004 (Arbeitspapiere des Zentralinstituts für Regionalforschung Bd. 7). S. 576–582.
[170] Vgl. Sailer: Verwissenschaftlichung (Anm. 21). S. 110 Anm. 14.

selbst aktivem Widerstand nachsichtig.[171] Allerdings nur gegenüber den lokalen Obrigkeiten und insbesondere dann, wenn diese ihren Bürgern das Grundrecht auf Supplizieren[172] oder auf rechtlichen Protest verweigert hatten. Darauf spielten beispielsweise die Augsburger Weberknappen in ihrer Bittschrift von 1718 an den Kaiser an, in der sie sich darüber beklagten, dass Augsburger Gardisten ein eingereichtes Memorial *zu ihrer letzeren Desperation in die tausend Stuckh zerrissen[] vor die füsse geworffen* hätten.[173] Und auch die Nürnberger Kaufmannschaft verteidigte mit aller Entschiedenheit ihr Recht, Beschwerden übergeben und die eigenen Anliegen den Magistratsvertretern mündlich vortragen zu dürfen.[174]

Das Beispiel Dinkelsbühl wiederum zeigt, dass der Reichshofrat auch mutmaßlichen Unruhestiftern das fundamentale Grundrecht auf Rechtfertigung zusicherte.[175] So wurde 1735 einigen in Donauwörth wegen Verdachts auf Landfriedensbruch inhaftierten Dinkelsbühler Bürgern das Recht auf Haftprüfung gewährt; im Fall ihrer Unschuld wäre der Dinkelsbühler Magistrat sogar regresspflichtig gewesen.[176] Gleichzeitig tendierten die Bürger im Zuge des Juridifizierungsprozesses weniger zu gewalttätigen Protestformen.[177] Was etwa in den Dinkelsbühler Kommissionsakten für das Jahr 1731 unter dem Begriff eines *Aufruhrs* der evangelischen Bürgerschaft verzeichnet wurde, hat faktisch nur wenig mit blutigen Unruhen zu tun. Stattdessen endeten die ‚Tumulte' mit schriftlichen Eingaben beider Seiten an die Lokalkommission.[178] Auch die Reaktionen auf die Biberacher Unruhen 1732/33 bezeugen die breite Akzeptanz rechtlicher Konfliktlösungsformen. Betrachtet man die Einschätzung innerhalb des Nürnberger Handelsvorstands, so wird deutlich, dass die Biberacher Tumulte gerade aus der Perspektive anderer bürgerschaftlicher Oppositionsgruppen als kontraproduktiv empfunden wurden. Eine besonders bemerkenswerte Stelle findet sich im Brief des in Wien weilenden Nürnberger Kaufmannsdeputierten Pflüger. Dieser beklagte sich 1733 darüber, dass die Biberacher *tumultualliter verfahren haben*,

---

[171] So zumindest sieht es Lau. Ihm zufolge war „wohl dosierte Gewalt" für den Reichshofrat durchaus tolerabel (Lau: Reichsstädte [Anm. 27]. S. 137).

[172] Vgl. allgemein dazu Helmut Neuhaus: Supplikationen auf Reichstagen des 16. Jahrhunderts. Zahl, Inhalt und Funktion. In: Maximilian Lanzinner/Arno Strohmeyer (Hg.): Der Reichstag 1486–1613. Kommunikation – Wahrnehmung – Öffentlichkeiten. Göttingen 2006 (Schriftenreihe der Historischen Kommission bei der Bayerischen Akademie der Wissenschaften. Bd. 73). S. 157.

[173] Kap. VIII.4.3, Nr. 9. Vgl. auch das zugehörige Reichshofrats-Conclusum vom 20.9.1718.

[174] Vgl. StadtAN. E 8, 589, Marktprotokolle 1707–1726. Protokoll vom 15.8.1724. S. 8–10.

[175] Vgl. zur Bedeutung des Rechts auf Rechtfertigung Rainer Forst: Das grundlegende Recht auf Rechtfertigung. Zu einer konstruktivistischen Konzeption von Menschenrechten. In: Hauke Brunkhorst/Wolfgang R. Köhler/Matthias Lutz-Bachmann (Hg.): Recht auf Menschenrechte. Menschenrechte, Demokratie und internationale Politik. Frankfurt 1999 (Suhrkamp-Taschenbuch Wissenschaft. Bd. 1441). S. 66–105.

[176] Vgl. StadtAD. E 5, 1726–1752, Band 1 (3), Kaiserliche Rescripte und Conclusa. Reichshofrats-Conclusum vom 26.8.1735.

[177] Vgl. mit Bezug zum Reichskammergericht Helmut Gabel: ‚Daß ihr künftig von aller Widersetzlichkeit, Aufruhr und Zusammenrottierung gänzlich abstehet'. Deutsche Untertanen und das Reichskammergericht. In: Ingrid Scheurmann (Hg.): Frieden durch Recht: Das Reichskammergericht 1495–1806. Katalog zur gleichnamigen Ausstellung. Mainz 1994. S. 280.

[178] Vgl. StadtAD. E 5, 1731. Kopie des kaiserlichen Kommissions-Protokolls vom 21. Mai 1731, betreffend den von der Bürgerschaft A. C. verübten Aufruhr.

also eine illegitime Protestform gewählt hätten, und damit dem Anliegen aller reichsstädtischen Kläger geschadet hätten. Die bevorstehende harte Strafe gegen die Unruhestifter (*Die Biberacher seynd übel dran.*) sei, so Pflüger weiter, daher gerechtfertigt.[179]

Aber auch das Aufbegehren auf rechtlichem und schriftlichem Wege hatte Grenzen: Zu den Spielregeln des rechtlichen Konfliktaustrags vor dem Reichsgericht gehörten Sachlichkeit und der Verzicht auf Schmähungen und Obszönitäten. Immer wieder lehnte man am Reichshofrat diffamierende Eingaben ab, und in einigen Fällen wie im Frankfurter Prozess zerriss der Reichshofratstürhüter beleidigende Schriften der Bürgerschaft.[180]

Wer auf rechtlichem Wege protestierte, genoss eine Reihe von Schutzbestimmungen. Das wichtigste dieser Privilegien, das klagenden Bürgern oder Bürgergruppen garantiert wurde, war das Recht auf Versammlungsfreiheit.[181] Im kaiserlichen Reskript vom 24.9.1722 an den Weißenburger Magistrat wurde diese Freiheit gegen obrigkeitliche Repressalien ausdrücklich geschützt, indem Karl VI. betonte, dass *die zusamben Trettung und berathschlagung* der Supplikanten zu erlauben sei.[182] Entsprechende Rechte wurden nicht nur den in der jeweiligen Verfassung verankerten politischen Organen gewährt. Auch neue Formen bürgerschaftlicher Repräsentation konnten sich formieren. So lag ein großes Verdienst des Reichshofrats darin, dass friedliche Bürgerversammlungen, die dem rechtlichen Protest beziehungsweise der Wahl bürgerschaftlicher Abgeordneter dienten, geschützt wurden.[183] Es fehlte an eindeutigen Regelungen, wann klagende Personenverbände am Reichshofrat als parteifähig angesehen wurden, doch dem Prozessrecht zufolge mussten diese zwei Drittel der Unterschriften des entsprechenden Kollegiums, der jeweiligen Gemeinde oder – wie im Falle der reichsstädtischen Prozesse – der Bürgerschaft vorweisen.[184] Mitunter akzeptierte der Reichshofrat aber auch Vollmachten ohne die erforderliche Anzahl an Unterschriften.[185] Nachgewiesen sind entsprechende Listen unter anderem für Weißenburg (1693)[186], Frankfurt (1707)[187] und insbesondere Nürnberg

---

[179] StadtAN. E 8, 4900. Brief an den Gesandten der Nürnberger Kaufmannschaft in Wien Pflüger vom 19.2.1733.

[180] Vgl. Moser: Reichs-Hof-Raths-Proceß 4 (Anm. 71). S. 537f., 534. Siehe auch das Reichshofrats-Conclusum im Fall Isny Rat contra Schmid von Schmidfelden vom 19.7.1728. In: Moser: Reichs-Hof-Raths-Conclusa 6 (Anm. 161). S. 632, 638.

[181] Vgl. Moser: Reichs-Hof-Raths-Proceß 4 (Anm. 71). S. 417, § 3; Volker Press: Die Reichsstädte im Reich der frühen Neuzeit. In: Rainer A. Müller (Hg.): Reichsstädte in Franken. Aufsätze 1: Verfassung und Verwaltung. München 1987 (Veröffentlichungen zur bayerischen Geschichte und Kultur. Bd. 15/1). S. 18.

[182] StadtAW. A 8678. Reskript vom 24.9.1722.

[183] Vgl. zur Bildung von so genannten ‚Syndikaten' erneut Moser: Reichs-Hof-Raths-Proceß 4 (Anm. 71). S. 417, § 3; Press: Reichsstädte (Anm. 181). S. 18.

[184] Vgl. Sellert: Prozeßgrundsätze (Anm. 61). S. 105f.

[185] Vgl. Reichshofratsgutachten vom 23.5.1730 (Kap. VIII.4.1, Nr. 13), siehe auch Lau: Reichsstädte (Anm. 27). S. 140.

[186] Immerhin 143 klagende Bürger stellten eine Prozessvollmacht aus. Vgl. Otto Rieder: Geschichte der ehemaligen Reichsstadt und Reichspflege Weißenburg am Nordgau (1). Neuauflage bearbeitet von Rainer Kammerl. Weißenburg 2002 (Weißenburger Heimatbücher. Quellen und Forschungen zur Geschichte von Stadt und Weißenburger Land. Bd. 10). S. 392.

[187] Vgl. HHStA. MEA, RHR 8a, Akten Bürgerschaft und Stadt Frankfurt contra den Magistrat, 1707. Die am 9.5.1707 beim Reichshofrat eingegangene Unterschriftenliste ist ein Anhang des entspre-

(1730), wo auf Initiative des Handelsvorstands rund 250 Bürger signierten: Den 85 Unterschriften Nürnberger Kaufleute[188] folgten die Prozessvollmachten von 20 Ärzten und Juristen[189], von 60 weiteren Handelsleuten, darunter deren Frauen[190], und 90 Handwerkern.[191] Klassisch ist der defensive Stil der Dokumente. Es sei nötig gewesen, so heißt es in der Vollmacht des Handelsvorstands, einen *Ausschuß zu machen, um allen beschwerlichen Ausschweiffungen und Weitläuffigkeiten zu entgehen*.[192] Zur Legitimation berief man sich außerdem auf den Größeren Rat als politische Vertretung der Bürgerschaft. Da vom Magistrat kein Entgegenkommen hinsichtlich des beklagten hohen Steuersatzes erfolgt war, so die Argumentation, sei die Kaufmannschaft gleichermaßen gezwungen und berechtigt gewesen, für das Gemeinwohl der Handels- und Bürgerschaft die kaiserliche Gerichtsbarkeit anzurufen.[193] Man präsentierte sich als dem *bonum commune* verpflichtete Alternative zum eigennützig regierenden Patriziat. Vorhergehende und nachfolgende Beispiele für Unterschriftenlisten zeigen,[194] dass sich hier ein Prozedere bürgerschaftlicher Willensbildung etablierte, das auch von obrigkeitlicher Seite akzeptiert wurde beziehungsweise werden musste. Angeblich, so eine Flugschrift aus dem gleichen Jahr, setzte der Magistrat mit den gleichen Mitteln dagegen und versuchte 1731 die Bürger dazu zu bewegen, *mittels haendige[r] Subscription zu atestiren, daß* [sie] *mit dessen Regierung, Losung und Anlagen etc. allerdings zufrieden* wären.[195] Und beim Versuch, die Rechtmäßigkeit der 1730 vom Handelsvorstand eingereichten Unterschriftenlisten zu widerlegen, stellte der Nürnberger Magistrat auch nicht den Vorgang der Autorisierung an sich, sondern nur das angeblich unrechtmäßige Zustandekommen der Listen in Frage.[196] Wenn der Magistrat dabei kritisierte, viele Handwerker hätten nur auf wirtschaftlichen

---

[188] chenden Memorials (Kap. VIII.4.3, Nr. 2).
Vgl. StadtAN. E 8, Handelsvorstand, Nr. 4872. ‚Vollmacht welche von des hiesigen Handel-Plazes unterschrieben, und an die H. Vorsteher ertheilt wurde den recours an Ihro Kayß. Majest zu nehmen wegen vieler Gravamina wider E. E. L. Rath' vom 6.2.1730.

[189] Vgl. StadtAN. E 8, Handelsvorstand, Nr. 4872. ‚Attestation von unterschiedl. Herren Doctores Juris & Medicinae' vom 5.8.1730.

[190] Vgl. StadtAN. E 8, Handelsvorstand, Nr. 4872. ‚Vollmacht von unterschiedl. weitern Handels-Leuthen' vom 7.8.1730.

[191] Vgl. StadtAN. E 8, Handelsvorstand, Nr. 4872. ‚Vollmacht von Erbarn Handwerkern' vom 13.9.1730.

[192] StadtAN. E 8, Handelsvorstand, Nr. 4872. ‚Vollmacht welche von des hiesigen Handel-Plazes unterschrieben, und an die H. Vorsteher ertheilt wurde den recours an Ihro Kayß. Majest zu nehmen wegen vieler Gravamina wider E. E. L. Rath' vom 6.2.1730.

[193] Vgl. StadtAN. E 8, Handelsvorstand, Nr. 4872. ‚Vollmacht welche von des hiesigen Handel-Plazes unterschrieben, und an die H. Vorsteher ertheilt wurde den recours an Ihro Kayß. Majest zu nehmen wegen vieler Gravamina wider E. E. L. Rath' vom 6.2.1730.

[194] Vgl. dazu auch den Verweis auf die im Jahr 1722 von rund 60 Bürgern, vor allem Handwerkern, unterzeichnete Beschwerdeliste für den Reichshofrat (StAN. Rst. Nbg., Rep. 26/1, Nr. 120. Postskript Hofmanns vom 7.10.1722). Siehe auch StadtAN. E 8, Handelsvorstand, Nr. 4872. Vollmacht vom 23.6.1739 mit nur 40 Handelsleuten, die *aber in Wien nicht für sufficient* angenommen wurde.

[195] Kap. VIII.4.7, Nr. 17.

[196] Man argumentierte, auf die beteiligten Handwerker sei ökonomischer Druck von Seiten der Kaufleute ausgeübt worden sein. Vgl. HHStA. Reichskanzlei, Kleinere Reichsstände 381. Promemorial des Rats an den Kaiser mitsamt Beilagen (1731?).

Druck der Kaufleute hin unterschrieben,[197] so zeugt dies von einem Normverständnis, demzufolge das Signieren ein freiwilliger, zwangloser Akt sein sollte. Betrachtet man die eigenhändige und persönliche Unterschrift als Ausdruck eines ausgeprägten, die Bürger- und Persönlichkeitsrechte einschließenden Rechtsbewusstseins,[198] so sind die vorhandenen Listen Belege für eine moderne Form bürgerlicher Willensbildung. Es sei *ausser Zweiffel, daß der meiste theil der burgerschaft die kaiser. Einsicht in der Regimentsführung des Magistrats sehnlich verlange*, hieß es 1724 in einem Reichshofratsgutachten zum Nürnberger Fall.[199] Und der in Augsburg weilende kaiserliche Resident Garb schrieb 1725 mit Bezug auf die schwäbische Reichsstadt, dass die *meiste Bürgerschafft*, bis auf wenige, *welche entweder Clienten oder Haerenten der regierenden Familien seien*, eine umfassende Untersuchung der Missstände in Justiz, Ökonomie und Policey wünsche.[200] Entscheidend ist dabei, dass sich alle Beteiligten auf den Willen der bürgerschaftlichen Mehrheit zur Rechtfertigung ihres Vorgehens beriefen. Dieses Argument diente dazu, den Machtanspruch des Magistrats ebenso wie die Proteste der Bürger und mitunter auch das Eingreifen des Reichshofrats zu legitimieren. Wenngleich man also in Bezug auf die vom Reichshofrat eingeleiteten Reformen nicht von einer echten Demokratisierung sprechen kann, so lassen sich im Zuge der Prozesse durchaus vordemokratische Elemente nachweisen. Hinzu kommt die erwähnte Sicherung reichsbürgerlicher Freiheitsrechte. Bedenkt man, dass das 17. und 18. Jahrhundert eine Kernphase für die Formulierung und Gestaltung der modernen Menschenrechtsideen ist, und dass dies gerade in der Auseinandersetzung mit despotischen Tendenzen geschah,[201] so kommt den Reichshofratsprozessen eine nicht zu unterschätzende Bedeutung zu. Auch sie gehören also zu den „unerwarteten Laboratorien"[202] zur Entwicklung der modernen Menschenrechtsidee.

---

[197] Vgl. HHStA. Reichskanzlei, Kleinere Reichsstände 381. Promemorial des Rats an den Kaiser mitsamt Beilagen (1731?).

[198] Zur kulturgeschichtlichen Bewertung der Unterschrift vgl. Thomas Macho: Handschrift – Schriftbild. Anmerkungen zu einer Geschichte der Unterschrift. In: Paragrana. Internationale Zeitschrift für Historische Anthropologie. Beiheft 1. 2005. S. 116.

[199] Kap. VIII.4.1, Nr. 10.

[200] HHStA. RHR, Decisa, 289. Brief Garbs wegen der Kommission vom 25.2.1717. Vgl. ähnliche Argumentationsmuster im Falle Weißenburgs (StadtAW. A 279a).

[201] Vgl. Mathias Hildebrandt: Menschenrechte und ihre Entwicklung in der Ideengeschichte. In: Petra Bendel/Thomas Fischer (Hg.): Menschen- und Bürgerrechte. Ideengeschichte und internationale Beziehungen. Erlangen 2004 (Arbeitspapiere des Zentralinstituts für Regionalforschung. Bd. 6). S. 37.

[202] Die Bezeichnung ist übersetzt beziehungsweise angelehnt an den Aufsatztitel von Wolfgang Schmale: ‚Liberty is an Inestimable Thing'. Some Unexpected ‚Laboratories' of Human Rights in France and Germany. In: Janet Coleman (Hg.): The Individual in Political Theory and Practice. Oxford 1996 (European Science Foundation: The Origins of the Modern State, 13th–18th Centuries, Theme F).

4. Zusammenfassung

1. Vor dem Hintergrund einer aktiven Reichspolitik unter Karl VI. und Joseph I., die maßgeblich vom Reichsvizekanzler von Schönborn geprägt war, wurde der Reichshofrat als das wichtigste kaiserliche Machtinstrument reformiert und modernisiert. Wie die Approbationspraxis der Reichshofratsgutachten durch den Kaiser zeigt, agierte der Reichshofrat dabei keinesfalls als willfähriges kaiserliches Gremium. In Bezug auf die Leistungsfähigkeit, Neutralität und Professionalität entsprach der Reichshofrat zunehmend den Prinzipien moderner Rechtsprechung.

2. Der Reichshofrat genoss als Institution ein großes stände- und konfessionsübergreifendes Vertrauen. Insbesondere klagende Bürger sahen in ihm einen Verbündeten in ihrem Bemühen um größere Partizipationsrechte und den Garanten ihrer reichsbürgerlichen Rechte. Nachweisbar ist ein über die traditionelle Kaiserverehrung hinausgehendes Systemvertrauen in die Reichsjustiz.

3. Für die Reichspolitik spielten die Reichsstädte als Stützen und wichtige Beitragszahler eine zentrale Rolle. Durch die Reformpolitik des Reichshofrats wurden die Reichsstädte gleichsam modernisiert und integriert.

4. Als Oberinstanz installierte der Reichshofrat vielerorts ein beispielhaftes System gegenseitiger Kontrolle und sorgte so für ein gewisses Kräftegleichgewicht innerhalb der Reichsstädte. Das eigentliche Verdienst bestand dabei weniger in der Einrichtung demokratischer Strukturen im modernen Sinne, als vielmehr in der Etablierung und Verbreitung dafür grundlegender Ideen und Ordnungsvorstellungen. Dazu zählte die Norm des friedlichen Konfliktaustrags auf dem Rechtsweg. Sie umfasste das Grundrecht auf Rechtfertigung und in Grenzen das Widerstandsrecht gegen Willkürherrschaft. Neben diesen grundlegenden rechtsstaatlichen Prinzipien gehörten hierzu auch der Gleichheitsgedanke sowie die Idee individueller unveräußerlicher Grundrechte wie der Schutz von Freiheit, Besitz und Leben sowie Versammlungs- und Meinungsfreiheit.

IV. Konfliktaustrag und personale Beziehungen

1. Rahmenbedingungen

Mit der beschriebenen Zunahme an Konflikten und Reichshofratsprozessen im ersten Drittel des 18. Jahrhunderts intensivierte sich auch der Informationsaustausch zwischen Reich und Region. Was die Infrastruktur betrifft, so kann für die meisten Reichsstädte von einer günstigen Verkehrslage gesprochen werden, da nicht nur Wirtschafts- und Medienzentren wie Augsburg, Nürnberg oder Frankfurt, sondern auch eine Reihe kleinerer Reichsstädte an wichtige Handelsstraßen angeschlossen waren.[1] Damit war eine wesentliche Voraussetzung für die Integration in die Kommunikationsgemeinschaft des Alten Reiches und für die Entstehung eines informierten Publikums in den Reichsstädten gegeben.[2]

Mit dem im Spätmittelalter aufgebauten städtischen Botenwesen und der in der Frühneuzeit expandierenden kaiserlichen Thurn- und Taxis-Post standen sich in den hier untersuchten Prozessen zwei konkurrierende Dienste gegenüber. Vereinfacht gesagt, handelte es sich im ersten Fall um einen monodirektionalen Kurierdienst, im zweiten um ein weit verzweigtes, ausdifferenziertes und deutlich schnelleres Netzwerk. Diesen technischen und rechtlichen Unterschied bestätigte auch der Reichshofrat, der wiederholt in Streitfragen zur Zuständigkeit der beiden Dienste angerufen wurde.[3] Obwohl sich das städtische Botenwesen bis ins 18. Jahrhundert in einigen Bereichen behaupten konnte, wurde es seit der zweiten Hälfte des 17. Jahrhunderts massiv zurückgedrängt.[4] Die

---

[1] So auch die meisten der kleinen oberschwäbischen Reichsstädte. Vgl. Thomas Berger: Ausstellungstext zur Übersichtskarte von Oberschwaben. In: Wolfgang Jahn u.a. (Hg.): ‚Geld und Glaube'. Leben in evangelischen Reichsstädten. Augsburg 1998. S. 75–78.

[2] Vgl. etwa zur Situation der Städte in den Niederlanden Judith Pollmann: Introduction. In: Dies./Andrew Spicer (Hg.): Public Opinion and Changing Identities in the Early Modern Netherlands. Essays in Honour of Alastair Duke. Leiden/Boston 2007 (Studies in Medieval and Reformation Traditions. History, Culture, Religion, Ideas. Bd. 121). S. 5.

[3] Vgl. Wolfgang Behringer: Im Zeichen des Merkur. Reichspost und Kommunikationsrevolution in der Frühen Neuzeit. Göttingen 2003 (Veröffentlichungen des Max-Planck-Instituts für Geschichte. Bd. 189). S. 272f. Von grundsätzlicher Bedeutung war das Reichshofratsurteil vom 3.10.1681, in dem die Unterschiede zwischen beiden Nachrichtendiensten (erneut) bestätigt wurden. Während die Reichspost über ein Netz von Relaisstationen verfügte, mussten die reichsstädtischen Boten eine direkte Verbindung zwischen Versand- und Zielort herstellen, ohne Pferde zu wechseln oder Briefe auf einer Zwischenstation aufnehmen zu dürfen.

[4] Vgl. HHStA. Reichskanzlei, Kleinere Reichsstände 380, darin: Brief der Reichskanzlei an die Hofkammer vom 28.2.1723 sowie Brief der Hofkammer an die Reichshofkanzlei vom 1.4.1723. Be-

Reichspost, „Motor der frühneuzeitlichen Kommunikationsrevolution"[5], war von ungleich größerer Bedeutung. Mit ihrem Ausbau ging eine Intensivierung des Briefverkehrs und des Zeitungswesens einher.[6] Die Post ermöglichte die Entstehung politischer, privater und publizistischer Netzwerke und damit eines zunehmend unabhängigen modernen Mediensystems.[7] Auch für den Reichshofrat war sie von grundlegender Bedeutung, da das Reichsgericht, wie andere Reichsinstitutionen,[8] auf einen zügigen, regelmäßigen, zuverlässigen beziehungsweise sicheren Informationsaustausch angewiesen war. Dies gilt besonders für die Prozesse in weiter entfernten Reichsstädten wie Goslar.[9]

Großes Aufsehen erregte daher der Überfall auf den kaiserlichen Reichspostillion im Mai 1732. Dieser war auf seinem Weg von Nürnberg nach Regensburg

von dreyen Raubern angefallen, zu boden geschlagen, und aller mit sich geführten auß Niederlandt, Hollandt, Engellandt, und dem Röm. Reich gekommene brieff-Paqueteren beraubt worden.[10]

Am Beispiel der daraufhin reichsweit versandten Kaiserurkunde vom 31.7.1732, in der zur Fahndung nach den Straßenräubern aufgerufen wurde, lässt sich die Bedeutung des Postwesens für die kaiserliche Gerichtsbarkeit an drei Aspekten aufzeigen: Erstens ist darin die Rede vom hohen Bekanntheitsgrad des Ereignisses.[11] Zweitens wurde in der Urkunde die innen- und außenpolitische Tragweite des Überfalls akzentuiert: Nicht nur die internationale Diplomatie sei betroffen, heißt es darin, ebenso stellten derartige Überfälle eine Gefahr für die gesamte reichsinterne Korrespondenz (*des ganzen Publici Corresponenz*) und damit für den inneren Frieden des Reiches dar. Hier zeigt sich einmal mehr,

---

troffen waren zudem das Linzer, Preßburger und Breslauer Botenwesen. In einigen Fällen wurden Boten sogar Briefe abgenommen, wie 1723 dem Nürnberger Boten durch die niederösterreichischen Behörden. Vgl. dazu HHStA. Reichskanzlei, Kleinere Reichsstände 380. Kopie eines Briefs des Nürnberger Gesandten Walther an den Kaiser vom 18.3.1723, mit Beilagen (Lit. A: Aussage des Johann Pfizer, Beibote des Lorenz Sack; Lit. B: Brief an die niederösterreichische Regierung und Kammer vom Vertreter des hiesigen Postamts).

[5] Wolfgang Behringer: Reichspost (siehe Anm. 3).
[6] Vgl. Werner Faulstich: Die bürgerliche Mediengesellschaft (1700–1830). Göttingen 2002 (Geschichte der Medien. Bd. 4). S. 94; Andreas Würgler: Unruhen und Öffentlichkeit. Städtische und ländliche Protestbewegungen im 18. Jahrhundert (Frühneuzeit-Forschungen. Bd. 1). Tübingen 1995. S. 219f.
[7] Vgl. Johannes Arndt: Gab es im frühmodernen Heiligen Römischen Reich ein ‚Mediensystem der Publizistik'? Einige systemtheoretische Überlegungen. In: Jahrbuch für Kommunikationsgeschichte. 6. 2004, hier S. 92, der das auf einer freien ökonomischen Basis beruhende Mediensystem als eines der „modernsten Teilsysteme' der frühneuzeitlichen Gesellschaft" bezeichnet.
[8] Vgl. für den Reichstag: Susanne Friedrich: Drehscheibe Regensburg. Das Informations- und Kommunikationssystem des Immerwährenden Reichstages um 1700. Berlin 2007 (Colloquia Augustana. Bd. 23). S. 66.
[9] Vgl. Reichshofratsgutachten vom 8.11.1732 (Kap. VIII.4.1, Nr. 21) zu den Goslarer Unruhen, in dem das Problem der großen Distanz der *mithin so weit entfernte*[n] *Reichs Stadt* angesprochen wird.
[10] StadtAA. Rst. Augsburg, Reichshofratsakten 2. Originaldiplom Karls VI. vom 31.7.1732 inkl. Begleitschreiben an den Augsburger Magistrat vom 31.7.1732.
[11] Vgl. StadtAA. Rst. Augsburg, Reichshofratsakten 2. Originaldiplom Karls VI. vom 31.7.1732 inkl. Begleitschreiben an den Augsburger Magistrat vom 31.7.1732.

dass das Reich als Kommunikationsgemeinschaft wahrgenommen wurde. Besonders bemerkenswert ist drittens daher jene Passage des Diploms, in welcher explizit auf die Bedeutung des Postwesens für eine funktionale Reichsgerichtsbarkeit abgehoben wird. Dass Karl VI. im Postraub eine akute Gefahr für die Ausübung seines *allerhöchst richterlichen ambts*[12] sah, zeigt, dass jede Störung der Kommunikationskanäle eine massive Bedrohung der reichischen Rechtsordnung darstellte und dass umgekehrt ein intaktes Postwesen die Grundlage für eine effiziente Konfliktlösungsarbeit war.

Im Falle der reichsstädtischen Prozesse ist die Bedeutung der Reichspost aber zu relativieren. Städte wie Nürnberg konnten seit dem Spätmittelalter auf ein funktionierendes Botenwesen zurückgreifen, das Wolfgang Wüst treffend als „Post vor der Post"[13] beschrieben hat. Zwar lässt sich wegen fehlender Angaben oder unklarer Begrifflichkeiten nicht immer eruieren, welcher Kommunikationskanal genutzt wurde, trotzdem zeigt sich, dass es in den Reichsstädten auch im 18. Jahrhundert starke Vorbehalte gegenüber der Taxis'schen Reichspost gab – vor allem, was den Aspekt der sicheren Datenübermittlung betraf. In einem an den Erzkanzler adressierten Beschwerdebrief vom 7.10.1705 versuchte der Nürnberger Magistrat sein Botenwesen zu verteidigen und führte dazu die gängigen Vorbehalte wie die hohen Kosten und die gravierenden Sicherheitslücken gegen den kaiserlich privilegierten Konkurrenten als Hauptargumente an.[14] Das Problem fehlender Sicherheit war während der Reichshofratsprozesse von besonderer Bedeutung. Briefe abzufangen war eine gängige frühneuzeitliche Spionageform,[15] und auch in den Korrespondenzen zwischen den Prozessparteien und ihren Vertretern in Wien liest man wiederholt vom Verlust oder Abfangen vertraulicher Briefe.[16] Manchmal nur zwischen den Zeilen, wenn beispielsweise auf vorhergehende Schreiben Bezug genommen oder nachgefragt wird, ob ein Brief umgehend und ungeöffnet angekommen sei. Wenn es sich

---

12   StadtAA. Rst. Augsburg, Reichshofratsakten 2. Originaldiplom Karls VI. vom 31.7.1732 inkl. Begleitschreiben an den Augsburger Magistrat vom 31.7.1732.

13   Siehe zur Bedeutung des reichsstädtischen Botenwesens in Franken und Schwaben im Spätmittelalter: Wolfgang Wüst: Reichsstädtische Kommunikation in Franken und Schwaben. Nachrichtennetze für Bürger, Räte und Kaufleute im Spätmittelalter. In: Zeitschrift für Bayerische Landesgeschichte. 62. 1999, hier S. 707; Ders.: Süddeutsche Reichsstädte als Informationsdrehscheibe. In: Georg Kreuzer/Wolfgang Wüst/David Petry (Hg.): Grenzüberschreitungen. Die Außenbeziehungen Schwabens in Mittelalter und Neuzeit. Augsburg 2008 (Zeitschrift des Historischen Vereins für Schwaben. Bd. 100). S. 305–326.

14   Umgekehrt, so argumentierte man, zeichne sich der einzelne reichsstädtische Bote dadurch aus, dass er persönlich für die Sicherheit der Fracht bürge. Vgl. HHStA. MEA, Postalia 10. fol. 419–426. Kurze Deduction wegen der vom kaiserlichen Postamt zu Nürnberg neuerlich angelegten Postlandkutschen (Anhang eines pergamentenen Briefes des Nürnberger Magistrats an Kurfürst Lothar Franz von Schönborn vom 7.10.1705).

15   Vgl. Esther-Beate Körber: Der soziale Ort des Briefs im 16. Jahrhundert. In: Horst Wenzel (Hg.): Gespräche – Boten – Briefe. Körpergedächtnis und Schriftgedächtnis im Mittelalter. Berlin 1997 (Philologische Studien und Quellen. Bd. 143). S. 255–257. Auch im 16. Jahrhundert wurden geheime Botschaften zumeist durch vertrauenswürdige Boten übermittelt.

16   Vgl. beispielsweise: StAN. Rst. Nbg., Rep. 26/5, Nr. 8. Anfrage des Losungamts vom 23./24.1.1726.
    Im Bestand der Nürnberger Ratskanzlei finden sich eine Reihe abgeschriebener Briefe der Gegenseite. Vgl. StadtAN. B 11, 964 (Sammlung von Kopien/Abschriften abgefangener Korrespondenzen aus Wien, 1732–1739).

um prekäres Prozessgut handelte, bevorzugten die Magistrate daher weiterhin die reichsstädtischen Kurierdienste. Dies gilt selbstredend für Nürnberg, wo die Kuriere persönlich bekannt und haftbar waren, dies gilt aber auch für andere Städte wie etwa Weißenburg. Mit dem Reichshofratsagenten Koch vereinbarte der Weißenburger Magistrat in den Jahren 1707 und 1708, die für den Prozess erforderlichen und überdies streng vertraulichen Privilegien und Lehenbriefe der Reichsstadt über einen – namentlich vorher bekannt gegebenen – Nürnberger Boten nach Wien zu übersenden.[17] Für diese Variante entschied man sich zum einen aus Gründen der Sicherheit und zum anderen, *weilen die geschwinde post zu theuer seyn dörffte*.[18] Bei weniger prekären Inhalten bediente sich aber auch der Nürnberger Magistrat der Taxis-Post. Dies gilt besonders für die aus Wien einlaufenden Briefe.[19] Von den klagenden Untertanen ist nur in Ausnahmesituationen bekannt, welchen Dienstes sie sich bedienten. Die Deputierten des Nürnberger Handelsvorstands nützten wie die meisten klagenden Bürger in der Regel die Reichspost.[20] Doch auch hier gilt: Ging es darum, wichtiges Prozessgut nach Wien zu transportieren, so wurde dies über sicherere Kanäle getätigt. Beispielsweise beauftragte die Gruppe um Dr. Sörgel 1722 einen Mitverschwörer persönlich damit, ein Paket mit brisantem Inhalt zum Reichshofrat zu bringen.[21]

Zur Frage der Datensicherheit gehörte auch das Problem der Authentifizierung des übermittelten Prozessmaterials. Hier nahmen die kaiserlich autorisierten Notare eine unabdingbare Mittlerfunktion war.[22] Das öffentliche Notariat erfüllte in der Kommunikation zwischen Reichshofrat und Reichsstadt eine zentrale Aufgabe, ohne die eine funktionstüchtige Reichsgerichtsbarkeit nicht denkbar gewesen wäre. Erinnert sei erneut an die erfundene Lokalkommission von Schwäbisch Gmünd und die entstandenen Konfusionen, bei denen es im Kern um die Authentizität der Dokumente und Pässe ging.[23] Die Bedeutung der Notare zeigt vor allem das Nürnberger Verfahren, wo die umstrittene Echtheit der vom Magistrat eingeschickten Auszüge aus den Rechnungsbüchern von zentraler Bedeutung war.[24] Die Überlegungen des Reichshofrats konzentrierten sich daher wiederholt auf die Frage, inwieweit es möglich war, die Vollständigkeit und Echtheit der

---

17 Vgl. StadtAW. A 9989. Briefe des Reichshofratsagenten Koch vom 3.8.1707, 4.1.1708, 7.7.1708 und 5.9.1708.
18 StadtAW. A 9989. Konzept eines Briefes des Weißenburger Magistrats an Reichshofratsagent Koch vom 16.6.1708.
19 Vgl. StAN. Rst. Nbg., Rep. 26/2, Nr. 103. Schreiben (Konzept) an Walther vom 17.6.1723.
20 Vgl. beispielhaft StadtAN. E 4899. Brief Pflügers vom 2.6.1738 (Kopie); StadtAN. E 4895. Brief vom 27.1.1731.
21 Vgl. StAN. Rst. Nbg., Rep. 26/1, Nr. 121. Schreiben Hartmanns vom 7.10.1722, darin findet sich ein Billet der Sörglin. Vgl. auch Nr. 105, 107a.
22 Vgl. Stephan Wendehorst: Zwischen Kaiser und Reichsständen. Das öffentliche Notariat in der frühen Neuzeit – Einige Vorüberlegungen. In: Anette Baumann u.a. (Hg.): Reichspersonal. Funktionsträger für Kaiser und Reich. Köln/Weimar/Wien 2003 (Quellen und Forschungen zur höchsten Gerichtsbarkeit im Alten Reich. Bd. 46). S. 334–341.
23 Vgl. Kap. III.2.
24 Die Frage der Echtheit der Dokumente war dabei direkt mit der Entscheidung zwischen einer Hof- und einer Lokalkommission verbunden (vgl. Kap. VIII.4.1, Nr. 10).

eingesandten Akten zu verifizieren.²⁵ Und auch in Zeitungen wurden diese Überlegungen reflektiert, wenn etwa die ‚Mercurii Relation' vom 7. April 1731 mit Bezug auf den Nürnberger Prozess berichtete, in Wien herrsche die Meinung vor,

> *daß die Sache allhier fast unmöglich außgemachet werden könte, weilen es eine Rechnungs-Sache seye, auch man zu Quelle der Einnahm und Außgab ad Locum sich verfügen und die Original:Bücher und Register einsehen, auch Beamte und Unterthanen über dise jene sich äussernde Umstände, wovon man alhier keine gründliche Nachricht erlangen könte, vernehmen müste.*²⁶

Der kaiserlichen Gerichtsbarkeit standen im Wesentlichen zwei Möglichkeiten zur Verfügung, um die Unsicherheit bei der Datenübertragung und potenzielle Informationsdefizite am Wiener Hof zu kompensieren: einerseits die Entsendung einer temporären Lokalkommission und andererseits die eines permanenten Gesandten. Ein Beispiel für letztere waren die kaiserlichen Residenten, um die es im folgenden Kapitel gehen wird.

2. Das Reich in der Region: Das Beispiel Augsburg

Die kaiserlichen Residenten waren, vereinfacht gesagt, Diplomaten niederen Ranges, die seit dem letzten Viertel des 17. Jahrhunderts in Reichsstädte wie Köln, Lübeck, Bremen[27], Frankfurt[28], Hamburg[29] oder Augsburg beziehungsweise Ulm[30] entsandt wurden. Sie sind ein Beispiel für die dauerhafte personelle Präsenz des Reiches in der Region und für den verstärkten kaiserlichen Machtausbau in dieser Phase.[31] Von den Magistraten wurden sie daher nur widerwillig empfangen.[32] In Frankfurt begrüßten die Ratsherren 1695 den neuen Residenten Georg Ludwig von Völckern bezeichnenderweise mit der Bitte, dass dieser die reichsstädtischen Privilegien durch seine Tätigkeit nicht schmälern möge.[33] Und tatsächlich deuten die diversen Animositäten zwischen Residenten

---

[25] Vgl. beispielhaft Kap. VIII.4.1, Nr. 13, 14.
[26] Kap. VIII.4.6, Nr. 50.
[27] Vgl. Thomas Lau: Diplomatie und Recht. Die Rolle der kaiserlichen Residenten bei innerstädtischen Konflikten in den Reichsstädten der Frühen Neuzeit. In: Anja Amend u.a. (Hg.): Die Reichsstadt Frankfurt als Rechts- und Gerichtslandschaft im Römisch-Deutschen Reich. München 2008 (Bibliothek Altes Reich. Bd. 3). S. 98.
[28] Vgl. Lau: Diplomatie und Recht (Anm. 27). S. 98 sowie Rita Sailer: Verwissenschaftlichung des Rechts in der Rechtspraxis? Der rechtliche Austrag reichsstädtischer Verfassungskonflikte im 17. und 18. Jahrhundert. In: Zeitschrift der Savigny-Stiftung für Rechtsgeschichte. Germanistische Abteilung. 119. 2002, hier S. 138.
[29] Vgl. Kap. VIII.4.1, Nr. 5.
[30] Vgl. Hans Eugen Specker: Residenten im reichsstädtischen Ulm. Ein Beitrag zum Gesandtschaftswesen im 17. und 18. Jahrhundert. In: Zeitschrift für Württembergische Landesgeschichte. 40. 1981, hier S. 465. Johann Emanuel von Garb war Resident in Augsburg und Ulm.
[31] Vgl. Volker Press: Die kaiserliche Stellung im Reich 1648 und 1740. Versuch einer Neubewertung. In: Ders.: Das Alte Reich. Ausgewählte Aufsätze. Hg. von Johannes Kunisch. Berlin 1997. S. 204.
[32] Vgl. Specker: Residenten (Anm. 30). S. 465f.
[33] Vgl. Lau: Diplomatie und Recht (Anm. 27). S. 101.

und Ratsherren auf ein überwiegend spannungsvolles Verhältnis hin, das beispielsweise in symbolträchtigen Auseinandersetzungen um Wappen und Hoheitszeichen (wie zum Beispiel in Bremen) und Zeremonien (wie zum Beispiel in Frankfurt) zum Ausdruck kam.[34]

Gerade das breite Aufgabenspektrum Jakob Emmanuel von Garbs in Augsburg veranschaulicht, wie die über die Residenten ausgeübte kaiserliche Einflussnahme in dieser Phase systematisch ausgebaut wurde. Garb, der aus einer alten Augsburger Kaufmannsfamilie[35] stammte, wurde noch unter Leopold I. zum Residenten ernannt. Seine vorrangige Aufgabe, so hieß es im entsprechenden kaiserlichen Diplom vom 1. September 1700, sei die

beförderung der jenigen Commissionen und Geschäfften welche von wegen und zu behuf unserer Cammer in verschiedenen Reichs Stätten, sonderlich aber in Augsburg offt und vielmahl zu verrichten sind.[36]

Unter Karl VI., der die Residentenstelle am 3. Februar 1712 bestätigte,[37] wurde Garbs Aufgabenspektrum als ausführendes Organ noch erweitert, indem Garb zum Mitglied der reichshofrätlichen Lokalkommission (1718–1720) wurde;[38] ein auch aus anderen Städten bekanntes Verfahren.[39] Zuvor hatte Garb durch seine kritische Berichterstattung über das Augsburger Magistratsregiment[40] entscheidend zur Einrichtung der Untersuchungskommission beigetragen.[41] Obwohl nur wenige Briefe Garbs überliefert sind, wird aus ihnen deutlich, dass der Reichshofrat durch die Tätigkeit Garbs über einen wichtigen Informationsvorsprung verfügte. Dank seiner Kontakte konnte Garb bereits im Februar 1717 die geheime Prozessstrategie des Augsburger Magistrats ausloten und nach Wien übermitteln.[42] So war der Reichshofrat frühzeitig darüber informiert, auf welchem Wege die in Wien weilenden Augsburger Ratsgesandten die Einrichtung einer Lokalkommissi-

---

34 Vgl. Lau: Diplomatie und Recht (Anm. 27). S. 102.
35 Die aus Genf stammende Familie Garb kam gegen Ende des 16. Jahrhunderts nach Augsburg. Jakob Emmanuel Garb, der zwischenzeitlich in Wien lebte, wurde 1715 in den Adels- und 1722 in den Freiherrenstand erhoben. Vgl. Mark Häberlein: Garb, Kaufmannsfamilie. In: Günther Grünsteudel/Günther Hägele/Rudolf Frankenberger (Hg.): Augsburger Stadtlexikon. Geschichte, Gesellschaft, Kultur, Recht, Wirtschaft. 2. völlig neu bearb. und erheblich erw. Aufl. Augsburg 1998. S. 428f.
36 StadtAA. Rst. Augsburg, Reichshofratsakten 1. Diplom Leopolds I. über Garbs Agentenstelle vom 1.9.1700 (Kopie).
37 Vgl. StadtAA. Rst. Augsburg, Reichshofratsakten 1. Kaiserliches Reskript an die Reichsstadt Augsburg vom 3.2.1712 (Kopie).
38 Vgl. Ingrid Bátori: Reichsstädtisches Regiment, Finanzen und bürgerliche Opposition. In: Gunther Gottlieb u.a. (Hg.): Geschichte der Stadt Augsburg. Von der Römerzeit bis zur Gegenwart. Stuttgart 1984. S. 461; Dies.: Die Reichsstadt Augsburg im 18. Jahrhundert. Verfassung, Finanzen und Reformversuche. Göttingen 1968 (Veröffentlichungen des Max-Planck-Instituts für Geschichte. Bd. 22). S. 179–183.
39 Residenten wurden auch in anderen ähnlich gearteten Fällen als Kommissare eingesetzt, etwa in Bremen, Lübeck oder Mühlhausen. Vgl. Lau: Diplomatie und Recht (Anm. 27). S. 103.
40 Vgl. HHStA. RHR, Decisa, 289, siehe hier die Briefe aus dem Jahr 1716; sowie Kap. VIII.4.1, Nr. 3.
41 Vgl. Bátori: Reichsstädtisches Regiment (Anm. 38). S. 461.
42 Vgl. HHStA. RHR, Decisa, 289. Brief Garbs wegen der Kommission vom 25.2.1717.

on zu verhindern versuchten. In Wien kannte man den Informationsstand des Rats, wusste von undichten Stellen und den Augsburger Kontaktleuten am Kaiserhof.[43] Dass es dem Augsburger Magistrat im Gegensatz zum Nürnberger nicht gelang, eine Lokalkommission abzuwenden, ist auch die Folge dieser Informationsarbeit.

Nicht weniger wichtig war die Repräsentationsfunktion des Residenten. In der reichsstädtischen „Anwesenheitsgesellschaft"[44] waren das Habsburgerwappen und der Reichsadler, mit denen Garb sein Haus von Beginn an zieren durfte,[45] ein allgegenwärtiges Medium und ein sichtbares Zeichen der Präsenz von Kaiser und Reich. Garbs Wohnung bot den Reichsstädtern überdies einen Raum, um mit dem Reichsoberhaupt und seinem Gericht auf schnelle Weise in Kontakt zu treten. Generell waren die Residenten- und Kommissionshäuser wichtige Anlaufstellen für supplizierende oder protestierende Bürger, an denen sich jedoch, wie im Falle Hamburgs 1719, mitunter auch Zorn und Unzufriedenheit entladen konnten. In Augsburg war das Verhältnis zwischen Bürgerschaft und Resident weniger spannungsvoll als in Hamburg. Im Zuge der Augsburger Konfessionsunruhen von 1718 gelang es Garb und der Lokalkommission, sowohl die aufgebrachte Bürgerschaft zu beruhigen als auch den konfessionell gespaltenen Rat zu kooperativem Handeln zu bewegen.[46] In den darauf folgenden Jahren fungierte Garb als bedeutendes Publikations-, Informations- und Beratungsorgan des Kaiserhofs: Nach den Unruhen von 1718 verfasste Resident Garb für Kaiser und Reichshofrat 1719 und 1720 Dossiers zur Situation in Augsburg, was diesen die Möglichkeit einer frühzeitigen Krisenintervention und sogar -prophylaxe eröffnete. 1719 warnte Garb vor neuen Tumulten bei der bevorstehenden Fronleichnamsprozession, woraufhin Karl VI. den Augsburger Magistrat am 3. Juni 1719 vorsorglich anwies, für Stabilität und innere Ruhe zu sorgen.[47] Am 7. Juni 1719 wurden die Bürger durch einen öffentlichen Verruf zu friedsamem Betragen ermahnt und an das Recht auf freie Religionsausübung erinnert.[48] Im Mai 1720 empfahlen die Kommissare Garb und Reichenstein, das Verlesen dieser kaiserlichen Ordre wie im Vorjahr zu wiederholen, um eventuellen Unruhen vorzubeugen.[49] Und um weitere Zwischenfälle zu vermeiden und die ohnehin unter der religiösen Spaltung (*divisionem Religionis*) leidende Stadt zu einen, rieten Garb und die anderen Kommissare schon im Herbst 1719 erfolgreich von einem Todesurteil gegen die beiden protestantischen Todesschützen

---

[43] Vgl. HHStA. RHR, Decisa, 289. Brief Garbs wegen der Kommission vom 25.2.1717.
[44] Rudolf Schlögl: Der Raum als ‚Universalmedium' in der frühneuzeitlichen Stadt. Vortrag, gehalten am 9. November 2004 im Rahmen der Tagung ‚Machträume in der frühneuzeitlichen Stadt', die vom Teilprojekt S des SFB 537 in Dresden veranstaltet wurde (http://www.uni-konstanz.de/FuF/Philo/Geschichte/Schloegl/Schloegl/RaumalsUniversalmedium03.pdf, Stand: 20.2.2010). S. 3.
[45] Vgl. StadtAA. Rst. Augsburg, Reichshofratsakten 1. Diplom Leopolds I. über Garbs Agentenstelle vom 1.9.1700 (Kopie).
[46] Vgl. HHStA. Reichskanzlei, Kleinere Reichsstände 16. Bericht der Kommission an den Kaiser vom 24.6.1718. Vgl. auch Kapitel VI.1.1.
[47] Vgl. HHStA. Reichskanzlei, Kleinere Reichsstände 17. Urkunde Karls VI. vom 3.6.1719 (Kopie).
[48] Vgl. HHStA. Reichskanzlei, Kleinere Reichsstände 17. Verruf vom 7.6.1719 an die Bürger durch den Magistrat.
[49] Vgl. HHStA. Reichskanzlei, Kleinere Reichsstände 17. Brief der Kommissare Garb und Reichenstein vom 9.5.1720.

von 1718 ab.⁵⁰ Tatsächlich beließ man es bei einer vergleichsweise kurzen Haftstrafe im einen und einer Verbannung im anderen Fall, um den fragilen inneren Frieden nicht zu gefährden. Die aufrührerischen katholischen Studenten wiederum sollten mit acht Tagen Karzer bei Wasser und Brot bestraft werden, da, so die Begründung, ihr *Verstand und Experienz* ohnehin noch nicht so weit reichten.⁵¹ Es ist vor allem Garb geschuldet, dass sich trotz reichsweit zunehmender religiöser Spannungen im bikonfessionellen Augsburg keine weiteren Gewaltexzesse ereigneten.

Auch nach dem Ende der Lokalkommission fungierte Garb mindestens bis 1739⁵² als zuverlässiger Nachrichtendienst, als Kontrollinstanz und Gradmesser der Beziehungen zwischen Reich und Region. Um nur einige Beispiele anzuführen: Garb lieferte, wie es ursprünglich vorgesehen war, Einschätzungen zur wirtschaftlichen Situation in Augsburg (1721).⁵³ Er berichtete von Verstößen in religiösen Angelegenheiten durch den Rat (1724)⁵⁴ oder von der Missachtung kaiserlicher Anordnungen (1727).⁵⁵ Streng überwachte er die Einhaltung der von der Lokalkommission erarbeiteten Regimentsordnung und leitete erneute Beschwerden über fortlaufende nepotistische Praktiken an den Kaiserhof weiter.⁵⁶ Und am 3. November 1727 setzte Garb den Kaiser darüber in Kenntnis, dass sich das Patriziat mit ungebührlicher Titulatur und Wappen schmückte.⁵⁷ Wahrscheinlich auf seine Anregung hin ermahnte der Kaiser 1728 den Augsburger Rat erneut zur Einhaltung der Kommissionsbeschlüsse.⁵⁸ Am 17. Oktober 1729 meldete Garb wiederum, dass der Reichshofrat Johann von Binder in Augsburg durchgereist und nur mit dem üblichen Zeremoniell empfangen worden war, während der im gleichen Gasthaus übernachtende französische Gesandte Comte de Chavigni mit unangemessenen Ehren und wie ein Kurfürst oder hoher Reichsstand durch eine hochrangige Magistratsdeputation begrüßt worden war.⁵⁹ Hier zeigt sich die Bedeutung zeremonieller Details als Indikator für das Verhältnis der Reichsstadt zum Reich. 1734 versuchte der Magistrat wiederum, Garbs Bedienstete unter die städtische Jurisdiktionsgewalt zu zwingen, was Garb zu einem empörten Protestbrief veranlasste.⁶⁰

---

50 Vgl. HHStA. Reichskanzlei, Kleinere Reichsstände 17. Brief und Gutachten der Kommission vom 16.10.1719.
51 HHStA. Reichskanzlei, Kleinere Reichsstände 17. Brief und Gutachten der Kommission vom 16.10.1719.
52 Vgl. HHStA. Reichskanzlei, Kleinere Reichsstände 18. Kaiserliches Reskript vom 5.12.1739. Garb starb am 13.3.1744 in Wien. Vgl. Häberlein: Garb (Anm. 35). S. 428f.
53 Vgl. HHStA. Reichskanzlei, Kleinere Reichsstände 17. Briefe Garbs vom 25.9.1721 und 3.11.1721.
54 Vgl. HHStA. Reichskanzlei, Kleinere Reichsstände 17. Brief Garbs vom 17.2.1724.
55 Vgl. HHStA. Reichskanzlei, Kleinere Reichsstände 18. Brief Garbs vom 21.4.1727, in dem er davon berichtete, dass der Augsburger Magistrat einem aus dem Reich verwiesenen englischen Gesandten weiterhin Unterschlupf gewähre.
56 Vgl. HHStA. Reichskanzlei, Kleinere Reichsstände 18. Brief Garbs vom 8.10.1725; vgl. auch Bátori: Reichsstädtisches Regiment (Anm. 38). S. 461.
57 Vgl. HHStA. Reichskanzlei, Kleinere Reichsstände 18. Brief Garbs vom 3.11.1727.
58 Vgl. StAA. Reichsstadt Augsburg, Akten, 160. Kopie des Reskripts Karls VI. an den Magistrat vom 26.7.1728.
59 Vgl. HHStA. Reichskanzlei, Kleinere Reichsstände 18. Brief Garbs vom 17.10.1729.
60 Vgl. HHStA. Reichskanzlei, Kleinere Reichsstände 18. Brief Garbs vom 13.9.1734.

Abschließend lässt sich festhalten, dass das Aufgabenspektrum Garbs dem anderer Residenten entsprach. Seine Aktivitäten sind weitgehend deckungsgleich mit denen des in Hamburg weilenden Residenten Theobald von Kurtzrock, der wie Garb die Publikation von Reichshofratsurteilen und kaiserlichen Anordnungen ausführte.[61] Wie der Frankfurter Resident von Völckern[62] leistete Garb wichtige Informationsarbeit im Dienste der Reichsgerichtsbarkeit. Für die politische Praxis in der Reichsstadt Augsburg des frühen 18. Jahrhunderts erfüllte Garb somit eine gewichtige Funktion: Die Tatsache, dass er als kaiserlicher Informant und Bindeglied zwischen Reichs- und Kaiserstadt Normverstöße umgehend an den Reichshofrat weiterleitete, war eine entscheidende Voraussetzung für den Erfolg des von Montesquieu so bewunderten Systems gegenseitiger Kontrolle in Augsburg. Die Tätigkeiten Garbs und der übrigen Residenten widerlegen für diese Phase auch die Behauptung, dass es nur die Magistrate waren, die den Reichsstädten als Obrigkeiten gegenübertraten.[63]

3. Die Region im Reich: Das Beispiel Nürnberg

3.1 Die Gesandten des Magistrats

3.1.1 Heinrich Christoph Hochmann

Während der Fall Augsburg die enge kommunikative Anbindung einer Reichsstadt an den Kaiserhof zeigt, ist das Beispiel Nürnberg ein Beleg für die personelle Präsenz reichsstädtischer Vertreter in Wien. Was den Austausch in Richtung Wien betrifft, so gab es im 18. Jahrhundert eine Reihe – bereits etablierter – Kommunikationspraktiken: Dazu gehörte der Briefverkehr mit unterschiedlichsten Akteuren wie Bankiers, Agenten etc., welche reichsstädtische Magistrate mit aktuellen und wichtigen Informationen versorgten.[64] Des Weiteren auch die Kontaktaufnahme zwischen Reich und Region durch ‚wienlaufende' Untertanen oder Deputationen, wie sie bereits für vorhergehende Jahrhunderte für zahlreiche Reichsterritorien nachweisbar ist.[65] Ein Sonderfall in der Kommunikation

---

[61] Kurtzrock verkündete unter anderem die scharfen Reichshofrats-Conclusa vom 31.10.1718 (Kap. VIII.4.1, Nr. 5) und 2.10.1719 (Kap. VIII.4.1, Nr. 6).

[62] Vgl. Sailer: Verwissenschaftlichung (Anm. 28). S. 138; Lau: Diplomatie und Recht (Anm. 27). S. 99–100.

[63] So schreibt etwa Aretin: „Selbst dort wo Reichsgesetze griffen, war es der Landesherr oder bei Reichsstädten der Magistrat, der dem Reichsbürger als Obrigkeit gegenübertrat" (Karl Otmar von Aretin: Das Alte Reich. Stuttgart 1993. Bd. 1: Föderalistische oder hierarchische Ordnung [1648–1684]. S. 13).

[64] Vgl. Heinz Duchhardt: Die Reichsstadt in der Frühen Neuzeit. In: Wolfgang Behringer/Bernd Roeck (Hg.): Das Bild der Stadt in der Neuzeit 1400–1800. München 1999. S. 42.

[65] Vgl. Sabine Ullmann: Vm der Barmherzigkait Gottes willen. Gnadengesuche an den Kaiser in der zweiten Hälfte des 16. Jahrhunderts. In: Rolf Kießling/Dies. (Hg.): Das Reich in der Region während des Mittelalters und der frühen Neuzeit. Konstanz 2005 (Forum Suevicum. Bd. 6). S. 174. Siehe auch Werner Troßbach: Untertanenprozesse am Reichshofrat. In: zeitenblicke 3. 2004. (http://www.zeitenblicke.de/2004/03/trossbach/index.html, Stand: 2.2.2010); Ders.: Soziale Bewegung

zwischen Kaiser- und Reichsstadt ist das Beispiel Nürnberg, da der dortige Magistrat – im Gegensatz zu den meisten Reichsstädten – einen permanenten Vertreter (*Legatus perpetuis*) in Wien beschäftigte. Abgesehen von der hohen Symbolkraft dieser Maßnahme profitierte der Nürnberger Magistrat von seinem Gesandten durch einen bedeutenden Informationsvorsprung. Die enormen kommunikativen Leistungen der Nürnberger Vertreter – zu ihnen gehören die beiden Magistratsgesandten Heinrich Christoph Hochmann und Joachim Ernst Walther sowie ihr Unterstützer und Nachfolger Friedrich Senft – werden im Folgenden gezeigt.

Zur Regierungszeit Karls VI. war es zunächst Heinrich Christoph Hochmann von Hohenau, der als Diplomat die reichsstädtischen Interessen in der Kaiserstadt vertrat. Der 1661 geborene, promovierte Jurist wurde 1690 Ratskonsulent in Nürnberg und nur ein Jahr später Abgeordneter seiner Heimatstadt in Wien.[66] Zeitgenössischen Einschätzungen nach leistete er darüber hinaus durch eine Reihe von Veröffentlichungen einen wichtigen Beitrag zur Verteidigung Nürnberger Rechte und Freiheiten.[67] Neben der Funktion als Publizist, als Repräsentant und offizieller Vertreter war Hochmann für seine Auftraggeber als Beratungs- und Informationsorgan unentbehrlich. So plädierte er beispielsweise schon 1700 für den Einsatz von Zeitungen als Mittel einer reichsweiten Öffentlichkeitsarbeit.[68] Für die Prozessstrategie und das Vorgehen des Nürnberger Magistrats waren Hochmanns Einschätzungen von großer Wichtigkeit, etwa im Falle der Augsburger Kommissionssache. In einem Postscriptum fasst Hochmann die Ereignisse wie folgt zusammen:

> *P.S.: Auch dergl. Hochgebietende Herren! Nachdem die Augspurgische Commissions-Sache, in dem Reich viel Bruit macht, auch vieles unglimpfliches davon hin und wieder ausgestreuet wird; als bin ich zwar im begriff gewesen, Euer Wohlgeb. Herr. eine umbständige relation davon zu erstatten. Alldieweilen mir aber, die Zeit hiezu, zu kurtz fällt; So übersende ich nur vorjezo die, in dieser Sache zur handgebrachte Conclusa: den bericht aber, werde ich mit nechster ordinaire nachzusenden, nicht ermangeln. Vor jezo, stehet die Sache, Gott lob! in ziemlichen guten terminis, und haben meine angewandte officia, den guten effect gehabt, daß [...] ziemlich favorable Conclusa ergangen, welche die herren Commissarios ziemlich deconcentriren, den allzu timid- und kleinmüthigen Löbl. Magistrat aber, nicht wenig consoliren werden. Ich werde aber, wie gedacht, mit nechster Post eine mehrere Erläuterung darüber zu geben nicht ermangeln. [...] 11. Juny 1718.*[69]

Hochmanns Einschätzungen sind in mehrfacher Hinsicht bedeutsam: Zunächst verweist er auf das große Aufsehen, das der Augsburger Prozess im Reich erregt hatte. Daran anschließend betont er die Rufschädigung durch die Verbreitung von (verleumderischen)

---

und politische Erfahrung. Bäuerlicher Protest in hessischen Territorien 1648–1806. Weingarten 1987 (Sozialgeschichtliche Bibliothek). S. 258–269.

[66] Vgl. Art. Hochmann, von Hohenau, Heinrich Christoph. In: Georg Andreas Will (Hg.): Nuernbergisches Gelehrten-Lexicon. Altdorf 1756. Bd. 2. S. 137–139.

[67] Vgl. Art. Hochmann (Anm. 66). S. 137–139.

[68] Vgl. Joachim Berbig: Kaisertum und Reichsstadt. Eine Studie zum dynastischen Patriotismus der Reichsstädte nach dem Westfälischen Frieden bis zum Untergang des Reiches. In: Mitteilungen des Vereins für Geschichte der Stadt Nürnberg. 58. 1971, hier S. 223f.

[69] StAN. Rst. Nbg., Rep. 44e, Losungamt Akten, S I L 147, Nr. 10, Nr. 4.

Gerüchten und falschen Informationen. Er akzentuiert also die Bedeutung der öffentlichen Meinung für den Reichshofratsprozess. Ferner sichert er seinen Auftraggebern zu, diese mit Informationen und Conclusa zum Augsburger Prozess zu versorgen. Dass er in der Kommissionssache eine wegweisende und alle Reichsstädte bedrohende Entwicklung erkannte und sich trotz einer gewissen Geringschätzung für den *allzu timid- und kleinmüthigen Löbl. Magistrat* Augsburgs einsetzte,[70] zeigt Hochmanns Weitsicht.

Darüber hinaus sind Hochmanns Beziehungen ein herausragendes Beispiel für die engen personellen Verflechtungen zwischen Reich und Region. Sein Testament, das am 12. September 1719 veröffentlicht wurde, zeugt von hervorragenden Kontakten zu Entscheidungsträgern und ‚Gatekeepern' in Wien und liefert so eine Erklärung für seine erfolgreiche Informations- und Lobbyarbeit am Hofe.[71] Dem Testament zufolge pflegte er gute Kontakte zur Familie und zum Dienstpersonal des Reichshofrats Friedrich Binder. Hinzu kommt, dass als Zeugen des Testaments fast ausnahmslos Reichshofräte auftraten, so Heinrich von Hewel, Johann Heinrich von Berger, Hermann Jodok von Blümegen sowie Reichshofratssekretär Ernst Franz von Glandorf.[72] Angesichts dieser Kontakte ist es nur wenig verwunderlich, dass der Nürnberger Magistrat schon frühzeitig über sensible und geheime Dokumente verfügte. In Hochmanns Testament finden sich weitere, zum Teil hochrangige Mitglieder von Reichshofrat und Reichskanzlei. Hervorzuheben ist der Reichshofratssekretär Franz Wilderich von Menßhengen (1689–1723),[73] der aufgrund seiner Position in der Reichskanzlei wie kein anderer über den Schriftverkehr der deutschen Expedition informiert war.[74] Der Kontakt zwischen beiden war keinesfalls flüchtig: Hochmann nennt Menßhengen ausdrücklich seinen *hießigen lieben, werthesten ältesten freünd*[75].

Bemerkenswert ist eine weitere Hinterlassenschaft in Hochmanns Testament. Einen Erbteil von immerhin 1000 Gulden vermachte Hochmann dem späteren Reichshofrats(vize)präsidenten Johann Wilhelm Graf von Wurmbrand (1728–1750), der als entschiedener Vertreter des Kaisers und seiner Vorrechte einen großen Einfluss auf die Politik Karls VI. ausübte.[76] Daneben wurden eine Reihe weiterer Mitglieder aus der Familie Wurmbrand

---

[70] StAN. Rst. Nbg., Rep. 44e, Losungamt Akten, S I L 147, Nr. 10, Nr. 4.
[71] Vgl. StadtAA. Rst. Augsburg, Reichshofratsakten 1, Akten die Hochmann'sche Verlassenschaft betreffend. Testament Hochmanns vom 20.8.1719 (Kopie).
[72] Glandorf war vom 31.10.1707 bis zum 10.10.1741 Sekretär der deutschen Expedition. Vgl. Lothar Gross: Die Geschichte der deutschen Reichshofkanzlei von 1559 bis 1806. Wien 1933 (Inventare österreichischer staatlicher Archive. Bd. 5/1). S. 467.
[73] Menßhengen war von 1689–1723 Reichshofratssekretär der deutschen Expedition. Vgl. Gross: Reichshofkanzlei (Anm. 72). S. 468f.
[74] Die Sekretäre waren laut Gross die wichtigsten Beamten der Reichskanzlei. Sie erfüllten ein außerordentlich breites Arbeitsspektrum. Vgl. Gross: Reichshofkanzlei (Anm. 72). S. 99–107.
[75] StadtAA. Rst. Augsburg, Reichshofratsakten 1, Akten die Hochmann'sche Verlassenschaft betreffend. Testament Hochmanns vom 20.8.1719 (Kopie).
[76] Vgl. Michael Hughes: Law and Politics in Eighteenth Century Germany. The Imperial Aulic Council in the Reign of Charles VI. Suffolk 1988 (Royal Historical Society Studies in History. Bd. 55). S. 59; Oswald von Gschließer: Der Reichshofrat. Bedeutung und Verfassung, Schicksal und Besetzung einer obersten Reichsbehörde von 1559 bis 1806. Nachdruck. Nendeln/Liechtenstein 1970 [Wien 1942 (Veröffentlichungen der Kommission für neuere Geschichte des ehemaligen Österreich. Bd. 33)]. S. 335f., 403f.

bedacht.⁷⁷ Hintergrund war ein gescheitertes Konnubium mit Wurmbrands Tochter Regina Isabella. Sie war zwar bereits 1716, also noch vor der Heirat mit Hochmann, verstorben, hatte ihren Verlobten aber vorher zu ihrem Alleinerben erkoren.⁷⁸ Dieser enge Kontakt zur Familie Wurmbrand war, zumal er auch von Hochmanns Nachfolgern Walther und Senft gepflegt und ausgebaut wurden, für die Nürnberger Prozesse von großer Bedeutung, und es erscheint vor diesem Hintergrund wenig verwunderlich, dass es dem Magistrat, anders als den meisten reichsstädtischen Obrigkeiten gelang, eine Lokalkommission von der Reichsstadt fernzuhalten.⁷⁹ Mit seinen vielen Kontakten zu Reichshofräten und Ministern stellt Hochmann sicherlich einen Sonderfall dar. Dennoch: Auch die Magistrate kleinerer Reichsstädte pflegten, wenngleich in geringerem Umfang, gute Beziehungen zu Reichshofräten. So hatten beispielsweise die Ratsherren in Weißenburg mit Reichshofrat Friedrich Binder ebenfalls einen *treüen freünd*⁸⁰ und *hohen u[nd] grossen Patron*⁸¹ auf ihrer Seite.

3.1.2 Joachim Ernst Walther

Nach Hochmanns Tod wurde der am 19. Februar 1687 geborene Jurist Dr. Joachim Ernst Walther, der seit 1713 Ratskonsulent und seit 1716 Mitglied des Größeren Rats war, neuer *Abgeordneter der Republik zu Wien*.⁸² In seine Amtszeit fiel der Sörgel'sche Reichshofratsprozess, der zwischen 1723 und 1725 eine außergewöhnlich intensive Phase hatte. Besonders 1723 waren die Nürnberger, und dies zeigt den enormen Bedarf an aktuellen Nachrichten, um einen fortlaufenden Informationsfluss bemüht. Im Juni beschwerte sich etwa der Ratskonsulent Scheurl bei Walther darüber, dass dieser keine Briefe aus Wien gesandt habe, obwohl, wie es hieß, *wir Euch uns posttäglich, was [...] passiret zu benachrichtig*[en] *[...] angewieß*[en] *haben*.⁸³ Der Nachrichtendienst aus Wien arbeitete also im Regel- beziehungsweise Idealfall im Takt der Reichspost. Hier zeigt sich der unschätzbare Vorteil des schnellen und vor allem regelmäßigen Informationsdienstes der Taxis für die Prozessstrategie des Magistrats.

Walthers Informationsnetzwerk war kaum weniger ausgebaut als das seines Vorgängers. Dabei gehörte Wurmbrand, zu diesem Zeitpunkt noch Reichshofratsvizepräsident, weiterhin zu den wichtigsten Verbündeten des Nürnberger Magistrats. Die Ratschläge und Prognosen zum Prozessverlauf des Reichshofratsvizepräsidenten prägten die Nürn-

---

77 Vgl. StadtAA. Rst. Augsburg, Reichshofratsakten 1, Akten die Hochmann'sche Verlassenschaft betreffend. Testament Hochmanns vom 20.8.1719 (Kopie).
78 Vgl. Art. Hochmann, von Hohenau (Anm. 66). S. 138.
79 Dass die Nürnberger Streitsache bis 1754 verschleppt wurde, stellt bereits Endres fest. Vgl. Rudolf Endres: Die Rolle der Kaufmannschaft im Nürnberger Verfassungsstreit am Ende des Alten Reiches. In: Jahrbuch für fränkische Landesforschung. 45. 1985, hier S. 132.
80 StadtAW. A 10841. Brief der Anna Catharina Binderin vom 22.6.1709.
81 StadtAW. A 10841. Antwortschreiben an A. C. Bindern vom 20.7.1709 (Entwurf).
82 Zur Vita Walthers vgl.: Art. Walther, von Walthenstadt, Joachim Ernst. In: Georg Andreas Will (Hg.): Nuernbergisches Gelehrten-Lexicon. Altdorf 1758. Bd. 4. S. 176.
83 StAN. Rst. Nbg., Rep. 26/2, Nr. 103. Schreiben (Konzept) an Walther vom 17.6.1723.

Die Region im Reich: Das Beispiel Nürnberg 79

berger Strategie maßgeblich.[84] Dementsprechend rief seine Abwesenheit im September 1724, als Wurmbrand zur Wahl des Fürstbischofs nach Würzburg beordert wurde, in den Reihen des Magistrats die schlimmsten Befürchtungen für den bevorstehenden Prozessverlauf hervor.[85]

Dass Wurmbrand ein großer Patron Nürnbergs sei, der sogar aus eigenem Antrieb für die Reichsstadt Partei ergreife, geht auch aus den Berichten anderer, parallel agierender und zum Teil als dubios einzustufender Informanten hervor.[86] Ihre Korrespondenzen zeigen den hohen Marktwert prozessbezogener Informationen, besonders von Reichshofratsinterna.[87] Diesen Informanten verdankte der Magistrat unter anderem Kenntnisse über die heimliche Unterstützung ihres Gegenspielers Sörgel durch den Hofkammerpräsidenten von Starhemberg und den brandenburg-ansbachischen Gesandten von Staudacher.[88]

Der wohl wichtigste Patron und Kontaktmann des Nürnberger Magistrats und seines Gesandten Walther war aber kein Geringerer als Reichsvizekanzler von Schönborn. Schon früh bestimmten seine Einschätzungen das Vorgehen des Nürnberger Magistrats, dem Schönborn im Gegensatz zu Wurmbrand aber zunächst kritisch gegenüber stand.[89] Im Frühling 1722 bemühte sich Walther daher intensiv um die Gunst des Reichsvizekanzlers, dem er neben anderen Geschenken auch Lebkuchen schenkte.[90] Das Werben verlief offensichtlich erfolgreich: Bereits am 30. April 1722 berichtete Walther über ein Gespräch mit Schönborn, bei welchem der Reichsvizekanzler angeblich versprochen hatte, die Einrichtung einer Lokalkommission in Nürnberg persönlich zu verhindern.[91] Auffällig ist, dass der Name Schönborns in der Wien–Nürnberger Korrespondenz nur selten fällt und wie der anderer Patrone verschlüsselt wird. Zudem zeigt sich hier in der Bitte Walthers, *nichts confidentes* zu schreiben,[92] erneut die große Furcht vor gegnerischen Spionageaktivitäten.

Auch während der zweiten großen Krise im Jahr 1725 traten Schönborn und Wurmbrand als wichtige Akteure in Erscheinung. Auf Anraten des Reichsvizekanzlers verfasste Walther im Februar 1725 beispielsweise ein Schreiben an Prinz Eugen, dem ein entscheidender Einfluss auf die kaiserliche Urteilsfällung bei den Beratschlagungen der *Vota ad Imperatorem* beigemessen wurde.[93] Daneben setzten Walther und der Nürnberger Ratskonsulent Scheurl, wie aus einem Gutachten vom 1. Februar 1725 hervorgeht, weiterhin auf Wurmbrand als

---

[84] Vgl. StAN. Rst. Nbg., Rep. 26/2, Nr. 211. Brief Walthers vom 1.12.1723 über die Unterredung mit Wurmbrand; Nr. 213. Bedenken Scheurls o. D.; Nr. 214. Konzept eines diesbezüglichen Schreibens an Walther vom 13.12.1723.
[85] Vgl. StAN. Rst. Nbg., Rep. 26/3, Nr. 89–92.
[86] Vgl. beispielhaft StAN. Rst. Nbg., Rep. 26/1, Nr. 52, 90 sowie Rep. 26/2, Nr. 1.
[87] Vgl. StAN. Rst. Nbg., Rep. 26/1, Nr. 103. Bedenken Scheurls vom 4.9.1722, in dem er schreibt, der *junge Hartmann* habe allerlei Dienliches geliefert, wofür er zu entlohnen sei.
[88] Vgl. StAN. Rst. Nbg., Rep. 26/1, Nr. 77. Brief vom 5.8.1722 (Kopie), in dem Isendick, Staudacher und der ehemalige Würzburger Kammerdiener Jacob als Patrone Sörgels genannt werden.
[89] Vgl. StAN. Rst. Nbg., Rep. 26/1, Nr. 23. Brief Walthers vom 28.3.1722.
[90] Vgl. StAN. Rst. Nbg., Rep. 26/1, Nr. 23. Brief Walthers vom 28.3.1722.
[91] Vgl. StAN. Rst. Nbg., Rep. 26/1, Nr. 29. Brief Walthers vom 30.4.1722.
[92] StAN. Rst. Nbg., Rep. 26/1, Nr. 30. Brief Walthers vom 22.4.1722.
[93] Vgl. StAN. Rst. Nbg., Rep. 26/4, Nr. 31. Brief Walthers vom 3.2.1725 und das zugehörige Species Facti (Nr. 31a).

einflussreichsten Fürsprecher der Magistratsbelange.[94] Darüber hinaus unterhielt Walther gute Kontakte zu Entscheidungsträgern und Reichshofratspersonal auf unterschiedlichen Ebenen. Seine engen Beziehungen zum Reichshofratssekretär Ernst Franz von Glandorf (er hatte wie Wurmbrand in Hochmanns Testament als Zeuge fungiert) ermöglichten Walther in vielen kritischen Situationen eine erfolgreiche Informationsarbeit. Im Februar führte er ein langes Gespräch mit Glandorf, bei dem dieser angeblich versprach, sich aktiv am Hofe für die Belange des Magistrats einzusetzen.[95] Außerdem empfahl Glandorf Walther, sich nicht *weitläuffig zu engangieren, denn je mehr man sich regte, je mehr würde es aufsehens machen*.[96] Für den unwahrscheinlichen Fall einer Kommission, so Glandorf, solle man umgehend eine Vorstellung beim Kaiser tun und den Mainzer Kurfürsten um Hilfe bitten. Doch sei dies ohnehin nicht zu erwarten, weil, so Glandorf, *sein Wort auch noch etwas gelten wird* und sich der Nürnberger Magistrat anders als der Frankfurter keiner *Grobheit oder Mißbräuchlichkeiten* schuldig gemacht habe.[97]

Besonders bezeichnend ist, dass Glandorf Walther über das Presseecho zum Nürnberger Reichshofratsprozess informierte. So schrieb Walther am 25. Oktober 1724, Glandorf habe ihm eine gedruckte Zeitung gezeigt, in der die Nachricht kolportiert wurde, dass der Kaiser die Nürnberger *herren burgermeister abgeschafft* hätte.[98] Diese Meldung ist nicht nur ein repräsentatives Beispiel für die magistratskritische Berichterstattung, sondern sie belegt außerdem, dass das in die Prozesse involvierte Reichspersonal Zeitungen rezipierte, um sich zu informieren und um Stimmungsbilder zu ermitteln.[99] Um das beschädigte Image der Reichsstadt aufzupolieren, versuchte Walther daher in persönlichen Gesprächen die Meinungen der Reichshofräte, wie er schrieb, gegenüber verleumderischen Zeitungsmeldungen zu *praepariren*.[100] Zu den Gegenmaßnahmen Walthers gehörten auch rechtliche Schritte gegen die, wie er schrieb, *gehäßigen* Zeitungsschreiber.[101]

Das Ende seiner Gesandtentätigkeit als kurios zu beschreiben, ist beinahe untertrieben, wenn man bedenkt, dass Walther im Frühjahr 1725 innerhalb kürzester Zeit vom Verbündeten zum Gegner des Magistrats wurde. Der bereits in Wien agierende Nürnberger Sekretär Senft schrieb dazu, Walther sei innerhalb kurzer Zeit nach dem Tode seiner heimlich zum Katholizismus konvertierten Frau ebenfalls altgläubig geworden, habe die Seiten gewechselt und zumindest vorübergehend mit dem Magistratsgegner Sörgel kolla-

---

[94] Vgl. StAN. Rst. Nbg., Rep. 26/4, Nr. 16. Bedenken und Briefkonzept Scheurls an Senft vom 1.2.1725, in dem die Bedeutung Schönborns und Wurmbrands erneut betont wird.

[95] Vgl. StAN. Rst. Nbg., Rep. 26/4, Nr. 51a. Bericht Walthers über das Gespräch mit Glandorf, welcher dem Brief vom 17.2.1725 (Nr. 51) beigelegt ist.

[96] StAN. Rst. Nbg., Rep. 26/4, Nr. 51a. Bericht Walthers über das Gespräch mit Glandorf, welcher dem Brief vom 17.2.1725 (Nr. 51) beigelegt ist.

[97] StAN. Rst. Nbg., Rep. 26/4, Nr. 51a. Bericht Walthers über das Gespräch mit Glandorf, welcher dem Brief vom 17.2.1725 (Nr. 51) beigelegt ist.

[98] StAN. Rst. Nbg., Rep. 26/3, Nr. 103. Brief Walthers vom 25.10.1724.

[99] Vgl. hierzu auch die Verordnung in der Reichshofratsordnung von 1714, nach der die Reichshofräte sich des Zeitungslesens enthalten sollten. Siehe Reichshofratsordnung vom 14.1.1714. In: Wolfgang Sellert: (Hg.): Die Ordnungen des Reichshofrates. Köln/Wien 1990 (Quellen und Forschungen zur höchsten Gerichtsbarkeit im Alten Reich. Bd. 8/II). S. 284.

[100] StAN. Rst. Nbg., Rep. 26/2, Nr. 91. Brief Walthers vom 2.6.1723.

[101] StAN. Rst. Nbg., Rep. 26/2, Nr. 105+106. Brief und Postskript Walthers vom 16.6.1723.

Die Region im Reich: Das Beispiel Nürnberg 81

boriert.¹⁰² Eine schlüssige Erklärung für diese Vorgänge blieb Senft seinen Dienstherren schuldig, obgleich er mit Walther beinahe zwei Jahre lang gemeinsam die Belange des Magistrats vorangetrieben hatte.

3.1.3 Friedrich Senft

Der erwähnte Friedrich Senft war bereits 1723 zur Unterstützung des Gesandten Walther nach Wien beordert worden. Zumindest anfangs schien Senft mit seiner Tätigkeit überfordert gewesen zu sein. An seinen Vater gerichtet beschrieb er am 6. August 1723 die anfänglichen Schwierigkeiten mit den Worten, dass er *einfach nicht wisse, an wem [s]ich halten, was vor einem herrn dienen und was* [er] *eigentlich thun und laßen solle*.¹⁰³ Mit der Krankheit von Walthers Ehefrau und dem sukzessiven Rückzug des offiziellen Gesandten im Jahr 1725 wurde Senft nolens volens zum wichtigsten Vertreter und de-facto-Gesandten des Nürnberger Magistrats. Zu diesem Zeitpunkt bewegte er sich bereits souverän auf dem diplomatischen Parkett des Wiener Hofes. Seine Kontakte zeigen, dass er in dieser Prozessphase bereits auf ein ausgebautes Netz von Verbündeten und Patronen zurückgreifen konnte. Wie seine Vorgänger betrieb Senft eine aktive Propaganda- und Lobbypolitik in den Reihen des Reichshofratspersonals. Gespräche führte er beispielsweise mit Hartig, Hildebrandt, Glandorf, Wurmbrand, Stein und Lyncker.¹⁰⁴ Senft garantierte darüber hinaus Kontinuität hinsichtlich der personellen Verflechtungen. Der wichtigste Verbündete blieb Reichsvizekanzler Schönborn. *Solange N*[ürnberg] *den Herrn R*[eichs]*V*[ize]*K*[anzler] *zum freund hat, wird Ihr nichts geschehen.*¹⁰⁵ Mit diesen Worten zitierte Senft im August 1726 Franz Heffner, den Nachfolger von Menßhengens als Reichshofratssekretär der deutschen Expedition.¹⁰⁶ Durch seinen Kontakt zu Heffner hielt Senft wiederum die Verbindung zu Angehörigen der Reichskanzlei aufrecht und sicherte sich so einen Zugriff auf Reichshofratsinterna.¹⁰⁷

Senfts eigentliche Leistung bestand aber darin, dass er schon Mitte der 1720er Jahre die Tragweite des Sörgel'schen Verfahrens erkannte und den weiteren Prozessverlauf antizipierte. Früh wies Senft seine Dienstherren darauf hin, dass hinter dem Einzelkläger Sörgel heimliche Mitverschwörer und Sympathisanten stünden, von denen eine weitaus größere Bedrohung ausginge. Im April 1726 schrieb er, der Magistrat hätte durch den in Wien tätigen Nürnberger Marktvorsteher Winkler *einen starcken und potenten feind* [...], *der mit seinen heimlichen und unter der hand gemachten vorstellungen* einen enormen

---

¹⁰² Vgl. StAN. Rst. Nbg., Rep. 26/4, Nr. 101. Brief Senfts vom 7.4.1725; Nr. 105. Brief Senfts vom 11.4.1725.
Nach Wills Gelehrtenlexikon starb der zwischenzeitlich in den Adelsstand erhobene Walther 1731 in Innsbruck als kaiserlicher Rat (zur Vita Walthers vgl. Art. Walther, von Walthenstadt (Anm. 82). S. 176).
¹⁰³ StAN. Rst. Nbg., Rep. 26/2, Nr. 160. Brief Senfts vom 6.8.1723.
¹⁰⁴ Vgl. StAN. Rst. Nbg., Rep. 26/4, Nr. 28. Brief Senfts vom 31.1.1725; Nr. 32. Brief Senfts vom 3.2.1725.
¹⁰⁵ StAN. Rst. Nbg., Rep. 26/5, Nr. 56. Postskript Senfts vom 7.8.1726.
¹⁰⁶ Heffner war vom 28.1.1721 bis zum 25.5.1728 Reichshofratssekretär der deutschen Expedition. Vgl. Gross: Reichshofkanzlei (Anm. 72). S. 468f.
¹⁰⁷ Vgl. StAN. Rst. Nbg., Rep. 26/5, Nr. 56. Postskript Senfts vom 7.8.1726.

Schaden anrichte.¹⁰⁸ Dank Senft erfuhr der Magistrat auch davon, dass die Nürnberger Kaufleute, die sich zur Messe in Wien aufhielten, schon 1726 mit Sörgel kooperierten.¹⁰⁹ Zudem deckte Senft größere überregionale Zusammenhänge zwischen reichsstädtischen Verfahren auf: 1725 meldete er, dass Sörgel mit den Klägern aus Rothenburg, Weißenburg und Memmingen zusammenarbeite.¹¹⁰ 1726 ergänzte Senft, dass Sörgel nun *auch aller frembden Malcontenten Patronus* wäre und dass er *nichts anders dichtet und trachtet, als wie Er nur die Untern gegen die Oberen aufwiegeln möge.*¹¹¹ Da Senfts Berichterstattung beinahe ausnahmslos korrekt war, erscheinen diese Einschätzungen als durchaus glaubwürdig. Folgt man seinen Berichten, so können wir von einer Kooperation reichsstädtischer Kläger in Wien, vielleicht sogar von einem überregionalen Netzwerk protestierender Bürger ausgehen.

Dank der Aufklärungstätigkeit seiner Gesandten verfügte der Nürnberger Magistrat – anders als die Augsburger Obrigkeit – gegenüber dem Reichshofrat und der Gegenseite über einen strategisch entscheidenden Informationsvorsprung. Dem Magistrat gelang eben das, was der Reichshofrat zu verhindern suchte, nämlich den internen Weg zur Urteilsfällung (die *rationes decidendi*) auszuspionieren und frühzeitig darauf Einfluss zu nehmen.¹¹² Zudem entlockte Senft im Mai 1727 einem gewissen Kasper, dem Kammerdiener des Reichshofratspräsidenten Windischgrätz, wichtige Informationen über die Situation der Gegenseite, und zwar *unter versicherung erfolgender Erkänntlichkeit und Verschwiegenheit.*¹¹³ Welche Rolle Korruption grundsätzlich bei der Informationsbeschaffung und der Prozessbeeinflussung hatte, ist schon wegen differierender Wertvorstellungen schwer zu ermitteln.¹¹⁴ Dass es aufgrund eines abweichenden Richterethos und der schlechten Bezahlung sowohl am Reichskammergericht wie am Reichshofrat zu Bestechungen kam, kann als gesichert gelten.¹¹⁵ Für die reichsstädtischen Prozesse sind konkrete Hinweise

---

108 StAN. Rst. Nbg., Rep. 26/5, Nr. 31. Brief Senfts vom 6.4.1726.
109 Vgl. StAN. Rst. Nbg., Rep. 26/5, Nr. 47. Postskript Senfts vom 29.6.1726.
110 Vgl. StAN. Rst. Nbg., Rep. 26/4, Nr. 150. Brief Senfts vom 3.11.1725. Darin heißt es: *Nicht minder steckt er* [Sörgel] *hinter denen Rothenburgischen, Weißenburgischen, Memmingschen und andern Mal-Contenten, die ihme auch unter der hand mit geld an die hand gehen.*
111 StAN. Rst. Nbg., Rep. 26/5, Nr. 75. Brief Senfts vom 28.9.1726. Senft zeigt sich erstaunt beziehungsweise entsetzt darüber, wie erfolgreich Sörgel Reichshofräte und hochrangige Minister kontaktierte und beeinflusste.
112 Zur Arkanpolitik des Reichshofrats vgl. erneut Wolfgang Sellert: Der Reichshofrat. In: Bernhard Diestelkamp (Hg.): Oberste Gerichtsbarkeit und zentrale Gewalt im Europa der frühen Neuzeit. Köln/Weimar/Wien 1996 (Quellen und Forschungen zur höchsten Gerichtsbarkeit im Alten Reich. Bd. 29). S. 42f.
113 StAN. Rst. Nbg., Rep. 26/5, Nr. 96. Brief Senfts vom 17.5.1727.
114 Zur schwierigen Einstufung von Korruption siehe beispielsweise Christian Windler: Städte am Hof. Burgundische Deputierte und Agenten in Madrid und Versailles (16.–18. Jahrhundert). In: Zeitschrift für historische Forschung. 30. 2003, hier S. 239. Das Problem aus politikwissenschaftlicher Perspektive wird beleuchtet in: Harald Bluhm/Karsten Fischer: Einleitung. Korruption als Problem politischer Theorie. In: Dies. (Hg.): Sichtbarkeit und Unsichtbarkeit der Macht. Theorien politischer Korruption. Baden-Baden 2002 (Schriftenreihe der Sektion Politische Theorien und Ideengeschichte in der Deutschen Vereinigung für politische Wissenschaft. Bd. 3). S. 9–22.
115 Vgl. Wolfgang Sellert: Richterbestechung am Reichskammergericht und am Reichshofrat. In: Friedrich Battenberg/Filippo Ranieri (Hg.): Geschichte der Zentraljustiz in Mitteleuropa. Fest-

Die Region im Reich: Das Beispiel Nürnberg 83

auf erfolgte Zahlungen aber eher spärlich.[116] Und direkter Stimmenkauf lässt sich ohnehin kaum nachweisen. Wenn Senft im Jahr 1727 seine Auftraggeber um Geld bat, damit *die wohlgesinnten und confidenten nicht immerzu gänzlich ohne Erkänntlichkeit gelaßen und Ihre bishero erzeigten treugeleisteten dienste überdrüßig werden möchten*[117], impliziert dies, dass Geldgeschenke zwar gelegentlich vorkamen, aber eben nicht die Regel waren. Noch wichtiger, und das gilt sowohl für die Informationsbeschaffung wie für die Prozessbeeinflussung, waren gute Beziehungen zu Informations- und Entscheidungsträgern des Wiener Hofes, also soziales Kapital. In diesem Sinne formulierte es Reichshofrat Berger in seinem Brief vom 4. September 1725 an den Magistrat: Darin versprach Berger, der Nürnberger Obrigkeit zu helfen, und zwar wegen

der alten bekandtschafft also auch der von dero herren Principales tragenden hochachtung und Erkandtlichkeit und wegen einmahl zu Nürnberg genoßenen vielen honneurs.[118]

3.2 Die Gesandten der Kaufmannschaft

Was das Nürnberger Beispiel auszeichnet, ist die Tatsache, dass wir dank der guten Quellenlage einen Einblick in die nachrichtendienstlichen Strategien klagender Bürger nehmen können. Dass diese, wie auch der Nürnberger Magistrat, über einen hervorragenden Informationsstand verfügten, zeigt das Beispiel des dortigen Handelsvorstands. Die Kaufleute, eine aus beruflichen und ökonomischen Gründen traditionell gut unterrichtete Gruppe, waren wie ihre Obrigkeiten um eine permanente Verbindung in die Kaiserstadt bemüht. Neben kurzfristigen Gesandtschaften installierten sie zum Beginn des von ihnen geführten Prozesses eine eigene Vertretung vor Ort. Hier sind zwei Akteure über einen längeren Zeitraum in Wien nachweisbar: Zum einen der Advokat Dr. Georg Andreas Wülffer und zum anderen der Kaufmann Andreas Martin Pflüger,[119] dessen Aufenthalt (mögliche Unterbrechungen sind nicht auszuschließen) von 1730 bis mindestens 1741 währte.[120]

Als Deputierte waren ihre Befugnisse denen der Magistratsgesandten durchaus ähnlich: Mit der entsprechenden Vollmacht ausgestattet hatten sie theoretisch das Recht, für

---

  schrift für Bernhard Diestelkamp zum 65. Geburtstag. Weimar 1994. S. 329f.; Hughes: Law and Politics (Anm. 76). S. 51.
[116] Der Reichshofratsagent Koch empfahl beispielsweise dem Weißenburger Magistrat, dem für den Prozess verantwortlichen Referenten eine Erkenntlichkeit zukommen zu lassen und ihn so zur Bearbeitung des Falles zu motivieren. Vgl. StadtAW. A 991, Agentie mit Koch. Brief Kochs vom 20.10.1703.
[117] StAN. Rst. Nbg., Rep. 26/5, Nr. 107. Brief Senfts vom 16.7.1727.
[118] StAN. Rst. Nbg., Rep. 26/4, Nr. 151a. Extrakt aus dem Schreiben des Reichshofrats von Berger aus Stuttgart vom 4.9.1725.
[119] Vgl. StadtAN. E 8, Nr. 4872. Instruktion für die Deputierten Wülffer und Pflüger, April 1733(?) (Entwurf).
[120] Vgl. StadtAN. E 4895–4899. Ob sich Pflüger durchgehend in Wien aufhielt, konnte an dieser Stelle nicht eruiert werden.

die Kaufmannschaft die Aufgaben eines Reichshofratsagenten zu übernehmen,[121] ein Privileg, das eine Aufwertung der bürgerschaftlichen Repräsentanten bedeutete. Vor allem aber glichen sie den Magistratsgesandten in ihrer Funktion und ihrem Aufgabenspektrum. Im Bestand des Handelsvorstands im Stadtarchiv Nürnberg ist ein Dokument überliefert, das die genauen Instruktionen für Wülffer und Pflüger enthält. Das Schriftstück beinhaltet Anweisungen zur Prozessstrategie und zu den nicht verhandelbaren Kernforderungen des Handelsvorstands (hier vor allem die Kontrollrechte), konkret zum Umgang mit anderen Oppositionellen (die Klage Sörgels sollte indirekt unterstützt, dem Kläger aber mit Vorsicht begegnet werden) und zu den beeinflussenden Entscheidungsträgern am Hofe (Reichsvizekanzler und Reichshofratspräsident).[122] Darüber hinaus vertraute man auf die *Dexterität und Prudenz* der Bevollmächtigten und ließ ihnen weitgehende Freiheiten.[123]

Wie die Tätigkeiten in der Praxis aussahen, zeigt die intensive Korrespondenz Pflügers. Pflügers Kontaktleute waren sein Schwager, der Resident Johann Friedrich von Sichart der Ältere, und Marktvorsteher Michael Rost. Die Intensität des Briefwechsels belegt die enge kommunikative Anbindung der Reichs- an die Kaiserstadt. Für das Jahr 1734 lässt sich beispielsweise eine beinahe wöchentliche Berichterstattung nachweisen.[124] Neben der Frequenz ist auch der Nachrichtenwert von Pflügers Briefen hoch. Selbstredend wurden prozessrechtliche[125] und personelle Details[126] des Nürnberger Verfahrens von Pflüger erfasst, kommentiert und weitergeleitet. Zu seinen Aufgaben gehörte es zudem, das Vorgehen der Magistratsseite zu beobachten,[127] und wie seine Gegenspieler war Pflüger seinerseits bemüht, nicht ausgekundschaftet zu werden.[128]

Pflüger analysierte dabei nicht nur die Situation und das Meinungsbild am Hofe, sondern auch das reichsweite Medienecho. Beleg dafür sind die im Archiv des Handelsvorstands erhaltenen, allerdings nicht näher beschriebenen handschriftlichen Nachrichten einer *Privat-Correspondenz aus Wien*, die in mindestens zwei Fällen mit Zeitungsmeldungen der Münchner ‚Mercurii Relation' übereinstimmen.[129] Auch wenn nicht zweifelsfrei nachweisbar ist, dass die Pressemeldungen von Pflüger übermittelt wurden, so ist

---

[121] Vgl. Jürgen Weitzel: Die Anwaltschaft an Reichshofrat und Reichskammergericht. In: L'Assistance Dans La Résolution Des Conflits – Assistance in Conflicts Resolution. Brüssel 1998 (Recueils de la Société Jean Bodin pour l'histoire comparative des institutions. Bd. 65). Quatrième partie: L'Europe médiévale et moderne. S. 209f.

[122] Vgl. StadtAN. E 8, Nr. 4872. Instruktion für die Deputierten Wülffer und Pflüger, April 1733(?) (Entwurf).

[123] StadtAN. E 8, Nr. 4872. Instruktion für die Deputierten Wülffer und Pflüger, April 1733(?) (Entwurf).

[124] Vgl. StadtAN. E 8, Nr. 4899.

[125] Vgl. StadtAN. E 8, Nr. 4895. Brief Pflügers vom 19.12.1731.

[126] Vgl. StadtAN. E 8, Nr. 4895. Brief Pflügers vom 7.1.1732. Hier berichtete Pflüger beispielsweise davon, dass Reichshofrat Dankelmann als dienstältester Richter in Abwesenheit der Präsidenten den Vorsitz bei der nächsten Reichshofratssitzung führen werde.

[127] Vgl. StadtAN. E 8, Nr. 4895. Brief Pflügers vom 3.1.1731.

[128] So verschlüsselte auch er aus Angst vor Spionagemaßnahmen die Namen seiner Kontaktleute und Verbündeten.

[129] So stimmen zwei der handschriftlichen Meldungen mit Meldungen der ‚Mercurii Relation' überein. (Kap. VIII.4.6, Nr. 57 und 58). Die handschriftlichen Kopien sind in beiden Fällen älter als die Zeitungsmeldungen.

dies überaus wahrscheinlich, zumal Pflüger nach eigenen Angaben Kontakte zu Zeitungsschreibern pflegte.¹³⁰ Dazu das folgende Beispiel: In der linken Spalte ist eine Nachricht der ‚Mercurii Relation' vom 5. Januar 1732 wiedergegeben, in der rechten Spalte eine der besagten handschriftlichen Meldungen, wie sie im Archiv des Handelsvorstands zu finden ist. Die Nachrichten sind beinahe identisch:

‚Mercurii Relation' vom 5.1.1732	**Handschriftliche Meldung vom 22.12.1731**
*In der Nürnbergis. Commißions. Sache wird die fernere Resolution erst post ferias erfolgen; Weilen die Kauffmannschafft ein grosses Convolut mit verschidenen Beylagen und so genannten schrifftlichen Receß coram Commißione übergeben, und deswegen die Commission vorhero ersehen müssen, ob die von denen Raths Deputirten gebethen Communication Formo, oder nur ad Notitiam geschehen solle.*¹³¹	*In der Nürnbergis. Commissions-Sache wird die fernere Resolution erst post ferias erfolgen; Weilen die Kauffmannschafft ein grosses Convolut mit verschidenen Beylagen und so genannten schrifftlichen Receß coram Commißione übergeben habe, und deswegen die Commission vorhero ersehen müssen, ob die von denen Raths Deputirten gebethen Communication in forma, oder nur ad Notitiam geschehen solle.*¹³²

Da die handschriftliche Kopie rund zwei Wochen älter ist als die Meldung der ‚Mercurii Relation', stellt sich die Frage, ob beide Nachrichten auf einer dritten Quelle, also zum Beispiel auf einer unbekannten früheren Zeitungsnachricht, basieren oder ob die Meldung möglicherweise durch Pflüger gezielt in die Zeitung gesetzt wurde. Immerhin ist in anderen Fällen nachweisbar, dass protestierende Bürger entsprechende Nachrichten durch Zeitungen verbreiteten. So soll der Mühlhausener Bürgerdeputierte Sander 1728 die Nachricht von einem günstigen Reichshofratsurteil angeblich

*in die Zeitung sezen lassen, um, wie seine Sage war, andern R[eichs]Städtischen Bürgern einen desto größeren Muth zu machen, daß sie seinem Exempel nachfolgen möchten.*¹³³

Im Fall Nürnberg bleibt es jedoch unklar, ob der Kaufmannsvertreter Pflüger seine Beziehungen zu Zeitungen nur zur Beobachtung oder auch zur Beeinflussung der Presse nützte, ob er also nur kopierte oder auch ‚inserierte'.

Wenn es sich bei den übrigen Abschriften in diesem Bestand ebenfalls um kopierte Zeitungsmeldungen handelt, worauf vor allem stilistische Merkmale hindeuten (vgl. hierzu allgemein Ulrike Haß-Zumkehr: ‚Wie glaubwürdige Nachrichten versichert haben'. Formulierungstraditionen in Zeitungsnachrichten des 17. bis 20. Jahrhunderts. Tübingen 1998 [Studien zur deutschen Sprache. Bd. 13]. S. 97–101 et passim), so gab es 1731 und 1732 ein deutlich stärkeres Presseecho zum Nürnberger Reichshofratsprozess, als es die im Anhang nachgewiesenen Belege bezeugen.

¹³⁰ Vgl. StadtAN. E 8, Nr. 4897. Brief Pflügers vom 9.1.1731.
¹³¹ Kap. VIII.4.6, Nr. 58.
¹³² Kap. VIII.4.6, Nr. 58.
¹³³ StAN. Rst. Nbg., Rep. 26/5, Nr. 125. Brief Senfts vom 20.12.1728.

In jedem Fall war Pflüger stets gut über die Situation hinter den Kulissen des Reichshofrats informiert. Er berichtete dem Handelsvorstand von Fraktionen innerhalb des Gremiums, vom Abstimmungsverhalten bestimmter Richter[134] und den Positionen der kaiserlichen Minister.[135] Fundiert und kenntnisreich stellte er den Prozessverlauf in den Kontext außenpolitischer Ereignisse.[136] In Absprache mit seinen Auftraggebern setzte Pflüger auf eine Beeinflussung der Reichshofräte, der Minister und des Kaisers durch persönliche Gespräche.[137] Gerade in den prozessentscheidenden Situationen, bei einer bevorstehenden Abstimmung oder einem *Votum ad Imperatorem* bemühte sich Pflüger um Audienzen und persönliche Unterredungen. Dass sich die Verantwortlichen im Nürnberger Handelsvorstand bisweilen mit dem Fortkommen des Prozesses unzufrieden zeigten, war nicht ungewöhnlich, sondern ein häufiges Problem bürgerschaftlicher Gesandter.[138] Auch Pflügers fortwährende Bemühungen, durch Gespräche eine Richtermehrheit im Reichshofrat zu erreichen,[139] entsprechen den Maßnahmen seiner Antagonisten von der Magistratspartei.

Die Untersuchung der Pflüger'schen Korrespondenz zeigt, dass er im Lauf der 1730er Jahre ein – im Vergleich zum Magistrat – durchaus konkurrenzfähiges Netz an Kontaktpersonen und Informanten am Wiener Hof aufgebaut hatte. Zu seinen Verbündeten in Wien gehörte beispielsweise der brandenburg-ansbachische Kanzlist Sauerzapf,[140] der schon in den 1720er Jahren die Nürnberger Opposition um Dr. Sörgel gefördert hatte.[141] Hervorzuheben ist, dass Pflüger gleichzeitig die Reichshofratsprozesse anderer Reichsstädte beobachtete, wie den Dinkelsbühler[142] oder den Frankfurter.[143] Im Falle Biberachs gelang es Pflüger sogar, ein noch unveröffentlichtes, von der Lokalkommission erarbeitetes Conclusum unter der Hand zu ergattern.[144] Pflügers Einschätzungen, nach denen die Forderungen der Biberacher Bürgerschaft weitgehend mit den eigenen deckungsgleich seien, deuten darauf hin, dass die reichsstädtischen Prozesse als Teil einer größeren überregionalen Protest- und Reformbewegung verstanden wurden.[145]

Nicht immer wurden die Einschätzungen Pflügers von seinen Auftraggebern berücksichtigt, so etwa in personellen Fragen. Zu Meinungsverschiedenheiten mit seinem Kol-

---

134 Vgl. StadtAN. E 8, Nr. 4899. Brief Pflügers vom 24.1.1734.
135 Vgl. StadtAN. E 8, Nr. 4899. Briefe Pflügers vom 20.2.1734, 9.6.1734 und 23.6.1734.
136 Pflüger erklärte beispielsweise den Prozessverlauf mit Blick auf internationale Ereignisse. So interpretierte er die Prozessverzögerung als Ergebnis der Abwesenheit des Kaisers oder von Prinz Eugen. Vgl. StadtAN. E 8, Nr. 4899. Brief Pflügers vom 20.2.1734.
137 Vgl. StadtAN. E 8, Nr. 4899. Brief Pflügers vom 23.6.1723.
138 Vgl. Werner Troßbach: ‚Audigenz…beim H. Reichs Bressedenten'. Bauernprotest und Reichsinstitutionen. In: Stephan Wendehorst/Siegrid Westphal (Hg.): Lesebuch Altes Reich. München 2006 (Bibliothek Altes Reich. Bd. 1). S. 98–100.
139 Vgl. StadtAN. E 8, Nr. 4899. Brief vom 10.2.1734; StadtAN. E 4900. Brief Sicharts an Pflüger vom 29.1.1733 (Kopie).
140 Vgl. StadtAN. E 8 4897. Brief Pflügers vom 9.1.1731.
141 Vgl. die vom Magistrat abgefangenen Schreiben Sörgels StAN. Rst. Nbg., Rep. 26/2, Nr. 50a–c.
142 Vgl. StadtAN. E 8, Nr. 4895. Briefe Pflügers vom 26.9.1731 und 27.10.1731.
143 Vgl. StadtAN. E 8, Nr. 4895. Brief Pflügers vom 21.5.1732.
144 Vgl. StadtAN. E 8, Nr. 4899. Brief Pflügers vom 5.5.1734.
145 Vgl. StadtAN. E 8, Nr. 4899. Brief Pflügers vom 5.5.1734.

legen Dr. Wülffer über die Prozessstrategie kam es beispielsweise in Bezug auf die Wahl eines geeigneten Reichshofratsagenten.[146] Einig war man sich hingegen in der prozessstrategischen Bedeutung der Agenten. Trotz gelegentlicher Unstimmigkeiten mit Agenten, wie 1734 mit Johann Albrecht Schumm, blieb der jeweilige Reichshofratsagent durch seine Beratungs- und Informationsdienste eine der zentralen Anlaufstationen für die Deputierten.[147] Die Einschätzungen der Reichshofratsagenten dienten den Deputierten dabei auch zur Rechtfertigung und Legitimierung der eigenen Maßnahmen gegenüber den Verantwortlichen in Nürnberg.

4. Zwischen Reich und Region: Die Reichshofratsagenten

4.1 Rechtlicher Status

Im Gegensatz zu den reichsstädtischen Gesandten oder den vom Kaiser entsandten Residenten, die allein ihren jeweiligen Auftraggebern verpflichtet waren, nahmen die Reichshofratsagenten eine noch näher zu untersuchende Zwischenstellung ein. Kennzeichnend für ihr Arbeitsprofil ist, dass sie sowohl der jeweiligen Prozesspartei, ihrem Auftraggeber, als auch dem Reichshofrat, ihrem Dienstherrn, verpflichtet waren, dass ihre Loyalität daher geteilt und ihre Funktion von mitunter differierenden Interessen bestimmt war. Ihre Sonderstellung belegen auch die alternierenden Berufsbezeichnungen Agent und Prokurator. Während letztere auf ein ähnliches Arbeitsprofil wie das der Prokuratoren am Reichskammergericht verweist, deutet der Titel Agent einen umfassenderen Tätigkeitsbereich an, der auch die diplomatische Vertretung der Prozessparteien umfasste.[148]

Zum offiziellen Aufgabenspektrum gehörte die Prozessabwicklung am Reichshofrat, das heißt die formgerechte Eingabe von Schriftsätzen und umgekehrt deren Entgegennahme und Weitergabe an die Prozessparteien.[149] Trotz zunehmend detaillierter Bestimmungen[150] scheint noch im 18. Jahrhundert eine gewisse Unklarheit geherrscht zu haben. So begründete der Reichshofratstürhüter Dominik Adolph von Weingarten 1728 die von ihm herausgegebene Sammlung von Dekreten zur Stellung der Reichshofratsagenten damit, dass Uffenbachs Traktat unvollständig und viele der Verordnungen nur schwer zugänglich seien.[151]

---

[146] Vgl. StadtAN. E 8, Nr. 4900. Brief des Dr. Wülffer vom 22.3.1733 (Kopie).
[147] Vgl. beispielhaft StadtAN. E 8, Nr. 4899. Brief Pflügers vom 9.10.1734.
[148] Vgl. grundlegend Weitzel: Anwaltschaft (Anm. 121). S. 210.
[149] Vgl. Weitzel: Anwaltschaft (Anm. 121). S. 208–210; Stefan Ehrenpreis: Die Reichshofratsagenten: Mittler zwischen Kaiserhof und Territorien. Winfried Schulze zum 60. Geburtstag. In: Anette Baumann u.a. (Hg.): Reichspersonal. Funktionsträger für Kaiser und Reich. Köln/Weimar/Wien 2003 (Quellen und Forschungen zur höchsten Gerichtsbarkeit im Alten Reich. Bd. 46). S. 167.
[150] Vgl. Ehrenpreis: Reichshofratsagenten (Anm. 149). S. 169.
[151] Vgl. Dominik Adolph von Weingarten: Verzeichnuß Derer bey dem Kaiserl. höchst.-preislichen Reichs-Hof-Rath Von dem Jahr 1613. bis ad Annum 1725 ergangenen/Die Agenten, Procuratoren

Die Reichshofratsagenten genossen eine privilegierte Stellung. In der Reichshofratsordnung von 1654, in der auch die Einstellungsvoraussetzungen verschärft wurden, wurde die Monopolstellung der mehrheitlich katholischen Agenten gesichert und ihre Anzahl auf 24 bis 30 festgelegt.[152] Obwohl die Agenten in einem harten Konkurrenzkampf um Klienten standen, zeigten sie, ging es um die Verteidigung ihrer Interessen gegen unlautere Mitwerber, einen ausgeprägten Zusammenhalt und Corpsgeist: In einem Protestbrief vom 28. Juli 1718 wandten sie sich gegen konkurrierende Juristen, die ihnen Prozessparteien abwarben und dadurch sowohl das Einkommen wie das Renommee der Agenten schmälerten.[153] Das in diesem Schreiben zum Ausdruck kommende Selbstverständnis der Agenten ist gekennzeichnet durch Werte wie Treue, Zuverlässigkeit, Ehre und Professionalität.

Grundsätzlich hatten alle Prozessparteien das Recht, aber längst nicht alle die Pflicht, einen Agenten zu beschäftigen.[154] Theoretisch konnten sich reichsstädtische Bürgerschaften durch einen Deputierten und Obrigkeiten durch einen Anwalt oder Gesandten vertreten lassen,[155] faktisch machten jedoch beide nur selten von dieser Möglichkeit Gebrauch. Der strategischen Bedeutung eines erfahrenen und mit guten Beziehungen ausgestatteten Agenten war man sich in der Regel bewusst. Dies ist besonders am Beispiel Nürnberg nachweisbar. Trotz eigenen Personals in Wien wollten und konnten weder der Nürnberger Magistrat noch die Kaufmannschaft dauerhaft auf einen Agenten verzichten. Zur Ausübung ihrer Tätigkeit benötigten die Agenten eine Vollmacht der Prozesspartei und eine Zulassung des Reichshofrats, die sie nach dem Ablegen eines – dem der Reichskammergerichtsprokuratoren ähnlichen – Amtseids erhielten.[156] Damit unterstanden die Agenten der Aufsicht des Reichshofrats und der Gerichtsbarkeit des Obersthofmarschalls.[157] Die Besonderheiten der Einstellungspraxis und ihres Aufgabenbereichs werden in den folgenden Kapiteln beleuchtet werden.

4.2 Rekrutierung und Karrierewege

4.2.1 Einstellungskriterien des Reichshofrats

Über die Form der Rekrutierung der Reichshofratsagenten ist bislang nur wenig bekannt. Für das 18. Jahrhundert gilt, dass die Bewerber einer Prüfung unterzogen wurden, bei

---

Und Partheyen Betreffenden Decretorum Communium. Wien 1728. Vgl. hier das Vorwort. Siehe außerdem allgemein Kapitel V.1.1.3.

[152] Vgl. Ehrenpreis: Reichshofratsagenten (Anm. 149). S. 170. Darunter waren zumeist sechs oder sieben protestantische Agenten. Vgl. Gschließer: Reichshofrat (Anm. 76). S. 88.
[153] Vgl. HHStA. RHR, RK Verfassungsakten, RHR 51 (RHR-Agenten Paket 3), Faszikel 1: Agenten 1613–1737. Protestbrief der Reichshofratsagenten vom 28.7.1718.
[154] Vgl. Weitzel: Anwaltschaft (Anm. 121). S. 211.
[155] Vgl. Weitzel: Anwaltschaft (Anm. 121). S. 211.
[156] Vgl. Weitzel: Anwaltschaft (Anm. 121). S. 209.
[157] Vgl. Weitzel: Anwaltschaft (Anm. 121). S. 211 sowie Ehrenpreis: Reichshofratsagenten (Anm. 149). S. 170.

Zwischen Reich und Region: Die Reichshofratsagenten

der neben ehrlichem Herkommen und einem guten Leumund insbesondere Kenntnisse der Rechte, Reichskonstitutionen sowie der Reichskanzlei- und Reichshofratsordnungen getestet wurden.[158] Im Folgenden geht es daher um die Details dieses Rekrutierungsprozesses. Dieser wird anhand von 37 Bewerbungsschreiben aus den Jahren 1695 bis 1726 untersucht.[159]

Dabei ist zunächst festzustellen, dass sich die Briefe meist gezielt auf vakante und konfessionsgebundene Stellen bezogen. Das am Hof wie am Reichshofrat vorherrschende katholische Übergewicht mag in manchem Fall, wie bei dem aus Hamburg gebürtigen und in Wien zum Katholizismus übergetretenen Johann Heinrich Middelburg,[160] zu einer Konversion geführt haben. Umgekehrt bemühte sich der wohl aus Franken stammende Christoph Kleibert 1711 ausdrücklich um eine der sechs, zum Zeitpunkt seiner Bewerbung ohnehin nicht vollständig besetzten, protestantischen Stellen.[161] Gleiches gilt für Daniel Hieronimus Braun (Praun) 1710, dessen Hinweis, dass die *Zahl der Agenten Aug. Conf. eher gering*, die der protestantischen Prozessparteien aber ansteigend sei,[162] zudem ein Indiz für eine zunehmende Inanspruchnahme des Wiener Reichsgerichts durch evangelische Parteien ist.

Unabhängig von der Konfession wurden die gleichen qualifikatorischen Anforderungen an alle Bewerber gestellt. Über diese Eignungskriterien und ihre Gewichtung gibt ein tabellarischer Lebenslauf Auskunft, der zur Bewerbung des Tiroler Rechtsgelehrten Philipp Jacob Khistler aus dem Jahr 1696 gehört.[163] Hierbei handelt es sich um ein zweispaltiges Curriculum Vitae, mit den *Interrogatoria Generalia* in der linken und den jeweiligen *Responsiones* in der rechten Spalte. Im Einzelnen enthält der Bogen Angaben über das Elternhaus (*Parentes*), das Studium (*Studium Philosophicum et Juridicum*), den akademischen Grad (*Grades Doctoratus ex utroq. Jure*), die Sprachkenntnisse und Auslandsreisen (*Peregrinatio in externa Regionis et Studium Lingua*) sowie die Berufserfahrung des Kandidaten. Für die allgemeine Gültigkeit dieser Kriterien spricht, dass viele Bewerbungsstrategien implizit auf diesen Anforderungskatalog ausgerichtet sind.[164] Da Khistler, auch wegen des katholischen Glaubensbekenntnisses, für das Gros der Agenten repräsentativ ist, dienen sein Karriereweg und seine Bewerbungsstrategie als Vergleichsbeispiel für die folgende Untersuchung.

Zunächst betonte Khistler in seinem Bewerbungsschreiben die lange Familientradition in der Juristerei, besonders die entsprechende väterliche Erziehung und seine frühe Af-

---

[158] Vgl. Weitzel: Anwaltschaft (Anm. 121). S. 209.
[159] Die hier untersuchten Schreiben waren erfolgreich, das heißt, sie führten zu einer Berufung zum Reichshofratsagenten.
[160] Vgl. Kap. VIII.4.4, Nr. 37.
[161] Vgl. Kap. VIII.4.4, Nr. 21. 1770 waren es sieben protestantische Agenten. Vgl. Weitzel: Anwaltschaft (Anm. 121). S. 209.
[162] Kap. VIII.4.4, Nr. 18.
[163] Vgl. Kap. VIII.4.4, Nr. 3. Dieser eventuell kopierte Bewerbungsbogen ist dem eigentlichen Bewerbungsschreiben beigefügt.
[164] Dass sich nicht alle Bewerber in dieser Ausführlichkeit darauf bezogen, widerspricht der Gültigkeit dieser Anforderungen nicht, sondern liegt daran, dass viele sich zum wiederholten Male bewarben beziehungsweise eine schon zugesagte Stelle einforderten, ohne ihre Qualifikationen erneut darzulegen.

finität zum Rechtswesen.[165] Eine ähnliche Strategie verfolgten auch andere Anwärter,[166] wie Georg Tobias Alberti, der 1695 schrieb, dass er *von Jugend auff zu denen Studiis applicieret worden* sei.[167]

Im zweiten Schritt legte Khistler, der in Innsbruck und Trient studiert hatte, seinen akademischen Werdegang dar. Grundsätzlich waren die fachlichen Anforderungen an die Agenten wie auch an das übrige Personal überaus hoch. Neben einem philosophischen Grundstudium waren ein Jurastudium und insbesondere fundierte Kenntnisse im Privatrecht und Jus Publicum erforderlich. Mit einer Promotion oder einem Doctor iuris utriusque wie Khistler konnten aber beileibe nicht alle Bewerber aufwarten. Wie Khistler studierten zahlreiche Agenten an erbländischen Universitäten: Wien war der Hauptstudienort mit sechs[168], gefolgt von Prag mit vier[169] und Innsbruck mit zwei[170] Nennungen. Insgesamt überwiegen jedoch, soweit die Herkunft ermittelt werden konnte, die Bewerber aus dem Reich und nicht aus den Erblanden. Zu den bevorzugten katholischen Hochschulen im Reich gehörten die Universität Würzburg mit drei[171] und mit jeweils zwei Erwähnungen die Kölner Hochschule[172] und das Jesuitenkolleg in Münster.[173] Immerhin zwei Agenten waren an der Sapienza in Rom eingeschrieben gewesen.[174] Unter der geringeren Anzahl protestantischer Studienorte lässt sich kein Schwerpunkt ausmachen. Erwähnt werden Gießen, wo sich die Brüder Braun immatrikulierten[175], Leipzig[176], und als ausländisches Exempel die Universität Utrecht.[177] Welterfahrung und Sprachkenntnisse sind weitere wichtige, auch bei Khistler akzentuierte Qualifikationen. Von den meisten

---

[165] Vgl. Kap. VIII.4.4, Nr. 3.
[166] So auch Tobias Sebastian Braun (Kap. VIII.4.4, Nr. 8), Daniel Hieronimus Braun (Kap. VIII.4.4, Nr. 18), Johann Friedrich Mecklenburg (Kap. VIII.4.4, Nr. 20), Hugo Xaver von Heunisch (Kap. VIII.4.4, Nr. 33).
[167] Kap. VIII.4.4, Nr. 1.
[168] Hier studierten Friedrich Wilhelm Wirtz (Kap. VIII.4.4, Nr. 9), Ignatz Franz von Lamprecht (Kap. VIII.4.4, Nr. 13), Johann Albrecht Schumm (Kap. VIII.4.4, Nr. 16), Otto von Dietrich (Kap. VIII.4.4, Nr. 25), Johann Adam Strauß (Kap. VIII.4.4, Nr. 27) und Hugo Xaver von Heunisch (Kap. VIII.4.4, Nr. 33).
[169] Friedrich von Klerff (Kap. VIII.4.4, Nr. 7), Friedrich Wilhelm Wirtz (Kap. VIII.4.4, Nr. 9), Johann Georg von Metzburg (Kap. VIII.4.4, Nr. 11), Werner Arnold Gronefendt (Kap. VIII.4.4, Nr. 14).
[170] Neben Khistler studierte hier auch Johann Nassal (Kap. VIII.4.4, Nr. 22).
[171] Johann Albrecht Schumm (Kap. VIII.4.4, Nr. 16), Anton Friedrich Zimmermann (Kap. VIII.4.4, Nr. 23), Johann Joseph Wirsching (Kap. VIII.4.4, Nr. 26).
[172] Werner Arnold Gronefendt (Kap. VIII.4.4, Nr. 14), Anton Friedrich Zimmermann (Kap. VIII.4.4, Nr. 23).
[173] Friedrich von Klerff (Kap. VIII.4.4, Nr. 7), Anton Friedrich Zimmermann (Kap. VIII.4.4, Nr. 23).
[174] Ignatz Franz von Lamprecht (Kap. VIII.4.4, Nr. 13), Johann Albrecht Schumm (Kap. VIII.4.4, Nr. 16).
[175] Tobias Sebastian Braun (Kap. VIII.4.4, Nr. 8), Daniel Hieronimus Braun (Kap. VIII.4.4, Nr. 18). Hier hatte zudem aus Nürnberg stammende Reichshofratsagent Johann Michael Filzhofer promoviert. Vgl. Art. Filzhofer, Johann Michael von. In: Georg Andreas Will (Hg.): Nuernbergisches Gelehrten-Lexicon. Altdorf 1755. Bd. 1. S. 439.
[176] Johann Nicklas Vogel (Kap. VIII.4.4, Nr. 31), Johann Heinrich Middelburg (Kap. VIII.4.4, Nr. 37). Auch der Nürnberger Agent Johann Michael Filzhofer hatte hier studiert. Vgl. Art. Filzhofer, Johann Michael von. In: Will: Nuernbergisches Gelehrten-Lexicon (Anm. 175). S. 439.
[177] Tobias Sebastian Braun (Kap. VIII.4.4, Nr. 8), Hugo Xaver Edler von Heunisch (Kap. VIII.4.4, Nr. 33).

Zwischen Reich und Region: Die Reichshofratsagenten 91

Bewerbern wurden sie im Rahmen des Studiums oder als Begleiter adliger Herrschaften, und hier meist in Frankreich, Italien und den Niederlanden, gesammelt. Khistler hatte seinerseits Benedikt Freiherr von Meiningen bei dessen Kavalierstour durch Italien und Frankreich begleitet. Andere Bewerber betonten beispielsweise ihre Erfahrungen im diplomatischen Dienst.[178]

Wenn sich der aus Schlanders in Tirol gebürtige Khistler zu seiner Herkunft äußerte,[179] so ist dies nicht die Regel. Nur in einigen Fällen lässt sich der genaue Geburtsort der Agenten ermitteln. Wenigstens eine Agentenstelle wurde von einem Bewerber aus Reichsitalien besetzt, im hier untersuchten Zeitraum durch die Joannellis.[180] Aus dem niederdeutschen Raum stammten nachweislich der Aachener Johann Heinrich Souffrain,[181] der in Esens geborene Ostfriese Friedrich Klerff[182] und der Hamburger Johann Heinrich Middelburg.[183] Auskunft über ihre Herkunft geben zudem die fränkischen Bewerber wie Johann Albrecht Schumm[184] oder Johann Joseph Wirsching, der von seinem *Vatterland* Würzburg spricht.[185] Fränkische Wurzeln hatten auch die Nürnberger Brüder Filzhofer[186] sowie die Brüder Braun. So verbrachte der 1710 zugelassene Agent Daniel Hieronimus Braun seine Jugend in Nürnberg, wo sein Großvater Konsulent gewesen war.[187]

Das Beispiel Daniel Hieronimus Brauns, der auch den Nürnberger Magistrat während seiner Prozesse vertrat, zeigt die enge, zum Teil generationenübergreifende Bindung der Agenten zu ihren Klienten und die für sie charakteristische Scharnierfunktion zwischen Reich und Region. Viele Kandidaten konnten in ihrer Bewerbung bereits einen festen Kundenstamm vorweisen, wie Christoph Kleibert mit der fränkischen Reichsritterschaft[188] oder Johann Nicklas Vogel.[189] Das Beispiel des aus der Reichsstadt Augsburg stammenden und 1713 vereidigten Agenten Johann Adam Strauß, der die Interessen seiner Heimatstadt zuvor am Reichstag, bei der Reichskanzlei und beim Reichshofrat vertreten hatte,[190] verweist ebenfalls auf dieses Karrieremodell. Der Wechsel vom reichsständischen Rechtsbeistand zum vereidigten Reichshofratsagenten war also ein gängiger Weg.

---

[178] Auch andere Bewerber betonten ihre Tätigkeiten im diplomatischen Dienst. Dazu gehört Johann Nassal, der den österreichischen Beauftragten von Halden beim Rijswijker Friedenskongress als Sekretär begleitete (vgl. Kap. VIII.4.4, Nr. 22), sowie Wilhelm von Immensen, der beim Heiligen Stuhl tätig war (Kap. VIII.4.4, Nr. 4).
[179] Vgl. Kap. VIII.4.4, Nr. 3.
[180] Johann Jacob Joanelli (Kap. VIII.4.4, Nr. 6) und ab 1710 sein Sohn Zeno Franz Joanelli (Kap. VIII.4.4, Nr. 30). Zeno Franz Joannelli vertrat aber beispielsweise die Gmünder Bürgerschaft. Vgl. HHStA. RHR, Decisa, 2763. Brief der Gmünder Bürgerdeputierten an den Kaiser, Beschwerde gegen Zeno Franz Joanelli vom 9.7.1725 (Kopie).
[181] Vgl. Kap. VIII.4.4, Nr. 29.
[182] Vgl. Kap. VIII.4.4, Nr. 7.
[183] Vgl. Kap. VIII.4.4, Nr. 37.
[184] Vgl. Kap. VIII.4.4, Nr. 16.
[185] Kap. VIII.4.4, Nr. 26.
[186] Vgl. Art. Filzhofer, Johann Michael von; Filzhofer, Friedrich. In: Will: Nuernbergisches Gelehrten-Lexicon (Anm. 175). S. 439–441.
[187] Vgl. Kap. VIII.4.4, Nr. 18.
[188] Vgl. Kap. VIII.4.4, Nr. 21.
[189] Vgl. Kap. VIII.4.4, Nr. 31.
[190] Vgl. Kap. VIII.4.4, Nr. 27.

Dies gilt in ähnlicher Form auch für Johann Christoph Schlegel, der in Sachsen-Weimarer Diensten mit der Reichsgerichtsbarkeit betraut war,[191] für Johann Nicklas Vogel[192] oder den kurpfälzischen Hofrat, Advokaten und Agenten Jacob Schlösser.[193]

Nicht wenige Reichshofratsagenten standen im Laufe ihrer Karriere zeitweilig im Dienste der österreichisch-böhmisch-reichischen Aristokratie, also jener Sozialgruppe, die eine feste Klammer für das Reich und Österreich bildete.[194] Wie kein anderer verkörpert diesen Karriereweg der aus der Herrschaft Sonneberg stammende Johann Nassal, der für die von Lamberg, von Lobkowitz und von Taxis tätig gewesen war.[195] Auch Mitglieder der Familie Kinsky zählen zu vormaligen Arbeitgebern vieler Agenten.[196] Zwei weitere Agenten, Friedrich Klerff[197] und Johann Dietrich Willers[198], waren zuvor bei Obersthofmeister Karl Theodor Otto Fürst zu Salm, einem wichtigen Vertreter einer aktiven Reichspolitik[199], beschäftigt gewesen.

Wie bereits erwähnt, kam als Agent aber nur in Betracht, wer über praktische Erfahrung und Kenntnisse im Reichs- beziehungsweise Reichshofratsrecht verfügte. Diese konnten im Rahmen einer Tätigkeit bei einer der Reichsinstitutionen, dem Reichskammergericht,[200] dem Kaiserlichen Landgericht in Rottweil[201] und natürlich am Reichshofrat selbst erworben werden. Viele Bewerber verwiesen in ihren Schreiben auf ihre langjährige Berufserfahrung, was einen hohen Qualifikationsstand am Reichsgericht belegt. Auch hier ist der Werdegang Khistlers repräsentativ: Khistler hatte zunächst in Tiroler Diensten gestanden und war dann neun Jahre lang beim Reichshofratspräsidenten Wolfgang von Oettingen-Wallerstein (1626–1708) beschäftigt gewesen, wo Khistler nach eigenen Angaben umfassende Erfahrungen bei kaiserlichen Gesandtschaften und Kommissionen gesammelt hatte. Kontakte zu Oettingen-Wallerstein hatten auch Werner Arnold Gronefendt[202] und Franz Anton Glaßer[203], die sich in ihren Bewerbungsschreiben auf eine Stellenzusage des Präsidenten beriefen.

Zu den vielversprechendsten Karrierestufen zählte auch die Arbeit bei einem Reichshofratsagenten.[204] In vielen Fällen gingen Söhne bei ihren Vätern in die Lehre. Eine über mindestens zwei Generationen nachweisbare Tätigkeit als Reichshofratsagent lässt sich

---

[191] Vgl. Kap. VIII.4.4, Nr. 15.
[192] Vgl. Kap. VIII.4.4, Nr. 31.
[193] Vgl. Kap. VIII.4.4, Nr. 28.
[194] Vgl. dazu Harm Klueting: Das Reich und Österreich 1648–1740. Münster 1999 (Historia profana et ecclesiastica. Bd. 1). S. 92.
[195] Vgl. Kap. VIII.4.4, Nr. 22.
[196] Conrad Hermann Osterholz (Kap. VIII.4.4, Nr. 5) und Johann Joseph Wirsching (Kap. VIII.4.4, Nr. 26).
[197] Vgl. Kap. VIII.4.4, Nr. 7.
[198] Vgl. Kap. VIII.4.4, Nr. 12.
[199] Vgl. zu Salm erneut Klueting: Reich und Österreich (Anm. 194). S. 105.
[200] Hier war Conrad Hermann Osterholz tätig (Kap. VIII.4.4, Nr. 5).
[201] Tobias Sebastian Braun (Kap. VIII.4.4, Nr. 8).
[202] Vgl. Kap. VIII.4.4, Nr. 14.
[203] Vgl. Kap. VIII.4.4, Nr. 17.
[204] Friedrich Wilhelm Wirtz arbeitete für verschiedene nicht näher genannte Agenten (Kap. VIII.4.4, Nr. 9), Ignatz Franz von Lamprecht arbeitete für Reichshofratsagent Unrath (Kap. VIII.4.4, Nr. 13), Jacob Schlösser für Franz Adam Glaßer (Kap. VIII.4.4, Nr. 28), Johann Heinrich Souf-

in zahlreichen Fällen aufzeigen. Nachdem sich schon 1696 Tobias Sebastian Braun auf die Agententätigkeit seines Vaters bezogen hatte,[205] wurde mit dem zweiten Sohn Daniel Hieronimus am 27. Mai 1710 ein weiterer Spross dieser fast schon als ‚Agentendynastie' zu bezeichnenden Familie vereidigt.[206] Vater-Sohn-Verhältnisse lagen ferner bei folgenden, zum Teil schon erwähnten Agenten vor: bei Johann Adam von Dietrich und Otto von Dietrich 1711,[207] Johann Jacob Joannelli und Zeno Franz Joannelli 1715,[208] Adam Ignatius Heunisch und Hugo Xaver von Heunisch 1719[209] sowie bei Friedrich Klerff und Achatius Klerff 1729.[210] Einmal mehr ist das Beispiel Khistler hier repräsentativ: Im Jahr 1724 wurde Philipp Jacob Khistlers Sohn Franz Joseph Khistler als Reichshofratsagent vereidigt.[211]

Argumentativ setzten die Bewerber nicht nur auf die erworbenen fachlichen Qualifikationen, sondern auch auf die Verdienste ihrer Verwandten.[212] Eine solche Strategie verfolgte etwa Johann Friedrich Mecklenburg, der 1711 zum einen die 30-jährige Tätigkeit seines Onkels in der Reichskanzlei hervorhob, zum anderen seine kürzlich in kaiserlichen Militärdiensten gefallenen Brüder anführte.[213] Diese wiederholten Verweise auf die Verdienste der Familie und damit die Betonung von Verlässlichkeit, Ergebenheit und Treue sind vor dem Hintergrund des diffizilen Arbeitsprofils der Agenten und der dafür typischen Loyalitätskonflikte zu sehen. Sie sind Ausdruck eines traditionellen patrimonialen Herrschaftsverständnisses, bei dem das Pietäts- und Treueverhältnis zwischen Diener und Herr von zentraler Bedeutung war.[214] Auch wenn für die Einstellungspraxis Familien- und Patronagebeziehungen eine wesentliche Rolle spielten, so wurden die fachlichen Anforderungen dadurch nicht gesenkt.[215] Der hohe Professionalisierungsgrad am Reichshofrat belegt, dass das auf persönlichen Beziehungen beruhende Rekrutierungssystem am Kaiserhof durchaus zur Rekrutierung erfahrener und kompetenter Kandidaten führte.

---

frain für Johann Adam Dietrich (Kap. VIII.4.4, Nr. 29) und Johann Nicklas Vogel für Agent Koch (Kap. VIII.4.4, Nr. 31).
205 Vgl. Kap. VIII.4.4, Nr. 8.
206 Vgl. Kap. VIII.4.4, Nr. 18.
207 Vgl. Kap. VIII.4.4, Nr. 25.
208 Vgl. Kap. VIII.4.4, Nr. 30.
209 Vgl. Kap. VIII.4.4, Nr. 33.
210 Vgl. hierzu den Brief von Achatius von Klerff über den Tod seines Vaters an den Augsburger Magistrat vom 26.4.1729 (StadtAA. Rst. Augsburg, Reichshofratsakten 5).
211 Vgl. Kap. VIII.4.4, Nr. 36.
212 Eine solche Strategie verfolgten Wilhelm von Immensen (vgl. Kap. VIII.4.4, Nr. 4) und Friedrich Wilhelm Wirtz, der sich 1697 auf seinen Vater, den langjährigen kaiserlichen Chirurgen Wilhelm Wirtz, bezog (Kap. VIII.4.4, Nr. 9).
213 Vgl. Kap. VIII.4.4, Nr. 20.
214 Vgl. Heiko Droste: Patronage in der Frühen Neuzeit. Institution und Kulturform. In: Zeitschrift für Historische Forschung. 30. 2003, hier S. 577.
215 Vgl. beispielhaft zur Patronageforschung: Droste: Patronage (Anm. 214). S. 572 mit weiterführender Literatur. Kritisch zu Droste äußern sich Birgit Emich/Nicole Reinhardt/Christian Wieland/Hillard von Thiessen: Stand und Perspektiven der Patronageforschung. Zugleich eine Antwort auf Heiko Droste. In: Zeitschrift für historische Forschung. 32. 2005, hier S. 233–265.

4.2.2 Einstellungskriterien der Prozessparteien

Auch das Rekrutierungsverfahren durch die Prozessparteien ist bislang kaum erforscht. Was klagende Bürger und Untertanen betrifft, so ist nach bisherigem Forschungsstand davon auszugehen, dass diese gute, zum Teil sogar äußerst präzise Kenntnisse davon hatten, wie ein Agent rekrutiert werden konnte.[216] Dies deckt sich beispielsweise mit den Beobachtungen des Reichshofratsagenten von Koch, der die Suche von klagenden Weißenburger Bürgern nach einem Prokurator in Wien aufmerksam beobachtete.[217] Davon abgesehen liegen in den untersuchten Fällen kaum Angaben zum Vorgehen reichsstädtischer Bürger bei der Rekrutierung eines Agenten vor. Im Gegensatz dazu lässt sich die Einstellungspraxis des Augsburger und des Weißenburger Magistrats zum Teil bis ins Detail nachvollziehen.

Die politische Bedeutung zahlreicher Verfahren und das Problem fehlender Datensicherheit waren der Hauptgrund dafür, dass die Magistrate auf eine langfristige oder lebenslange Zusammenarbeit mit – je nach Prozessaufkommen und Finanzkraft – einem oder mehreren Agenten setzten. Durch Erkenntlichkeiten und eine intensive Kommunikation sollte eine gute und vor allem vertrauensvolle Zusammenarbeit erreicht werden.[218] Nach dem Tod des Agenten übernahmen einige Magistrate überdies Verantwortung für die Familie des Verstorbenen, wie die Weißenburger Obrigkeit, welche der Frau des verstorbenen Agenten Moritz Facius von März bis zum Jahresende 1722 sogar das volle Salär auszahlte,[219] oder der Augsburger Magistrat, der 1729 nach dem Tod Friedrich Klerffs dessen Sohn Achatius zusicherte, ihn als Co-Agenten mit einigen Aufträgen zu versorgen.[220] Dass sich die Augsburger aber für Johann Nicklas Vogel als Hauptnachfolger und nicht für Klerff junior entschieden, lässt darauf schließen, dass Praxiserfahrungen und fachliche Qualifikationen für den Magistrat wichtiger waren als familiäre Beziehungen. In jedem Fall zeigt sich hier einmal mehr der harte Konkurrenzkampf zwischen den Agenten um Klienten – das erste Bewerbungsschreiben war noch vor dem Tod des schwerkranken Klerff in Augsburg eingetroffen.[221] Generell war eine frühzeitige Nachfolgeregelung, wie

---

[216] Vgl. Troßbach: Soziale Bewegung (Anm. 65). S. 258–269; Ehrenpreis: Reichshofratsagenten (Anm. 149). S. 172.

[217] Vgl. auch StadtAW. A 9989. Originalbrief Kochs vom 5.12.1708 sowie Briefkopie vom 23.9.1708.

[218] Vgl. StAW, A 9989. Brief Kochs vom 4.1.1708; Briefkonzepte des Magistrats an Koch vom 20.2.1708 und 2.5.1708; StadtAA. Rst. Augsburg, Reichshofratsakten 5, C (Gratulationsschreiben).

[219] Vgl. StadtAW. A 9052. Brief der Hellena Facius vom 25.2.1722 sowie das Antwortschreiben vom 13.3.1722 (Konzept). Vgl. Otto Rieder: Geschichte der ehemaligen Reichsstadt und Reichspflege Weißenburg am Nordgau (1). Neuauflage bearbeitet von Rainer Kammerl. Weißenburg 2002 (Weißenburger Heimatbücher. Quellen und Forschungen zur Geschichte von Stadt und Weißenburger Land. Bd. 10). S. 423.

[220] Achatius Klerff bat erfolgreich um eine Co-Agentenstelle und wurde dabei von Reichshofrat Berger unterstützt. Der Nachfolger seines Vaters Friedrich Klerff wurde aber Johann Nicklas Vogel. Vgl. StadtAA. Rst. Augsburg, Reichshofratsakten 5. Brief Klerffs jun. vom 11.6.1729; Brief von Reichshofrat von Berger vom 11.6.1729 (Kopie); Brief der Augsburger Stadtpfleger und Geheimen Räte an Klerff jun. vom 23.6.1729 (Konzept).

[221] Vgl. StadtAA. Rst. Augsburg, Reichshofratsakten 5. Bewerbungsschreiben des Agenten Praunsmantel vom 1.1.1729.

auch der Mainzer Gesandte in Wien seinem Landesherrn in einem Brief nahelegte,[222] von großer Wichtigkeit, um einen schnellen Prozessfortgang beim Ableben eines Agenten zu gewährleisten. Darüber hinaus scheinen Initiativbewerbungen durchaus verbreitet gewesen zu sein.[223] In Augsburg ist zudem der Versuch einer heimlichen Klientenabwerbung nachweisbar: Im Jahr 1739 bekam der besagte Agent Johann Nicklas Vogel Konkurrenz durch Aloisus von Gay, der Vogel in seinem Bewerbungsschreiben ob dessen schlechter Leistungsbilanz diffamierte.[224] Dieses Vorgehen ist für das Arbeitsprofil der Prokuratoren äußerst aufschlussreich, denn die Tatsache, dass Gay seinem Konkurrenten die Mit- oder gar Hauptschuld für den ungünstigen Verfahrensverlauf gab, zeugt davon, dass den Agenten eine wichtige, wenn nicht gar prozessentscheidende Bedeutung beigemessen wurde.

Fehlende Erfolge waren wohl auch für den Weißenburger Magistrat der Grund, sich 1718 von seinem Agenten Kleibert zu trennen und die Aufgaben auf Moritz Facius zu übertragen.[225] Nach dem Tode Facius' nur vier Jahre später, am 24. Januar 1722, trafen erneut Bewerbungsschreiben in der fränkischen Reichsstadt ein. Mindestens sieben Bewerber bemühten sich um die Weißenburger Stelle,[226] obwohl sie mit 36 Gulden pro Jahr[227] sicher nicht zu den lukrativsten gehört haben dürfte. Bezeichnend ist dabei die Bewerbungsstrategie der Agenten. Dass viele auf ihre guten Kontakte zu Reichshofräten verwiesen, ist ein weiteres Indiz dafür, dass von den Agenten wichtige Informationsdienstleistungen und eine Einflussnahme auf den Prozessverlauf erwartet wurden. Johann Nicklas Vogel etwa schrieb am 28. Januar 1722, er wolle dem Weißenburger Magistrat die Aufzeichnung seiner Meriten ersparen, weswegen er lediglich darauf verweise, dass er die *hohe Gnade* des Reichshofratspräsidenten, des Reichsvizekanzlers und vieler Reichshofräte habe.[228] Hugo Xaver von Heunisch rühmte sich in seinem Bewerbungsschreiben seiner Schwagerschaft zu Reichshofrat Hildebrandt und verwies besonders auf seine reichsstädtischen (Biberach, Buchau) beziehungsweise schwäbischen Klienten.[229] Heunischs Verdienste und Kontakte brachten ihn immerhin in den engeren Favoritenkreis, hier aber nur auf den zweiten Platz.[230] Berufen wurde schließlich der erfahrene und angesehene protestantische Agent Johann Christoph Schlegel, von dem der Weißenburger Magistrat

---

[222] Vgl. HHStA. MEA, RHR 8b. Brief des Philipp Ferdinand von Gudenus vom 2.9.1730, der darin berichtete, dass Reichshofratsagent Khistler mit 73 Jahren im Sterben liege und man rechtzeitig einen Nachfolger suchen solle.
[223] Vgl. für Dinkelsbühl: StadtAD. A 3 1745, Korrespondenz mit Agent Heymerle.
[224] Vgl. StadtAA. Rst. Augsburg, Reichshofratsakten 5. Brief Gays vom 7.6.1739, vgl. auch den Dankesbrief Gays vom 25.9.1742.
[225] Vgl. Rieder: Weißenburg (Anm. 219). S. 422f.
[226] Dazu gehören die Agenten Braun, Schlegel, Kleibert, Heunisch, Vogel, Dietrich und Selcke. Vgl. die entsprechende Korrespondenz in StadtAW. A 9052 sowie erneut Rieder: Weißenburg (Anm. 219). S. 422f.
[227] Vgl. StadtAW. A 9052. Brief an Reichshofratsagent Schlegel vom 24.3.1722 (Entwurf).
[228] StadtAW. A 9052. Brief Johann Nicklas Vogels vom 28.1.1722 (Kopie).
[229] Vgl. StadtAW. A 9052. Brief Hugo Xaxer von Heunischs vom 28.1.1722.
[230] Dafür, dass Heunisch auf Platz zwei der Kandidatenliste war, spricht meines Erachtens die Tatsache, dass er nach dem Tod Schlegels im Jahr 1728 zum Weißenburger Reichshofratsagenten wurde. Vgl. Rieder: Weißenburg (Anm. 219). S. 424.

zuvor viel *Rühmliches* gehört hatte[231] und den auch die Witwe des verstorbenen Agenten Facius empfohlen hatte.[232] Hier waren neben der Erfahrung das Ansehen und persönliche Fürsprache ausschlaggebend. Ein solches Renommee musste sich ein anderer Kandidat, der aus Nürnberg stammende Daniel Hieronimus Braun, noch erarbeiten. In seiner Bewerbung um die Weißenburger Stelle verwies Braun besonders auf seine Tätigkeiten für die Magistrate der Reichsstädte Frankfurt und Speyer.[233]

Brauns Karriereweg verdient nichtdestotrotz besondere Beachtung, da er im Laufe der 1720er Jahre zu einem der bevorzugten Agenten protestantischer Magistrate wurde. Neben Frankfurt, Speyer und seiner Heimatstadt Nürnberg arbeitete er für Isny[234], Leutkirch[235], Mühlhausen[236], Worms[237] und die evangelischen Ratsteile von Kaufbeuren[238] und Dinkelsbühl.[239] Damit ist er ein Beispiel für eine Spezialisierung der Agenten auf bestimmte Prozesstypen. Demgegenüber finden wir mit Dr. Johann Michael Filzhofer einen Prokurator, der auf die Belange klagender Bürgerschaften spezialisiert war. Wie Braun hatte Filzhofer enge Beziehungen zu seiner Heimatstadt Nürnberg,[240] allerdings zur dortigen Opposition. In ihrer Auseinandersetzung mit der Nürnberger Obrigkeit arbeitete Filzhofer für die Nürnberger Notare, Prokuratoren und Schreiberei-Verwandten (1727),[241] die aufbegehrenden Nürnberger Metzger[242] und für den Handelsvorstand.[243] Jenseits der Nürnberger Grenzen agierte Filzhofer für die gesamte Dinkelsbühler[244] sowie Biberacher[245] Bürgerschaft in ihren Prozessen gegen den jeweiligen Magistrat. Für die Kläger ergaben sich durch den engen Kontakt zum Reichshofratsagenten und dessen Spezialisierung auf bestimmte Falltypen zwei wesentliche Vorteile: Erstens erhöhten sich die Gewinnchancen und zweitens konnten die Prozessparteien davon ausgehen, dass sich ihre Prokuratoren zumindest partiell mit den Zielen der Kläger identifizierten. Dass Pro-

---

[231] StadtAW. A 9052. Entwurf eines Briefs an Schlegel vom 24.3.1722.
[232] Vgl. StadtAW. A 9052. Brief der Hellena Facius vom 25.2.1722.
[233] Vgl. StadtAW. A 9052. Brief Brauns vom 28.1.1722 (Kopie).
[234] Vgl. Johann Jacob Moser: Merckwürdige Reichs-Hof-Raths-Conclusa [...]. Frankfurt 1726. Bd. 1. S. 355.
[235] Vgl. Moser: Reichs-Hof-Raths-Conclusa 1 (Anm. 234). S. 232f.
[236] Vgl. Moser: Reichs-Hof-Raths-Conclusa 1 (Anm. 234). S. 783f.
[237] Vgl. Johann Jacob Moser: Merckwürdige Reichs-Hof-Raths-Conclusa [...]. Frankfurt 1728. Bd. 5. S. 744–745.
[238] Vgl. Moser: Reichs-Hof-Raths-Conclusa 1 (Anm. 234). S. 238.
[239] Vgl. StAN. Rst. Nbg., Rep. 44e, Losungamt Akten, S I L 147, Nr. 9. Extrakt eines Briefs des Reichshofratsagenten Braun vom 29.6.1726 an die Herren Älteren.
[240] Filzhofer wurde am 22.5.1671 in Nürnberg geboren und starb 1748 in Ansbach. Vgl. Art. Filzhofer, Johann Michael von. In: Will: Nuernbergisches Gelehrten-Lexicon (Anm. 175). S. 439f.
[241] Vgl. Johann Jacob Moser: Merckwürdige Reichs-Hof-Raths-Conclusa [...]. Frankfurt 1728. Bd. 4. S. 489f.
[242] Vgl. StadtAN. B 11, 61. Brief eines Metzgers an Dr. Sörgel in Wien vom 6.10.1727; Vgl. hierzu auch Johann Jacob Moser: Merckwürdige Reichs-Hof-Raths-Conclusa [...]. Frankfurt 1731. Bd. 7. S. 63f.).
[243] Vgl. StadtAN. E 4900.
[244] Vgl. StadtAD. E 5, 1726–1752, Band 1 (3). Conclusum vom 26.10.1734, Dinkelsbühl contra Dinkelsbühl.
[245] Vgl. Urs Hafner: Republik im Konflikt. Schwäbische Reichsstädte und bürgerliche Politik in der frühen Neuzeit. Tübingen 2001 (Oberschwaben – Geschichte und Kultur. Bd. 8). S. 121.

zessparteien die Agenten auch im Hinblick auf ihre weltanschaulichen Überzeugungen beurteilten, ist keine Spekulation, sondern am Beispiel der Nürnberger Kaufmannschaft nachweisbar. So kritisierte der erwähnte Deputierte Pflüger 1731 einen Reichshofratsagenten mit dem Argument, wer *dem Weißenburgischen Magistrat bedient ist, muß schon widrige Prinzipia führen*.[246]

Zusammenfassend lässt sich sagen, dass bei der Rekrutierung von Reichshofratsagenten durch die Prozessparteien neben der Konfession vor allem das Beziehungsnetz, eine gute Leistungsbilanz und Reputation sowie vertrauenswürdige Referenzen entscheidend waren.

4.3 Funktionen und Aufgabenbereich

4.3.1 Informationsbeschaffung

Inwieweit deckt sich dieses Anforderungsprofil nun mit dem Aufgabenbereich der Agenten? Auskunft darüber liefern die in diesem Kapitel untersuchten Korrespondenzen der Reichshofratsagenten Daniel Hieronimus Braun (Nürnberg, Dinkelsbühl), Klerff sen. und Vogel (beide Augsburg) sowie Koch und Schlegel (beide Weißenburg).

Besonders aufschlussreich sind die Jahresrechnungen der Agenten, um deren Höhe immer wieder Streitigkeiten entbrannten.[247] Dabei konnten sowohl Art und Umfang der Tätigkeiten wie auch die Höhe des Salärs stark variieren. Auf der einen Seite finden wir mit der Rechnung des Weißenburger Agenten Koch aus dem Jahr 1700 über 83 Gulden, die vor allem für das Einreichen, Kopieren und Mundieren von Schriftsätzen erhoben wurden, eher geringe Kosten.[248] Vergleichbar damit ist die Rechnung des Dinkelsbühler Agenten Gay aus dem Jahr 1733.[249] Dem gegenüber zeugt die ungleich höhere und umfangreichere Jahresrechnung des Augsburger Agenten Johann Nicklas Vogel aus dem Jahr 1732 über rund 750 Gulden von einem deutlich breiteren Aufgabenspektrum.[250] Es beinhaltete das Sammeln, Selektieren und Übermitteln von Informationen zu anderen reichsstädtischen Reichshofratsprozessen. So stellte Vogel das Kopieren von Akten anderer Fälle in Rechnung, darunter zehn Gulden und 30 Kreuzer für eine 42-Bogen-starke Deduktion zum Nürnberger Verfahren oder einen Gulden und 18 Kreuzer für einen Auszug aus den Dinkelsbühler Prozessakten.[251] Der Vergleich mit anderen Agenten zeigt, dass diese Dienstleistung zum Kerngeschäft der Agenten gehörte. Friedrich Klerff, Vogels Vorgänger in Augsburger Diensten, schrieb schon 1716, er werde *mit denen verlangten*

---

[246] StadtAN. E 8, 4902. Brief Pflügers vom 10.11.1731.
[247] Vgl. HHStA. RHR, Decisa, 2763. Brief der Gmünder Bürgerdeputierten an den Kaiser (Beschwerde gegen Zeno Franz Joanelli) vom 9.7.1725 (Kopie).
[248] Vgl. StadtAW. A 8410, Korrespondenz mit Reichshofratsagent Koch. Jahresrechnung über den Zeitraum vom 20.6.1699 bis 20.6.1700.
[249] Vgl. StadtAD. F 21, 1733. Rechnung des Agenten Gay.
[250] Vgl. StadtAA. Rst. Augsburg, Reichshofratsakten 5. Designatio expensarium et Salarii, 1.11.1731–1.11.1732, angefertigt von Reichshofrats-Agent Vogel.
[251] Vgl. StadtAA. Rst. Augsburg, Reichshofratsakten 5. Designatio expensarium et Salarii, 1.11.1731–1.11.1732, angefertigt von Reichshofrats-Agent Vogel.

Extractibus protocolli dergleichen Reichsstätt. differenten betref. jederzeit auffwarten.[252] Ein ähnliches Vorgehen können wir für Reichshofratsagent Braun nachweisen, der den Nürnberger Magistrat zeitnah mit einer Abschrift und einem Kommentar zum scharfen Conclusum gegen die Reichsstadt Dinkelsbühl 1726 versorgte.[253] Ähnliches gilt für den Weißenburger Prokurator Schlegel.[254]

Vogel übermittelte zudem aktuelle reichs- und weltpolitische Neuigkeiten. Immerhin 40 Gulden forderte er 1732 *vor die geschriebene Zeitung*.[255] Spätere Abschriften von Nachrichten aus den Jahren 1739 und 1740 über internationale Ereignisse aus Italien, Russland, Ungarn oder dem Osmanischen Reich belegen,[256] dass mit diesem Posten das Kopieren und Versenden von gedruckten Zeitungen gemeint war.[257] Für Stadtpfleger und Rat, das zeigt eine spätere Klage über die nachlassende Qualität der von Vogel übermittelten Nachrichten, war dieses regelmäßige posttägliche Zeitungsschreiben ein wesentlicher Bestandteil der Agentenpflichten. In einem Brief aus dem Jahr 1737 hieß es entsprechend:

> [W]*eilen auch die bisher von H. Agent v. Vogel posttägl. eingeschickte Wiener Zeitung überaus schlecht und unglaubwirdig befunden word*[en]*, so were uns lieb, wan vor des H. abreiß eine andere bestellung einer sollchen Wiener zeitung*[258]

gemacht werden könne. Auch in Augsburg kam es in Bezug auf die Jahresrechnung zu Streitigkeiten zwischen Agent und Auftraggeber.[259] Umstritten war insbesondere die Frage, ob das Kopieren von Prozessakten durch die Agenten zu privaten Zwecken fakturierbar war.[260] Nach Recherchen in Wien und der Lektüre von Reichshofratsliteratur (Uffenbachs Traktat)[261] kam die Magistratsseite zu dem Ergebnis, dass es nicht unüblich

---

[252] StadtAA. Rst. Augsburg, Reichshofratsakten 5. Brief Klerffs vom 16.8.1716 (Kopie).

[253] Vgl. StAN. Rst. Nbg., Rep. 44e, Losungamt Akten, S I L 147, Nr. 9. Extrakt eines Briefs von D. H. Braun vom 29.6.1726 an die Herren Älteren nebst einer Kopie des Dinkelsbühler Reichshofrats-Conclusums vom 15.6.1726.

[254] Vgl. StadtAW. A 646. Dinkelsbühler Reichshofrats-Conclusums vom 15.6.1726. Der Kopist scheint mehrere Adressaten mit dem Conclusum versorgt zu haben, wie die Notiz *d. 3. May 1727. Copiam an Mag*[istrat] *zu* [...] *Weissenburg* nahelegt. Es ist daher zu vermuten, dass die Kopie von Reichshofratsagent Schlegel beziehungsweise einem seiner Bedieneten angefertigt wurde.

[255] StadtAA. Rst. Augsburg, Reichshofratsakten 5. Designatio expensarium et Salarii, 1.11.1731–1.11.1732, angefertigt von Reichshofratsagent Vogel.

[256] Vgl. StadtAA. Rst. Augsburg, Reichshofratsakten 5. Wiener Zeitungen vom 11.2.1739 sowie 1.4.1739, 4.4.1739 und 2.1.1740.

[257] Dies legt der Stil und besonders die für Zeitungen klassischen Formulierungen nahe (zum Beispiel *Die orientalischen Nachrichten versichern*). Vgl. zum Zeitungsstil erneut Haß-Zumkehr: Formulierungstraditionen (Anm. 129). S. 97–101 et passim.
Davon, dass viele Reichshofratsagenten Zeitungen versandten, zeugen auch die entsprechenden Verordnungen bei Weingarten: Verzeichnuß (Anm. 151). S. 72.

[258] StadtAA. Rst. Augsburg, Reichshofratsakten 5. Schreiben der Stadtpfleger und des Geheimen Rat vom 21.11.1737.

[259] Vgl. StadtAA. Rst. Augsburg, Reichshofratsakten 5. Gegenrechnung des Magistrats vom 11.11.1732 (Konzept).

[260] Vgl. StadtAA. Rst. Augsburg, Reichshofratsakten 5. Schreiben der Stadtpfleger und des Geheimen Rat vom 21.11.1737.

[261] Vgl. Kap. V.1.1.3.

sei, wenn Reichshofratsagenten ein kleines Privatarchiv führten, um eventuelle Aktenverluste auszugleichen und so einen schnelleren Prozessfortgang zu ermöglichen.[262]

Wichtigster Bereich der Agenten war aber die Informationsbeschaffung für die Auftraggeber. Hier wird das strukturelle Dilemma der Prokuratoren besonders deutlich, da die Arkanpolitik des Reichshofrats auf der einen und der dringende Informationsbedarf der Prozesspartei auf der anderen Seite kaum vereinbar waren. Aufgrund ihrer Spionageaktivitäten hatten die Reichshofratsagenten keinen allzu guten Ruf.[263] Stellvertretend dafür steht der Brief der Reichskanzleiangestellten vom 11. Oktober 1732 an den Mainzer Kurfürsten, in dem sich die Verfasser wegen Geheimnisverrats zu rechtfertigen versuchten.[264] Unter anderem behaupteten sie, dass manche Reichshofratsdokumente gegen Geld verkauft würden, bevor sie in der Kanzlei angekommen seien. So hätten verschiedene Reichshofratsagenten verlauten lassen, *daß ihnen keine Kunst seye, von derley Gutachten* [insbesondere die in der Geheimen Konferenz verhandelten Reichshofratsgutachten, Anm. d. V.]*, wo nicht allezeit abschrifft jedoch den Inhalt durch ihre Mittel und Weege zu erhalten.*[265] Auch der Nürnberger Sekretär Senft riet 1726 davon ab, bestimmte vertrauliche Informationen an die Reichshofratsagenten weiterzugeben.[266] Was der schlechte Ruf der Agenten aber verdeutlicht, ist ihre Schlüsselfunktion bei der Erlangung und Verbreitung von prozessrelevanten Informationen.[267]

Solche Informationsdienste waren auch bei einer Lokalkommission von Bedeutung, da die letzte Entscheidung weiterhin beim Reichshofrat beziehungsweise Kaiser blieb. Beispiel hierfür ist die Korrespondenz zwischen Reichshofratsagent Daniel Hieronimus Braun und dem evangelischen Ratsteil Dinkelsbühls im Frühjahr und Sommer 1726, also in einer Zeit, in der das von der Lokalkommission erarbeitete Urteil am Reichshofrat verhandelt wurde. In dieser Schlüsselphase war Braun die einzige Informationsquelle für die Ratsmitglieder Augsburger Konfession. Braun berichtete diesen aus Wien von mehrtägigen harten Verhandlungen im Reichshofrat bei der Verabschiedung des Urteils,[268] das er außerdem am 29. Juni übersandte.[269] Und der evangelische Ratsteil bedankte sich daraufhin ausdrücklich bei Braun, weil man, wie es hieß, sonst vollständig vom Nachrichtenfluss abgeschnitten gewesen wäre.[270] Ein schneller Informationsaustausch zwischen Wien und den Reichsstädten war für alle Prozessparteien wichtig, besonders aber für die kleinen, und hier wiederum dann, wenn kein anderer Vertreter vor Ort war. In entscheidenden Situationen lieferten die Agenten Informationen von hohem Nachrichtenwert, in ruhigeren Phasen diente die Korrespondenz primär der Aufrechterhaltung der Kommu-

---

262 Vgl. StadtAA. Rst. Augsburg, Reichshofratsakten 5. Brief aus Wien vom 9.12.1737.
263 Vgl. Ehrenpreis: Reichshofratsagenten (Anm. 149). S. 169, 174.
264 Vgl. HHStA. MEA, Reichskanzlei und Taxamt 48. Konvolut 1, Nr. 26.
265 HHStA. MEA, Reichskanzlei und Taxamt 48. Konvolut 1, Nr. 26.
266 Vgl. StAN. Rst. Nbg., Rep. 26/5, Nr. 10. Brief Senfts vom 22.1.1726.
267 Andererseits zeigen die vergeblichen Bemühungen D. H. Brauns im Falle Dinkelsbühl, an Reichshofratsinterna zu gelangen, dass es keinesfalls problemlos möglich war, über die Reichskanzlei an Geheimnisse zu kommen. Vgl. StadtAD. E 4. 1726. Brief Brauns vom 3.8.1726 (Kopie).
268 Vgl. StadtAD. E 4, 1726. Brief Brauns vom 22.6.1726 (Kopie).
269 Vgl. StadtAD. E 4, 1726. Brief Brauns vom 29.6.1726 (Kopie).
270 Vgl. StadtAD. E 4, 1726. Briefkonzept, Juli 1726 (Kopie).

nikation zwischen Reich und Region. Selbst im Fall kleinerer Reichsstädte begegnet uns eine mitunter erstaunliche Dichte an Nachrichten. So versandte der Prokurator Koch im Jahr 1700 beinahe wöchentlich Briefe an seine Auftraggeber vom Weißenburger Magistrat.[271] Der auf den Agenten lastende Erfolgsdruck führte jedoch dazu, dass diese wie alle anderen Vertreter dazu tendierten, den Prozessverlauf im Zweifelsfall zu beschönigen und überwiegend positive Nachrichten zu versenden.

Zusammenfassend lässt sich konstatieren, dass die Reichshofratsagenten für reichsstädtische Magistrate letztlich das waren, was die kaiserlichen Residenten für den Reichshofrat und Karl VI. waren: ein bedeutendes Informations- und Frühwarnsystem. Sobald etwa bürgerschaftliche Kläger in Wien eintrafen, standen sie unter der Beobachtung der Agenten. Im Frühjahr 1725 sollte der Weißenburger Reichshofratsagent Schlegel etwa *ein wachsames auge* auf den vom Magistrat gefürchteten notorischen Litiganten Wechsler werfen, der kurz zuvor mit brisantem Gepäck und der Drohung, dass eine Kommission nicht mehr zu verhindern sei, nach Wien aufgebrochen war.[272] Und auf längere Unterbrechungen in der Kommunikation mit den Agenten reagierte der Weißenburger Magistrat überaus nervös. Nachdem Schlegel keine Informationen über die 1727 geplante Erhöhung der Reichsstadtsteuern geliefert hatte, fürchtete man gravierende Konsequenzen. Der Weißenburger Magistrat wandte sich – nahe liegender Weise – an einen anderen Reichshofratsagenten, der versprach, die Reichsstadt fortlaufend über die Ereignisse zu informieren.[273]

4.3.2 Interessenvertretung

Die Unzuverlässigkeit Schlegels war für den Weißenburger Magistrat nicht nur deswegen problematisch, weil durch ihn eine wichtige Informationsquelle versiegte, sondern auch, weil der Agent zuvor zudem diplomatische Tätigkeiten für seine Auftraggeber ausgeführt hatte.[274] Dass eine solche Doppelfunktion kein Einzelfall war, belegt die Arbeit von Daniel Hieronimus Braun, der ebenfalls andere Reichsstädte gegenüber Reichsvizekanzler Schönborn diplomatisch vertreten hatte.[275] Besonders kleinere Reichsstädte und solche ohne permanente Vertretung in Wien delegierten also gesandtschaftliche Tätigkeiten an ihre Reichshofratsagenten.

So im Falle des erwähnten Augsburger Agenten Friedrich von Klerff. 1716 übergab er stellvertretend für den Augsburger Magistrat ein Glückwunschschreiben anlässlich der Geburt des (wenig später verstorbenen) Erzherzogs Leopold Johann.[276] 1722 beriet Klerff den Augsburger Rat zunächst darin, welchen Beitrag die Reichsstadt zum Ausbau

---

[271] Vgl. StadtAW. A 8410. Korrespondenz mit Reichshofratsagent Koch.
[272] StadtAW. A 10174. Brief an Reichshofratsagent von Schlegel vom 19.3.1725. Warum dieser Brief nicht versandt wurde beziehungsweise, ob er in einer anderen Fassung verschickt wurde, bleibt unklar.
[273] Vgl. StadtAW. A 2472, Nr. 6. Akten die Stadtsteuern betreffend. Brief an Reichshofratsagent Schlegel vom 10.11.1727; Brief des Reichshofratsagenten F. C. Renz vom 19.11.1727.
[274] Vgl. StadtAW. A 2472, Nr. 6. Brief Schlegels vom 19.7.1727.
[275] Vgl. StadtAW. A 2472, Nr. 6. Brief Schlegels vom 19.7.1727.
[276] Vgl. StadtAA. Rst. Augsburg, Reichshofratsakten 5. Brief Klerffs vom 29.4.1716.

des Reichskanzleitrakts beisteuern solle und welche Summen andere Stände beigetragen hatten.[277] Mehr noch, Klerff verhandelt in dieser Sache im Auftrag des Magistrats mit Reichsvizekanzler Schönborn.[278] Er war gleichermaßen Informant und Sprachrohr seiner Auftraggeber. Seine Briefe legen überdies den Schluss nahe, dass Klerff im Rahmen der Reichshofratsprozesse wiederholt Partei für seine Auftraggeber ergriff und dass Audienzen und Visiten bei Entscheidungsträgern wie Ministern und Reichshofräten fester Bestandteil seines Aufgabenbereichs waren.[279]

Die Klienten profitierten entscheidend von den guten Beziehungen der Agenten zu ranghohen Ministern, Reichshofräten und Bürokraten. Neben ihren repräsentativen Tätigkeiten waren es besonders die Kontakte zu mittleren und unteren Angestellten in den Behörden und Institutionen (vor allem der Reichskanzlei), welche die Agenten zu effizienten Informanten und Lobbyisten machten.[280] Eine Schlüsselrolle fiel beispielsweise Reichshofratsagent Braun bei den Nürnberger Prozessen zu. Wie weitreichend Brauns Engagement war, zeigte sich im Krisenjahr 1725. Einerseits warnte er den Magistrat davor, dass Sörgel wichtige Unterstützer am Hofe hatte, andererseits beruhigte er die Nürnberger Obrigkeit damit, dass man am Kaiserhof bislang gegen die Nürnberger *formam regimis* nichts zu unternehmen gedenke.[281] Mit großem Eifer bemühte sich Braun darum, wichtige Entscheidungsträger wie Reichshofräte oder die kaiserliche Entourage in Gesprächen von der Position des Magistrats zu überzeugen.[282] Im März 1725 brachte er – obwohl die Reichshofräte in dieser Sache sehr verschwiegen waren – in Erfahrung, dass ein Votum ad Imperatorem bevorstehe.[283] Daher werde er, schrieb Braun, sowohl Prinz Eugen wie auch Graf Starhemberg seine Aufwartung machen.[284]

Für das Selbstverständnis und Arbeitsprofil Brauns ist es bezeichnend, dass ihm der Reichshofratsvizepräsident angeblich sogar die Entlassung angedroht hatte, da Braun zu vehement gegen die Einrichtung einer Kommission in Nürnberg protestiert hatte, weil er, mit anderen Worten, entgegen seiner Verpflichtungen zu sehr für die Magistratsseite Partei ergriffen hatte.[285] Brauns Vorgehen mag ein extremes Beispiel sein, dennoch ist davon auszugehen, dass auch andere Agenten ihren Klienten eine größere Loyalität als ihrem Dienstherrn entgegen gebracht hatten, sei es aus ökonomischen oder privaten Gründen. 1725 wurde etwa der Reichshofratsagent Frank mit Bezug auf die Dauerklage des Weißenburgers Wechsler aufgefordert, *hinkünfftig Ihro Kayserl. Majestaet und dessen Reichs-Hof-Rath mit derley unbegründet- und bodenlosen Behelligungen unbelasti-*

---

[277] Vgl. StadtAA. Rst. Augsburg, Reichshofratsakten 2. Brief Klerffs vom 20.5.1722.
[278] Vgl. StadtAA. Rst. Augsburg, Reichshofratsakten 2. Brief Klerffs vom 20.6.1722.
[279] Vgl. StadtAA. Rst. Augsburg, Reichshofratsakten 5 (D). Briefe Klerffs vom 10.12.1712, 29.4.1716 und 16.8.1716.
[280] Vgl. Windler: Städte am Hof (Anm. 114). S. 218, 250.
[281] StAN. Rst. Nbg., Rep. 26/4, Nr. 66. Brief Brauns vom 28.2.1725.
[282] Vgl. StAN. Rst. Nbg., Rep. 26/4, Nr. 66. Brief Brauns vom 28.2.1725. In diesem Brief erstattete Braun auch Bericht über seine Bemühungen, Reichshofrat Blümegen, *der bei Kays. May. in sonderbahren gnaden stehet,* zu gewinnen.
[283] Vgl. StAN. Rst. Nbg., Rep. 26/4, Nr. 82. Brief Brauns vom 14.3.1725.
[284] Vgl. StAN. Rst. Nbg., Rep. 26/4, Nr. 82. Brief Brauns vom 14.3.1725.
[285] Vgl. StAN. Rst. Nbg., Rep. 26/2, Nr. 165. Bei diesem Dokument handelt es sich um eine Zusammenfassung eines vom Nürnberger Magistrat abgefangenen Briefs Sörgels aus Wien nach Nürnberg.

get zu lassen.[286] In dieser Hinsicht sind die Reichshofratsagenten den Prokuratoren des Reichskammergerichts durchaus ähnlich.[287]

4.3.3 Beratungstätigkeit

Bislang nur unzureichend geklärt ist die Frage, inwieweit die Reichshofratsagenten auch anwaltliche Tätigkeiten ausübten oder ob diese primär von (heimatlichen) Advokaten wahrgenommen wurden. Gerade bei Untertanenprozessen ist zu vermuten, dass Agenten juristisch weniger versierten oder gar illiteraten Parteien bei der Anfertigung von Schriftsätzen zur Seite standen.[288] Während solvente und fachlich gut beratene Klägergruppen wie die Nürnberger Kaufmannschaft eigene Juristen beschäftigten, schienen insbesondere Bürger aus kleineren Reichsstädten die Agenten als ihre eigentlichen Rechtsvertreter anzusehen. So verweigerten unzufriedene Weißenburger Bürger ihrem Prokurator Frank die Entlohnung, weil dieser seine Zusage, innerhalb eines Jahres eine Kommission herbeizuführen, nicht eingehalten hatte.[289]

Aufschlussreich für das Arbeitsprofil sind erneut die anwaltlichen Aktivitäten Daniel Hieronimus Brauns im Dienste des Nürnberger Magistrats. Bereits 1723 hatte Braun, hier im Prozess gegen den Handwerker Werner, Eingaben für seine Auftraggeber verfasst.[290] Obwohl der Magistrat mit seinen Konsulenten über ausreichend juristisches Fachpersonal verfügte, gewannen die Empfehlungen Brauns stetig an Bedeutung für die Nürnberger Prozessstrategie – besonders im erwähnten Krisenjahr 1725. Hier verwies Braun auf das grundlegende Problem der Authentizität der Unterlagen, von dem der Reichshofrat die Einrichtung einer Lokalkommission maßgeblich abhängig machte. Der Magistrat folgte daher im Februar 1725 den Vorschlägen Brauns, einige Originalakten nach Wien zu senden, um Reichshofrat und Kaiser das Misstrauen gegenüber den beglaubigten Kopien zu nehmen.[291] Auf Anraten Brauns konzentrierte sich der Magistrat zunehmend auf eine Einflussnahme auf Ministerebene beziehungsweise beim Kaiser. Dabei, und dies zeigt, dass Braun auch anwaltliche Tätigkeiten ausübte, stützte sich der Magistrat verstärkt auf die Schriftsätze seines Agenten. Das von Braun am 31. Januar 1725 verfasste Schreiben[292] beeinflusste direkt die Argumentation in dem von Nürnberger Juristen erstellten Brief *ad*

---

[286] Reichshofrats-Conclusum von 20.8.1725. In: Johann Jacob Moser: Merckwürdige Reichs-Hof-Raths-Conclusa [...]. Frankfurt 1726. Bd. 1. S. 560.

[287] Vgl. Anette Baumann: Die Prokuratoren am Reichskammergericht in Speyer und Wetzlar. Stand der Forschung und Forschungsdesiderate. In: Baumann: Reichspersonal (Anm. 149). S. 192.

[288] Auch studierte Juristen wie Dr. Sörgel benötigten dazu mitunter professionelle Hilfe. Vgl. beispielhaft: StAN. Rst. Nbg., Rep. 26/1, Nr. 52.

[289] Vgl. Rieder: Weißenburg (Anm. 219). S. 425.

[290] Vgl. HHStA. RHR, Fabriks-, Gewerbe- und Handlungsprivilegien 11, Faszikel 11. Brief des Nürnberger Magistrats an den Kaiser, verfasst von Reichshofratsagent D. H. Braun vom 16.9.1723 (Kopie). fol. 439–447.

[291] Vgl. StAN. Rst. Nbg., Rep. 26/4, Nr. 37. Brief Brauns vom 7.2.1725, Nr. 40. Brief Scheurls an Braun und Walther vom 12.2.1725 (Konzept).

[292] Vgl. StAN. Rst. Nbg., Rep. 26/4, Nr. 25. Brief Brauns vom 31.1.1725.

Augustissimum Imperatorem vom 12. Februar 1725.[293] In beiden Dokumenten stimmen jene Passagen weitgehend überein, in denen die schlechte wirtschaftliche Situation in der Reichsstadt mit makroökonomischen beziehungsweise weltwirtschaftlichen Veränderungen (zum Beispiel geänderten Handelswegen) erklärt werden, in denen also der Vorwurf wirtschaftspolitischer Unfähigkeit des Magistrats zurückgewiesen wird.

Juristischen Rat holte sich der Nürnberger Magistrat bei seinem Agenten auch in der Frage der Öffentlichkeitsarbeit. Braun wurde angewiesen, das Image des Patriziats am Wiener Hof in Einzelgesprächen aufzuwerten. Außerdem ersuchte der Magistrat, der das meinungsbildende und mobilisierende Potenzial von Zeitungen wie dem ‚Wiener Blättlein' fürchtete, Braun darum, den Autoren und Verlegern diffamierender Meldungen auf rechtlichem Wege Einhalt zu gebieten.[294] Bezeichnend ist, wie Braun die fortlaufende Diskreditierung der Nürnberger Patrizier sah: Für Braun war sein Widersacher Reichshofratsagent Filzhofer für die systematische Rufschädigung des Magistrats durch Falschmeldungen und Verleumdungen verantwortlich.[295] Zum Arbeitsprofil eines Agenten gehörte demnach auch die Verbreitung von Meinungen, also Propaganda im Sinne des Auftraggebers – ebenso wie deren Bekämpfung.

Wie gezeigt wurde, waren die faktischen Aufgaben der Reichshofratsagenten wesentlich umfangreicher als die offiziellen. Und im Vergleich mit den Reichskammergerichtsprokuratoren finden sich zahlreiche Übereinstimmungen sowohl hinsichtlich des Selbstverständnisses (hier insbesondere die große Loyalität zu den Prozessparteien) wie auch des Arbeitsprofils (hier die Informations- und Propaganda-/Lobbyarbeit sowie Anwalts-/Beratungstätigkeit). Darüber hinaus erfüllten die Reichshofratsagenten auch diplomatische Tätigkeiten am Kaiserhof. Dass die Agenten außerdem mit Öffentlichkeitsarbeit betraut wurden, zeigt einmal mehr die wachsende Bedeutung der ‚öffentlichen Meinung' als prozessbeeinflussende Größe.

5. Zusammenfassung

1. Die seit dem beginnenden 18. Jahrhundert ausgebaute Reichspost ermöglichte eine schnelle und grosso modo zuverlässige Datenübertragung im Reich und war daher für eine funktionierende Reichshofratsjurisdiktion von elementarer Bedeutung.

2. Vorrangiges Ziel aller Beteiligten war ein prozessentscheidender Informationsvorsprung, der durch gute Beziehungen und personelle Verbindungen hergestellt werden sollte. Die engen personellen Verflechtungen waren die Grundlage dafür, dass Reichshofratsprozesse zu Kommunikations- und Medienereignissen werden konnten. Dabei kön-

---

[293] Vgl. StAN. Rst. Nbg., Rep. 26/4, Nr. 35. Copia Schreibens ad Augustissimum Imperatorem von herren burgermeister und rath der stadt Nürnberg d. d. 12 Febr. 1725.

[294] Vgl. StAN. Rst. Nbg., Rep. 26/5, Nr. 53. Brief des Ratskonsulenten Scheurl an Braun vom 22.7.1726 (Konzept).

[295] Vgl. StAN. Rst. Nbg., Rep. 26/5, Nr. 89. Brief Brauns vom 8.2.1727.

nen zwei Modelle unterschieden werden, die jeweils stellvertretend für eine vom Reich respektive von der Region aus vorangetriebene Informationspolitik stehen:

a) Stellvertretend für das erste Modell steht die Arbeit des in Augsburg agierenden kaiserlichen Residenten und Kommissars Garb. Wie auch in anderen Städten standen die Residenten als Teil der reichischen Funktionselite im Dienste des kaiserlichen Machtausbaus. Zu Garbs Aufgaben gehörten die Publikation und Exekution von Reichshofratsurteilen. Durch seine Funktion als Informations-, Beratungs- und Kontrollorgan war er eine Art Seismograph der Beziehungen zwischen Reichsstadt und Region.

b) Exemplarisch für das zweite Modell steht die Arbeit der Nürnberger Gesandten und Vertreter. Diese waren bestens in das Beziehungsgeflecht des Wiener Hofes eingebunden und verfügten über ausgezeichnete Kontakte zu den Entscheidungsträgern am Hofe. Umgekehrt waren auch die Nürnberger Kaufleute dank ihrer Vertreter in Wien gut über die Ereignisse am Reichshofrat informiert.

3. Das wichtigste Bindeglied in der Kommunikation zwischen den Prozessparteien und dem Reichshofrat waren die Reichshofratsagenten. Obgleich Patronageverhältnisse und familiäre Beziehungen für die Einstellungspraxis am Reichshofrat bedeutsam waren, wurden hohe fachliche Anforderungen an die angehenden Agenten gestellt. Die Mehrzahl der Agenten stammte dabei aus dem Reich, viele hatten vorher im Dienste eines Reichsstandes gearbeitet. Die Prozessparteien achteten bei der Rekrutierung ihrer Agenten nicht nur auf die Beziehungen und die Erfahrung, sondern auch auf die Vertrauenswürdigkeit, das Renommee und mitunter sogar auf weltanschauliche Kompatibilität.

4. Die Reichshofratsagenten fungierten für ihre Klienten als Lobbyisten, Informanten und Berater. Dadurch sorgten die Agenten für eine annähernd symmetrische Auseinandersetzung zwischen großen und kleinen Prozessparteien. Insbesondere für kleinere Prozessparteien erfüllten sie die Funktion von ‚Ersatz-Gesandten'. Selbst personell und finanziell gut ausgestattete Prozessparteien wie der Nürnberger Magistrat setzten auf die Dienste der Agenten. Tendenziell war die Loyalität der Agenten zu ihren Auftraggebern größer als zu Kaiser und Reichshofrat.

V. Konfliktaustrag und Wissen

1. Der Reichshofrat und die Reichspublizistik

1.1 Zum Stand der Reichspublizistik

Eine entscheidende Voraussetzung für den Juridifizierungsprozess, die Ausbildung rechtsstaatlicher Organisationsstrukturen[1] sowie die Reichsintegration der Territorien war der Zugang zu den theoretischen und praktischen Grundlagen des rechtlichen Konfliktaustrags. In Bezug auf den Reichshofrat stellt sich die Frage, inwieweit das Wissen über sein Verfahrensrecht, seine Funktionen beziehungsweise seine Stellung im verfassungsrechtlichen Gefüge des Reiches publik war. Was den Umfang der Veröffentlichungen betrifft, so gehen die zeitgenössischen Einschätzungen und die historische Forschung darin konform, dass das Wiener Reichsgericht im Gegensatz zu seinem Pendant in Wetzlar deutlich unterrepräsentiert war. In den periodisch erscheinenden Rezensionszeitschriften des frühen 18. Jahrhunderts[2] finden sich trotz einer als überbordend empfundenen Wissensvermehrung und einer beklagten Bücher- und Publikationsflut[3] kaum Bezüge zur Reichshofratsliteratur. Noch 1734 heißt es im bibliographischen Überblick der ‚Nützliche[n] und Auserlesene[n] Arbeiten der Gelehrten im Reich', es gebe *nichts rareres* als Schriften zum Reichshofratsprozess und die vorhandenen seien zu wenig praxisorientiert.[4] Auch der ‚Vater des Deutschen Staatsrechts' Johann Jacob Moser kam in seinen zwischen 1722 und 1726 erschienenen ‚Unpartheyische[n] Urtheile[n] von Juridisch- und Historischen

---

[1] Vgl. Hans-Joachim Lauth: Rechtsstaat, Rechtssysteme und Demokratie. In: Michael Becker/Hans-Joachim Lauth/Gert Pickel (Hg.): Rechtsstaat und Demokratie. Theoretische und empirische Studien zum Recht in der Demokratie. Wiesbaden 2001. S. 38.

[2] Vgl. zu den Rezensionszeitschriften Thomas Habel: Gelehrte Journale und Zeitungen der Aufklärung. Zur Entstehung, Entwicklung und Erschließung deutschsprachiger Rezensionszeitschriften des 18. Jahrhunderts. Bremen 2007 (Presse und Geschichte – neue Beiträge. Bd. 17).

[3] *Es ist deß Bücher-schreibens kein Ende* heißt es beispielsweise in: Kluge Conduite Eines künfftigen Gelehrten [...]. Frankfurt/Leipzig 1715. Ähnliche Formulierungen finden sich in: Erste Nachlese der neuen Bibliothec Oder Auszüge Aller sowohl ausländischen als einheimischen [...] Gelehrten Journals und Neuigkeiten von Gelehrten Sachen. Frankfurt/Leipzig 1717. S. 2. Johann Jacob Moser macht wiederum explizit auf die Vielzahl neu erschienener juristischer Bücher aufmerksam. Vgl. Johann Jacob Moser: Unpartheyische Urtheile von Juridisch- und Historischen Büchern. Frankfurt/Leipzig 1722. Bd. 1. Vorrede. S. 8f.

[4] Vgl. Nützliche und Auserlesene Arbeiten der Gelehrten im Reich/das ist in Francken, Schwaben, Ober-Rhein, Bayern, Österreich, Böhmen und angräntzenden Orten. Nürnberg 1734. Bd. 3. S. 209.

Büchern' zu einem ähnlichen Schluss.⁵ Wolfgang Sellert erklärt diesen Befund mit der Scheu vieler Verfasser vor der prekären kaiserlich-hoheitlichen Materie des Reichshofratsrechts.⁶ Auf den ersten Blick scheint es, als ob der Reichshofrat in der zeitgenössischen Publizistik nicht existent war. Ein anderes Bild ergibt sich jedoch, wenn man nicht nur die juristische Fachliteratur fokussiert, sondern auch die umfangreiche Kleinpublizistik⁷ miteinbezieht. Dass insbesondere Zeitungen beziehungsweise Zeitschriften als Wissensspeicher und Nachschlagewerke fungieren konnten, legt die ‚Wöchentliche Relation' aus Halle nahe: Erstens wurde sie seit 1725 mit Jahresregistern herausgegeben⁸ und zweitens verweist ihr Titelzusatz ‚zur Conservation der neuen Historie hauptsächlichen dienenden Sachen' explizit auf die archivarische Funktion dieses Mediums.

1.2 Der Reichshofrat im Spiegel der ‚kleinen Reichspublizistik'

1.2.1 Personal und Prozessrecht

Doch welche Art von Information und Wissen über den Reichshofrat vermittelten Zeitungen? Und welches Bild wurde von der Reichsinstitution gezeichnet? Zunächst lässt sich konstatieren, dass die Rezipienten den Zeitungen umfassende personelle und prozessrechtliche Informationen zur Reichsgerichtsbarkeit entnehmen konnten. Die erste und häufigste Gruppe der Nachrichten waren Personalia, die zum Teil der für Zeitungen typischen Hofberichterstattung zuzuordnen sind.⁹ Dazu gehören auf höfisches Plaisir und Unterhaltung ausgerichtete Meldungen, wie die im Nürnberger ‚Friedens- und Kriegs-Courier' vom 27. September 1723, nach der das kaiserliche Ministerium von einem der Reichshofräte festlich bewirtet worden war.¹⁰ Insgesamt dominierten in den Zeitungen überwiegend aktuelle und inhaltlich korrekte Informationen über Berufungen, Entlassungen sowie Todes- und Krankheitsfälle von Reichshofratspersonal. Mitunter wurden

---

5   Vgl. Johann Jacob Moser: Unpartheyische Urtheile von Juridisch- und Historischen Büchern. Frankfurt/Leipzig 1724. Bd. 5. S. 506.
6   Vgl. dazu Wolfgang Sellert: Prozeßgrundsätze und Stilus Curiae am Reichshofrat im Vergleich mit den gesetzlichen Grundlagen des reichskammergerichtlichen Verfahrens. Aalen 1973 (Untersuchungen zur deutschen Staats- und Rechtsgeschichte. Bd. 18). S. 39–41.
7   Zur Bedeutung dieser Publizistik vgl. Wolfgang E. J. Weber: Der südliche Ostseeraum im Spiegel der Reichspublizistik. Ein kulturhistorischer Versuch. In: Nils Jörn/Michael North (Hg.): Die Integration des südlichen Ostseeraumes in das Alte Reich. Köln/Weimar/Wien 2000 (Quellen und Forschungen zur höchsten Gerichtsbarkeit im Alten Reich. Bd. 35). S. 502, 534.
8   Vgl. Arthur Bierbach: Die Geschichte der Hallischen Zeitung. Landeszeitung für die Provinz Sachsen für Anhalt und Thüringen. Halle 1908. S. 25, 27. Zur Bedeutung der Register als frühneuzeitliche „Suchmaschinen" vgl. Helmut Zedelmaier: Facilitas inveniendi. Zur Pragmatik alphabetischer Buchregister. In: Theo Stammen/Wolfgang E. J. Weber (Hg.): Wissenssicherung, Wissensordnung und Wissensverarbeitung. Das europäische Modell der Enzyklopädien. Berlin 2004 (Colloquia Augustana. Bd. 18). S. 192f., 201.
9   Die große Bedeutung von Hofnachrichten betont auch Gestrich. Vgl. Andreas Gestrich: The Early Modern State and the Public Sphere in 18th Century Germany. In: Peter-Eckhard Knabe (Hg.): Opinion. Concepts and Symbols of the Eighteenth Century in Europe – Concepts et symboles du XVIIIe siècle européen. Berlin 2000. S. 7.
10 Vgl. Kap. VIII.4.5, Nr. 31.

die Introduktionen prominenter Räte in Zeitungen kommentiert, einige regelrecht zelebriert. Beispielhaft hierfür steht die Ernennung von Graf von Windischgrätz zum neuen Reichshofratspräsidenten, zu der die ‚Wöchentliche Relation' aus Halle vom 27. Januar 1714 sowohl die Vita wie auch die Verdienste des Gekürten ausführlich beschrieb.[11] Zuvor hatte die Relation am 20. Januar 1714 im Hinblick auf die anfängliche Zurückhaltung des Grafen spekuliert, dass dies ein Schachzug sei, um eine höhere Bezahlung zu erreichen.[12] Besonders großes Aufsehen erregte die Berufung des renommierten protestantischen Wittenberger Juraprofessors Johann Balthasar Werner zum Reichshofrat, die in der ‚Frankfurter Oberpostamts-Zeitung' vom 17. September 1729 ausführlich und – auch das ist keine Seltenheit – als erste Meldung beschrieben wurde:

Wien, vom 7. Septembr. Den 15. dieses gegen 10. Uhr Vormittags hatten auf allergnädigst Befehl Der Herrn Obrist-Hofmeister Herrn Grafen Rudolph von Sintzendorf Excell. Sich in der Dero mit 6. Pferden bespannten in dem Graf [K]aunitzischen Haus auf der Freyung haltenden höchst-preißlichen Kayserl. Reichs-Hof-Raths-Collegium verfüget, und in selbiges den unter dem 30. Martii letzthin von Wittenberg aus Sachsen anhero berufenen und vor wenigen Tagen dahier angekommenen […] Königl. Polnisch- und Churfächsischen Hof- und […] Rath des Wittenbergisch-Geistlichen Consistorii Directorium […] Herrn Johann Balthasar Werner, als unter die Zahl deren der Augspurgischen Glaubens-Bekanntnuß zuthanen allergnädigst neu-angenommenen würcklichen Reichs-Hof-Rath von der Gelehrten Banck gewöhnlicher massen eingeführt, und in die Eydespflicht nehmen lassen.[13]

Noch weitaus detail- und umfangreicher fiel die mehrteilige Schilderung dieses Ereignisses durch die ‚Kurtz gefassten Historischen Nachrichten' aus Regensburg aus.[14] Sie berichteten ebenso minutiös wie anschaulich von den Festlichkeiten und ständeübergreifenden Ehrenbezeugungen für den angesehenen Juristen:

Zu Wittenberg ist am 8. Aug. der bisher gewesene Königl. Pohlnische und Churfürstlich-Sächsische Hof- und Justitien-Rath, des dasigen Consistorii Director, der Juristen-Facultät Ordinarius, auch Antecessor Primarius, Herr Johann Balthasar von Werner, von dar aus über Dreßden nach Wien abgereiset, um daselbst die von Sr. Kayserl. Majestat ihm conferirte Reichs-Hof-Raths-Stelle anzutreten. Es ist dieser Abzug einer der solennesten gewesen, als wohl bey Menschen-Gedencken in dergleichen Fällen daselbst geschen seyn mag; indem hochgedachter Herr Reichs-Hof-Rath, vor dessen mit 6. Post-Pferden bespannneten Carosse der dasige Stallmeister, nebst seinen Scholaren, geritten, nicht allein von dem jetzigen Rectore Magnifico, Doctor Mencken, und fast sämtlichen Professoribus, sondern auch von denen daselbst studirenden Grafen, Baronen und anderen vornehmen Personen beyderley Geschlechts, in etlichen 20 Kutschen biß an den Luther-Brunnen begleitet, und daselbst von einigen Personen des Stadt-Magistrats empfangen worden, allwo nicht weniger auch eine ziemliche Anzahl der Bürgerschafft sich befunden, und in 2. Reyhen gestellet, der Zeug-Lieutnant hingegen, bey der Ankunfft und Zeit währender Einnehmung der auf dem Saal des Luther-Brunnens aufgesetzte Erfrischungen an Wein und Confect, biß zu der

---

[11] Vgl. Kap. VIII.4.5, Nr. 3.
[12] Vgl. Kap. VIII.4.5, Nr. 2.
[13] Kap. VIII.4.5, Nr. 15.
[14] Vgl. Kap. VIII.4.5, Nr. 19, 20, 21.

Abreise unter Zulauff einer grossen Menge Volckes, vermittelst eines kleinen Feuer-Wercks und Salven, mit vermischter Instrumental-Music, obgedachtem Herren Reichs-Hof-Rath zu Ehren, die sämtliche Anwesende vergnüget hat.[15]

In einer weiteren Ausgabe druckte das Blatt zudem die mehrseitige Dankes- und Abschiedsrede Werners ab, in der dieser sowohl seinem bisherigen wie auch seinem zukünftigen Arbeitgeber huldigte.[16]

Darüber hinaus verbreiteten alle Zeitungen neben personellen Informationen prozessrelevante Kenntnisse zum Reichshofratsrecht. Nicht immer geschah dies derart konzis und explizit wie im Falle der ‚Wöchentlichen Relation' aus Halle, die ihre Leser schon 1709 mit durchaus fundiertem Hintergrundwissen zur Geschichte, Stellung und Bedeutung des Wiener Reichsgerichts versorgte.[17] (Abb. 1) Anlass war auch hier eine Personalie, genauer die von den protestantischen Reichsständen kritisierte Wahl des Kemptener Fürstabts zum Reichshofratspräsidenten.[18] Ihr wurde ein beinahe zweiseitiger Exkurs über den Reichshofrat beigefügt. Während die Personalmeldung nur wenige Zeilen umfasste, fiel die Lektion über den Reichshofrat, das heißt zu seiner Entstehung, verfassungsrechtlichen Stellung sowie personellen Zusammensetzung, deutlich umfangreicher aus.[19]

1725 folgte eine weitere Lehrstunde in Sachen Reichsrecht: Dieses Mal versorgte die ‚Wöchentliche Relation' aus Halle ihre Leser anlässlich der Neuerrichtung des Reichskanzleitrakts und des Einzugs von Reichsvizekanzler Schönborn mit Informationen über die Reichskanzlei, ihre Geschichte, Organisationsstruktur sowie die personellen Verflechtungen mit anderen Institutionen wie dem Reichshofrat.[20]

Auch andere Zeitungen stellten ihrem Publikum theoretisches verfassungsrechtliches sowie praktisches, handlungsorientiertes Wissen von der Reichsgerichtsbarkeit zur Verfügung. Meist geschah dies implizit, also durch Nachrichten von – keinesfalls nur reichsstädtischen – Reichshofratsprozessen. Beispielsweise war der Meldung der Münchner ‚Mercurii Relation' vom 31. Januar 1733 über die Neubesetzung einer Richterstelle durch den Braunschweig-Lüneburg-Wolfenbüttler Rat Zenck zu entnehmen, dass es eine feste Anzahl protestantischer Reichshofräte gab.[21] Und aus der Nachricht der ‚Wöchentlichen Relation' aus Halle vom 13. April 1726 über die Introduzierung von fünf neuen Richtern ging hervor, dass die Reichshofräte auf eine Herren- und eine Gelehrtenbank aufgeteilt waren.[22]

---

[15] Kap. VIII.4.5, Nr. 19.
[16] Vgl. Kap. VIII.4.5, Nr. 20.
[17] Vgl. Kap. VIII.4.5, Nr. 1.
[18] Dabei handelte es sich um Rupert Freiherr von Bodmann, der seine Stelle, wohl wegen der beschriebenen Proteste, aber nie antrat und schließlich 1713 offiziell darauf verzichtete. Vgl. Oswald von Gschließer: Der Reichshofrat. Bedeutung und Verfassung, Schicksal und Besetzung einer obersten Reichsbehörde von 1559 bis 1806. Nachdruck. Nendeln/Liechtenstein 1970 (Wien 1942 [Veröffentlichungen der Kommission für neuere Geschichte des ehemaligen Österreich. Bd. 33]). S. 369f.
[19] Vgl. Kap. VIII.4.5, Nr. 1.
[20] Vgl. Kap. VIII.4.5, Nr. 7.
[21] Vgl. Kap. VIII.4.5, Nr. 29.
[22] Vgl. Kap. VIII.4.5, Nr. 8.

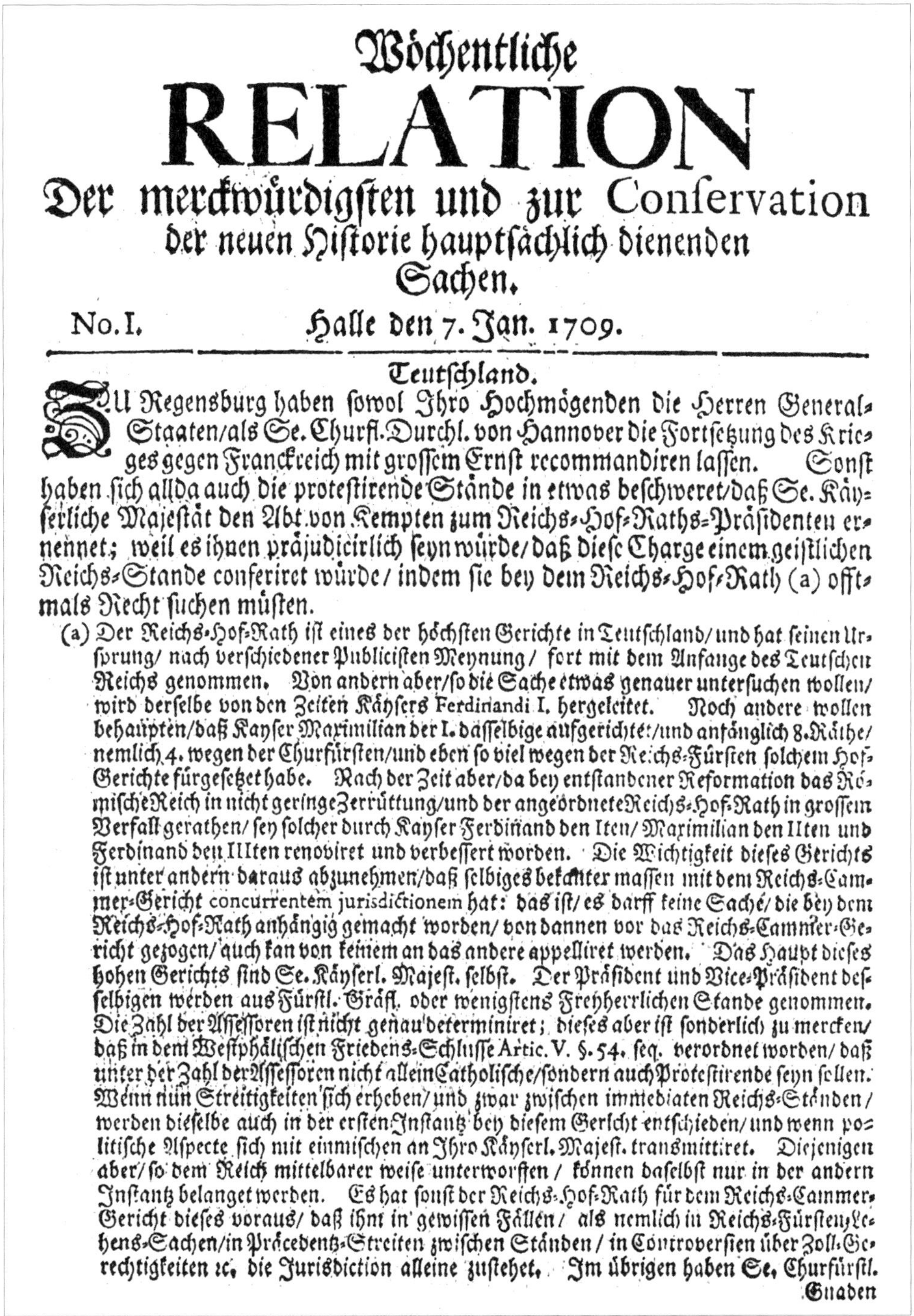

Wöchentliche RELATION

Der merckwürdigsten und zur Conservation der neuen Historie hauptsächlich dienenden Sachen.

No. I. Halle den 7. Jan. 1709.

Teutschland.

Zu Regensburg haben sowol Ihro Hochmögenden die Herren General-Staaten/ als Se. Churfl. Durchl. von Hannover die Fortsetzung des Krieges gegen Franckreich mit grossem Ernst recommandiren lassen. Sonst haben sich allda auch die protestirende Stände in etwas beschweret/ daß Se. Kayserliche Majestät den Abt von Kempten zum Reichs-Hof-Raths-Präsidenten ernennet; weil es ihnen präjudicirlich seyn würde/ daß diese Charge einem geistlichen Reichs-Stande conferiret würde/ indem sie bey dem Reichs-Hof-Rath (a) offtmals Recht suchen müsten.

(a) Der Reichs-Hof-Rath ist eines der höchsten Gerichte in Teutschland/ und hat seinen Ursprung/ nach verschiedener Publicisten Meynung/ fort mit dem Anfange des Teutschen Reichs genommen. Von andern aber/ so die Sache etwas genauer untersuchen wollen/ wird derselbe von den Zeiten Käysers Ferdinandi I. hergeleitet. Noch andere wollen behaupten/ daß Kayser Maximilian der I. dasselbige aufgerichtet:/ und anfänglich 8. Räthe/ nemlich 4. wegen der Churfürsten/ und eben so viel wegen der Reichs-Fürsten solchem Hof-Gerichte fürgesetzet habe. Nach der Zeit aber/ da bey entstandener Reformation das Römische Reich in nicht geringe Zerrüttung/ und der angeordnete Reichs-Hof-Rath in grossem Verfall gerathen/ sey solcher durch Kayser Ferdinand den IIten/ Maximilian den IIten und Ferdinand den IIIten renoviret und verbessert worden. Die Wichtigkeit dieses Gerichts ist unter andern daraus abzunehmen/ daß selbiges bekanter massen mit dem Reichs-Cammer-Gericht concurrentem jurisdictionem hat: das ist/ es darff keine Sache/ die bey dem Reichs-Hof-Rath anhängig gemacht worden/ von dannen vor das Reichs-Cammer-Gericht gezogen/ auch kan von keinem an das andere appelliret werden. Das Haupt dieses hohen Gerichts sind Se. Käyserl. Majest. selbst. Der Präsident und Vice-Präsident desselbigen werden aus Fürstl. Gräfl. oder wenigstens Freyherrlichen Stande genommen. Die Zahl der Assessoren ist nicht genau determiniret; dieses aber ist sonderlich zu mercken/ daß in dem Westphälischen Friedens-Schlusse Artic. V. §. 54. seq. verordnet worden/ daß unter der Zahl der Assessoren nicht allein Catholische/ sondern auch Protestirende seyn sollen. Wenn nun Streitigkeiten sich erheben/ und zwar zwischen immediaten Reichs-Ständen/ werden dieselbe auch in der ersten Instantz bey diesem Gericht entschieden/ und wenn politische Aspecte sich mit einmischen an Ihro Käyserl. Majest. transmittiret. Diejenigen aber/ so dem Reich mittelbarer weise unterworfen/ können daselbst nur in der andern Instantz belanget werden. Es hat sonst der Reichs-Hof-Rath für dem Reichs-Cammer-Gericht dieses voraus/ daß ihm in gewissen Fällen/ als nemlich in Reichs-Fürsten/ Lehens-Sachen/ in Precedentz-Streiten zwischen Ständen/ in Controversien über Zoll-Gerechtigkeiten etc. die Jurisdiction alleine zustehet. Im übrigen haben Se. Churfürstl. Gnaden

Abb. 1: ‚Wöchentliche Relation' vom 7. Januar 1709

Über die finanziellen Risiken eines Reichshofratsprozesses berichteten die erwähnten Regensburger Historischen Nachrichten 1732, indem sie die Streitfrage problematisierten, ob der Frankfurter Magistrat oder die dortige Bürgerschaft die Verfahrenskosten zu tragen hätten.[23] Im Februar 1731 hatte das Blatt bereits das Reichshofrats-Conclusum vom 12. Februar 1731 zum Nürnberger Prozess wiedergegeben und dabei die personellen Details der neu eingerichteten Hofkommission unter Vizepräsident von Metsch und den Räten Dankelmann, Wucherer, Hartig und Hildebrandt bekannt gegeben.[24] Der Bericht der ‚Mercurii Relation' vom 28. Februar 1731 über das Nürnberger Verfahren enthielt wiederum Informationen über die Bedeutung der Legitimation von Prozessbevollmächtigten und über den Schlagabtausch von Bericht und Gegenbericht im Rahmen eines summarischen Prozesses.[25] Und am 16. Februar 1732 klärte dieselbe Zeitung ihr Publikum über die Verfahrensform eines *Votum ad Imperatorem* auf sowie, mit Verweis auf den Frankfurter Präzedenzfall, über die Vorteile von Lokalkommissionen in bestimmten Fällen.[26] Nur zwei Wochen später, am 1. März 1733, setzte sie ihre Berichterstattung fort, und dies, obgleich im Prozess zwischen der Nürnberger Kaufmannschaft und dem Magistrat *nichts sonderliches paßiret* war.[27] Dieser Hinweis lässt darauf schließen, dass das Publikum nach einem fortlaufenden Informationsfluss im Nürnberger Prozess verlangte. Vielsagend ist auch, dass die ‚Mercurii Relation' die Stagnation als Folge personeller Veränderungen erklärte, also als Folge der Tatsache, dass statt des verstorbenen Richters Berger nun Reichshofrat Knorr votiert hatte.[28] Dies ist insofern ein bemerkenswertes Detail, als für den Leser dadurch sogar Fraktionen und Positionen innerhalb des Reichsgerichts nachvollziehbar und im Hinblick auf eine eventuelle Prozessstrategie berechenbar wurden. Aufgrund der Breite und Ausführlichkeit der Berichterstattung kann es als gesichert gelten, dass sich reichsstädtische Bürger Kenntnisse vom reichshofrätlichen Prozessrecht und von laufenden Verfahren mittels Zeitungen aneignen konnten; so, wie es etwa die Nürnberger Kaufleute taten.[29]

1.2.2 Machtfülle und Friedenssicherung

Betrachtet man das Medienecho auf reichsstädtische Reichshofratsprozesse, so lässt sich eine Kernbotschaft bei der Darstellung der kaiserlichen Gerichtsbarkeit herausdestillieren: In der Regel wurde der Reichshofrat als machtvolle, effiziente und friedenssichernde Instanz beschrieben. Nur selten erscheint er als Bedrohung protestantischer Interessen oder ständischer Libertät. Das Gros der Zeitungen betonte, dass das Reichsgericht in der Regel zügig, unparteiisch und entschlossen Recht sprach und besonders in den Reichsstädten gravierende Missstände beseitigte. Dieses Bild zeichneten etwa die ‚Kurtz gefass-

---

[23] Vgl. Kap. VIII.4.6, Nr. 17.
[24] Vgl. Kap. VIII.4.6, Nr. 49.
[25] Vgl. Kap. VIII.4.6, Nr. 57.
[26] Vgl. Kap. VIII.4.6, Nr. 59.
[27] Kap. VIII.4.6, Nr. 60.
[28] Vgl. Kap. VIII.4.6, Nr. 60.
[29] Vgl. Kap. IV.3.2.

Der Reichshofrat und die Reichspublizistik

ten Historischen Nachrichten' aus dem Jahr 1733 in ihrem Bericht über die bürgerschaftlichen Unruhen in Biberach.

Wegen derer in der Schwäbischen Reichs-Stadt Biberach zwischen dem Magistrat und der Bürgerschafft entstandenen Mißhelligkeiten ist auf das von Ihro Kayserl. Majestät an das Schwäbische Creyß-Ausschreib-Amt ergangene Rescript letztlich am 23. passato eine ansehnliche Commission mit 500. Mann regulirten Trouppen einmarschiret, um die vom Magistrat wider die Burgerschaft eingeklagten Sachen gründlich und baldigst zu untersuchen, und selbige beyzulegen. [30]

Hier wird von einer gründlichen und baldigen Untersuchung der Vorgänge durch die Kommission berichtet; gleichzeitig wird mit der Formulierung von einer *ansehnliche*[n] *Commission mit 500. Mann regulirten Trouppen* die Durchsetzungsfähigkeit der Reichsgerichtsbarkeit akzentuiert.[31] Von dieser über die Reichskreise erfolgreich ausgeübten Exekutivgewalt ist auch an anderer Stelle zu lesen, etwa mit Bezug zu den Ereignissen in Biberach in der ‚Wöchentlichen Relation' aus Halle vom 24. Januar 1733[32] und in der oft weniger aktuellen[33] Münchner ‚Mercurii Relation' vom 21. Februar 1733. In letzterer heißt es:

Wien, vom 15. Februarii. Aus Schwaben wird berichtet, daß die in der Reichs-Stadt Biberach mit 500. Mann noch befindliche Kays. Subdelegations-Commission fortfahre, den von dem Magistrat wider die klagende Burgerschafft angegebenen Punctum Seditionis auff das genauiste zu untersuchen […]. [34]

Während die ‚Wöchentliche Relation' noch im Dezember 1732 angesichts der Biberacher Unruhen vor einem Flächenbrand und einer Gefährdung von *Friede und Ruhestand* gewarnt hatte,[35] präsentierte sie die Reichshofratskommission im Februar 1733 als eine friedenssichernde Einrichtung.[36] In ihrer Berichterstattung stand in erster Linie der Kaiser im Vordergrund und nur selten wurden Reichsstände namentlich als Lokalkommissare genannt. Mit Bezug zu den Unruhen in Mühlhausen berichtete die ‚Wöchentliche Relation' am 29. August 1733 von einem Truppenabzug nach erfolgreicher Befriedung sowie von der bevorstehenden harten Bestrafung der bürgerschaftlichen Rädelsführer:

Weil zu Mühlhausen wegen einiger Unruhe weiter nichts mehr zu besorgen ist, so sind die darin gelegene Commissions-Trouppen bis etwas über 400 Mann wiederum ausgezogen. Denen zurück gebliebenen sollen ferner weder einige Präsente noch Tafel-Gelder gerei-

---

[30] Kap. VIII.4.6, Nr. 2.
[31] Kap. VIII.4.6, Nr. 2.
[32] Vgl. Kap. VIII.4.6, Nr. 3.
[33] Vgl. zum Grad an Aktualität der ‚Mercurii Relation' Heinz-Georg Neumann: Der Zeitungsjahrgang 1694. Nachrichten und Nachrichtenbeschaffung im Vergleich. In: Elger Blühm/Hartwig Gebhardt (Hg.): Presse und Geschichte II. Neue Beiträge zur historischen Kommunikationsforschung. München u.a. 1987 (Deutsche Presseforschung. Bd. 26). S. 133.
[34] Kap. VIII.4.6, Nr. 4.
[35] Kap. VIII.4.6, Nr. 1.
[36] Vgl. Kap. VIII.4.6, Nr. 5, 6.

chet werden, und haben zum Behuf derer übrigen Kosten ihre Kayserl. Maj. darein gewilligt, daß der Magistrat 2 Capitalien, eines von 4000, das andere von 6000 Rthl aufnehmen möge. Übrigens werden derer subdelegirten Commissarien eigenem Befinden überlassen, wie und wem von denen Beschuldigten ein freyes Geleit zu verstatten seyn möge, jedoch also, daß Sander u. Werneburg, nebst noch einigen derer vornehmsten Rädelsführer, davon gäntzlich ausgeschlossen bleiben. Denen Beschuldigten sey insgesamt ohne Ausnahme eine Defension zu verstatten, jedoch die End-Urtheil wegen Ermangelung ihres eigenen Geständnisses nicht aufzuschieben, wenn sie sonsten nur gnugsam überzeuget seyn würden. Zu Beschleunigung der Sache wird auch denen Subdelegatis nachgelassen, daß, dafern die übrigen von ihnen wegen Kranckheit oder anderer Abhaltung nicht zugegen seyn könten, auch einer allein die Sachen, so nicht das Hauptwerck angehen, expediren möge.[37]

Mögen Biberach oder Mühlhausen vergleichsweise kleine Aktionsfelder gewesen sein, so machten die Pressestimmen nach den gewalttätigen konfessionellen Unruhen in Hamburg 1719 der Reichsöffentlichkeit deutlich, dass der Kaiser und sein Gericht auch in dieser ungleich größeren und weiter entfernten Reichsstadt ihre Oberhoheit zu behaupten wussten. Die Darstellung der Ereignisse beginnt in der ‚Wöchentlichen Relation' aus Halle mit dem Bericht von der Errichtung einer katholischen Kapelle in Hamburg und den – hier wird die protestantische Perspektive evident – vorgeblich nur deswegen entstandenen Unruhen, bei denen es zur Zerstörung des Gotteshauses sowie des zugehörigen Kommissions- und Residentenhauses gekommen war.[38] Der Kaiser, so die ‚Wöchentliche Relation' aus Halle, verlange im Gegenzug Satisfaktion vom Hamburger Magistrat und werde diese im Ernstfall auch mit militärischer Gewalt einfordern.[39] Rat und Bürgerschaft erklärten sich den Zeitungsberichten zufolge zunächst bereit, ein neues, größeres und in einem besseren Viertel gelegenes Kommissionshaus mit einer neuen Hauskapelle zu stellen.[40] Doch über den Kreistagsgesandten von Metsch gab der Kaiser den Hamburger Vertretern unmissverständlich zu verstehen, dass dies nicht ausreiche und dass das Reichsoberhaupt zusätzlich eine hochrangige Delegation in Wien erwarte.[41] Ein weiteres Jahr später, 1721, berichteten mehrere Zeitungen vom Canossa-Gang der Hamburger Deputierten unter Bürgermeister Sylm und ihrer Abbitte am Kaiserhof.[42] So schrieb der auf Sensationsmeldungen aus dem Reich spezialisierte[43] ‚Hildesheimer Relations-Courier' am 26. Juli 1721:

Wien, vom 11. Julii. Die Hamburger Deputirten haben nunmehro die Ihnen auferlegte Submissinn oder Abbitte bey dem Printzen Eugenio, in Beyseyn des Reichs-Vice-Cantzlers, abgelegt, wie denn auch selbige nicht an einem öffentlichen Ort, sondern in Ihr. Kayserl. Majestät gewöhnlichen Audientz-Zimmer, in der Favorita, bereits am 7ten dieses

---

[37] Kap. VIII.4.6, Nr. 37.
[38] Vgl. Kap. VIII.4.6, Nr. 20, 21, 22.
[39] Vgl. Kap. VIII.4.6, Nr. 26.
[40] Vgl. Kap. VIII.4.6, Nr. 27 sowie 33.
[41] Vgl. Kap. VIII.4.6, Nr. 28.
[42] Vgl. Kap. VIII.4.6, Nr. 30, 31, 32.
[43] Vgl. Mirjam Litten: Bürgerrecht und Bekenntnis. Städtische Optionen zwischen Konfessionalisierung und Säkularisierung in Münster, Hildesheim und Hamburg. Hildesheim 2003 (Historische Texte und Studien. Bd. 22). S. 209.

Der Reichshofrat und die Reichspublizistik 113

vor sich gegangen, und muß gemeldte Stadt über die aufgelegte Straffe der 200000 Rthlr. abtragen.[44]

Sowohl die ‚Wöchentliche Relation' aus Halle wie auch der ‚Hildesheimer Relations-Courier' berichteten außerdem von der anschließenden Rehabilitierung des Hamburger Bürgermeisters Sylm durch den Kaiser.[45] Rund zehn Jahre später erregte ein anderer Hamburger Reichshofratsprozess – hier klagten die dortigen Brauer gegen den Magistrat – ein ähnliches öffentliches Interesse. Die Münchner ‚Mercurii Relation' schrieb dazu im April 1730:

Wien vom 18. Martij [...] Wegen der zwischen dem Magistrat zu Hamburg und der Präuschafft daselbst, am Kayserl. Reichs-Hofrath angebrachten Strittigkeiten, seynd dem Vernehmen nach diser Tagen abermahlen scharpffe Verordnungen von hier auß abgefertiget worden.[46]

Scharfe Verordnungen – diese Formulierung ist insofern charakteristisch für die Berichterstattung, als insbesondere das harte Durchgreifen von Kaiser und Reichshofrat einen starken Widerhall in den Zeitungen fand. In der Regel waren es reichsstädtische Obrigkeiten, die in den wiedergegebenen oder kommentierten Conclusa abgestraft wurden.

Eine Ausnahme ist die folgende Meldung der ‚Kurtz gefassten Historischen Nachrichten' zum Frankfurter Fall aus dem Jahr 1732, in der die Bürger in aller Deutlichkeit aufgefordert wurden, den kaiserlichen Hof nicht mehr mit ihren Klagen zu behelligen – allerdings muss hier bedacht werden, dass die innerstädtischen Auseinandersetzungen zu diesem Zeitpunkt schon mehrere Jahrzehnte andauerten:

Mit der Franckfurther Bürgerlichen Streit- und Commissions-Sache gehet es nunmehro völlig zum Ende, und ein von diesem Ort bekannt-gewordenes Schreiben nachfolgenden Innhalts versichert: Daß die Kayserl. Final-Resolution auf die von denen Bürgern abermahl gemachte Einwendungen vor wenig Tage daselbst von Wien eingelauffen; worauf man zu deren Publication sogleich Anstalt gemacht, so, daß sie in voriger Woche auf dem Römer würcklich geschehen. In Krafft dieser Kayserlichen Allerhöchsten Resolution wird denen Bürgern ihr Petitum nicht nur völlig abgeschlagen, sondern sie werden auch nochmahl zu Parition angewiesen und dabey ernstlich erinnert, den Kayserlichen Hof mit dergleichen Sollicitationen bey nachdrücklicher Ahndung nicht ferner zu belästigen; worauf sich denn also die Bürgerschafft zur Parition verstanden [...].[47]

Bürgerschaftskritisch äußerten sich die Zeitungen wie die ‚Wöchentliche Relation' aus Halle vor allem dann, wenn sich die Protestierenden wie im Falle Biberach kaiserlichen Befehlen widersetzten,[48] wenn sie also die geordneten Bahnen des reichsgerichtlichen Konfliktaustrags missachteten. Im Dezember 1732 verurteilte die ‚Wöchentliche Rela-

---

[44] Kap. VIII.4.6, Nr. 29.
[45] Vgl. Kap. VIII.4.6, Nr. 31, 32.
[46] Kap. VIII.4.6, Nr. 35.
[47] Kap. VIII.4.6, Nr. 17. Vgl. die Vorgänge in Mühlhausen Nr. 37.
[48] Vgl. Kap. VIII.4.6, Nr. 1.

tion' beispielsweise die notorische Widerspenstigkeit der Biberacher Bürger gegenüber dem Reichsoberhaupt, da hier eine Ausweitung der Konfliktzone zu befürchten sei.[49] Das Verständnis für rebellierende Bürger endete also dort, wo der Ungehorsam gegenüber der kaiserlichen Gerichtsbarkeit begann. Als Normverletzung galt weniger das Aufbegehren gegen Willkürherrschaft als vielmehr die Missachtung des Rechtswegs. Besondere Beachtung verdient dabei jene Passage, in welcher der Einsatz Karls VI. für Gerechtigkeit und Ruhestand betont wurde:

Dannenhero und wie bey solchem der Sachen gefährlichen Ansehen Kayserl. Majest. allerpreißwürdigster Eiffer vor die Gerechtigkeit ohnedem nicht zweifeln liesse, daß allerhöchst. Dieselbe diese unruhige und widerspänstige Bürger durch allerhöchst geschärfte Verordnungen in den Schrancken des schuldigen Gehorsams zu erhalten, allergnädigst geneigt seyn würden.[50]

Auch die ‚Wöchentliche Relation' aus Halle leistete also einen Beitrag zur medialen Inszenierung kaiserlicher Macht. Gleichzeitig betonte sie, dass die Sicherung der Biberacher Steuerzahlungen und damit der Erhalt des Reiches gewährleistet werden müsse.[51] Die Darstellung der Biberacher Ereignisse im Februar 1732 ist in einem weiteren Punkt hervorzuheben, genauer, in der Bewertung des bürgerlichen Ungehorsams gegenüber dem dortigen Magistrat. So berichtete die ‚Wöchentliche Relation' am 21.2.1733, dass die anfängliche Weigerung der Biberacher Bürger, den Bürgereid bis zum Eintreffen einer Lokalkommission abzulegen, von dieser wohl nicht als Aufruhr gewertet werde.[52] Mehr noch: Der vom Magistrat erhobene Vorwurf des Landfriedensbruchs gegen die Bürgerschaft wurde zudem als Ablenkungsmanöver interpretiert, durch das die Einrichtung einer Lokalkommission verhindert werden sollte. So hieß es in der besagten Meldung:

Die in der Schwäbischen Reichs-Stadt Biebrach mit 500 Mann sich befindende Kayserl. subdelegirte Commission fährt zwar annoch fort, den von dem Magistrat wider die klagende Burgerschaft angegebenen Punct eines erregten Aufruhr auf das genaueste zu untersuchen; indessen soll sich schon zum voraus zeigen, daß, obwol die Bürger sich zu anfangs geweigert, die ordentliche Abgaben und die Erneuerung des Bürger-Eides zu leisten, dennoch, da sie sich bald hierauf eines bessern wieder besonnen, solches ihr Verfahren für einen Aufruhr nicht eigentlich anzusehen sey. Dagegen man den Magistrat beschuldigen will, als suche derselbe nur durch diesen Neben-Punct die Haupt-Sache aufzuhalten, oder derselben gar aus dem Wege zu gehen, um also eine Local-Commißion, und die damit verknüpfte Untersuchung der bishero geführten Wirthschaft, zu vermeiden.[53]

---

49 Vgl. Kap. VIII.4.6, Nr. 1.
50 Kap. VIII.4.6, Nr. 1.
51 Vgl. Kap. VIII.4.6, Nr. 1.
52 Vgl. Kap. VIII.4.6, Nr. 5.
   Tatsächlich war sich die Lokalkommission in dieser Sache nicht einig. Vgl. Martin Fimpel: Reichsjustiz und Territorialstaat. Württemberg als Kommissar von Kaiser und Reich im Schwäbischen Kreis (1648–1806). Tübingen 1999 (Frühneuzeit-Forschungen. Bd. 6). S. 116–220.
53 Kap. VIII.4.6, Nr. 5.

Was sich hier offenbart, ist eine probürgerschaftliche Berichterstattung, die, wie sich im Folgenden zeigen wird, für viele Zeitungen charakteristisch ist.

1.2.3 Magistratskritik und Untertanenschutz

Es muss kaum betont werden, dass nicht alle Zeitungen in gleicher Häufigkeit und in gleicher Weise über die reichsstädtischen Konflikte berichteten. Wenig verwunderlich ist zudem, dass die Reichshofratsprozesse in Zeitungen reichsstädtischer Provenienz weniger stark reflektiert wurden, zumal dort, wie in Nürnberg, von einer vergleichsweise starken Zensur auszugehen ist.[54] Dementsprechend war die Berichterstattung zu reichsstädtischen Reichshofratsprozessen im Nürnberger ‚Friedens- und Kriegs-Courier' geradezu marginal. Vereinzelte Nachrichten, wie die von der Frankfurter Kommission, waren in der Regel kurz, allgemein gehalten und eher personenorientiert.[55] Beispielhaft hierfür steht die Meldung von der Wiederaufnahme der Frankfurter Kommission im März 1725:

Franckfurt vom 6. Martii. Verwichenden Sambstag Nachmittag haben sich Ihr. Hoch-Graefliche Excellenz, der Kayserliche geheime Rath und hochansehnlicher Commissarius, Herr [Rudolf Franz Erwein] *Graf von Schoenborn, alhier eingefunden, und sind gestern Morgens von Einem Hoch-Edlen und Hochweisen Magistrat durch einige Herren Deputirte complimentirt worden, und doerfften nun nechster Tagen die Commissions-Sachen wieder ihren Anfang nehmen.*[56]

Damit stand der ‚Friedens- und Kriegs-Courier' in deutlichem Gegensatz zum ‚Wiener Blättlein' oder den in Fürstenstaaten erscheinenden Blättern wie der Münchner ‚Mercurii Relation', der ‚Wöchentlichen Relation' aus Halle oder dem ‚Hildesheimer Relations-Courier'. Letztere zeichneten sich dadurch aus, dass sie ein tendenziell negatives Bild von der reichsstädtischen Regierungspraxis zeichneten, was von den fürstlichen Obrigkeiten, wenn auch nicht direkt unterstützt, so doch zumindest toleriert worden sein dürfte.[57]

Diese kritische Berichterstattung ist unter anderem 1717 im Frankfurter Reichshofratsprozess nachweisbar. In diesem Jahr erfuhren die Leser der ‚Wöchentlichen Relation' am Beispiel Frankfurts von der Demontage der reichsstädtischen Arkanpolitik. So hieß es am 9. Januar 1717, dass der dortige Magistrat gezwungen worden war, bürgerschaftlichen Vertretern die Rechnungsbücher der letzten 100 Jahre zur Überprüfung vorzulegen:

Die Bürgerschaft zu Franckfurt am Mayn hat wegen der bekannten Streitigkeiten mit dem Rath ein allergnädigstes Kays. Decret gegen denselben erhalten, Kraft welches gedachtem Magistrat anbefohlen worden, von hundert Jahren her die Rechnungen und Bücher

---

54 Vgl. Elger Blühm: Deutscher Fürstenstaat und Presse im 17. Jahrhundert. S. 304. In: Ders./Jörn Garber/Klaus Garber (Hg.): Hof, Staat und Gesellschaft in der Literatur des 17. Jahrhunderts. Amsterdam 1982 (Daphnis. Bd. 11/Heft 1–2). S. 304.
Ein Beispiel sind die von der Nürnberger Obrigkeit angeordneten Befragungen des Zeitungsdruckkers Endter 1723. Vgl. StAN. Rst. Nbg., Rep. 26/2, Nr. 104. Ratsverlass vom 17.6.1723.
55 Vgl. Kap. VIII.4.6, Nr. 12, 14, 15.
56 Kap. VIII.4.6, Nr. 12.
57 Vgl. grundlegend Blühm: Fürstenstaat und Presse (Anm. 54). S. 312f.

*von der Einnahme und Ausgabe der Stadt Revenuen, der Bürgerschaft vorzuzeigen und zu justificieren.*⁵⁸

Noch repräsentativer ist das – mit Unterbrechungen – über Jahre andauernde Presseecho zum Nürnberger Fall. Es hatte einen ersten Höhepunkt in den frühen 1720er, einen zweiten in den frühen 1730er Jahren. In Nürnberg war es das von Zeitungen immer wieder kolportierte Gerücht, der Reichshofrat werde eine Lokalkommission entsenden, welches von Seiten der dortigen Obrigkeit als massive Rufschädigung empfunden wurde.⁵⁹ Im Juni 1723 berichtete der ‚Hollsteinische unparteyische Correspondent' unter anderem mit Verweis auf interne Quellen des Wiener Hofes:

*Wie von sicherer Hand vernehme, so ist der Magistrat zu Nuernberg ueber das letzt empfangene Conclusum sehr consterniret, und suchet anitzo die Buergerschaft zu gewinnen, da die Contribuenda nunmehro sehr leidlich eingerichtet sind. Allein es duerffte nun wol zur Sache nichts mehr thun, denn obschon Magistratus in dem letzten Schreiben die Untersuchung der Rechnung frey gestellet, so flistert man dennoch heimlich bey Hofe, daß solches nur pro forma geschehen, um desto füglicher sothane Untersuchung von sich abzulehnen. Inzwischen mag auch wohl mehr als wahr sein, dass die Obrigkeit die in den Reichs-Staedten uebliche Regierungs-Form ueberschritten, und einer eclatanten Gewalt gegen die Buergerschaft sich bedienet hat, indem selbige wegen der immer angehaltenen unmäßigen Türcken-Steuer und anderer schwehrer Aufsätze, fast ausser Stand gesetzt, künftig dergleichen zu ertragen.*⁶⁰

Der dabei erhobene Vorwurf, nach welchem der Magistrat die in den Reichsstädten übliche Regierungsform überschritten hätte – hier ist von einer *eclatanten Gewalt gegen die Buergerschaft* die Rede – ist sowohl kennzeichnend für zahlreiche Zeitungsmeldungen wie auch für parallel verfertigte bürgerschaftliche Bitt- und Beschwerdeschriften. Nicht weniger magistratskritisch waren die Berichte des ‚Wiener Blättleins', die, so lässt sich aus den Klagen der Nürnberger Gesandten und Agenten indirekt erschließen, über mehrere Jahre hinweg andauerten.⁶¹ So drückte der in Wien weilende Sekretär Senft noch 1724 sein Erstaunen und Entsetzen darüber aus, dass die *müßig u[nd] boshafften Wiener Zeitungs-Schreiber* ihre verleumderischen Berichterstattung fortsetzen könnten.⁶²

Neben dem ‚Wiener Blättlein' berichteten im Jahr 1723 mehrere Zeitungen über die geradezu verzweifelten Versuche des Nürnberger Magistrats, die Einrichtung einer Lokalkommission zu verhindern. Entsprechende Meldungen finden sich im ‚Wiener Blättlein', im ‚Amsterdamer Courant' und der ‚Lippstädter Zeitung':

---

58   Kap. VIII.4.6, Nr. 10.
59   Vgl. zum teilweise bereits ausgewerteten Presseecho im Fall Nürnberg: David Petry: Demokratischer Aufbruch oder folgenloses Strohfeuer? Patronage, Spionage und Kolportage im Reichshofratsprozess Dr. Sörgel contra Nürnberg (1722–1730). In: Jahrbuch für fränkische Landesforschung. 65. 2005, hier S. 147f.
60   Kap. VIII.4.6, Nr. 45.
61   StAN. Rst. Nbg., Rep. 26/2, Nr. 199 und Rep. 26/4, Nr. 131. Konzept und Gutachten des Nürnberger Konsulenten Scheurl vom 23.12.1723 beziehungsweise 9.6.1725. Vgl. zum Wiener Blättlein erneut Petry: Demokratischer Aufbruch (Anm. 59). S. 147f.
62   StAN. Rst. Nbg., Rep. 26/3, Nr. 39. Brief Senfts vom 5.2.1724.

Wiener Blättlein (?)	**Amsterdamer Courant**	**Lippstädter Zeitung**
Wien, d. 26. May 1723. Die Stadt Nürnberg bearbeitet sich aufs eusserste wegen ihrer veranlasten Untersuchungs Sache [...] abzuhalten und thut per Deputatos extraordinarios alles anwenden, damit keine Kayser. Commission dahin kommen möge, wovon Sie das frische Exempel von Hamburg und Frankfurth vor augen hat.[63]	*Weenen, den 26. May, 1723, De Ryksstad Neurenberg zoekt op alle Wyze de Keyzerlyhe Commissie tegen haen gedecreteert, af te bidden, wyl dezelve de Gevolgen daer van, ombtrent Hamburg, voor Oogen heeft.*[64]	*Wien vom 2. Jun. [...] Die Reichs-Stadt Nürnberg suchet alle wege die kayserl. Commission, so wider sie erkannt ist, von ihr abzulehnen.*[65]

Dass das Kommissionsgerücht sogar bis in die Niederlande kolportiert wurde, ist einerseits erstaunlich, andererseits deckt es sich mit anderen Untersuchungen, nach denen insbesondere niederländische Zeitungen mit ihrer Berichterstattung ausländische Obrigkeiten und Herrschaften immer wieder pikierten.[66] Einen weiteren Hinweis darauf, dass der Nürnberger Prozess Anfang der 1720er Jahre auch außerhalb des Reiches Beachtung fand, zeigt eine allerdings nicht identifizierbare französische Meldung vom 2. Juli 1723:

De Ratisbonne le 2 Juillet. Il s'est élevé un grand different entre le Magistrat et la Bourgeoisie de Nurenberg au sujet de l'augmentation des Taxes, dont les habitans se pleignent, pretendant, que ces nouvelles charges ont été etablies sans aucune nécessité, et qu'ils ne sont plus en état de les suporter: Surquoi la Bourgeoisie s'est adressée à la Cour Imperiale pour obtenir une Commission, afin d'examiner leur Griefs et les rétablir dans le Privilege d'assister à la redition des Comptes de la Ville, dont on les a exclus depuis quelque tems [sic!]; ce qui leur a été accordé par l'Empereur, non obstant les oppositiones du Magistrat.[67]

Derartige Meldungen von einer bevorstehenden Lokalkommission beziehungsweise dem entschiedenen Eingreifen des Reichshofrats in Nürnberg häuften sich in den 1730er Jahren, also im Zuge des besagten Kaufmannsprozesses erneut. Die Einrichtung einer Lokalkommission im Nürnberger Verfahren, so meldete etwa die Münchner ‚Mercurii Relation' im April 1731 weder zum ersten noch letzten Mal, sei trotz intensiver Bemühungen des Nürnberger Magistrats nicht mehr zu verhindern. Denn, so die Begründung, die Untersu-

---

[63] Kap. VIII.4.6, Nr. 40.
[64] Kap. VIII.4.6, Nr. 42.
[65] Kap. VIII.4.6, Nr. 43.
[66] Vgl. Joop W. Koopmans: ‚Unverschämte und Ärgernis erregende Nachrichten verboten'. Politische Einmischung in niederländischen Zeitungen des 17. Jahrhunderts. In: Martin Welke/Jürgen Wilke (Hg.): 400 Jahre Zeitung. Die Entwicklung der Tagespresse im internationalen Kontext. Bremen 2008 (Presse und Geschichte – neue Beiträge. Bd. 22). S. 123.
[67] Kap. VIII.4.6, Nr. 44.

chung der Haushaltsführung sei nur vor Ort möglich. In der besagten Meldung wird dabei erneut ein Bezug zu anderen reichsstädtischen Verfahren – in diesem Fall dem Frankfurter Reichshofratsprozess – und zu den dort eingeleiteten Reformen hergestellt:

Der allhier subsistirende Nürnbergis. Syndicus Senfft, hat auff die von seinen Obern erhaltene Ordre, Zimmer für 2. nächstens anhero kommende Raths Herren gemiethet, besagte Raths Herren wollen vor der von Ihro Kayserl. Majestät in Puncto diversorum Gravaminum und Verpachtung der Stadt Einkünfften angeordneten hiesigen Hoff Commission erscheinen, und ihre mit sich bringende Documenta produciren; Vile aber seynd der Meynung, daß die Sache allhier fast unmöglich außgemachet werden könte, weilen es eine Rechnungs-Sache seye, auch man zu Quelle der Einnahm und Außgab ad Locum sich verfügen und die Original:Bücher und Register einsehen, auch Beamte und Unterthanen über dise jene sich äussernde Umstände, wovon man alhier keine gründliche Nachricht erlangen könte, vernehmen müste; Gleich wie ein solches zu Franckfurt geschehen ist, also nach fest gestellten Regulativo das Nürnbergis. Systema fast meistentheils könte eingerichtet werden, obschon in ein und andern Punct eine Differentz vorkomme und auf die Nürnbergis. Regiments Form nicht applicable seyn solle wovon in kurtzen ein mehrers zu vernehmen seyn wird.[68]

In diesen Kontext gehört auch die Meldung der ‚Mercurii Relation' vom 28. Dezember 1731, derzufolge es dem Magistrat beziehungsweise seinen Vertretern nicht gelungen war, den Reichshofrat von der ordentlichen Rechnungsführung in Nürnberg zu überzeugen:

Es solle zwar der forderiste Rathsherr Ebner, wegen der Communication deß Gegen-Berichts allerhand unmögliche in der That aber nichtsgiltige Rationes und Vorstellungen gemacht haben. Allein die Kauffmannschafft solle nicht allein disen Punct solidè und solchen nach Erheischung der bey einer Summarischen Untersuchung erforderlichen Puncten in instanti widerlegt haben.[69]

Durch derartige, wenn auch unbestätigte Meldungen vom Erfolg der Nürnberger Kaufmannschaft bestärkten Zeitungen wie die Münchner ‚Mercurii Relation' die bürgerschaftliche Opposition in Nürnberg und andernorts. Eine ähnliche Meldung findet sich in der ‚Mercurii Relation' vom 16. Februar 1732:

Wien, den 9. Februari 1732 [...] Die Nürnbergische Magistrats Deputirte seynd zwar jüngst erwehntermassen deß Vorhabens gewesen von hier nacher Hauß zu retourniren, so vil man aber seithero deß weiteren vernommen, sollen selbige annoch in solange dahier verbleiben müssen, biß der Admodiations Punct bey der angeordneten Reichs-Hoff Raths-Commission ventiliret und darüber ein Votum ad Imperatorem abgestattet seye worden; Wie nun bekantlich kein besseres Moyen als die Admodiation bißhero außkündig gemacht werden können, wordurch man die Einkünffte eines Orts recht gründlich zu erfahren vermag, und ein solches sich auch bißhero bey der Stadt Franckfurth gantz deutlich gezeiget hat; als wird die Burgerschafft zu gedachten Nürnberg einen grossen Vortheil gegen ihren

---

[68] Kap. VIII.4.6, Nr. 50; vgl. erneut auch Nr. 52.
[69] Siehe Kap. VIII.4.6, Nr. 57.

*Magistrat erhalten, wann sothane Admodiation allda auf die Art und Weiß wie zu gedachten Franckfurt eingerichtet werden.*⁷⁰

Diese Nachricht, der zufolge die in Wien weilenden Ratsdeputierten, anders als geplant, noch nicht nach Hause zurückzukehren konnten, war ein Signal für die guten Erfolgsaussichten der Nürnberger Kläger. Nicht weniger parteiisch war die Behauptung, die Nürnberger Bürgerschaft habe einen *grossen Vortheil* gegenüber dem Magistrat, die mit einem Verweis auf den Frankfurter Reichshofratsprozess begründet wurde.⁷¹ Die Verfahren wurden in den Zeitungen also nicht isoliert beschrieben, sondern in den Kontext einer überregionalen Reform- und Protestbewegung in den Reichsstädten gestellt. So brachte die bereits zitierte ‚Wöchentliche Relation' aus Halle am 20. September 1727 die Ereignisse in Nürnberg und in Dinkelsbühl direkt miteinander in Verbindung:

*Teutschland […] Wider den Magistrat zu Nürnberg sind bey dem Reichs-Hof-Rath neue Beschwehrden angebracht worden, so demselben nächstens zur Verantwortung communiciret werden sollen. Und weil von verschiedenen Reich-Städten immer neue Klagen beym Reich Hof-Rath einlauffen; so haben I. Kays. Maj. Allergnäd. anbefohlen, man möchte doch die Sachen mit Nachdruck untersuchen, damit denen gedruckten Bürgern Recht wiederfuhre, und sie einmal Klag loß gestellet würden, denn das Exempel von Dinkelspiel wäre noch in frischem Andencken, wie man aldort verfahren hätte.*⁷²

Die Formulierung von den *gedruckten Bürgern* ist der wohl deutlichste Beleg für die Darstellung des Reichsgerichts als Verbündetem unterdrückter Reichsbürger. Ähnlich magistratskritisch fielen die beinahe identischen Nachrichten der ‚Wöchentlichen Relation' vom 27. Juli 1726 und des ‚Hildesheimer Relations-Couriers' vom 7. August 1726 aus, in denen das harte Reichshofrats-Conclusum gegen den Dinkelsbühler Magistrat kommentiert wurde. Unklar bleibt, ob die ‚Wöchentliche Relation' die Vorlage für den Relations-Courier war oder ob beide Nachrichten auf einer dritten Quelle basieren. Beide Meldungen stimmen in ihrer magistratskritischen Tendenz überein und unterscheiden sich nur in Nuancen: In einem Fall ist davon die Rede, dass die bisherige Dinkelsbühler Regierungsform vom Reichshofrat *übern Hauffen geworffen* worden sei, im anderen Fall heißt es, sie sei auf *einen gantz andern und schwächern Fuß gesetzt* worden. Die Konflikte in Dinkelsbühl stehen geradezu stellvertretend für das harte Durchgreifen des Reichshofrats bei obrigkeitlichem Versagen.

---

70 Kap. VIII.4.6, Nr. 59.
71 Kap. VIII.4.6, Nr. 59.
72 Kap. VIII.4.6, Nr. 47.

'Wöchentliche Relation'	'Hildesheimer Relations-Courier'
Beym Reichs-Hof-Rath ist ein hartes Conclusum wider den Stadt Magistrat zu Dünckelspiel abgefasset worden. Es hat nemlich die Bürgerschaft schon seit etlichen Jahren verschiedene grosse Beschwerden wider besagten Magistrat angebracht. Da nun selbiger von der schon längst dieserwegen alda angestellten Kays. Commission für schuldig befunden worden; so hat er nicht nur verschiedenes restituieren müssen, sondern es ist auch die dortige Regierungs-Form und bisherige gar zu grosse Obrigkeitliche Gewalt auf einen gantz andern und schwächern Fuß gesetzt worden.[73]	*Beym Reichs-Hof-Rath zu Wien ist ein hartes Conclusum wider die Reichs-Stadt Dünckelspiel abgefasset worden. Es hat nemlich die Bürgerschaft alda, schon seit etlichen Jahren, wider ihren Magistrat verschiedene Beschwerden gebracht, so, daß eine Kayserl. Commission, zu Untersuchung dieser Sache daselbst angestellt werden müsse. Da nun der Magistrat für schuldig befunden worden; so hat ihm der Reich-Hof-Rath nicht allein condemniret, verschiedenes zu restituiren, sondern auch die bisherige Regierungs-Form und Oberkeitliche Gewalt übern Hauffen geworffen, und die Sachen auf einen gantz andern Fuß gesetzet.*[74]

Rund drei Jahre später berichtete sogar die ,Frankfurter Oberpostamts-Zeitung', in der ansonsten kaum Nachrichten von reichsstädtischen Ereignissen zu finden sind, von einem scharfen Urteil wider den Dinkelsbühler Magistrat:

Regenspurg vom 30. Augusti. Man siehet alhier eine gedruckte Nachricht, wie die wegen der Streitigkeiten zwischen Magistrat und Bürgerschaft zu Dünckelspiel angeordnete Kayserl. [C]ommission schon am 11. Julii alda eingerücket sey; und bald Anfang dem Magistrat eine scharfe Lection [g]elesen; nicht weniger demselben alle Einnahme und Ausgabe genommen; ferner die Ehren-Aemter theils mit anderen Männern besetzet, theils ihnen noch 16. Personen von beyden Religionen zugeordnet, und das Stadt-Wesen in ganz anderm Stand gesetzet habe.[75]

Für den Nürnberger Reichshofratsprozess lassen sich vergleichbare Darstellungen nachweisen. Am 12. Februar 1731 wurde in den ,Kurtz gefassten Historischen Nachrichten' in der Rubrik *Von denen Edicten und Actis publicis* ein obrigkeitskritisches Reichshofratsurteil wiedergegeben.[76] Diesem zufolge sei dem Nürnberger Magistrat vom Wiener Reichsgericht befohlen worden, den klagenden Kaufleuten und ihren Unterstützern *wegen des anhero genommenen Recurses nichts widriges in Weg zu legen*.[77] Einmal mehr wird hier die Wichtigkeit des rechtlichen Konfliktaustrags hervorgehoben. Eine besonders motivierende Wirkung dürfte auch die Meldung der ,Mercurii Relation' vom 12. Mai 1731 ge-

---

[73] Kap. VIII.4.6, Nr. 7.
[74] Kap. VIII.4.6, Nr. 8.
[75] Vgl. Kap. VIII.4.6, Nr. 9.
[76] Vgl. Kap. VIII.4.6, Nr. 49.
[77] Kap. VIII.4.6, Nr. 49.

habt haben, nach der die Deputierten der Nürnberger Kaufmannschaft bereits kurz nach ihrer Ankunft in Wien mehrere Audienzen an hohen Orten gehabt hätten:

Ohnlängst seynd wider 2. Deputirte von der Nürnbergischen Kauffmannschaft und andern ihnen accedirten und alhier anlanget, und haben bereits an verschidenen hochen und andern Orten Audientz gehabt; die von ihnen gegen den Magistrat bey Kayserl. Majestät angebrachte Gravaminum allergnädigste Commission wird nun ehehalden wider eröffnet werden. Vile stehen in der Persuasion, daß dise Sache alhier wohl schwerlich werde können abgethan sondern einer Local Commission umb ad Fontem zu gehen, alle Gravamina daselbst zu untersuchen, aufgetragen werde.[78]

Bemerkenswert ist auch die Tatsache, dass die ‚Wöchentliche Relation' zum Publikationsforum[79] der klagenden Kaufleute wurde. Im Mai und Juni 1731 wurde, aufgeteilt auf immerhin vier Ausgaben, ein magistratskritisches Memorial der Nürnberger Handelsleute abgedruckt.[80] Die Kaufleute konnten so ihren Protest – unter anderem hieß es, dass wegen des wirtschaftspolitischen Versagens des Magistrats die *meisten Nürnbergischen Kaufleute fast Hungers sterben müsten*[81] – vor einem breiten Publikum kundtun. Im vierten Teil des Memorials wurde besonders das schlechte Image der Reichsstadt als Wirtschaftsstandort akzentuiert und das Bürgerrecht als *Joch* bezeichnet:

Es wäre darum auch kein Wunder, daß bishero nicht ein einiger, wie oft mans auch tentiret hätte, zum Bürger-Recht, welches anderer Orten sehr hoch gehalten würde, umsonst hätte gebracht werden können, sondern sich einige lieber, die Stadt zu quittiren resolviren wollen. Ausländer müsten hieraus schliessen, daß dieses an andern Orten so theure Kleinord zu Nürnberg ein unterträgliches Joch wäre, und deswegen hätte sich auch in fast undencklichen Jahren keine ausländischer Capitalist darum angemeldet.[82]

Im Kern hob auch dieses Memorial auf den Reformbedarf der Reichsstadt ab. Einen ähnlichen Fall finden wir im Jahr 1731. Hier war es allerdings ein halbjährlich erscheinendes Periodikum, die ‚Historische Beschreibung der denckwuerdigsten Geschichten' in Europa, in welcher der Nürnberger Prozess einen Niederschlag fand. Die immerhin sechsseitige *Quint-Essence* der Ereignisse beinhaltete ebenfalls den Abdruck eines bürgerschaftlichen Memorials für die kaiserliche Gerichtsbarkeit.[83] Aufgrund der Vielzahl an

---

[78] Kap. VIII.4.6, Nr. 51.
[79] Vgl. allgemein zur Funktion von Zeitungen als Publikationsforen: Holger Böning: Weltaneignung durch ein neues Publikum. Zeitungen und Zeitschriften als Medientypen der Moderne. In: Johannes Burkhardt/Christine Werkstetter (Hg.): Kommunikation und Medien in der Frühen Neuzeit. München 2005 (Historische Zeitschrift Beihefte. Neue Folge. Bd. 41). S. 116f.; Andreas Würgler: Unruhen und Öffentlichkeit. Städtische und ländliche Protestbewegungen im 18. Jahrhundert (Frühneuzeit-Forschungen. Bd. 1). Tübingen 1995. S. 214; Gestrich: Early Modern State (Anm. 9). S. 11f.
[80] Vgl. Kap. VIII.4.6, Nr. 54, 55, 56.
[81] Kap. VIII.4.6, Nr. 54.
[82] Kap. VIII.4.6, Nr. 56.
[83] Vgl. Kap. VIII.4.6, Nr. 48. Auch dieses Memorial enthält die gängigen Anschuldigungen gegen den Magistrat. Bemerkenswert ist, dass die Nürnberger Ereignisse als die einzige nennenswerte Neuigkeit aus den Gebieten Schwaben und Franken bezeichnet werden (*Die Schwäbische und Fräncki-*

Meldungen in den frühen 1730er Jahren lässt sich in Bezug auf den Nürnberger Reichshofratsprozess also durchaus von einem Medienereignis sprechen. Dass das Verfahren einen hohen Bekanntheitsgrad erreichte, veranschaulicht eine eher beiläufige Formulierung in der ‚Wöchentlichen Relation' vom 26. April 1735: Ohne nähere Erläuterung wurde hier von einem Votum ad Imperatorem in der *bekannten Nürnberg. Streitigkeit* berichtet.[84]

Wir können also im Wesentlichen zwei Funktionen von Zeitungen festhalten: Zum Ersten leisteten sie – wie Zeitschriften und Intelligenzblätter [85] – als Alternative zu den großen enzyklopädischen Unternehmen einen wichtigen Beitrag zur Wissenssicherung jenseits der in Bibliotheken und Archiven akkumulierten Bestände. Zeitungen gaben dabei schon im ersten Drittel des 18. Jahrhunderts einem breiten Publikum „Weltorientierung"[86] in politischen und juristischen Angelegenheiten. Dies geschah einerseits durch die Verbreitung von allgemeinem prozessrelevantem Wissen (vor allem zum Verfahrensrecht, zur Stellung und zu den Kompetenzen des Reichshofrats) und andererseits durch aktuelle und prozessspezifische Informationen (vor allem die Wiedergabe von Reichshofrats-Conclusa). Dieser Befund stimmt mit der Einschätzung des hellsichtigen Zeitgenossen und Zeitungsbefürworters[87] Kaspar Stieler (1632–1707) überein, der pointiert formulierte, dass aus Zeitungen in kürzester Zeit das gesamte Reichsrecht erlernt werden könne.[88]

Zum Zweiten hatten Zeitungen durch ihre tendenziell magistratskritische Berichterstattung eine motivierende und mobilisierende Funktion für bürgerschaftliche Oppositionsbewegungen. Im Fall Nürnberg geschah dies in den 1730er Jahren durch die Münchner ‚Mercurii Relation', in den 1720ern durch das ‚Wiener Blättlein'. Es gibt wohl kaum eine Stelle, in welcher derart explizit auf die Entstehung von Gegenöffentlichkeiten durch Zeitungen verwiesen wird, wie im Schreiben des Nürnberger Konsulenten Scheurl an den Gesandten Walther vom Juni 1723. Mit Bezug auf das ‚Wiener Blättlein' schrieb er:

Gleichwie uns aber nicht allein sehr zu Gemüth dringt, d[ass] *wir auf solche boshaffte und ungegründete Weiß nicht allein fast im ganzen Röm. Reich diffamiert, sondern auch, d*[ass] *diese Zeitung unter unsere Burgerschaft herumgehen, [...] und dieselbe hierdurch nur zur Entziehung des schuldigen Respects, liebe und Vertrauens verleitet werden solle.*[89]

---

schen Neuigkeiten sind dißmahl gar rar, ausser daß man dem geneigten Leser nachfolgendes von Nürnberg. welches unter dem Titul: Quint-Essence &c. Im Druck herauskame, jetzo mittheilet.)

[84] Kap. VIII.4.6, Nr. 61: *In der bekannten Nürnberg. Streitigkeit ist jüngsthin auf das von dem Kays. Reichs-Hofrath bereits unter den 27. Jan. vorigen Jahres ad Imperatorem erstattete Votum die Kayserl. Resolution erfolgt, daß die vorgewesene Commission wieder eröffnet, und darin angebrachte Beschwerden weiter untersucht und erörtert werden sollen.*

[85] Vgl. zur Bedeutung von Zeitschriften und Intelligenzblättern als Wissensspeichern Wolfgang Wüst: Sammlungsauftrag und Wissenssicherung in Intelligenzblättern. Regionale Alternativen zur ‚großen' Enzyklopädie? In: Zeitschrift des Historischen Vereins für Schwaben. 95. 2002, hier S. 159–182.

[86] Holger Böning: Zeitung und Aufklärung. In: Welke/Wilke: 400 Jahre Zeitung (Anm 66). S. 306.

[87] Vgl. Jeremy D. Popkin/Jack R. Censer: Some paradoxes of the eigtheenth-century periodical. In: Hans-Jürgen Lüsebrink/Jeremy D. Popkin (Hg.): Enlightenment, Revolution an the Periodical Press. Oxford 2004 (Studies on Voltaire and the Eighteenth Century. Bd. 6). S. 5.

[88] Vgl. Böning: Weltaneignung (Anm. 79). S. 115f.

[89] StAN. Rst. Nbg., Rep. 26/2, Nr. 89. Bedenken des Konsulenten Scheurl vom 6.6.1723.

Hervorzuheben ist besonders die ‚Wöchentliche Relation' aus Halle mit ihren edukativen Passagen, primär deshalb, weil sie ihre aufklärerische Funktion als Teil ihres Selbstverständnisses formulierte. Im Fall Biberach bot sie ihren Lesern trotz magistratskritischer Tendenzen keine klare und eindeutige Interpretation der Ereignisse. In ihrer Meldung vom 21. Februar 1733 über die Tumulte gab sie sich bewusst neutral[90] und überließ es ihren Lesern, über die Vorkommnisse zu räsonnieren: *Welche Vermuthungen, wie man sie hier lediglich referiret, man also auch eines jeden eigener Beurtheilung überläßt.*[91] Indem Zeitungen dem reichsstädtischen Publikum eine Kritik- und Urteilsfähigkeit in juristischen und politischen Angelegenheiten vermittelten, trugen sie entscheidend zur Bildung von Gegenöffentlichkeiten bei.[92] Von einem passiven Beiwerk, einer lediglich als Staffage dienenden Bevölkerung kann in Bezug auf die zu Unrecht parodierten und gescholtenen Reichsstädter jedenfalls nicht gesprochen werden.

1.3 Der Reichshofrat im Spiegel der ‚großen Reichspublizistik'

1.3.1 Veröffentlichungen zum Reichshofratsrecht

Johann Christoph Uffenbach: – ‚Tractatus de Excellsissimo Consilio Caesareo-Imperiali Aulico' (1683/1700)

Auch wenn die juristische Fachliteratur zum Reichshofrat für ein gelehrtes und exklusives Publikum bestimmt, also generell von geringerer Breitenwirkung war, gewann auch sie im ersten Drittel des 18. Jahrhunderts stark an Bedeutung. So verstärkten sich im Zuge der von Joseph I. und Karl VI. betriebenen Reichspolitik die Bemühungen, das Reichs- und Territorialstaatsrecht zu sammeln, zu ordnen und zu speichern sowie es zu kompilieren und zu publizieren.

Das bis zum Ende des 17. Jahrhunderts bedeutendste Grundlagenwerk zum Reichshofrat war der 1683 verfasste und 1700 neu aufgelegte ‚Tractatus de Excellsissimo Consilio Caesareo-Imperiali Aulico' – mit dem deutschen Untertitel ‚Vom Kayserlichen Reichs-Hof-Rath' – des aus einer Frankfurter Gelehrtendynastie[93] stammenden Reichshofrats Johann Christoph Uffenbach. Das Werk war ein ebenso umfangreiches wie viel rezipier-

---

[90] Zum Ideal einer neutralen Bewertung Sonja Schultheiß-Heinz: Propaganda in der Frühen Neuzeit. In: Wolfgang E. J. Weber (Hg.): Wissensfelder der Neuzeit. Entstehung und Aufbau der europäischen Informationskultur. Sommerakademie des Graduiertenkollegs Augsburg. 2.–6.9.2002 (Mitteilungen des Instituts für Europäische Kulturgeschichte der Universität Augsburg. Sonderheft 2003). Augsburg 2003. S. 255; Johannes Weber: Straßburg 1605: Die Geburt der Zeitung. In: Jahrbuch für Kommunikationsgeschichte. 7. 2005, hier S. 3–26.

[91] Kap. VIII.4.6, Nr. 5.

[92] Vgl. dazu Peter von Polenz: Deutsche Sprachgeschichte vom Spätmittelalter bis zur Gegenwart. Berlin/New York 1994. Band 2: 17. und 18. Jahrhundert. S. 18; Würgler: Unruhen und Öffentlichkeit (Anm. 79) sowie Böning: Weltaneignung (Anm. 79). S. 129.

[93] Vgl. Rudolf Jung: Art. Uffenbach, Johann Friedrich von. In: Historische Kommission bei der Bayerischen Akademie der Wissenschaften und der Bayerischen Staatsbibliothek (Hg.): Allgemeine Deutsche Biographie, Elektronische Version (http://mdz1.bib-bvb.de/~ndb/adb_index.html, Stand: 1.2.2010) (= ADB. Leipzig 1895. Bd. 39. S. 132).

tes Opus Magnum in Folio, eine Sammlung von enzyklopädischem Charakter. Neben historischen und verfassungsrechtlichen Abhandlungen enthielt es normative und administrative Texte (zum Beispiel diverse Ordnungen von Reichshofrat und Reichskanzlei) ebenso wie Angaben zu Titulaturfragen oder zum Personal. Mit Hilfe von Sitzplänen, schematisierten und in Baumstruktur aufbereiteten Verfahrensabläufen oder abgedruckten Vota, Re- und Correlationes versuchte Uffenbach, das Prozedere der Entscheidungsfindung transparent zu machen. Charakteristisch ist die Glorifizierung des Reichsgerichts, sei es durch eine angeblich erste Reichshofratsordnung aus der Karolingerzeit, durch reichsikonographische Verzierungen oder durch Widmungen, Laudationes und Gedichte. Trotz einer leserfreundlichen Aufbereitung (durch Orientierungs- und Lesehilfen wie zum Beispiel Marginalien) war das Werk nur schwer verständlich, da es, wie Johann Jacob Moser kritisch anmerkte, von einem mit *scholastischen Terminis verunziehrten* deutsch-lateinischen Mischstil geprägt war.[94] Auch die im Titel erkennbare Dominanz des Lateinischen verweist auf einen exklusiven Adressatenkreis.[95] Es kann als gesichert gelten, dass insbesondere die Rechtsgelehrten reichsständischer Prozessparteien mit diesem Grundlagenwerk vertraut waren. Für die Reichsstadt Augsburg lässt sich beispielsweise eine explizite Bezugnahme nachweisen: So wurde noch 1737/38 in der Wiener Korrespondenz des Augsburger Magistrats über die Besoldungspraxis der Reichshofratsagenten mit Verweis auf Uffenbach gestritten.[96] Uffenbachs Anleitung diente den Vertretern des Augsburger Rats hier als Argumentationsgrundlage für ihre Auseinandersetzung mit seinem Reichshofratsagenten Vogel in der Frage, ob dieser das Kopieren von Prozessakten für sein Privatarchiv in Rechnung stellen dürfe. Es sei durchaus üblich, so das Ergebnis der Nachforschungen, dass Reichshofratsagenten kleine Archive anlegten, um – insbesondere beim Verlust von Prozessmaterial – einen zügigen Verfahrensverlauf zu gewährleisten.[97] Das geradezu selbstverständliche Zitieren des Tractatus (*wie es auch Uffenbach in seinem tractat anführet*)[98] deutet auf einen hohen Bekanntheitsgrad, eine große Autorität und eine breite Rezeption dieses Grundlagenwerkes hin. Ganz ähnlich, und dies ist umso bemerkenswerter, lautete die frühe Bezugnahme im Memorial der protestierenden Frankfurter Bürger aus dem Jahr 1707 (*wie sie Christoph von Uffenbach in offenem truck ediret*).[99] Natürlich ist hier nicht zu eruieren, wessen Handschrift das Stück trägt und welchen Einfluss professionelle Juristen wie Advokaten und Reichshofratsagenten darauf hatten. Berücksichtigt man das Vorgehen protestierender Bürger in kleineren Reichsstädten (wie

---

[94] Moser: Unpartheyische Urtheile (Anm. 5). S. 508.
[95] Vgl. Wolfgang Neuber: Ökonomie des Verstehens. Markt, Buch und Erkenntnis im technischen Medienwandel der Frühen Neuzeit. In: Horst Wenzel/Wilfried Seipel/Gotthart Wunberg (Hg.): Die Verschriftlichung der Welt. Bild, Text und Zahl in der Kultur des Mittelalters und der Frühen Neuzeit. Mailand/Wien 2000 (Schriften des Kunsthistorischen Museums. Bd. 5). S. 183–189.
[96] Vgl. StadtAA. Reichsstadt Augsburg, Reichshofratsakten 5. Konzept eines Schreibens der Augsburger Stadtpfleger und des Geheimen Rats an Reichshofratsagent Vogel vom 3.1.1738.
[97] Vgl. Kap. IV.4.3.1.
[98] StadtAA. Reichsstadt Augsburg, Reichshofratsakten 5. Brief aus Wien nach Augsburg vom 9.12.1737.
[99] HHStA. MEA, RHR 8a, Akten zum Fall Bürgerschaft und Stadt Frankfurt contra den Magistrat daselbst 1707. Memorial der Frankfurter Abgeordneten, o. D. (1707). fol. 20.

die Kommissionsinszenierung in Schwäbisch Gmünd), so ist davon auszugehen, dass die Frankfurter Bürger nicht die einzigen waren, die durch Uffenbachs Traktat über Kenntnisse im Reichshofratsrecht verfügten.

Johann Friedrich Cramer – ‚Manuale Processus Imperialis […]' (1704/1730)

Hervorzuheben ist ferner, dass Reichshofratsliteratur in den Reichsstädten nachweislich verfügbar war. 1730 bewarb der Nürnberger ‚Friedens- und Kriegs-Courier' in seiner Ausgabe vom 3. Januar ein anderes einführendes Werk, das ‚Manuale Processus Imperialis', mit dem Hinweis, dass es nicht nur in Nürnberg (hier beim Verleger und Buchhändler Felsecker), sondern auch in Frankfurt erhältlich sei.[100] Das Manuale war erstmalig 1704 erschienen. Verfasst war es von einem Anonymus, herausgegeben und kommentiert wurde es von Johann Friedrich Cramer (gest. 27. Februar 1715), einem zunächst in brandenburg-ansbachischen und später in preußischen Diensten stehenden Rechtsgelehrten.[101] Cramer reiste eigens nach Wien, um sich mit dem Reichshofratsrecht vertraut zu machen.[102] Dass es noch 1730 gewinnbringend erschien, eine durch die Reichshofratsordnung von 1714 überholte Fassung des Werkes zu publizieren, lässt auf eine ungebrochene Nachfrage nach Reichshofratsliteratur schließen. Von Uffenbachs Traktat unterscheidet sich Cramers Werk durch den weit geringeren Umfang, mit ihm gemeinsam hat es das kennzeichnende Code-Switching zwischen dem dominanten universitären Juristenlatein und dem deutschen Reichsstil der eingeflochtenen Quellenbelege (zum Beispiel der Reichshofratsordnungen).[103]

Johann Christian Lünig – ‚Das Teutsche Reichs-Archiv' (1713)

Dieses von der Reichshofratsforschung weitgehend übersehene Manuale ist ein Beispiel dafür, dass auch die Region ihren Anteil an der Kodifizierung und Herausbildung der reichischen Rechtsordnung hatte.[104] In diesem Zusammenhang sind außerdem solche Nachschlagewerke zu erwähnen, die sich nicht monographisch mit dem Reichshofratsrecht beschäftigten. Hervorzuheben ist insbesondere Johann Christian Lünig, der wohl bedeutendste Reichspublizist dieser Phase. Lünig befasste sich schon 1713 in einem frühen Band seines 24-teiligen Reichs-Archivs mit der obersten Reichsgerichtsbarkeit und dem Reichshofrat. Ihm widmete er beispielsweise eine in Frage-und-Antwort-Form aufbereitete Einführung in das Wiener Reichsgericht,[105] dessen Effizienz er ausdrücklich

---

[100] Vgl. ‚Friedens- und Kriegs-Courier' vom 9.1.1730 (LAELKB. Zeitung 34). Das Buch in Oktav kostete 30 Kreuzer.
[101] Vgl. Steffenhagen: Art. Cramer, Johann Friedrich. In: Historische Kommission bei der Bayerischen Akademie der Wissenschaften und der Bayerischen Staatsbibliothek (Hg.): Allgemeine Deutsche Biographie, Elektronische Version (http://mdz1.bib-bvb.de/~ndb/adb_index.html, Stand: 1.1.2010) (=ADB. Leipzig 1876. Bd. 4. S. 548).
[102] Vgl. Steffenhagen: Cramer (Anm. 101). S. 548.
[103] Vgl. Johann Friedrich Cramer: Manuale Processus Imperialis [...]. Frankfurt 1730.
[104] Vgl. allgemein dazu Inken Schmidt-Voges: Wissensspeicher. Das Reich in Bild und Text. In: Stephan Wendehorst/Siegrid Westphal (Hg.): Lesebuch Altes Reich. München 2006 (Bibliothek Altes Reich. Bd. 1). S. 29f.
[105] Vgl. Johann Christian Lünig: Das Teutsche Reichs-Archiv. Leipzig 1713. Bd. 1. Hier: Teil II, 5. Buch, 4. Kapitel (‚Von dem Kayserlichen Reichs-Hof-Rath').

hervorhob: Zwar seien die Prozesse teurer als am Reichskammergericht, jedoch werden die Kosten *durch die Beschleunigung wieder eingebracht*.[106] Seine Einführung enthielt zudem Erläuterungen zum Verfahrensrecht, zu den Kompetenzen und zum Personal des Reichshofrats im Vergleich mit dem Reichskammergericht.[107] Lünigs Werk ist deswegen hervorzuheben, weil es vor dem Hintergrund intensiver europaweiter Bestrebungen zu sehen ist, das vorhandene juridische Wissen zu kodifizieren.[108] Es ist außerdem, Bernd Roeck folgend, Ausdruck einer wieder erstarkenden Reichsidee[109] und damit, Johannes Burkhardt folgend, ein Beleg dafür, wie sich das Reich in dieser Phase verstärkt durch Druckmedien inszenierte.[110] Das Titelschlagwort Archiv verweist zudem auf die Intention dieses publizistischen Programms, das gesamte Reichs- und Territorialstaatsrecht zusammenzutragen, zu ordnen, zu veröffentlichen und aufzubewahren.

Franz Winand von Bertram – ‚Breviculum Praxi Imperialis Aulicae' (1709)

Teil dieser reichspublizistischen Aktivitäten war auch das 1709 anonym veröffentlichte ‚Breviculum Praxi Imperialis Aulicae'. Beim Verfasser handelte es sich aller Wahrscheinlichkeit nach um den aus einer kurmainzischen Juristenfamilie stammenden Franz Winand von Bertram, der als Reichshofratssekretär, später dann als Geheimer Sekretär mit der Materie bestens vertraut war.[111] Wie Johann Christoph Uffenbach konnte Bertram auf persönliche Erfahrungen zurückgreifen und wie sein Bruder, der Registrator der lateinischen Expedition Raban Hermann,[112] gehörte Franz Winand Bertram zur Schönborn'schen Klientel. Und so ist es kein Zufall, dass Bertram sein Werk neben Joseph I. insbesondere Reichsvizekanzler Friedrich Karl von Schönborn widmete (als dessen ergebenster Klient er sich einleitend bezeichnete).[113] Inhaltlich stellt das in 12°

---

[106] Lünig: Reichs-Archiv (Anm. 105).
[107] Vgl. Lünig: Reichs-Archiv (Anm. 105). Hier: Teil IV. ‚Discurs von den beyden hoechsten Gerichten'. S. 53–92.
[108] Vgl. zu den Bemühungen auf nationaler Ebene Michael Stolleis: Geschichte des öffentlichen Rechts in Deutschland. München 1988. Bd. 1: Reichspublizistik und Policeywissenschaft 1600–1800. S. 265. Zu den Bemühungen auf internationaler Ebene vgl. Rainer Maria Kiesow: Die Ordnung des juridischen Wissens. In: Stammen/Weber: Wissenssicherung (Anm. 8). S. 61, 64.
[109] Vgl. Bernd Roeck: Art. Lünig, Johann Christian. In: Historische Kommission bei der Bayerischen Akademie der Wissenschaften und der Bayerischen Staatsbibliothek (Hg.): Neue Deutsche Biographie (NDB), Elektronische Version (http://mdz1.bib-bvb.de/~ndb/ndbmaske.html, Stand: 2.1.2010) (=NDB. Berlin 1987. Bd. 15. S. 468f.).
[110] Vgl. Johannes Burkhardt: Vollendung und Neuorientierung des frühmodernen Reiches 1648–1763. Stuttgart 2006 (Gebhardt Handbuch der deutschen Geschichte. Bd. 11). S. 449.
[111] Vgl. Anton Ph. Brück: Art. Bertram, Konstantin von. In: Historische Kommission bei der Bayerischen Akademie der Wissenschaften und der Bayerischen Staatsbibliothek (Hg.): Neue Deutsche Biographie (NDB), Elektronische Version (http://mdz1.bib-bvb.de/~ndb/ndbmaske.html, Stand: 2.1.2010) (=NDB. Berlin 1955. Bd. 2. S. 170f.); Gross: Reichshofkanzlei (Anm. 72). S. 426f. Franz Winand Bertram war seit 1676 lateinischer Reichshofratssekretär, zwischenzeitlich stieg er 1686 trotz Bedenken hinsichtlich seiner Kompetenz zum Geheimen Lateinischen Sekretär auf, wurde allerdings 1690 auf seine ursprüngliche Position zurückgestuft.
[112] Raban Bertram war von 1680–1712 Registrator der lateinischen Expedition. Während seiner Tätigkeit bei der Mainzer Gesandtschaft in Regensburg vertrat ihn sein Bruder Franz. Vgl. Gross: Reichshofkanzlei (Anm. 72). S. 462f., 470.
[113] Vgl. Franz Winand Bertram: Breviculum Praxis Imperialis Aulicae […]. Frankfurt 1709. Widmung.

gedruckte Werk eine konzise Einführung in die Prozesspraxis am Wiener Reichsgericht dar. Pragmatisch gesehen kann es als eine Art Vademecum betrachtet werden, dessen Rezipientenkreis auf lateinkundige Fachleute begrenzt gewesen sein dürfte. Den im Titel herausgestellten Praxisbezug anerkannte auch Johann Jacob Moser, der dem Werk zwar Brauchbarkeit zugestand, aber dessen Fehlerhaftigkeit, Oberflächlichkeit sowie fehlende Aktualität bemängelte.[114]

Dominik Alphons von Weingarten – ‚Verzeichnuß Derer [...] die Agenten, Procuratoren und Partheyen Betreffenden Decretorum Communium' (1728)

Mangelnde Aktualität des übrigen Schrifttums war auch für Dominik Alphons von Weingarten 1728 einer der Gründe, sein ‚Verzeichnuß Derer bey dem Kaiserl. höchst.-preislichen Reichs-Hof-Rath von dem Jahr 1613. bis ad Annum 1725 ergangenen die Agenten, Procuratoren und Partheyen Betreffenden Decretorum Communium' herauszugeben.[115] Bei diesem Werk handelte es sich im Gegensatz zu den vorhergehenden Beispielen aber nicht um eine allgemeine Einführung in den Reichshofratsprozess, sondern vielmehr um eine Quellensammlung zu den spezifischen rechtlichen Rahmenbedingungen der Reichshofratsagenten. Dessen ungeachtet ist es ein weiteres Beispiel für die vom Kaiserhof beziehungsweise vom Reichshofrat ausgehenden publizistischen Aktivitäten: Zum Ersten, weil der Verfasser als Türhüter zum Reichshofratspersonal gehörte, und zum Zweiten, weil es neben Karl VI. und dem Reichshofratspräsidenten von Wurmbrand ebenfalls Reichsvizekanzler Schönborn gewidmet war.[116] Weingarten selbst begründete die Veröffentlichung vor allem mit den reichspublizistischen Defiziten, der fehlenden Aktualität des Uffenbach'schen Traktats und der schwierigen Zugänglichkeit der bisherigen Dekrete. Damit ist Weingarten ein weiteres Beispiel für Angehörige des Reichshofrats, die sich der Verbreitung von juridischem Wissen zur Reichsgerichtsbarkeit verschrieben hatten.

1.3.2 Die Publikationen Johann Jacob Mosers

Zum bedeutendsten Publizisten der Reichshofratsliteratur avancierte der schon vielfach zitierte Johann Jacob Moser. Wie gezeigt, bemängelte Moser wiederholt, dass es noch in den 1720er Jahren an einer aktuellen, korrekten, praxisorientierten und nicht zuletzt rezipientenfreundlichen, das heißt auf Deutsch verfassten, Einführung in den Reichshofratsprozess fehlte.

---

[114] Vgl. Johann Jacob Moser: Unpartheyische Urtheile von Juridisch- und Historischen Büchern. Frankfurt/Leipzig 1725. Bd. 6. S. 527–530.

[115] Das Werk findet sich in auch in: HHStA. RHR, RK Verfassungsakten, RHR 51, Faszikel 2: Agenten 1710–1749.

[116] Vgl. Dominik Adolph von Weingarten: Verzeichnuß Derer bey dem Kaiserl. höchst.-preislichen Reichs-Hof-Rath Von dem Jahr 1613. bis ad Annum 1725 ergangenen/Die Agenten, Procuratoren Und Partheyen Betreffenden Decretorum Communium. Wien 1728. S. 2f.

‚Miscellanea Iuridico-Historica' (1729/30)

Schon in seinen ‚Miscellanea Iuridico-Historica', mit denen Moser *unedirte, aber des Lichts würdige*[117] juridische und historische Schriften aus eigener und fremder Feder publizierte, verfolgte er ein reichspatriotisch-aufklärerisches Programm. In den Miscellanea waren eine Reihe von Publikationen mit Bezug zum Reichshofrat gesammelt, wenngleich vergleichsweise unsystematisch. Im ersten Band war beispielsweise ein von Moser verfasstes *Reichs-Hof-Raths Gutachten wegen des Juris primariarum precum bey Patronat-Stifftern* zu finden.[118] Der Schwerpunkt des zweiten Teils hingegen lag eindeutig auf dem Reichshofratsprozess. Enthalten war eine Abhandlung Mosers zum *Remedio Supplicationis sive Revisionis* sowie eine *Dissertatio von Insinuation derer Reichs-Hof-Räthlichen Judicatorum und Exhibitorum*.[119] Wie in seinem Gesamtwerk verzichtete Moser dabei weitgehend auf theoretische Exkurse und dozierte stattdessen anhand zahlreicher, auch reichsstädtischer Beispiele (Augsburg, Weißenburg, Kaufbeuren) über die Reichshofratspraxis.[120] Die einleitende Widmung an seinen Patron, den Reichshofrat Johann Heinrich von Berger,[121] zeigt die fortbestehenden engen Verbindungen des inzwischen in Tübingen lehrenden Moser zum Kaiserhof und bringt auch die ‚Miscellanea' ins Umfeld einer von Wien aus angeregten Reichshofratspublizistik. Erwähnenswert ist die Vorrede Mosers, in der er seinen Lesern zusagte, umgehend eine praxisnahe und den *modum procedendi* betreffende Arbeit zum Reichshofratsprozess *auff die Art von Dissertationen oder Tractätlein in Teutscher Sprach* zu verfassen;[122] ein Versprechen, das er kurz darauf mit der ‚Einleitung zu dem Reichs-Hof-Raths-Proceß' erfüllte.

‚Einleitung zu dem Reichs-Hof-Raths-Proceß' (1731–1737)

Die zwischen 1731 bis 1737 erschienene und später neu aufgelegte vierbändige ‚Einleitung zu dem Reichs-Hof-Raths-Proceß' war die erste umfassende Einführung in das Reichshofratsrecht in deutscher Sprache. Bereits in der Sprachwahl wurde das reichspatriotische und aufklärerische Programm Mosers offenbar, der auch dem lateinunkundigen Publikum einen Zugang zu dieser Materie ermöglichen wollte.[123] Das Werk ist einem weiteren Patron Mosers, dem Reichshofrat Franz Wenzel Graf von Nostitz[124], einem Schwager von Reichsvizekanzler Schönborn[125], gewidmet. Mit seiner Einführung wollte Moser vor allem handlungsorientiertes Wissen zum Verfahrensrecht vermitteln, etwa, wer klageberechtigt war, wer einen Reichshofratsagenten benötigte, wie Gesandte

---

[117] Johann Jacob Moser: Miscellanea Iuridico-Historica. Frankfurt/Leipzig 1729. Bd. 1. Titelblatt.
[118] Moser: Miscellanea 1 (Anm. 117). S. 48–58.
[119] Johann Jacob Moser: Miscellanea Iuridico-Historica. Frankfurt/Leipzig 1730. Bd. 2. S. 320–574, 588–683.
[120] Vgl. Moser: Miscellanea 2 (Anm. 119). S. 596, 681.
[121] Vgl. Moser: Miscellanea 2 (Anm. 119). Widmung.
[122] Moser: Miscellanea 1 (Anm. 117). Vorrede.
[123] Vgl. Johann Jacob Moser: Einleitung zu dem Reichs-Hof-Raths-Proceß. Frankfurt/Leipzig 1737. Bd. 1. Vorwort.
[124] Vgl. Moser: Reichs-Hof-Raths-Proceß 1 (Anm. 123). Vorwort.
[125] Vgl. von Gschließer: Reichshofrat (Anm. 18). S. 397.

ihre Legitimität zu beweisen hatten oder wie Schriftstücke zu verfassen waren.[126] Dieser Praxisbezug und der Verzicht auf lange theoretische Exkurse wurden in zeitgenössischen Rezensionen als vorbildlich gelobt.[127] Herauszustellen ist der anschauliche *modus docendi*, also die Veranschaulichung der Materie mittels Beispielen wie Extrakten aus Reichshofrats-Conclusa.[128] Wie Mosers andere Publikationen[129] dürfte auch die ‚Einleitung' breit rezipiert worden sein. Einen kommerziellen Erfolg versprach sich jedenfalls der Nürnberger Verleger Felsecker, der das Werk im ‚Friedens- und Kriegs-Courier' gar mit einem *Nota Bene* versehen bewarb und den ersten Band für 45 Kreuzer feilbot.[130]

‚Reichs-Fama' (1727–1734)

Für seine Fallbeispiele konnte Moser auf ein reichhaltiges Repertoire gesammelter Reichshofrats-Conclusa zurückgreifen. Bereits seit 1727 hatte er monatlich die sogenannte ‚Reichs-Fama' herausgegeben. Sein erklärtes Ziel war es, aktuelle Begebenheiten und Beschlüsse, die sich am Reichstag, am kaiserlichen oder anderen Höfen zugetragen hatten und die in erster Linie das Öffentliche Recht betrafen, zu kommentieren und zu veröffentlichen. In mehreren Ausgaben der Reichs-Fama finden sich Beiträge zum Reichshofratsrecht, insbesondere Conclusa, Gutachten oder Eingaben. 1728 wurden beispielsweise die Jurisdiktionsstreitigkeiten zwischen dem Reichshofrat und dem Obristhofmeister thematisiert und erläutert.[131] Zudem waren zahlreiche reichsstädtische Prozesse vertreten, unter anderem Frankfurt[132], Mühlhausen[133], Isny[134], Weißenburg[135], Leutkirch im Allgäu[136], Wimpfen[137], Biberach[138] oder Nürnberg.[139] Wiedergegeben wurden meist die Eingaben der Prozessparteien, die entsprechenden Conclusa sowie historische und juristische Erläuterungen Mosers. Durch diese zeitnahe Veröffentlichung von Prozessmaterial – etwa offizielle bürgerschaftliche Beschwerdeschriften, Gegendarstel-

---

[126] Vgl. u. a. Johann Jacob Moser: Einleitung zu dem Reichs-Hof-Raths-Proceß. Frankfurt/Leipzig 1737. Bd. 4. S. 408, 415–417, 514–579.
[127] Vgl. Nützliche und Auserlesene Arbeiten der Gelehrten im Reich (Anm. 4). S. 217.
[128] Vgl. beispielhaft: Moser: Reichs-Hof-Raths-Proceß 4 (Anm. 126). S. 304, 329, 415 mit Beispielen aus Prozessen in Frankfurt, Mühlhausen und Nürnberg.
[129] Darauf, dass Mosers Werke insgesamt eine starke Rezeption erfuhren, verweist etwa Sabrina-Simone Renz: Johann Jacob Mosers staatsrechtlich-politische Vorstellungen. ‚Niemals war je eine so merkwürdige Zeit, niemals ein solcher Kampf zwischen Finsternis und Licht, Vernunft und Glauben, Natur und Gnade.' Würzburg 1997 (Spektrum Politikwissenschaft. Bd. 2). S. 98f.
[130] Vgl. ‚Friedens- und Kriegs-Courier' vom 15.8.1731 (LAELKB. Zeitung 35).
[131] Vgl. Johann Jacob Moser: Reichs-Fama […]. Frankfurt/Leipzig 1729. Bd. 3. S. 273–294.
[132] Vgl. Moser: Reichs-Fama 3 (Anm. 131). S. 312–327; Ders.: Reichs-Fama […]. Frankfurt/Leipzig 1731. Bd. 4. S. 473–475.
[133] Vgl. Moser: Reichs-Fama 4 (Anm. 132). S. 1–29; Johann Jacob Moser: Reichs-Fama […]. Frankfurt/Leipzig 1731. Bd. 7. S. 240–243.
[134] Vgl. Moser: Reichs-Fama 4 (Anm. 132). S. 317–342.
[135] Vgl. Moser: Reichs-Fama 4 (Anm. 132). S. 342–344.
[136] Vgl. Moser: Reichs-Fama 4 (Anm. 132). S. 471f.
[137] Vgl. Moser: Reichs-Fama 4 (Anm. 132). S. 483f.
[138] Vgl. Moser: Reichs-Fama 4 (Anm. 132). S. 485–490.
[139] Vgl. Moser: Reichs-Fama 7 (Anm. 133). S. 475–524.

lungen des Magistrats sowie teilweise anonyme Flugschriften[140] – erfüllte die Reichs-Fama eine wichtige Informationsfunktion in reichspolitischen Angelegenheiten. Dass dieses Werk reichspatriotisch motiviert war und ohne den Reichsvizekanzler Schönborn nicht denkbar gewesen wäre, zeigt die ausführliche Widmung im dritten Teil der Reichs-Fama.[141]

‚Merckwürdige Reichs-Hof-Raths-Conclusa' (1725–1732)

Neben der ‚Reichs-Fama' publizierte Moser zwischen 1725 und 1732 eine weitere umfassende Quellenedition. Sie trug den Titel ‚Merckwürdige Reichs-Hof-Raths-Conclusa' und war mit durchschnittlich über 1 000 Seiten pro Band und insgesamt über 5 000 Conclusa (exklusive zahlreicher Supplemente) ein veritables Großprojekt. Durch ausführliche Orts- und Sachregister sowie chronologisch sortierte Prozesslisten war das Werk leseökonomisch und benutzerorientiert aufbereitet.[142] In seiner Einleitung gebrauchte Moser mehrfach lichtmetaphorische Wendungen, um die aufklärerische Leistung dieser Veröffentlichung zu betonen.[143] Die Auswahl der Conclusa sei so *beschaffen, das daraus etwas erlernet werden*[144] könne, betonte Moser die edukative Funktion der Quellensammlung. Und in einer frühen Werbeanzeige im ‚Friedens- und Kriegs-Courier' wurde explizit darauf verwiesen, dass hieraus der *Modum & Stylum* des Reichsgerichts erlernt werden könne.[145] *Merkwürdig* waren für Moser auch vermeintlich unscheinbare Urteile,[146] darunter solche zu den vielen reichsstädtischen Prozessen, denen er großes Gewicht einräumte. Selbst die Conclusa oder Rezesse zu Verfahren kleinerer oder kleinster Territorien wie Dinkelsbühl[147], Mühlhau-

---

[140] So zum Beispiel im Falle der Nürnberger Reichshofratsprozesse. Vgl. Moser: Reichs-Fama 7 (Anm. 133). S. 475–524.

[141] Moser, so seine Darstellung, sei mittellos nach Wien gekommen und habe durch Schönborn intensive Unterstützung erfahren. Schönborn habe ihm Audienzen beim Kaiser und einige Aufträge bei Reichshofrat Nostitz vermittelt und sich für eine Reichshofratsagentenstelle eingesetzt. Vgl. Moser: Reichs-Fama 3 (Anm. 131). Dedicatio und Vorrede.

[142] Vgl. erneut Zedelmaier: Facilitas inveniendi (Anm. 8). S. 192f., 201.

[143] Zum Beispiel: *Dann 1. wird jeder [...] befinden, daß dadurch mancher wichtiger oder curioser Punct der Teutschen Reichs-Historie unserer Zeit ein gantz treffliches und besonderes bißhero etwa nur wenigen Leuten bekanntes Licht bekommen wird.. 3. Erhellet aus diesen Conclusis überhaupt [...]* Zitate aus: Johann Jacob Moser: Merckwürdige Reichs-Hof-Raths-Conclusa [...]. Frankfurt 1726. Bd. 1. Einleitung.

[144] Moser: Reichs-Hof-Raths-Conclusa 1 (Anm. 143). Einleitung.

[145] ‚Friedens- und Kriegs-Courier' vom 20.6.1726 (LAELKB. Zeitung 32).
1731 sind die Merkwürdigen Reichs-Hof-Raths-Conclusa auf einer Liste der auf der Frankfurter Messe 1731 erschienenen Titel zu finden. Vgl. StAN. Nürnberger Druckschriften Rep. 56, Nr. 445. ‚Catalogus Universalis, Pro Nundinis Francofurtensibus Vernalibus De Anno MDCCXXXI [...] Das ist: Verzeichnueß der Buecher, so zu Franckfurt am Mayn, in der Oster-Meß 1731. entweder ganz neu, oder sonst verbessert, oder aufs neue wiederum auffgelegt, in den Buchgaß verkaufft werden'. S. 13.

[146] Vgl. Johann Jacob Moser: Merckwürdige Reichs-Hof-Raths-Conclusa [...]. Frankfurt 1732. Bd. 8. Vorwort.

[147] Vgl. Reichshofrats-Conclusum zu Dinkelsbühl vom 15.6.1726. In: Johann Jacob Moser: Merckwürdige Reichs-Hof-Raths-Conclusa [...]. Frankfurt 1727. Bd. 3. S. 48–70.

sen[148], Wangen[149] oder Leutkirch im Allgäu[150] wurden in aller Vollständigkeit und mit einer Länge von bis zu 25 Seiten aufgenommen. Bedenkt man, dass es sich bei den Conclusa größtenteils um magistratskritische Urteile mit Symbol- beziehungsweise Beispielcharakter handelte, so ist auch dieser Publikation ein Anteil bei der Entstehung einer kritischen Öffentlichkeit beizumessen.

Das in der zeitgenössischen Publizistik keinesfalls seltene Schlagwort *merkwürdig* kann in seiner Bedeutung von memorabel oder erinnerungswürdig erneut als Verweis auf die Idee einer Wissensspeicherung und damit auf das Ziel eines umfassenden Reichsarchivs gedeutet werden. Dass dieses Projekt vom Kaiserhof direkt beziehungsweise indirekt gefördert wurde, dafür sprechen einmal mehr die Widmungen in den verschiedenen Bänden: Den ersten Band der Merkwürdigen Urteile schmückt ein Porträt des Reichshofratspräsidenten von Windischgrätz, den zweiten das Konterfei Schönborns und den dritten sollte ein Bild des amtierenden Reichshofratsvizepräsidenten von Wurmbrand zieren (hier blieb es in Ermangelung eines Bildes bei einer Widmung). Man könnte auch von den wichtigsten Vertretern der reichspolitischen Fraktion am Wiener Hofe sprechen.[151] Besonders seine guten Kontakte zu Reichsvizekanzler Schönborn, für den Moser Anfang der 1720er Jahre in Wien als Gutachter tätig war,[152] lassen darauf schließen, dass Mosers Bemühungen Teil einer größeren reichspublizistischen Initiative zum Aufbau eines umfassenden Reichsarchivs waren.

---

[148] Vgl. Reichshofrats-Conclusum zu Mühlhausen 9.10.1727. In: Johann Jacob Moser: Merckwürdige Reichs-Hof-Raths-Conclusa [...]. Frankfurt 1730. Bd. 6. S. 977–1002.

[149] Vgl. Reichshofrats-Conclusum zu Wangen vom 28.1.1717. In: Moser: Reichs-Hof-Raths-Conclusa 1 (Anm. 143). S. 32–40.

[150] Vgl. Reichshofrats-Conclusum zu Leutkirch vom 21.3.1721. In: Moser: Reichs-Hof-Raths-Conclusa 1 (Anm. 143). S. 232–243.

[151] Vgl. dazu Karl Otmar von Aretin: Das Alte Reich. Stuttgart 1997. Bd. 2: Kaisertradition und österreichische Großmachtpolitik (1684–1745). S. 266. Seine Aktivitäten im Sörgel-Prozess weisen Windischgrätz durchaus als Befürworter einer aktiven Reichspolitik aus (vgl. Petry: Demokratischer Aufbruch [Anm. 59]. S. 146 et passim). Es sei erneut darauf hingewiesen, dass die in der Forschung lange vorgenommene Aufteilung in zwei Parteien und Interessenssphären (Erblande und Reich) am Hofe ein fragwürdiges Konstrukt ist. Vgl. erneut Andreas Pečar: Die Ökonomie der Ehre. Der höfische Adel am Kaiserhof Karls VI. (1711–1740). Darmstadt 2003 (Symbolische Kommunikation in der Vormoderne). S. 72–74; Burkhardt: Vollendung und Neuorientierung (Anm. 110). S. 362f.

[152] Zur Tätigkeit Mosers am Wiener Hof vgl. Renz: Staatsrechtlich-politische Vorstellungen (Anm. 129). S. 31f. sowie allgemein Erwin Schömbs: Das Staatsrecht Johann Jakob Mosers (1701–1785). Zur Entstehung des historischen Positivismus in der deutschen Reichspublizistik des 18. Jahrhunderts. Berlin 1968 (Schriften zur Verfassungsgeschichte. Bd. 8). S. 156f.; Stolleis: Geschichte des öffentlichen Rechts (Anm. 108). S. 263.

2. Sammlung des Reichs- und Territorialstaatsrechts

2.1 Das Reichsarchiv

Am Aufbau eines ‚Reichsarchivs' wurde nicht nur ‚virtuell' durch Druckmedien, sondern auch im wörtlichen Sinne gearbeitet. So war der Bau des neuen Reichskanzleitrakts der Wiener Hofburg zwischen 1723 und 1730, zunächst durch Johann Lukas von Hildebrandt (1668–1745) und später Josef Emanuel Fischer von Erlach (1693–1742),[153] ein weiterer bedeutender Schritt zu einer systematischen Sammlung des Reichs- und Territorialstaatsrechts. Errichtet wurde der Flügel, der Reichskanzlei und Reichshofrat beherbergen sollte, vor dem Hintergrund eines Baubooms in der Kaiserstadt. Als Teil der sukzessive erneuerten Hofburg stand die Maßnahme im Dienste der Selbstinszenierung Karls VI.; gleichzeitig symbolisierte das von Konrad Adolph von Albrecht (1682–1751) konzipierte Deckenfresko des Hauptsaales ein enges partnerschaftliches Verhältnis von Kaiser und Reich, wie es für die politischen Vorstellungen der Schörnborns kennzeichnend war.[154] Die Baumaßnahme, für welche die Hofkammer und die Reichskanzlei zuständig waren, ist sogar als „architektonisch ausgetragene[s] Prestigeduell um Einfluss, Macht und Ansehen"[155] zwischen Karl VI. und Friedrich Karl von Schönborn interpretiert worden. In jedem Fall war sie, so die These, auch der bis dato singulären Vermehrung an Reichshofratsverfahren und Prozessakten geschuldet. Von einer Vermehrung der Justizsachen als Ursache für die Baumaßnahme war beispielsweise auch in Zeitungen wie der ‚Wöchentlichen Relation' aus Halle zu lesen:

> *Weil die Reichs-Cantzley wegen der allzuvielen Staats- und Justiz-Sachen erweitert werden soll, so hat der Reichs Vice-Cantzler mit Ihro Kayser. Maj. Genehmigung bey denen vornehmsten Reichs-Ständen um einen selbst-beliebigen Beytrag angehalten: da dann I. Churfl. Durchl. von Bayern 1000 Ducaten dazu verwilligt haben.*[156]

Für Schönborn, den Spiritus Rector des Projekts, war, wie ein späterer Brief an die Reichsstadt Augsburg belegt, die Modernisierung *deren höchst nöttigen Reichs Archiven* daher von essentieller Bedeutung.[157] Welche Zustände davor herrschten, lässt sich erahnen und teilweise rekonstruieren, wenn man die Briefe der Reichskanzleiangestellten an den Mainzer Kurfürsten aus den Jahren 1736 und 1737 heranzieht. In ihrem Brief vom

---

[153] Vgl. Harry Kühnel: Die Hofburg zu Wien. Graz/Köln 1964. S. 48.

[154] Zur Symbolik des Deckenfreskos vgl. Franz Matsche: Die Kunst im Dienst der Staatsidee Kaiser Karls VI. Ikonographie, Ikonologie und Programmatik des ‚Kaiserstils'. Berlin 1981 (Beiträge zur Kunstgeschichte. Bd. 1). S. 44.

[155] Christian Benedik: Die Architektur als Sinnbild der reichsstaatlichen Stellung. In: Harm Klueting (Hg.): Das Reich und seine Territorialstaaten im 17. und 18. Jahrhundert. Aspekte des Mit-, Neben- und Gegeneinander. Münster 2004 (Historia profana et ecclesiastica. Bd. 10). S. 109.

[156] ‚Wöchentliche Relation' aus Halle vom 16.5.1722 (SuUB. Ja 2454/3).

[157] StadtAA. Rst. Augsburg, Reichshofratsakten 2. Brief F. K. Schönborns an die Reichsstadt Augsburg vom 6.3.1728 (Kopie). Vgl. auch HHStA. RHR, MEA Reichskanzlei und Taxamt 45, Konvolut 8. Brief des Mainzer Kurfürsten an den Reichsvizekanzler Schönborn vom 13.3.1728 (Entwurf).

27. März 1737 warnten beispielsweise die Reichskanzlei-Registranten davor, die erst kürzlich aufwändig geordneten Judizialakten wieder in das feuchte, dunkle, alte Kellergewölbe (wo man im Winter nur vier Stunden pro Tag wegen der schlechten Beleuchtung arbeiten könne) zurückzubringen.[158] Die Akten würden wegen der darunter fließenden Kloake und der daraus resultierenden Luftfeuchtigkeit verfaulen, zudem, so die Registranten, bestehe eine erhöhte Gesundheitsgefahr für die Mitarbeiter und durch die Nähe zur Küche der Reichskanzlei eine akute Feuergefahr.[159] Diese Schilderungen sind sicherlich übertrieben, zumal man die Situation am Mainzer Hof weitaus weniger dramatisch einschätzte.[160] Dennoch ist es bezeichnend, dass zahlreiche Kanzleiangestellte das Erbe jener Schönborn'schen Reformen in Gefahr wähnten, die der Reichsvizekanzler in den 1720er Jahren vorangetrieben hatte.

Schönborn selbst gab über die Zielsetzung dieses Unternehmens in mehreren an die Reichsstände gerichteten Briefen Auskunft. In seinem Schreiben vom 10. Dezember 1721 an seinen Onkel, den Mainzer Kurfürsten Lothar Franz von Schönborn, präsentierte er sich als Motor des Kanzleiausbaus: Mit Erfolg habe er Karl VI. um Unterstützung für den Neubau gebeten, indem er ihn an die Bedeutung des Rechtswesens als Herrschaftsfundament erinnert, ihn über die unordentliche Lagerung der Prozessakten in Kenntnis gesetzt und ihn dezidiert auf dadurch verursachte Mängel im Justizwesen hingewiesen habe.[161] Zur Finanzierung setzte Schönborn besonders auf die Spendenbereitschaft der Reichsritterschaft und der Reichsstädte.[162] Und so nimmt es nicht wunder, dass er ausdrücklich an die Großzügigkeit dieser besonders treuen Reichsstände appellierte. Zur Begründung der Maßnahmen schrieb Schönborn im Schreiben an den Augsburger Magistrat vom 28. Mai 1722:

---

[158] Vgl. HHStA. MEA, Reichskanzlei und Taxamt 49, Konvolut 6, Akten betreffend die bessere Unterbringung der Reichshofkanzlei-Registratur. Protestbrief der Geheimen Reichshofkanzlei-Registranten Johann Adam von Richardt, Johann Paul Segler, Johann Martin Ketterer, Lorentz Lipp, Johann Georg Bischof an den Mainzer Kurfürsten vom 27.3.1737.

[159] Vgl. HHStA. MEA, Reichskanzlei und Taxamt 49, Konvolut 6, Akten betreffend die bessere Unterbringung der Reichshofkanzlei-Registratur. Protestbrief der Geheimen Reichshofkanzlei-Registranten Johann Adam von Richardt, Johann Paul Segler, Johann Martin Ketterer, Lorentz Lipp, Johann Georg Bischof an den Mainzer Kurfürsten vom 27.3.1737.

[160] Vgl. HHStA. MEA, Reichskanzlei und Taxamt 44, Konvolut 6. Extrakt eines Briefes vom kurmainzischen Hofkanzler an den Resident von Gudenus vom 14.1.1736.

[161] Vgl. HHStA. MEA, Reichskanzlei und Taxamt 44, Konvolut 1, Nr. 2. Brief F. K. von Schönborns an den Mainzer Kurfürsten aus Wien vom 10.12.1721. Darin klagt der Reichsvizekanzler über den Platznotstand. Insbesondere für die Judicial-Registratur sei kein Raum vorhanden, so dass die *acta von langen Jahren her, auff der Erden herumbliegen, und dahero nothwendig unordnungen und hindernissen im Justiz Weeßen bei länger unterbleibender remedur entstehen müssten.*

[162] Vgl. HHStA. MEA, Reichskanzlei und Taxamt 44, Konvolut 1, Nr. 2. Brief F. K. von Schönborns an den Mainzer Kurfürsten aus Wien vom 10.12.1721.
Eher erfolglos war hingegen der Appell an die italienischen Territorien. Vgl. Matthias Schnettger: ‚Impero romano – Impero germanico'. Italienische Perspektiven auf das Reich in der Frühen Neuzeit. In: Ders. (Hg.): Imperium Romanum – irregulare corpus. Das Alte Reich im Verständnis der Zeitgenossen und der Historiographie. Mainz 2002 (Veröffentlichungen des Instituts für Europäische Geschichte Mainz Beiheft. Bd. 57). S. 61.

Nachdem in des Heyl. Romischen Reichs, sonderbahr in ein weilhehrig so gefahr-voll alß beschwehrlich gewesenen zancksüchtigen zeithen, die Reichs-Statts, undt rechts-Acta sich solcher massen häuffig vermehret, daß weder mit plaz zu legen, noch mit raumb zu haltung gutter Ordnung, undt fähigen dienstes in einige weise mehr fortzukommen ist, undt dan Ihro Kays. May. zu bezeigung dero ohnablässigen Reichs-Vätterlichen sorgfalt, undt zu des Heyl. Reichs wie dessen gesamter ständen hoheit undt bestem aus immerheegender höchsten wohl neigung gdst. entschlossen, so wohl hierzu, alß zu besser, undt ahnsehentlicher gemächlichkeit dero Kays. Reichs-Hoff-Raths, und der wohnung eines zeithlichen Reich-Hoff-Vice-Canzlers den bisherigen plaz zu erweitern [...][163]

Hier tritt Schönborn hinter dem Kaiser zurück. Dass Schönborn in seinem Schreiben von besonders gefahr- und zanksüchtigen Zeiten spricht, kann auch als Ausdruck einer Krisen- und Umbruchszeit interpretiert werden, die das Bedürfnis nach einer umfassenden Wissenssicherung verstärkt haben könnte.[164] Offensichtlich verfolgte Schönborn hier eine adressatenspezifische Diskursstrategie: Während in der für den Erzkanzler und wohl auch für andere Reichsstände gedachten Briefvorlage im Wiener Haus-, Hof- und Staatsarchiv nur allgemein von allzu vielen Reichsstaatsakten die Rede ist,[165] akzentuierte Schönborn im besagten Schreiben an den Augsburger Magistrat die außerordentliche Vermehrung der Reichsstadtsakten.[166] Bedenkt man, dass allein die Augsburger Kommission Prozessmaterial von mindestens 16 000 Seiten produzierte,[167] so wird deutlich, dass Schönborns Vorgehen mehr als eine gezielte Übertreibung zur Rechtfertigung der Geldforderungen war. Im Laufe der 1720er Jahre bat der Reichsvizekanzler wiederholt um weitere Beiträge und bezeichnete das Projekt dabei reichspatriotisch als eine *dem Ansehen und Nuzen deß Gemeinen Vatterlands höchstnothwendige und angelegene Sache*.[168] Um eine angemessene Beitragshöhe zu ermitteln, berieten sich die Reichsstädte gegenseitig in *alt Hergebrachte[m] Reichsstädt[ischen] Vertrauen*, wie es beispielsweise im Brief des Dinkelsbühler Magistrats an die Augsburger Stadtpfleger hieß.[169] Ein Blick auf das Korrespondenznetz belegt dabei einen Informationsaustausch Augsburgs mit schwäbischen Reichsstädten wie Ulm, Schwäbisch Hall, Biberach, Dinkelsbühl und Überlingen sowie mit weiter entfernten Städten wie Regensburg und Frankfurt.[170] Die Frankfurter Bürgermeister schrieben 1726, sie hätten 1500 Gulden beigetragen, was am Hofe aber als unzureichend aufgefasst worden war.[171]

---

[163] StadtAA. Rst. Augsburg, Reichshofratsakten 2. Brief F. K. Schönborns an die Reichsstadt Augsburg vom 28.5.1722 (Kopie).

[164] Vgl. grundlegend zum Zusammenhang von Krise und Wissenssicherung: Theo Stammen/Wolfgang E. J. Weber: Zur Einführung. In: Dies.: Wissenssicherung (Anm. 8). S. 9.

[165] Vgl. HHStA. MEA, Reichskanzlei und Taxamt 44, Konvolut 1, Nr. 6. Konzept eines Briefs von F. K. von Schönborn an den Mainzer Kurfürsten (?) vom 21.3.1722.

[166] Dass es sich bei der Schreibweise *Reichs-Statts* um eine Variante von *Reichs-Staats* handelt, ist nicht auszuschließen, nach meinem Dafürhalten jedoch unwahrscheinlich.

[167] Vgl. HHStA. RHR, Decisa, 287. Abschlussbericht der Lokalkommission vom 20.6.1720.

[168] StadtAA. Rst. Augsburg, Reichshofratsakten 2. Brief F. K. Schönborns vom 19.3.1727.

[169] StadtAA. Rst. Augsburg, Reichshofratsakten 2. Brief der Reichsstadt Ulm vom 13.7.1726. Solche oder ähnliche Formulierungen sind in beinahe sämtlichen Briefen nachweisbar.

[170] Vgl. StadtAA. Rst. Augsburg, Reichshofratsakten 2.

[171] Vgl. StadtAA. Rst. Augsburg, Reichshofratsakten 2. Brief der Bürgermeister der Stadt Frankfurt an die Augsburger Stadtpfleger vom 13.2.1725.

Daher erbaten sie *in höchster geheim* Auskunft über die Augsburger Zahlungen.[172] Auch der Augsburger Magistrat holte über seine Vertreter am Kreistag[173] und am Reichshofrat entsprechende Informationen ein: Reichshofratsagent Klerff erstattete Bericht, dass der Nürnberger Magistrat stattliche 2 500 Gulden beigetragen hatte.[174] Zum Vergleich: Das Hochstift Bamberg gab wenigstens 2 000,[175] Bayern 4 000[176] und die fränkischen Reichsritterkantone zusammen 2 000 Gulden.[177] Nicht nur der Augsburger Magistrat hatte großes Interesse an derartigen Informationen. Auch das kleine Weißenburg korrespondierte in dieser Sache mit anderen Territorien, hier allerdings in einem kleineren Radius und vor allem mit fränkischen Reichsstädten wie Windsheim, Schweinfurt oder Rothenburg.[178]

Nicht wenige Magistrate dürften sich durch ihre Spendenbereitschaft Vorteile für zeitgleiche oder bevorstehende Reichshofratsprozesse versprochen haben. Als symbolische Gegenleistung durften sich die Spender außerdem in den Hallen der Reichskanzlei neben dem Bildnis des Kaisers verewigen, je nach Regierungsform entweder durch ein Porträt oder, wie im Falle der Reichsstädte, heraldisch.[179] Die Region war also am Kaiserhof bildlich-medial präsent.[180]

Ein Brief des Mainzer Kurfürsten, in dem Lothar Franz von Schönborn die Anfertigung eines entsprechenden Bildes anordnete, dokumentiert dabei einmal mehr den maßgeblichen Einfluss Friedrich Karl von Schönborns auf den Bau und die Gestaltung dieses Gebäudeflügels.[181] Hinzu kommen architektonische Indizien: Im obersten Stockwerk der Traktes wurde dem Reichsvizekanzler und seiner Familie eine geräumige Wohnung zur Verfügung gestellt. Nach dem Tod Schönborns wurden einige der Räume wieder zu Arbeitsräumen der Reichskanzlei umfunktioniert.[182] Mit den Baumaßnahmen verfolgte Schönborn zwei Hauptziele: Erstens sollte das Renommee der Reichskanzlei gestei-

---

[172] StadtAA. Rst. Augsburg, Reichshofratsakten 2. Brief der Bürgermeister der Stadt Frankfurt an die Augsburger Stadtpfleger vom 13.2.1725.
[173] Vgl. StadtAA. Rst. Augsburg, Reichshofratsakten 2. Brief des Augsburger Kreisgesandten o. D. (kopiert am 20.6.1722).
[174] Vgl. StadtAA. Rst. Augsburg, Reichshofratsakten 2. Brief des Reichshofratsagenten Klerff vom 29.4.1722.
[175] Vgl. Kühnel: Hofburg (Anm. 153). S. 48.
[176] Vgl. StadtAA. Rst. Augsburg, Reichshofratsakten 2. Brief des Reichshofratsagenten Klerff vom 4.5.1722 (Kopie).
[177] Vgl. StadtAW. A 2471, Gewechselte Schreiben mit einigen Reichs-Städten. Nr. 5. de ao. 1726, den freywilligen Beytrag zur neuen Erbauung der RHR-Canzley zu Wien betr. Brief der Reichsstadt Schweinfurt vom 25.7.1726.
[178] Vgl. StadtAW. A 2471, Gewechselte Schreiben mit einigen Reichs-Städten. Nr. 5. de ao. 1726, den freywilligen Beytrag zur neuen Erbauung der RHR-Canzley zu Wien betr.
[179] Vgl. StadtAA. Rst. Augsburg, Reichshofratsakten 2. Brief F. K. Schönborns an die Reichsstadt Augsburg vom 6.3.1728 (Kopie).
[180] Vgl. dazu die von Barbara Stollberg-Rilinger gestellte Frage, inwieweit das Reich in Wien „symbolisch gegenwärtig" war: Barbara Stollberg-Rilinger: Des Kaisers alte Kleider. Verfassungsgeschichte und Symbolsprache im Alten Reich. München 2008. S. 285.
[181] Vgl. HHStA. RHR, MEA, Reichskanzlei und Taxamt 45, Konvolut 8. Brief des Mainzer Kurfürsten an Reichsvizekanzler Schönborn vom 13.3.1728 (Entwurf).
[182] Vgl. HHStA. MEA, Reichskanzlei und Taxamt 48, Konvolut 2.

gert und so ihre Stellung gegenüber der deutlich an Einfluss gewinnenden Hofkanzlei unter Graf von Sinzendorf gestärkt werden.[183] Und zweitens dienten die Maßnahmen einer Beschleunigung des Geschäftsgangs, also einer effizienten Reichsgerichtsbarkeit und damit der kaiserlichen Reichspolitik. Wie wichtig ein schneller Zugriff auf die entsprechenden Wissenssammlungen war, zeigt der Prozess im Falle der aufgestandenen Augsburger Schuhknechte, bei dem das Reichshofratsgutachten vom 13. August 1727 in weiten Teilen auf archivierten Beständen beruhte. Der Reichshofrat habe sich für seine Reformvorschläge zum Reichshandwerksrecht, so wurde im Gutachten für den Kaiser ausgeführt, sämtliche Akten aus der kaiserlichen und Hofregistratur zukommen lassen und in den *hin und wieder colligirten gedruckten Actis publicis alles fleißig nachgesehen*.[184] In den reichsstädtischen Reichshofratsprozessen waren diese Bestände von nicht weniger großer Bedeutung. Der Fall Nürnberg demonstriert, wie problematisch das Fehlen derartiger Akten für die Reichsgerichtsbarkeit war. Als die Nürnberger Kaufmannschaft den Reichshofrat 1730 darum bat, ihr die althergebrachten Gesetzestexte zur reichsstädtischen Verfassung beziehungsweise zu den Befugnissen der Bürgerschaft aus dem Reichsarchiv zukommen zu lassen, konnte das Reichsgericht auf keinerlei derartige Wissensbestände zurückgreifen.[185] Da es vielen Reichshofräten unglaubwürdig erschien, dass Nürnberg als einzige Reichsstadt über keine Akten zu bürgerschaftlichen Privilegien verfügte, schlug man 1734 vor, dass der Magistrat *allhier per Mandatarium schwöhren* solle, dass sich in *seinen Archiven, Registraturen, und Repertoriis kein dergleichen Kay. Privilegium, Constitution der Ordnung, wie es Impetranten vorgeben*, befände oder abhanden gekommen wäre.[186] Der Mangel an schriftlichen Belegen musste also im Notfall durch ein Menschmedium, einen Schwur, kompensiert werden. Dass die Sammlung des Territorialstaatsrechts wesentlicher Bestandteil des kaiserlichen Machtausbaus war und auch in diesem Sinne verstanden wurde, zeigen die erwähnten Hamburger Tumulte von 1719. Im Zuge der konfessionellen Unruhen wurde das dortige Archiv der Reichshofratskommission von einer aufgebrachten Menge geraubt und *mißhandelt*[187], wie es hieß. Diese Wissensvernichtung[188] war nichts anderes als ein gezielter, obgleich letztlich erfolgloser Versuch, den Einfluss der Reichshofratsjurisdiktion und damit die Präsenz des Reiches in der Region zurückzudrängen.

---

[183] Zum Konkurrenzverhältnis beider Kanzleien vgl. Hugo Hantsch: Friedrich Karl Graf von Schönborn (1674–1746). Einige Kapitel zur politischen Geschichte Kaiser Josefs I. und Karls VI. Augsburg 1929 (Salzburger Abhandlungen und Texte aus Wissenschaft und Kunst. Bd. 2). S. 172–182.
[184] Reichshofratsgutachten vom 13.8.1727 (Kap. VIII.4.1, Nr. 4).
[185] Vgl. Reichshofratsgutachten vom 23.5.1730 (Kap. VIII.4.1, Nr. 13).
[186] Reichshofratsgutachten vom 27.1.1734 (Kap. VIII.4.1, Nr. 14).
[187] Reichshofratsgutachten vom 2.10.1719 (Kap. VIII.4.1, Nr. 6).
[188] Ähnliche Archivzerstörungen durch protestierende Untertanen und Bürger sind bereits für frühere Jahrhunderte belegt. Vgl. Bob Scribner: Mündliche Kommunikation und Strategien der Macht in Deutschland im 16. Jahrhundert. In: Kommunikation und Alltag in Spätmittelalter und früher Neuzeit. Wien 1992 (Sitzungsberichte der philosophisch-historischen Klasse der Österreichischen Akademie der Wissenschaften. Bd. 596). S. 185.

2.2 Die Regionalarchive

2.2.1 Das Archiv als ‚Seele eines jeden Gemeinwesens'

Die reichsstädtische Quellenüberlieferung bzw. das Territorialstaatsrecht war, wie im Fall Nürnberg, dem Reichshofrat zumeist nur mittelbar und den prozessierenden Bürgern praktisch überhaupt nicht zugänglich. Die regionalen Archive waren in der Regel hermetisch verschlossen, um durch eine rigide Informationskontrolle die obrigkeitliche Meinungshoheit und Herrschaft zu sichern.[189] Dieser grundlegende Zusammenhang von Archivkontrolle und Staatsräson zeigt sich auch darin, dass man seit dem Mittelalter die städtischen Archive hohen, mitunter sogar den höchsten Ämtern beziehungsweise Rangträgern zuordnete.[190] Im Zuge der reichsstädtischen Verfahren wurde diese Arkanpolitik durch die Reichshofratsjurisdiktion unterminiert, indem Herrschaftswissen veröffentlicht beziehungsweise klagenden Bürgern zugänglich gemacht wurde. Der Reichshofrat forcierte dabei sowohl den Ausbau wie auch die Modernisierung regionaler Archive.

Exemplarisch für dieses Vorgehen stehen die Anordnungen im Conclusum vom 18. Juni 1737 zum Fall Weißenburg.[191] Hier ordnete der Reichshofrat an, den Bau der Registratur umgehend zu vollenden, die vorhandenen Akten dorthin zu verlagern, ein ordentliches Repertorium anzulegen sowie einen fähigen Registrator einzustellen. Besonders bemerkenswert ist die geradezu programmatische Begründung der Maßnahmen, der zufolge *die einrichtung eines guten Archivs und Registratur gleichsam die Seele eines Reichs-Standes und eines Jedweden gemeinen weßens* sei.[192] Dabei verwarnte der Reichshofrat den Weißenburger Magistrat scharf, weil dieser die zuvor befohlene Publikation der Stadtgesetze noch nicht veranlasst hatte und darüber hinaus einen Bürger, der Drucke der reichsstädtischen Verfassung verteilt hatte, inhaftiert hatte.[193] Gleichzeitig erging der Befehl, die *Fundamental-Grundsätze* und andere Rechtstitel jährlich nach der Ratswahl öffentlich verlesen zu lassen, um eine breite Kenntnis des lokalen Rechts sicherzustellen.[194] In Mühlhausen beziehungsweise Dinkelsbühl ordnete der Reichshofrat den Druck des jeweiligen Reichsstadtsrechts an. In Mühlhausen erging die Anweisung, das ergangene Urteil aus dem Jahr 1731 *in locis publicis zu affigiren*[195], damit niemand

---

[189] Vgl. Gerd Schwerhoff: Öffentliche Räume und politische Kultur in der frühneuzeitlichen Stadt. Eine Skizze am Beispiel der Reichsstadt Köln. In: Rudolf Schlögl (Hg.): Interaktion und Herrschaft. Die Politik der frühneuzeitlichen Stadt. Konstanz 2004 (Historische Kulturwissenschaft. Bd. 5). S. 122; Scribner: Mündliche Kommunikation (Anm. 188). S. 192f. oder auch Peter Burke: Papier und Marktgeschrei. Die Geburt der Wissensgesellschaft. Berlin 2001. S. 166.

[190] Vgl. Axel Behne: Archivierung von Schriftgut. In: Hartmut Günther/Otto Ludwig (Hg.): Schrift und Schriftlichkeit. Ein interdisziplinäres Handbuch internationaler Forschung. An Interdisciplinary Handbook of International Research. Berlin 1994 (Handbücher zur Sprach- und Kommunikationswissenschaft. Bd. 10/1). S. 149f.

[191] Vgl. StadtAW. B 15/3. Reichshofrats-Conclusum vom 18.6.1737.

[192] StadtAW. B 15/3. Reichshofrats-Conclusum vom 18.6.1737.

[193] Vgl. StadtAW. B 15/3. Reichshofrats-Conclusum vom 18.6.1737.

[194] StadtAW. B 15/3. Reichshofrats-Conclusum vom 18.6.1737.

[195] Reichshofrats-Conclusum vom 28.5.1731. In: Johann Jacob Moser: Merckwürdige Reichs-Hof-Raths-Conclusa [...]. Frankfurt 1732. Bd. 8. S. 206.

Unwissenheit vortäuschen könne. Obwohl Lautlichkeit und Leiblichkeit in der politischen Kommunikation zwischen Untertanen und Obrigkeiten weiterhin eine wichtige Rolle spielten,[196] gewann der Einsatz von Druckmedien weiter an Bedeutung, einerseits als Herrschaftstechnik durch die Magistrate, andererseits zur Herstellung von kritischen und informierten Öffentlichkeiten durch protestierende Bürger. Ähnlich in Dinkelsbühl. Hier wurde den Vorschlägen der Lokalkommissionen entsprechend im Conclusum vom 9. Oktober 1731 befohlen, sämtliche Privilegien, Rezesse, Reglements, kaiserliche Urteile und Reichshofratsurteile zu suchen, an das *Tag-Liecht* zu bringen und nach kaiserlicher Zustimmung zu publizieren.[197] Gleichzeitig befahlen die Wiener Richter, die von einigen Ratsmitgliedern mit nach Hause genommenen Akten und Dokumente schleunigst wieder auf das Rathaus zu bringen und *überhaubt die förmliche Einrichtung des Stadt-Archivs und Registratur [...] sich auf das sorgfältigste angelegen sein [zu] lassen.*[198] Über die Umsetzung dieser und ähnlicher Neuerungen mussten die Amtsträger in späteren Prozessen Rechenschaft ablegen.[199]

Im Zuge der reichsstädtischen Konflikte kam es also auf Anordnung des Reichshofrats zu einer verstärkten Ordnung und Veröffentlichung lokaler Wissensbestände. Zudem hatten auch die reichsstädtischen Obrigkeiten ein großes Interesse daran, die örtliche Kanzlei- und Archivführung zu modernisieren. Einmal mehr ist hier die Entwicklung in der Reichsstadt Nürnberg beispielhaft: Schon 1717 empfahl der Wiener Gesandte Hochmann die Neuordnung bestimmter Prozessakten, durch die man *sowohl dem hochlöbl. Reichshof-Rath, als auch sich selbsten, viele Zeit und mühe erspahren könnte.*[200] In der Auseinandersetzung um den Status und die Privilegien der Bürgerschaft spielte die argumentativ kasuistische Berufung auf althergebrachte Rechte – wie für das politische und juristische Geschäft generell[201] – eine entscheidende Rolle. Durch die von klagenden Bürgern erhobenen Vorwürfe der Misswirtschaft und Verschwendung wurden die städtischen Ämter außerdem genötigt, ihre Aktenbestände zu sichten und zu sortieren, um den Anschuldigungen argumentativ begegnen zu können.[202] Hinzu kommt die große

---

[196] Vgl. Ulrich Knoop: Ist der Sprachwandel ein historisches Phänomen? Überlegungen zu den Gegenständen der Sprachgeschichtsschreibung. In: Andreas Gardt/Klaus J. Mattheier/Oskar Reichmann (Hg.): Sprachgeschichte des Neuhochdeutschen. Tübingen 1995 (Germanistische Linguistik. Bd. 156). S. 32.

[197] StadtAD. E 8, Kommissionsakten 1719–1746, Paket Nr. 4. Reichshofratsurteil vom 9.10.1731, Art. 53.

[198] StadtAD. E 8, Kommissionsakten 1719–1746, Paket Nr. 4. Reichshofratsurteil vom 9.10.1731, Art. 50.

[199] Vgl. StadtAD. G 22 1738. Nr. 37. Instruktion der katholischen Kirchenpfleger vom 6.8.1738 für den Reichshofratsagenten.

[200] StadtAN. D 2/IV Sch. 65 B 6, Aktensammlung des Spitalamts zum Reichshofratsprozess 1717. Brief des Gesandten Hochmann aus Wien vom 13.10.1717 (Kopie).

[201] Vgl. Wolfgang Wüst: ‚Kleeblatt Fürth'. Konsensfindung und Herrschaftsteilung als Herausforderung für die gesellschaftliche Entwicklung vor 1800. In: Barbara Ohm (Hg.): Die Universität Erlangen zu Gast im Geschichtsverein Fürth. Vorträge zur Fürther Geschichte. Fürth 2007 (Fürther Geschichtsblätter 2,3,4/2007). S. 17–36.

[202] Vgl. StadtAN. D2/IV Sch. 92 B 4. Sammlung zur Widerlegung der vom Kaufmann Buck gegenüber dem Spitalamt erhobenen Vorwürfen der Verschwendung (1730/31).

Bedeutung von Präzedenzfällen für die Reichshofratsjurisdiktion.²⁰³ Für den Nürnberger Magistrat war es – wie für alle Prozessparteien – daher ein wesentlicher Bestandteil der Prozessstrategie, verfahrensbezogene Daten zu sammeln und abrufbar zu machen.

2.2.2 Prozessbezogene Wissenssammlungen

Betrachten wir daher die Sammlungsbemühungen des Nürnberger Magistrats. Zum Ersten kompilierte man dort juridisches und administratives Wissen zur Reichsgerichtsbarkeit beziehungsweise zum Reichshofrat selbst. Dazu zählten die diversen Gravamina und Verbesserungsvorschläge für eine neue Reichshofratsordnung der Reichsstände aus den Jahren 1711 und 1712, die dem Magistrat dank der hervorragenden Kontakte seines Wiener Gesandten Hochmann frühzeitig zur Verfügung standen.²⁰⁴ Sein Nachfolger Walther wiederum übermittelte 1720 die aktuelle Taxordnung der Reichskanzlei.²⁰⁵ Und auch die reichsweite Kontroverse um die Kompetenz des Reichshofrats in Religionsangelegenheiten, wie sie im Zuge zunehmender konfessioneller Spannungen um das Jahr 1720 geführt wurde, rezipierte man in Nürnberg eifrig, wie die *Species Facti*, Relationen und Conclusa im Bestand der Ratskanzlei belegen.²⁰⁶

Zum Zweiten wurden Prozessakten aufbewahrt und sorgsam verzeichnet. Spätestens seit 1720 wurde die jahrzehntelange Korrespondenz mit den jeweiligen Agenten, Gesandten und Vertretern in Wien (die ausgehenden Schreiben wurden als Konzepte aufbewahrt) chronologisch und mit einem Inhaltsverzeichnis versehen gesichert. Zur Sammlung gehörten außerdem Gutachten und Expertisen von Ratskonsulenten sowie prozessbezogene Ratsdekrete und relevante Druckschriften.²⁰⁷ Des Weiteren finden sich hier Briefwechsel mit dem Kaiser, hohen Amtsträgern und Ministern am Wiener Hof sowie natürlich Schriftstücke reichshofrätlicher Provenienz. Dieser Sammlungseifer erstreckte sich auch auf Prozesse anderer Reichsstädte. Dank der Informationsarbeit der Wiener Vertreter verfügte man in Nürnberg über eine umfangreiche Sammlung von prozessbezogenem Schriftgut, zu der neben einschlägigen Reichshofrats-Conlusa vor allem Druckschriften gehörten. Überliefert ist beispielsweise ein gedrucktes Memorial des Biberacher Rats, der damit ein von protestierenden Bürgern (insbesondere vom übergelaufenen evangeli-

---

203 Vgl. Sellert: Prozeßgrundsätze (Anm. 6). S. 44.
204 Vgl. StadtAN. B 11, 471. Sammlung mit Eingaben der Kurfürsten und des Corpus Evang. wegen der Verbesserung der Reichshofratsordnung sowie Briefe des Gesandten Hochmann aus Wien 1711/1712. Nr. 1: Brief Hochmanns vom 9.3.1712 (Kopie); Nr. 2: Brief Hochmanns vom 10.3.1712 (Kopie); Nr. 3: Eingabe des Kurfürstenkollegs an den Kaiser wegen der Reform der Reichshofratsordnung vom 5.10.1711 (Kopie); Nr. 4: Eingabe an den Kaiser wegen Benachteiligung der evang. Stände, Beilage 1 vom 23.9.1711 (Kopie); Nr. 5: Beilage 3 vom 23.9.1711 (Kopie); Nr. 6: Puncta Communia die Verbesserung der Reichs Hoffrath-Ordnung betref. vom 23.9.1711 (Kopie); Nr. 7: Monita Evangelicorum ad Art. 16, 17. et 24 vom 23.9.1711; Nr. 8: Gravamina Communia wider den Reichs-Hoff-Rath vom 23.9.1711 (Kopie).
205 Vgl. StAN. Rst. Nbg., Rep. 44e, Losungamt Akten, S I L 148, Nr. 24.
206 Vgl. StAN. Rst. Nbg., Rep. 17a, Ratskanzlei, C-Laden, Akten, S I L 91, Nr. 7.
207 Vgl. den Bestand StAN. Rst. Nbg., Rep. 26, Rekursakten. Wann der Bestand angelegt wurde, ist aber unklar. Weitere Akten zum Kaufmannsprozess finden sich unter anderem im Bestand der Ratskanzlei in: StadtAN. B 11, 955 und 959.

schen Rat Dörtenbach) verfasstes Pamphlet zu widerlegen versuchte.[208] Zur Sammlung gehörten außerdem Druckschriften über die ‚Religions-Affairen zu Hamburg'[209] sowie ein *Species Facti* und ein Memorial des Regensburger Magistrats an den Reichshofrat im Prozess der dortigen Bierbrauer gegen die lokale Obrigkeit.[210] Und im Falle Frankfurt bewahrte man in Nürnberg die kaiserliche Verordnung vom 26. Juli 1732 zur endgültigen Beilegung der Residentenfrage auf.[211] Bereits erwähnt wurde der eigens angelegte Akt zum Fall der Reichsstadt Worms, der vom Reichshofrat die Selbstbezeichnung einer *löblichen Republique* verboten worden war.[212] Gleiches gilt für die Augsburger Lokalkommission, der man eine besondere Bedeutung als Präzedenzfall beimaß.[213] Unter anderem wurde im Nürnberger Losungamt Prozessmaterial wie Druckschriften zum Augsburger Verfahren aufbewahrt. Dazu gehört die vom Augsburger Magistrat auf Befehl des Reichshofrats erstellte ‚Kurtze Deduction' vom 31. März 1718 über 13 vorgegebene Untersuchungspunkte, in der man zu begründen versuchte, warum eine Kommission die falsche Verfahrensform sei.[214] Sie war für die Nürnberger Obrigkeit, deren Hauptziel ebenfalls die Abwendung einer Lokalkommission war, von praktischer Bedeutung und besonderer prozessstrategischer Relevanz.

Von ähnlicher Wichtigkeit für die Prozessstrategie waren die Reichshofratsurteile zur Dinkelsbühler Lokalkommission, deren Akten in Nürnberg unter dem Titel *das gemeinsame Stadt-Wesen zu Dünckelsphühl, ausgefallene scharfe Conclusum betreff.* aufbewahrt wurden.[215] Wegen seines außergewöhnlich kritischen Inhalts und seines wenig versöhnlichen Duktus erregte beispielsweise das Dinkelsbühler Conclusum vom 15. Juni 1726 großes Aufsehen. In Nürnberg finden sich zwei Belege für eine intensive Rezeption des Urteils: Neben dem von Reichshofratsagent von Braun und Sekretär Senft übermittelten und kommentierten Conclusum sind in Nürnberg zwei Ratsverlasse erhalten, die eine ausgiebige Beschäftigung mit dem Urteil belegen: Im Dekret der Herren Älteren vom 4. Juli 1726 wurde angeordnet, das Dinkelsbühler Urteil dem gesamten Rat vorzulegen und im Plenum verlesen zu lassen,[216] im Dekret vom 20. Juli 1726 wurde befohlen, das Dinkelsbühler Conclusum im Losungamt, also an höchster Stelle, aufzubewahren.[217]

---

[208] Vgl. Kap. VIII.4.7, Nr. 24.
[209] Vgl. Kap. VIII.4.7, Nr. 25.
[210] Vgl. Kap. VIII.4.7, Nr. 22, 23.
[211] Vgl. StAN. Rst. Nbg., Rep. 26, Nr. 38. Diplom Karls VI. zur Lösung der Residentenfrage an Rat und Bürgermeister der Stadt Frankfurt (Druck), Prag, 26.7.1732.
[212] StAN. Rst. Nbg., Rep. 44e, Losungamt Akten, S I L 151, Nr. 7.
[213] Vgl. Kap. III.2.1.
[214] Kap. VIII.4.1, Nr. 7.
Außerdem findet sich hier eine erweiterte Neuauflage der ‚Historie des Regiments In des Heil. Roem. Reichs Stadt Augspurg' aus dem Jahr 1734 (Kap. VIII.4.7, Nr. 8).
[215] Vgl. StAN. Rst. Nbg., Rep. 44e, Losungamt Akten, S I L 147, Nr. 9, Acta das Reichs-Hofrath, wider das gemeinsame Stadt-Wesen zu Dünckelsphühl, ausgefallene scharfe Conclusum betr. 1726.
[216] Vgl. StAN. Rst. Nbg., Rep. 44e, Losungamt Akten, S I L 147, Nr. 9. Ratsverlass der Herren Älteren vom 4.7.1726 (Kopie) sowie Ratsverlass vom 15.7.1726 (Kopie).
[217] Vgl. StAN. Rst. Nbg., Rep. 44e, Losungamt Akten, S I L 147. Nr. 9. Ratsverlass der Herren Älteren vom 20.7.1726 (Kopie).

Ein derart umfangreiches und systematisches Aufbewahren, Kommentieren und Rezipieren von Reichshofratsurteilen wie in Nürnberg ist für andere Reichsstädte zwar (noch) nicht belegt, doch sind hier ebenfalls Sammlungsbestrebungen nachweisbar. Auch dem Weißenburger Rat erschien das Conclusum vom 15. Juni 1726 in der Dinkelsbühler Kommissionssache bewahrungswürdig, wie eine entsprechende Kopie belegt.[218] Der darauf angebrachte Vermerk *Copiam an Mag*[istrat] *zu [...] Weissenburg*[219] deutet darauf hin, dass das Stück von einem Reichshofratsagenten versandt worden war und dass es mehrere Adressaten gab. Und die Weißenburger Ratsherren schenkten nicht nur den Ereignissen im nahen Dinkelsbühl, sondern auch den Prozessen in weiter entfernten Reichsstädten wie Mühlhausen große Beachtung.[220]

Gleiches gilt für Augsburg. Dass der Reichshofrat in der von der Lokalkommission erarbeiteten Regimentsordnung von 1719 neben einer Beschleunigung von Verwaltungsprozessen auch den Geschäftsgang des Archivs neu regulierte,[221] dass der Magistrat Anfang der 1730er Jahre Baumaßnahmen beschloss, nach denen das städtische Archiv im Rathaus ausgebaut werden sollte,[222] und dass der Bestand der Reichshofratsakten einen deutlichen Schwerpunkt auf dem 18. Jahrhundert hat, all dies sind deutliche Belege für verstärkte Sammlungsbemühungen. Wie in Nürnberg beschränkt sich die Augsburger Aktensammlung dabei nicht auf Schriftgut zu eigenen Verfahren, sondern sie umfasst außerdem Material zu anderen Reichshofratsprozessen. Zu nennen sind etwa Druckschriften und Urteile zu Nürnberger Reichshofratsprozessen oder zur Klage der Mecklenburger Ritter- und Landschaft gegen den Herzog von Mecklenburg.[223] Darüber hinaus waren die Augsburger Ratsherren an den Urteilen zu Konflikten anderer bikonfessioneller Reichsstädte interessiert. Unter anderem ließ man sich das Conclusum zum Prozess von Kaufbeuren (31. März 1724) durch Reichshofratsagent Klerff übermitteln.[224] Die beschriebenen Maßnahmen zur Archivmodernisierung und zur Speicherung von juridischem Wissen, selbst in kleinen Archiven, sind deutliche, wenngleich erst bei näherem Hinsehen erkennbare Belege für die mediale Breitenwirkung von Reichshofratsprozessen und die Bedeutung der Reichsgewalt in der Region.

Unzweifelhaft sind die Nürnberger Akten das eindrucksvollste Beispiel für diese Bemühungen. Dabei ist insbesondere das Aufbewahren von Zeitungsmeldungen ein Beleg dafür, dass man die Reichshofratsprozesse als Medienereignisse wahrnam. Viele der kopierten Zeitungsnachrichten stammten aus Wien, wo sie vom dortigen Wiener Gesandten gesichtet, gesammelt und in die Region gesandt worden waren. Mit Bezug zum

---

[218] Vgl. StadtAW. A 646 (Dinkelsbühl). Conclusum Dinkelsbühl contra Dinkelsbühl vom 15.6.1726 (Kopie).
[219] StadtAW. A 646 (Dinkelsbühl). Conclusum Dinkelsbühl contra Dinkelsbühl vom 15.6.1726 (Kopie).
[220] Vgl. StadtAW. A 11178.
[221] Vgl. HHStA. RHR, Decisa, 288. Rezess vom 28.4.1719 (zum Beispiel Artikel 34, 48).
[222] Vgl. StadtAA. Geheime Ratsprotokolle, Band XXVII. S. 566f., 588.
[223] Vgl. StadtAA. Rst. Augsburg, Reichshofratsakten 1.
[224] Vgl. StadtAA. Rst. Augsburg, Reichshofratsakten 2. Brief des Reichshofratsagenten von Klerff vom 25.4.1724 mit einer Kopie des Reichshofratsurteils vom 31.1.1724 in Sachen des katholischen gegen den evangelischen Magistratsteil von Kaufbeuren.

Residentenstreit ließ der Magistrat im zugehörigen Aktenbestand beispielsweise solche Zeitungsmeldungen archivieren, welche die rechtlichen Rahmenbedingungen des nationalen und internationalen Gesandtschaftswesens thematisierten.[225] Selbst das Originalexemplar einer ausländischen Zeitung, des ‚Harlemer Courant' vom 5. August 1719, wurde aufbewahrt.[226] Die gesicherten Informationen wurden in den rechtlichen Auseinandersetzungen instrumentalisiert und dienten als Grundlage für die jeweilige Diskursstrategie. So nützten Nürnberger Konsulenten die Zeitungsinhalte nachweislich als Argumentationsbasis für ihre Gutachten.[227]

Als eine besonders folgenschwere Rufschädigung nahm der Nürnberger Magistrat das Zeitungsecho zum Sörgel'schen Reichshofratsprozess im Jahr 1723 wahr. In der angelegten Sammlung finden sich die bereits beschriebenen magistratskritischen Zeitungsmeldungen,[228] die, einem Agenten zufolge, in Wien *sehr frequent*[229] waren. Die Reaktion des Nürnberger Magistrats verdeutlicht, dass man sich der öffentlichkeitsbildenden Meinungsmacht und des prozessbeeinflussenden Potenzials der frühmodernen Printmedien bewusst war. Im Detail zu ermitteln, in welchem Maße reichsstädtische Bürger das Presseecho rezipierten, gestaltet sich jedoch aufgrund der Quellenlage als schwierig. Immerhin finden sich in den Aktenbeständen des Nürnberger Handelsvorstands eindeutige Belege für den hohen Bekanntheitsgrad solcher Zeitungsmeldungen in den Reihen der Nürnberger Kaufmannschaft. Dabei wird deutlich, dass die Nürnberger Handelsleute, schon bevor sie in den 1730er Jahren selbst in das Geschehen eingriffen, den Verlauf der Vorläuferprozesse beobachteten. Besonders über den Sörgel'schen Reichshofratsprozess in den 1720er Jahren war man bestens informiert: Eine Sammlung von kopierten Zeitungsmeldungen bezeugt zweifelsfrei, dass den Kaufleuten schon 1723 sowohl die obrigkeitskritische Reichshofratsjurisdiktion wie auch das Projekt einer Generalreform der Reichsstädte bekannt war.[230] So stimmen einige Zeitungsmeldungen aus der Sammlung der Kaufmannschaft exakt mit den Kopien des Magistratsarchivs überein.[231] Und bei der kopierten Nachricht vom 12. Juni 1723 handelte es sich um eine Abschrift eben jener probürgerschaftlichen Zeitungsmeldung, die im ‚Hollsteinischen unparteyischen

---

[225] Vgl. StAN. Rst. Nbg., Differentialakten, Rep. 4, Nr. 843, Residentenangelegenheiten, Nr. 202. Handschriftlicher Extrakt der Altonaischen Zeitung 1722 (Ausgabe 38) mit einer Meldung aus Haag vom 6.3.1711; Nr. 191. Original-Zeitungsseiten der Hamburger Zeitung vom 5.4.1721 (Ausgabe 20) mit einer Meldung aus Haag vom 20.3.1721.

[226] Vgl. StAN. Rst. Nbg., Differentialakten, Rep. 4, Nr. 842, Residentenangelegenheiten, Nr. 132. Und dies obgleich das Blatt weniger den Residentenstreit zum Inhalt hatte, als vielmehr die Tatsache, dass das Haus des polnisch-kursächsischen Residenten Sichart auf dem Nürnberger Weinmarkt eingestürzt war und mehrere Leute unter sich begraben hatte.

[227] Vgl. StAN. Rst. Nbg., Differentialakten, Rep. 4, Nr. 843, Residentenangelegenheiten, Nr. 215. Gutachten des Konsulenten Scheurl vom 13.2.1723, in dem sich Scheurl auf ein Extrakt der Coburger Zeitung des Jahres 1722 bezieht.

[228] Vgl. Kap. VIII.4.6, Nr. 39–45.

[229] StAN. Rst. Nbg., Rep. 26/2, Nr. 90. Bericht des Dr. Hofmann aus Wien vom 6.6.1723.

[230] Vgl. StadtAN. E 8, 4902, Kopien einiger Zeitungsmeldungen aus dem Jahr 1723. Vgl. hier insbesondere die kopierte Meldung aus Wien vom 16.6.1723, in der es heißt, das *erwehnte Project die Reichs Städte betr.* werde unter der Hand weiter betrieben.

[231] Vgl. Kap. VIII.4.6, Nr. 39, 45.

Zusammenfassung 143

Correspondent' zu finden ist.²³² Beide Seiten betreiben also schon in den 1720er Jahren eine Art Presseschau ähnlichen Umfangs. Gleiches gilt für die frühen 1730er Jahre, dem zweiten Prozesshöhepunkt, bei dem die Kaufmannschaft selbst als Gegner des Magistrats auftrat. Auch hier legte der Nürnberger Handelsvorstand eine Sammlung von kopierten Zeitungsnachrichten an, die – wie bereits beschrieben – wohl vom Wiener Deputierten Pflüger übermittelt wurden.²³³

Die Ergebnisse lassen kaum einen Zweifel daran, dass die Informationsbeschaffung der Nürnberger Opposition der ihrer Obrigkeit durchaus ebenbürtig war. Die Nürnberger Kaufleute waren sogar über Fraktionen innerhalb des Reichshofrats oder das Abstimmungsverhalten bei *Vota ad Imperatorem* informiert. Mit anderen Worten: Sie wussten, um dies noch einmal hervorzuheben, von der untertanenfreundlichen Haltung vieler Reichshofräte.²³⁴ Diese Feststellung wirft weitere Fragen auf: Wie wurden diese Informationen von den Prozessparteien im Rahmen der Verfahren genutzt? Und: Inwieweit wurde dieses Wissen zur Beeinflussung der regionalen und überregionalen Öffentlichkeit eingesetzt? Damit ist die Frage nach den Medienstrategien der Akteure gestellt, die im letzten Kapitel untersucht wird.

3. Zusammenfassung

1. Im Zuge einer als krisenhaft empfundenen Vermehrung von Prozessen zum Beginn des 18. Jahrhunderts verstärkten sich reichsweit die Bemühungen, das Reichs- und Reichsstadtrecht zu sammeln, zu sichern und zu publizieren.

2. Insbesondere Zeitungen sorgten für die Verbreitung von theoretischem Wissen über die Reichsgerichtsbarkeit. Sie informierten nicht nur über Personalia des Reichsgerichts, sondern auch, implizit oder explizit, über das reichshofrätliche Verfahrensrecht. Nahezu alle Zeitungen zeichneten das Bild einer machtvollen und effizienten kaiserlichen Gerichtsbarkeit. Besonders Zeitungen aus größeren Adelsherrschaften berichteten häufig und ausführlich von magistratskritischen Urteilen des Reichshofrats. Wie die jeweiligen Sammlungen im Falle des Nürnberger Reichshofratsprozesses belegen, wurde diese Berichterstattung sowohl von der reichsstädtischen Obrigkeit wie auch der bürgerschaftlichen Opposition rezipiert.

3. War der Reichshofrat zu Beginn um 1700 in der ‚großen Reichspublizistik' deutlich unterrepräsentiert, so änderte sich dies im ersten Drittel des 18. Jahrhunderts. Bis zum Ende der Regierungszeit Karls VI. wurden mehr Publikationen zum Reichshofrat veröffentlicht als in den zwei Jahrhunderten davor. Insbesondere unter der Ägide von Reichsvizekanzler Schönborn erlebte die Reichshofratspublizistik in dieser Phase einen Auf-

---

²³² Vgl. Kap. VIII.4.6, Nr. 45.
²³³ Vgl. Kap. VIII.4.6, Nr. 57, 58 sowie Kap. IV.3.2.
²³⁴ Vgl. z. B. StadtAN. E 8, 4899. Brief Pflügers vom 24.1.1734.

schwung. In ihrer Gesamtheit können die publizistischen Aktivitäten als Beitrag zum Aufbau einer umfassenden Wissenssammlung, eines umfassenden rechtlichen Gedächtnisses, also eines Reichsarchivs, betrachtet werden.

4. Darüber hinaus wurde auch im wörtlichen Sinne am Auf- oder vielmehr Ausbau des Reichsarchivs gearbeitet. Dazu gehörte der Bau des Reichskanzleitrakts der Wiener Hofburg einerseits und der Ausbau und die Modernisierung reichsstädtischer Archive andererseits. Die vermehrte Speicherung von juridischem Wissen ist somit ein deutlicher Beleg für die Präsenz des Reiches in der Region und vice versa. Sie eine wesentliche Voraussetzung für die sich beschleunigende Verrechtlichung und Konstitutionalisierung des Reiches.

VI. Konfliktaustrag und Medien

1. Medienstrategien der kaiserlichen Gerichtsbarkeit

1.1 Das Beispiel Augsburg

Wie die vorherigen Kapitel gezeigt haben, waren sich die Prozessbeteiligten der Tatsache bewusst, dass die reichsstädtischen Konflikte beziehungsweise die aus ihnen entstehenden Reichshofratsverfahren zu Medienereignissen von großer Tragweite werden konnten. Hier gilt es zu akzentuieren, dass nicht nur die Entwicklungen in größeren Städten wie Frankfurt oder Augsburg im *Reich viel Bruit*[1] machen konnten, sondern dass auch Konflikte in kleineren Orten eine vielfach konstatierte und von reichsstädtischen Obrigkeiten gefürchtete Strahlkraft haben konnten. Mit Bezug auf die Ereignisse in Schwäbisch Gmünd 1708 hieß es beispielsweise in einem Reichshofratsgutachten, dass die dortigen Vorgänge in *dem gantzen Reich ärgerlich gefunden worden* seien.[2] Dass das Medienecho der Prozesse dem Reichshofrat bewusst war und von diesem als Instrument der Selbstinszenierung und Machtdemonstration genutzt wurde, legt ein weiteres Reichshofratsgutachten vom 23. Mai 1730 nahe. Darin sprach sich ein Teil der Richter gegen die Einrichtung einer Lokalkommission in Nürnberg aus mit dem Hinweis, dass dies unnötig hohe Kosten verursachen und *im Reich gewiß ein grosses aufsehen* erregen werde.[3] Sah man hier von der Entsendung einer Lokalkommission ab, so setzte man dieses Rechtsinstrument in anderen Fällen wie Augsburg oder Dinkelsbühl gezielt und medienwirksam ein.

Damit ist die im Folgenden untersuchte Frage nach der reichshofrätlichen Medienstrategie aufgeworfen. Hier ist vorwegzuschicken, dass nicht nur die Inhalte der Urteile, sondern auch deren Aufbereitung und Verbreitung berücksichtigt werden müssen. Anders formuliert, Reichshofrats-Conclusa hatten ähnlich wie erlassene Gesetze neben einer instrumentellen auch eine expressive und symbolische Funktion.[4] Sie dienten dazu, den

---

[1] StAN. Rst. Nbg., Rep. 44e, Losungamt Akten, S I L 147, Nr. 10, Nr. 4.
[2] Kap. VIII.4.1, Nr. 22.
[3] Kap. VIII.4.1, Nr. 13.
[4] Vgl. zu diesem Ansatz: Wolfgang E. J. Weber: Der Reichsabschied von 1555 im Kommunikationsgefüge des Reiches. In: Wolfgang Wüst/Georg Kreuzer/Nicola Schümann (Hg.): Der Augsburger Religionsfriede 1555. Ein Epochenereignis und seine regionale Verankerung. Augsburg 2005 (Zeitschrift des Historischen Vereins für Schwaben. Bd. 98). S. 38; Ders.: ‚Bekennen und thun hiemit kunth und offentlich'. Bemerkungen zur kommunikativen Funktion der Reichsabschiede des

Reichshofrat und den Kaiser als ordnende Kräfte zu präsentieren und ein bestimmtes Weltbild zu vermitteln, also politische beziehungsweise kulturelle Wertvorstellungen, Regeln und Wirklichkeitseinschätzungen zu verankern.[5] Schon die Form der Veröffentlichung, der Modus Publicandi eines Conclusum konnte entscheidend dazu beitragen, die kaiserliche Oberherrschaft zu visualisieren, zu legitimieren und zu stabilisieren. Ob ein Urteil handschriftlich erlassen und über den Reichshofratstürhüter an den Agenten der jeweiligen Prozesspartei gelangte oder ob es in Druck gegeben wurde, zeigt die ihm beigemessene Bedeutung und den vorgesehenen Adressatenkreis. Eine hohe Publizität war auch insofern wichtig, als die Einhaltung von Normen nur dann eingefordert werden konnte, wenn sie allgemein bekannt waren.[6]

Deutlich wird dies beim Eingreifen der Lokalkommission 1718 im Zuge der Augsburger Konfessionsunruhen. Hier war es, wie beschrieben,[7] nach der Fronleichnamsprozession und einer angeblichen Hostienschändung durch protestantische Demonstranten zu mehrtägigen schweren Unruhen gekommen. Bemerkenswert ist das Krisenmanagement des Reichshofrats, das eine multimediale Aktionsstrategie umfasste. Zunächst erfolgte der Einsatz eines Menschmediums. Dazu erging folgender öffentlicher Verruf durch die Lokalkommission.

Im Nahmen Ihro Röm. Kay. May. Unsers allergnädigsten Kayßers und Herren, und dero hier anwesenden höchstansehnlichen Kay. Commission, wie auch Eines HochEdlen und Hochweißen Raths dieser deß H. Reichs Statt Augspurg wird sammentlichen allhiesigen Burgern und Innwohnern, verheürathen und ledigen stands, Studiosis, Handwerckspursch und andern persohnen hiermit ernstlich und bei unausbleiblicher schwehrer auch befindenden dingen nach leib- und lebensstraff gebotten, sich also bald aus einander und jeder nach Hauß zu begegen, und fürohin alles rotirens, zusammenlauffens, schänden, schmächen, rauffen und schlagens sich zu enthalten, und hingegen mit gedult und Ihro Röm. Kay. May. und allhiesiger Obrigkeit gebührender unterthänigkeit und gehorsam zuerwarten, daß eines wollöbl. Obrigkeit dieser Statt Augspurg wegen gestern und heüt ervolgten entleibung- und verwundungen eine fürdersamste ganz genaue unpartheyische und vergnügliche Justiz verfuegen werde, in dessen sollen auch allhiesige Würth- und Gastgeber so tag als nachts biß zu fernerer obrigkeitlicher erlaubnus keine zechen in Ihren Würthshäußeren gestatten, auch männiglich ohne erhebliche ursache auf denen Gassen sich betretten las-

---

16. Jahrhunderts. In: Maximilian Lanzinner/Arno Strohmeyer (Hg.): Der Reichstag 1486–1613. Kommunikation – Wahrnehmung – Öffentlichkeiten. Göttingen 2006 (Schriftenreihe der Historischen Kommission bei der Bayerischen Akademie der Wissenschaften. Bd. 73). S. 309. Zur Bedeutung der symbolischen und expressiven Funktion von Gesetzen vgl. Marcelo Neves: Von der symbolischen Gesetzgebung zur symbolischen Konstitutionalisierung. Ein Überblick. Neubiberg 1999 (IfS-Nachrichten: Diskussions-Papiere des Instituts für Staatswissenschaften. Bd. 16).

[5] Vgl. Weber: Augsburger Religionsfriede (Anm. 4). S. 37f. sowie Jürgen Schlumbohm: Gesetze, die nicht durchgesetzt wurden – ein Strukturmerkmal des frühneuzeitlichen Staates? In: Geschichte und Gesellschaft. 23. 1997, hier S. 647–663.

[6] Vgl. Lothar Schilling: Gesetzgebung und Erfahrung. In: Paul Münch (Hg.): ‚Erfahrung' als Kategorie der Frühneuzeitgeschichte. München 2001 (Historische Zeitschrift Beihefte. Neue Folge. Bd. 31). S. 406f.

[7] Vgl. Kapitel II.2.

sen, darnach wisse sich männlich zu richten, und vorunfehlbar unaußbleibender obgedachter schwehren straff zu hüeten. Signatum den 19. Juni 1718.[8]

Diese Proklamation war zugleich ein Theater der Abschreckung wie auch eine vertrauensbildende Maßnahme: Einerseits wird allen Beteiligten *eine unpartheyische und vergnügliche Justiz* versprochen, andererseits wird Unruhestiftern gleich zwei mal eine *unausbleibliche*[] Leib- und Lebensstrafe angedroht.[9] Die verhängte Ausgangssperre und das generelle Ausschankverbot sollten verhindern, dass sich in ‚gefährlichen' Kommunikationsräumen wie der Straße und den Wirtshäusern aufrührerische Meinungen bilden und verbreiten konnten.[10] Wie in zahlreichen anderen Verordnungen werden dabei die zentralen Grundwerte der städtischen wie der ständischen Gesellschaft angeführt, das heißt Ruhe, Einigkeit und Friedfertigkeit.[11] Als Garant dieser Werte wird die kaiserliche Gerichtsbarkeit präsentiert. Die einleitende Titulatur verdeutlicht die hierarchischen Verhältnisse und die Ableitung der obersten reichsstädtischen Gewalt vom Reichsoberhaupt: So wird der Augsburger Magistrat an dritter Stelle, die Lokalkommission an zweiter und der Kaiser an erster Stelle genannt.[12] Und die eingeforderte *unterthänigkeit* solle dementsprechend zunächst dem Kaiser und dann der örtlichen Obrigkeit entgegen gebracht werden.[13] Hier zeigt sich einmal mehr, dass offizielle Verkündigungen auch „Medienspektakel"[14] zur Herrschaftssicherung und -rechtfertigung waren.[15] Aus soziopragmatischer Perspektive betrachtet kann der bewusst weitläufige, kanzlistische Stil –

---

[8] HHStA. Reichskanzlei, Kleinere Reichsstände 16. Bericht der Kommission an den Kaiser vom 24.6.1718, Lit. A: Beilage: Kopie des öffentlichen Verrufs vom 19.6.1718.

[9] HHStA. Reichskanzlei, Kleinere Reichsstände 16. Bericht der Kommission an den Kaiser vom 24.6.1718, Lit. A: Beilage: Kopie des öffentlichen Verrufs vom 19.6.1718.

[10] Vgl. Gerd Schwerhoff: Öffentliche Räume und politische Kultur in der frühneuzeitlichen Stadt. Eine Skizze am Beispiel der Reichsstadt Köln. In: Rudolf Schlögl (Hg.): Interaktion und Herrschaft. Die Politik der frühneuzeitlichen Stadt. Konstanz 2004 (Historische Kulturwissenschaft. Bd. 5). S. 122f.

[11] Vgl. Michaela Fenske: Der Kampf um die Grenze. Rationale Interessendurchsetzung in Stadt und Land in der Frühen Neuzeit. In: Barbara Krug-Richter/Ruth-Elisabeth Mohrmann (Hg.): Praktiken des Konfliktaustrags in der frühen Neuzeit. Münster 2004 (Symbolische Kommunikation und gesellschaftliche Wertesysteme. Bd. 6). S. 157.

[12] Vgl. HHStA. Reichskanzlei, Kleinere Reichsstände 16. Bericht der Kommission an den Kaiser vom 24.6.1718, Lit. A: Beilage: Kopie des öffentlichen Verrufs vom 19.6.1718.

[13] HHStA. Reichskanzlei, Kleinere Reichsstände 16. Bericht der Kommission an den Kaiser vom 24.6.1718, Lit. A: Beilage: Kopie des öffentlichen Verrufs vom 19.6.1718.

[14] Wolfgang Wüst: ‚Kleeblatt Fürth'. Konsensfindung und Herrschaftsteilung als Herausforderung für die gesellschaftliche Entwicklung vor 1800. In: Barbara Ohm (Hg.): Die Universität Erlangen zu Gast im Geschichtsverein Fürth. Vorträge zur Fürther Geschichte. Fürth 2007 (Fürther Geschichtsblätter 2,3,4/2007). S. 19.

[15] Vgl. zur symbolischen Funktion: Barbara Stollberg-Rilinger: Zeremoniell, Ritual, Symbol. Neue Forschungen zur symbolischen Kommunikation in Spätmittelalter und Früher Neuzeit. In: Zeitschrift für Historische Forschung. 27. 2000, hier S. 396.
Dass die Kommissionsverfahren Elemente zur Verdeutlichung der kaiserlichen Herrschaft beinhalteten, wird zudem betont bei Eva Ortlieb: Im Auftrag des Kaisers. Die kaiserlichen Kommissionen des Reichshofrats und die Regelung von Konflikten im Alten Reich (1637–1657). Köln/Weimar/Wien 2001 (Quellen und Forschungen zur höchsten Gerichtsbarkeit im Alten Reich. Bd. 38). S. 355.

besonders der von Hypotaxen, Paarformeln und Iterationen geprägte Satzbau – als Mittel der Repräsentation verstanden werden, indem die behauptete kaiserliche Machtfülle durch Wortfülle versinnbildlicht wurde.[16]

Zur Beilegung der konfessionellen Streitigkeiten folgte nur wenig später eine weitere Verordnung. Dieses Mal setzte die Lokalkommission auf eine mündliche und eine schriftliche Publikation. So wurde das am 28. Juni 1718 veröffentlichte kaiserliche Dekret verlesen und als öffentlicher Anschlag vielerorts in der Reichsstadt angebracht.[17] Betrachtet man die gedruckte Fassung, so fällt auch hier auf, dass die kaiserliche Superiorität visualisiert wird, indem die einleitend genannte *höchstansehenliche Kayserliche Commission* in deutlich größeren Lettern erscheint als der Augsburger Rat.[18] Inhaltlich zielte das Dekret darauf ab, die klassischen mündlichen und schriftlichen Formen bürgerlicher Protesthandlungen (Auflaufen, Rottieren, Gerüchteverbreitung, Pasquillieren) zu unterbinden. Ausdrücklich wird im Dekret vor einer Ausweitung der Konfliktzone (*gefährliche Weiterungen sowol allhier, als anderswo*) gewarnt. Um nicht nur die reichsstädtische, sondern auch die überregionale Öffentlichkeit über die Vorgänge in Kenntnis zu setzen, wurde der Aufruf in einer leicht gekürzten Fassung, offensichtlich gezielt, in einer Extraausgabe der kaiserlich privilegierten Augsburger Postzeitung vom 28. Juni 1718 publik gemacht.[19] Zentrales Anliegen der Lokalkommission war es, das kursierende Gerücht von der Hostienschändung durch protestantische Demonstranten zu dementieren, um eine großflächige, im schlimmsten Falle reichsweite Eskalation zu verhindern.

War mit der Zeitung ein breiter und überregionaler Adressatenkreis angesprochen, so bediente sich die Kommission zusätzlich des Schriftmediums Brief, um den Augsburger Fürstbischof sowie benachbarte Reichsstände wie Bayern und Burgau über die Situation in Augsburg in Kenntnis zu setzen.[20] Dass es Garb und der Kommission letztendlich gelang, als ehrliche Makler aufzutreten, zeigt das große konfessionsunabhängige Vertrauen, das die Reichsrepräsentanten sowohl bei der Bürgerschaft und – trotz vorheriger Misshelligkeiten – auch bei der Augsburger Obrigkeit genossen.[21] Diese ausdifferenzierte Publikationsstrategie hatte Erfolg: Am 18. Juli 1718 meldeten Garb und die anderen

---

[16] Vgl. exemplarisch zum Kanzleistil und der Entwicklung des Neuhochdeutschen aus linguistischer Perspektive Peter von Polenz: Sprachsystemwandel und soziopragmatische Sprachgeschichte in der Sprachkultivierungsepoche. In: Andreas Gardt/Klaus J. Mattheier/Oskar Reichmann (Hg.): Sprachgeschichte des Neuhochdeutschen. Tübingen 1995 (Germanistische Linguistik. Bd. 156). S. 55 sowie Dieter Cherubim: Rituell formalisierte Syntax in Texten des 16. und 19. Jahrhunderts. In: Anne Betten (Hg.): Neuere Forschungen zur historischen Syntax des Deutschen. Referate der Internationalen Fachkonferenz Eichstätt 1989. Tübingen 1990. S. 269–285.

[17] Vgl. HHStA. Reichskanzlei, Kleinere Reichsstände 16. Brief Resident Garbs an Karl VI. vom 4.7.1718, Lit. B. Dekret vom 28.6.1718.

[18] HHStA. Reichskanzlei, Kleinere Reichsstände 16. Brief Resident Garbs an Karl VI. vom 4.7.1718, Lit. B. Dekret vom 28.6.1718.

[19] Vgl. HHStA. Reichskanzlei, Kleinere Reichsstände 16. Brief Resident Garbs an Karl VI. vom 4.7.1718. Lit. A.

[20] Vgl. HHStA. Reichskanzlei, Kleinere Reichsstände 16. Brief Resident Garbs an Karl VI. vom 4.7.1718. Lit. C.

[21] Vgl. StAA. Reichsstadt Augsburg, Münchner Bestand, 39, Kopien von Berichten und Rechnungen das Augsburger Regiment betreffend, 1716–1722, Nr. 35. Extrakt eines Ratsdekret vom 2.8.1718, in dem auch der Magistrat der Kommission das Vertrauen ausspricht.

Kommissare, dass man die kaiserliche Ordre zur Ruhe dem Magistrat, dem Größeren Rat und *denen gesambten Inwohnern* publik gemacht habe, und das mit *so guter Würckung daß nun mehro die Burgerschafft und Inwohner von beeden Religions-antheilen in fried und Ruhe und schuldigem gehorsam und gelassenheit* auf die versprochene *Satisfaction* warteten.²²

Diesen brüchigen Frieden zwischen den Parteien aufrecht zu erhalten, war auch Ziel der reichshofrätlichen Urteilsfällung im darauf folgenden Jahr. Vorübergehend galten verschärfte Verordnungen zur Sicherung des – wie es ausdrücklich hieß: von der Kommission hergestellten – inneren Friedens.²³ Die Frage, wie die beiden evangelischen Stadtgardisten, welche die katholischen Demonstranten erschossen hatten, zu bestrafen seien, war maßgeblich von der Frage nach der Außenwirkung der kaiserlichen Jurisdiktion geprägt. Um sich als unparteiische und ausgleichende Kraft zu präsentieren, war ein für alle Seiten akzeptables Urteil zu fällen. Um also die fragile Stabilität in der Stadt nicht zu gefährden, kamen die Lokalkommission und der Kaiser zum Schluss, dass hier ein deutliches, aber kein allzu hartes Urteil (keine *Todesfurchteinjagung* beim *Pöbel*) erforderlich sei.²⁴ Die Rechtsprechung selbst war ein Balanceakt zwischen innenpolitischer Stabilisierung und reichshofrätlicher Machtdemonstration. Während sich hier die kaiserliche Gerichtsbarkeit als schlichtende und ausgleichende Gewalt inszenierte, setzte man in Ausnahmefällen, wie nach den Unruhen in Mühlhausen 1733, auf andere Mittel und Wege: Dort waren sowohl die Verkündung wie auch die Vollstreckung der Todesurteile gegen die bürgerschaftlichen Rädelsführer ein inszenierter Akt der Abschreckung.²⁵

1.2 Das Beispiel Dinkelsbühl

Einen anderen Fall reichshofrätlicher Selbstinszenierung bietet das Beispiel Dinkelsbühl. Die Stadt ist gerade wegen ihrer geringen Größe repräsentativ, denn trotz ihrer weitgehenden politischen und wirtschaftlichen Bedeutungslosigkeit erregten die dortigen Konflikte und Prozesse reichsweites Aufsehen.²⁶

Wichtige Meilensteine der vielen Reichshofratsprozesse waren die von Lokalkommissionen erarbeiteten Conclusa aus den Jahren 1726 und 1731. Beide fallen in die Hochphase reichshofrätlichen Eingreifens. Bei der Verkündung des Urteils vom 9. Oktober

---

[22] HHStA. Reichskanzlei, Kleinere Reichsstände 16, Augsburg. Brief der Kommission an den Kaiser vom 18.7.1718.
[23] Vgl. StadtAA. Rst. Augsburg, Anschläge und Dekrete, Teil III, Nr. 297–497, Nr. 342. Ratsdekret vom 31.8.1720 (Extrakt).
[24] HHStA. Reichskanzlei, Kleinere Reichsstände 17. Brief Karls VI. vom 8.10.1719. Die Urteile waren eine kurze Haftstrafe im einen und eine Verbannung im anderen Fall, vgl. auch Kapitel IV.2.
[25] Vgl. Thomas Lau: Bürgerunruhen und Bürgerproteste in den Reichsstädten Mühlhausen und Schwäbisch Hall in der Frühen Neuzeit. Bern 1999 (Freiburger Studien zur Frühen Neuzeit. Bd. 4). S. 491–493.
[26] Vgl. Günter Wagner: Dinkelsbühl contra Dinkelsbühl. Innere reichsstädtische Konflikte zwischen dem Westfälischen Frieden und dem Reichsdeputationshauptschluss. In: Rainer A. Müller (Hg.): Reichsstädte in Franken. Aufsätze 1: Verfassung und Verwaltung. München 1987 (Veröffentlichungen zur bayerischen Geschichte und Kultur. Bd. 15/1). S. 328.

1731, das einen vorläufigen Endpunkt des Verfahrens markieren sollte, setzte der Reichshofrat vor allem auf eine schriftliche Selbstinszenierung. So wurde das Conclusum zusammen mit vorhergehenden Urteilen und Gesetzestexten auf Befehl des Reichshofrats in Druck gegeben.[27] Damit sollte erstens die obrigkeitliche Arkanpolitik konterkariert, zweitens die reichsstädtische Opposition gestärkt und drittens die Reichsgerichtsbarkeit verherrlicht werden. Zu den direkten Adressaten des Dinkelsbühler Urteils gehörten der Magistrat, die Bürgerschaft und die ausschreibenden Fürsten des Schwäbischen Kreises.[28] Zugleich war das Conclusum für die Reichsöffentlichkeit bestimmt, vor der die kaiserliche Gerichtsbarkeit verbal und ikonographisch inszeniert wurde. Auch in diesem Fall ging es darum, die Norm des friedlichen gerichtlichen Konfliktaustrags zu etablieren und Karl VI. beziehungsweise sein Gericht als ordnungs- und friedenserhaltende Kraft zu präsentieren. Davon zeugen sowohl sprachliche wie formale und gestalterische Mittel des gedruckten Conclusums: Über dem Text thront der Adler als königliches Machtsymbol, ausgestattet mit Krone, Zepter und Schwert, mit weit ausgebreiteten Schwingen, verziert durch ein Spruchband mit den Worten *SUB UMBRA ALARUM TUARUM*, was gleichermaßen die königliche Oberhoheit und Schutzfunktion symbolisiert.[29] Das Dinkelsbühler Urteil ist zudem im Blocksatz gestaltet und durch Marginalien und Nummerierungen übersichtlich aufbereitet; das Layout zielte also auf Leseökonomie und schnelles Textverstehen ab.[30]

Auch inhaltlich und stilistisch steht das Conclusum beispielhaft für zahlreiche Urteile dieser Phase. Zunächst werden die weitreichenden Eingriffe der kaiserlichen Gerichtsbarkeit mit dem eklatanten Fehlverhalten und den Normverstößen der Regierenden begründet. Viele Magistratsmitglieder seien nicht nur untätig und unfähig, sondern sie würden überdies den Verfall von Ökonomie und guter Policey aus *eigennutzigen Absichten und privat-Affecten* begünstigen.[31] In aller Deutlichkeit wird von einem grundverdorbenen Regiment und einer *in dem Heiligen Reich fast nie erhörten recht erstaunlichen Hartnä-*

---

[27] Vgl. StadtAD. E 8, Kommissionsakten 1719–1746, Paket Nr. 4. Reichshofrats-Conclusum vom 9.10.1735.

[28] Dies waren der Bischof von Konstanz und der Herzog von Württemberg.

[29] StadtAD. E 8. Reichshofrats-Conclusum vom 9.10.1731. S. 1.
Der einköpfige Adler symbolisierte das deutsche Königtum. Vgl. zur Reichsikonographie Rainer A. Müller: Das ‚Heilige Römische Reich Deutscher Nation' in allegorischen Darstellungen. In: Ders. (Hg.): Bilder des Reiches. Tagung in Kooperation mit der Schwäbischen Forschungsgemeinschaft und der Professur für Geschichte der Frühen Neuzeit der Katholischen Universität Eichstätt. Sigmaringen 1997 (Irseer Schriften. Bd. 4). S. 399f.; Bernd Roeck: Reichsstädtische Rathäuser der frühen Neuzeit und ihre Bildprogramme. In: Müller: Bilder des Reiches (Anm. 29). S. 292. Die gleiche Ikonographie findet sich beispielsweise im Kaiserdiplom für die Stadt Frankfurt in der Residentenfrage. Vgl. StAN. Rst. Nbg., Rep. 26, Nr. 38. Diplom Karls VI. zur Lösung der Residentenfrage an Rat und Bürgermeister der Stadt Frankfurt (Druck), Prag, 26.7.1732.

[30] Vgl. Wolfgang Neuber: Ökonomie des Verstehens. Markt, Buch und Erkenntnis im technischen Medienwandel der Frühen Neuzeit. In: Horst Wenzel/Wilfried Seipel/Gotthart Wunberg (Hg.): Die Verschriftlichung der Welt. Bild, Text und Zahl in der Kultur des Mittelalters und der Frühen Neuzeit. Mailand/Wien 2000 (Schriften des Kunsthistorischen Museums. Bd. 5). S. 191.

[31] StadtAD. E 8, Kommissionsakten 1719–1746, Paket Nr. 4. Reichshofrats-Conclusum vom 9.10.1731.

ckigkeit gesprochen.[32] Um den *völligen Untergang dieser Stadt* abzuwenden, sehe sich das Reichsoberhaupt nach wiederholter Nachsichtigkeit gezwungen, nun mit aller Härte durchzugreifen. Je dramatischer die Missstände beschrieben wurden, umso bedeutsamer erscheint die friedensstiftende Reformarbeit der kaiserlichen Gerichtsbarkeit. Gleichzeitig wird in diesem Conclusum neben der kaiserlichen Milde und Langmut mehrfach die reichsväterliche Fürsorge akzentuiert.[33] Zur Legitimierung des Eingreifens erscheint neben der traditionellen Schutzfunktion des Reichsoberhaupts auch die obligatorische Berufung auf die *Reichs-Constitutionen*.[34] Unter Berufung auf das Reichsrecht werden bürgerliche Unruhestifter demnach scharf verwarnt, sich des Pasquillierens zu enthalten und nicht an *höchst verpönten Aufwicklungen wie auch allen verbotenen heimlichen Zusammenkünften* teilzunehmen.[35] Wer sich hingegen der Reichshofratskommission gegenüber gehorsam zeigte, dem wurde gleichermaßen Schutz vor bürgerlichen Unruhestiftern und vor der möglichen Magistratsgewalt garantiert.[36] Die Abmahnung bürgerlicher Unruhestifter hatte auch hier die Funktion, dem Eindruck einer einseitigen Rechtsprechung entgegen zu wirken und eine größtmögliche Akzeptanz zu erreichen. Der Sanctio fehlte es nicht an Deutlichkeit: Einzelpersonen wie Korporationen werden darin *nochmals alles Ernstes* schwere Strafe und Ungnade angedroht, darüber hinaus ist in superlativischen Wendungen (*auf das schärffste*) die Rede davon, dass an Übertretern ein Exempel statuiert werde.[37] Um der Warnung Nachdruck zu verleihen, folgte sogar eine Adresse an das Kreisausschreibende Amt, im Ernstfall Truppen für eine Durchsetzung des Urteils bereit zu stellen.

Was die Schärfe der Formulierungen betrifft, so gleicht das Urteil von 1731 weitgehend seinem Vorläufer vom 15. Juni 1726: Die entscheidenden Passagen der Urteile, also jene, in denen die Verfehlungen der Regierenden sowie die Notwendigkeit und die Form einer Intervention beschrieben werden, sind weitgehend identisch. In beiden Fällen ist von einem grundverdorbenen Regiment, vom zerrütteten Zustand und der üblen Haushaltung die Rede, beide Conclusa enthielten scharfe Warnungen an mögliche Übertreter. Die beiden Dinkelsbühler Urteile sollten so eine Signalwirkung entfalten. Sie dienten als Präzedenzfälle, mit denen die Entschlossenheit, Effektivität und die Exekutivgewalt der kaiserlichen Gerichtsbarkeit vor der Reichsöffentlichkeit demonstriert werden sollten.

---

[32] StadtAD. E 8, Kommissionsakten 1719–1746, Paket Nr. 4. Reichshofrats-Conclusum vom 9.10.1731. Auch in Augsburg fällt die Wortwahl ähnlich deutlich aus. Vgl. Thomas Lau: Die Reichsstädte und der Reichshofrat. In: Wolfgang Sellert (Hg.): Reichshofrat und Reichskammergericht. Ein Konkurrenzverhältnis. Köln/Weimar/Wien 1999 (Quellen und Forschungen zur höchsten Gerichtsbarkeit im Alten Reich. Bd. 34). S. 144f.

[33] Vgl. StadtAD. E 8, Kommissionsakten 1719–1746, Paket Nr. 4. Reichshofrats-Conclusum vom 9.10.1731.

[34] StadtAD. E 8, Kommissionsakten 1719–1746, Paket Nr. 4. Reichshofrats-Conclusum vom 9.10.1731. S. 5, 6, 7.

[35] StadtAD. E 8, Kommissionsakten 1719–1746, Paket Nr. 4. Reichshofrats-Conclusum vom 9.10.1731. S. 7.

[36] Vgl. StadtAD. E 8, Kommissionsakten 1719–1746, Paket Nr. 4. Reichshofrats-Conclusum vom 9.10.1731. S. 6, 7.

[37] StadtAD. E 8, Kommissionsakten 1719–1746, Paket Nr. 4. Reichshofrats-Conclusum vom 9.10.1731. S. 6.

Doch inwieweit wurde diese Botschaft tatsächlich verstanden? Dass das Urteil in anderen Reichsstädten rezipiert worden sein dürfte, zeigt die nervöse Reaktion des Nürnberger Magistrats.[38] Und nicht nur dort scheint die Botschaft angekommen zu sein: So schrieb der in Wien weilende Nürnberger Sekretär Senft am 10. Juli 1726, dass der Richterspruch in der Causa Dinkelsbühl allgemein *großes aufsehen gemacht* habe.[39] Auch die Zeitungen maßen dem Prozess einen Beispielcharakter für die harte Linie des Reichshofrats und für eine aktive kaiserliche Reichspolitik bei.[40] Das Fehlen des sonst üblichen Harmoniestils trug also entscheidend dazu bei, dass Reichshofrats-Conclusa unabhängig von der Bedeutung des Prozesses breit rezipiert wurden. Je umfassender, entschiedener oder härter das Eingreifen des Reichshofrats dargelegt wurde, umso wahrscheinlicher war eine Berichterstattung durch Zeitungen, umso größer das öffentliche Interesse. Wie bei Reichskammergerichtsprozessen ist auch hier davon auszugehen, dass sich Nachrichten von der Abstrafung oder gar der Entmachtung von Obrigkeiten zudem durch mündliche Kommunikation schnell und großflächig verbreiteten.[41] Dies zeigt auch der Vergleich mit anderen Reichshofratsurteilen, zum Beispiel im Fall des Frankfurter Konflikts.[42] Große Aufmerksamkeit erregte die 1728 vom Reichshofrat angeordnete Absetzung von Herzog Karl Leopold von Mecklenburg-Schwerin im Niedersächsischen Reichskreis wegen *ohnverantwortlichen Grausamkeiten und Thathandlungen gegen dero Landstände*, Justizmissbrauchs und Widerstands gegen die Reichsgewalt.[43] Der Skandalcharakter erklärt auch die wiederholte Berichterstattung über die Ereignisse in Biberach 1732/33, wo es anders als in Dinkelsbühl nicht bei der Drohung eines Truppeneinmarsches blieb. Die Nachrichten aus den Reichsstädten über Tumulte, Truppeneinmärsche oder die Teilentmachtungen von Magistraten hatten einen hohen Unterhaltungs- und Verkaufswert. Anders formuliert: Es waren Meldungen über Konflikte und Normverstöße,[44] die ein breites öffentliches Interesse hervorriefen. Hier zeigt sich, dass es in dieser Phase vor allem die Marktmechanismen eines unabhängigen publizistischen Mediensystems waren,[45] welche

---

38 Vgl. Kapitel V.2.2.2.
39 StAN. Rst. Nbg., Rep. 44e, Losungamt Akten, S I L 147, Nr. 9. Brief des Nürnberger Sekretärs Senft vom 10.7.1726.
40 Vgl. Kapitel V.1.2.3, sowie erneut Kap. VIII.4.6, Nr. 7, 8, 9, 47.
41 Vgl. Ralf-Peter Fuchs: Kaiser und Reich im Spiegel von Untertanenbefragungen des 16. und 17. Jahrhunderts. In: Stephan Wendehorst/Siegrid Westphal (Hg.): Lesebuch Altes Reich. München 2006 (Bibliothek Altes Reich. Bd. 1). S. 51.
42 Vgl. Andreas Würgler: Unruhen und Öffentlichkeit. Städtische und ländliche Protestbewegungen im 18. Jahrhundert. Tübingen 1995 (Frühneuzeit-Forschungen. Bd. 1). S. 212–217.
43 Siehe dazu Bernd Marquardt: Zur reichsgerichtlichen Aberkennung der Herrschergewalt wegen Missbrauchs. Tyrannenprozesse vor dem Reichshofrat am Beispiel des südöstlichen schwäbischen Kreises. In: Anette Baumann u.a. (Hg.): Prozesspraxis im Alten Reich. Annäherungen – Fallstudien – Statistiken. Köln/Weimar/Wien 2005 (Quellen und Forschungen zur höchsten Gerichtsbarkeit im Alten Reich. Bd. 50). S. 83.
44 Vgl. Johannes Arndt: Gab es im frühmodernen Heiligen Römischen Reich ein ‚Mediensystem der Publizistik'? Einige systemtheoretische Überlegungen. In: Jahrbuch für Kommunikationsgeschichte. 6. 2004, hier S. 78.
45 Vgl. grundlegend Arndt: Mediensystem der Publizistik (Anm. 44). S. 74 et passim, demzufolge die zeitgenössische Publizistik keinesfalls nur Handlanger des Politischen war. Arndt betont vielmehr die große Autonomie des Mediensystems. Von einer großen Nachfrage nach Prozessneuigkeiten

die Nachrichtenauswahl und damit den Informationsfluss innerhalb des Reiches regelten. Schon 1724 beklagte sich der Nürnberger Sekretär Senft im Zusammenhang mit den Zeitungsschreibern, dass entsprechende Meldungen einen hohen Verkaufswert hätten.[46] Dass die Zeitungen, soweit wie möglich, ihre Berichterstattung an der Nachfrage des Publikums ausrichteten, verdeutlicht eine Passage aus der Münchner ‚Mercurii Relation' des Jahres 1731. Zum Prozess der Nürnberger Kaufmannschaft gegen den Magistrat betonte das Blatt unter Berufung auf ein kursierendes Gerücht (*wobey noch immer die Rede gehet*) den offenen Prozessverlauf und das große Publikumsinteresse daran.[47] Die Meldung endet mit dem Worten: *Indessen seynd sehr vil begierig zu vernehmen, was dise Sache für einen Außgang gewinnen werde.*[48]

2. Medienstrategien der Prozessparteien

2.1 Zeremonien, Architektur und Objektmedien

Durch die magistratskritischen Urteile und Zeitungsberichte gerieten reichsstädtische Obrigkeiten zunehmend in die Defensive. In Nürnberg klagte man bereits in den 1720er Jahren über einen immensen Imageschaden. *Der Haß gegen die liebe Stadt Nürnberg ist gar so groß*: Mit diesen Worten fasste der erwähnte Agent Senft 1726 die in Wien vorherrschende Meinung über die fränkische Reichsstadt zusammen.[49] Als Hauptschuldige betrachtete man die in Wien und Regensburg agierenden heimlichen *Winckel-Zeitungs-Schreiber*.[50] In der Folge versuchte der Nürnberger Magistrat sein beschädigtes Image bei anderen Territorien, bei Reichsinstitutionen wie dem Reichskammergericht[51] und selbstredend am Kaiserhof aufzubessern. Auch wenn es selbstverständlich erscheint, muss an dieser Stelle betont werden, dass sich der Magistrat hier verschiedenster Medien bediente. Dazu gehörten beispielsweise persönliche Gespräche mit Reichspersonal durch Agenten und Gesandte, wie sie bereits angesprochen wurden.[52] Im Folgenden wird nun die spezifische Medienstrategie der Magistrate einerseits und die protestierender Bürger andererseits beleuchtet.

Um den Kaiser, bei dem die letzte Entscheidung lag, für sich zu gewinnen, setzten die Nürnberger Prozessparteien auf Formen oraler und symbolischer Kommunikation. Im Oktober 1725 entsandte man eine Delegation an den Kaiserhof, deren offensichtlich

---

    geht auch Würgler aus. Vgl. Würgler: Unruhen und Öffentlichkeit (Anm. 42). S. 133. Vgl. auch Jeremy D. Popkin/Jack R. Censer: Some paradoxes of the eigtheenth-century periodical. In: Hans-Jürgen Lüsebrink/Jeremy D. Popkin (Hg.): Enlightenment, Revolution an the Periodical Press. Oxford 2004 (Studies on Voltaire and the Eighteenth Century. Bd. 6). S. 7.
[46] Vgl. StAN. Rst. Nbg., Rep. 26/3, Nr. 39. Brief Senfts vom 5.2.1724.
[47] Kap. VIII.4.6, Nr. 53.
[48] Kap. VIII.4.6, Nr. 53.
[49] StAN. Rst. Nbg., Rep. 26/5, Nr. 50. Brief Senfts vom 6.7.1726.
[50] StAN. Rst. Nbg., Rep. 26/2, Nr. 106. Postskript Walthers vom 16.6.1723.
[51] Vgl. StAN. Rst. Nbg., Rep. 26/5, Nr. 67.
[52] Vgl. Kapitel IV.3.1.

beeindruckende Ehrenbezeugung wohlwollend aufgenommen und zumindest vorübergehend den Prozessverlauf zu Gunsten des Magistrats beeinflusste.[53] Auch die prozessierenden Untertanen schienen um persönliche Präferenzen Karls VI. und seine große Wertschätzung für zeremonielle Details zu wissen. So eröffneten die Nürnberger Delegierten 1730 eine Audienz beim Reichsoberhaupt mit einer spanischen Ansprache, was den immer noch seinem spanischen Traum nachtrauernden Kaiser angeblich besonders gefreut, aber auch verwundert habe, weil der Magistrat die Handelsleute als einfache ungebildete Krämer dargestellt hatte.[54] Was die zeremoniellen Ausdrucksformen betraf, so hatten die reichsstädtischen Obrigkeiten gegenüber ihren Bürgern ungleich größere Möglichkeiten einer aktiven Imagepolitik. Ihr symbolisches Kapital konnten sie beispielsweise mit der Entsendung hochrangiger Vertreter als Zeichen der Ehrerbietung und Unterwerfung einsetzen. Eine weitere Möglichkeit bot sich, wenn Reichspersonal oder Vertreter der kaiserlichen Familie in den Reichsstädten anwesend waren. Zu einem solchen Besuch kam es in Nürnberg im Jahr 1725 gleich zweimal. Im ersten Fall veranstaltete der Magistrat aufwändige Solennitäten zum Empfang der königlichen Erbprinzessin Maria Elisabeth, die im September 1725 in der Reichsstadt Station machte. Der ‚Friedens- und Kriegs-Courier' berichtete am 26. September minutiös über das Festprogramm und die zeremoniellen Details: Zum Empfang am 19. September gehörten Kanonen, eine entgegen reitende Kavallerie, aufgestellte Bürgerkompanien, die Illumination der Straßen und ein festlicher Empfang im Rathaus. Am Folgetag wurden die Reichskleinodien und das Zeughaus präsentiert und eine Serenade im Rathaus veranstaltet. Die Abreise der Erbprinzessin zwei Tage später wurde von einer Militärparade und Kanonenschüssen begleitet.[55] Imagepflege und Prozessbeeinflussung fanden also auch in der Region statt.

Nicht weniger umfangreich war die Berichterstattung im ‚Friedens- und Kriegs-Courier' über den Empfang des Reichshofrats Leopold Johann Victorin Graf von Windischgrätz, des Bruders des besagten Reichshofratspräsidenten, der die Reichsstadt Nürnberg nur kurz zuvor besucht hatte.[56] Nach einer Begrüßung durch zwei Ratsherren wurden auch ihm die *Heiligthumer und Kayserliche Insignien, die Kayserliche Reichs-Burg, das Rath-Hauß, das Zeug-Hauß, die Bibliothec* präsentiert, bis er unter *dreymaliger Loesung der Canonen, wiederum gluecklich* abgereist sei.[57] Das Besuchs- und Festprogramm erfüllte so gleich mehrere Funktionen: Es zeigte, dass Nürnberg entgegen der Bürgerpropaganda weder akut von einem Aufruhr noch einem Verfall bedroht war. Es veranschaulichte zudem die wichtige symbolische (Reichskleinodien) und die finanziell-militärische (Zeughaus) Funktion Nürnbergs für das Reich. Dadurch sollte insbesondere der von protestierenden Bürgern immer wieder erhobene Vorwurf entkräftet werden, das Patriziat veruntreue für die Reichsverteidigung bestimmte Steuergelder und regiere quasi

---

[53] Vgl. StadtAN. B 11, 473.
[54] Vgl. Kap. VIII.4.7, Nr. 17.
[55] Vgl. LAELKB. Zeitung 21. ‚Friedens- und Kriegs-Courier' vom 26.9.1725.
[56] Irrtümlich falsch zugeordnet von mir in: David Petry: Demokratischer Aufbruch oder folgenloses Strohfeuer? Patronage, Spionage und Kolportage im Reichshofratsprozess Dr. Sörgel contra Nürnberg (1722–1730). In: Jahrbuch für fränkische Landesforschung. 65. 2005, hier S. 156.
Vgl. StAN. Rst. Nbg., Rep. 26/4, Nr. 136. Ratsverlass vom 9.7.1725.
[57] LAELKB. Zeitung 21. ‚Friedens- und Kriegs-Courier' vom 10.7.1725.

souverän und unter Missachtung der kaiserlichen Oberherrschaft.[58] Über das Programm, zu dem auch Wirtshausbesuche gehörten, gibt außerdem ein interner Bericht Auskunft.[59] Hier zeigt sich, dass das Empfangskomitee, bestehend aus Johann Sigmund Pfinzing und Sigmund Friedrich Behaim, den Aufenthalt des Grafen vor allem dazu nutzte, um über den parallelen Reichshofratsprozess und die angebliche Haltlosigkeit der Sörgel'schen Anschuldigungen zu sprechen.[60] Windischgrätz erwies sich im Gegensatz zu seinem Bruder, zumindest vorgeblich, als Freund des Nürnberger Magistrats. Er gab Anregungen zur Prozessstrategie und empfahl eine Lokalkommission unbedingt zu verhindern:

dann wann man gleich in seiner sache richtig, so würde man doch die Commission weg[en] *ihres dabey habend Nuzens so geschwind nicht vom Hals zubring*[en] *seyn. Franckfurt hätte es erfahren.*[61]

Ferner betonte auch er die Bedeutung der Reichsstädte für die Politik Karls VI. (*er wisse wohl, was dem Kayser an d*[er] *Conservation der ReichsStädte gelegen sey.*).[62] Windischgrätz versprach ausdrücklich, am Hofe für den Magistrat Partei zu ergreifen und besonders seinen Bruder, den Reichshofratspräsidenten, *auf mildere Gedancken zu bringen*.[63] Nachdem man ihm die Lochgefängnisse gezeigt hatte und erklärt hatte, dass *selbige so beschaffen, daß man nicht wohl daraus entwischen könnte*, soll der Reichshofrat sogar gewitzelt haben *Warum habts den Sörgel nicht hineingesteckt?*[64]

Obrigkeiten wie dem Nürnberger Magistrat standen darüber hinaus eine Reihe weiterer Herrschaftsmedien zur Verfügung, um die Rechtschaffenheit der eigenen Machtausübung und die von Bürgern in Frage gestellte Subordination gegenüber dem Reichsoberhaupt zu demonstrieren.[65] Dazu zählten architektonische Maßnahmen, also der Einsatz von Gestaltungsmedien. Wie die Empfänge im Jahr 1725 ist auch die Errichtung oder vielmehr die Erneuerung der nach Karl VI. benannten Karlsbrücke im Jahr 1728 vor dem Hintergrund eines ungünstigen Prozessverlaufs zu sehen. Auf der Brücke, die mit einer Gesamtsumme von 3 000 Gulden eine der letzten baulichen Großmaßnahmen der Reichsstadt war, wurden dazu zwei Obelisken errichtet: Verziert waren sie mit Emblemen und Inschriften sowie dem kaiserlichen Adler samt Ölzweig, was die friedensstiftenden militärischen Erfolge in den Türkenkriegen symbolisieren sollte.[66] Begleitend dazu verfolgte der Ma-

---

[58] Vgl. Kapitel III.2.
[59] Vgl. StAN. Rst. Nbg., Rep. 26/4, Nr. 140. Relation vom 11.7.1725.
[60] Vgl. StAN. Rst. Nbg., Rep. 26/4, Nr. 140. Relation vom 11.7.1725.
[61] StAN. Rst. Nbg., Rep. 26/4, Nr. 140. Relation vom 11.7.1725.
[62] StAN. Rst. Nbg., Rep. 26/4, Nr. 140. Relation vom 11.7.1725.
[63] StAN. Rst. Nbg., Rep. 26/4, Nr. 140. Relation vom 11.7.1725.
[64] StAN. Rst. Nbg., Rep. 26/4, Nr. 140. Relation vom 11.7.1725.
[65] Anders urteilt André Krischer: Reichsstädte in der Fürstengesellschaft. Politischer Zeichengebrauch in der Frühen Neuzeit. Darmstadt 2006 (Symbolische Kommunikation in der Vormoderne). S. 375. Er verweist darauf, dass die Reichsstädte zunehmend um weniger öffentliche Huldigungsformen gegenüber dem Kaiser bemüht waren, mit dem Ziel, ihren Anspruch auf adelsgleiche Freiheit zu demonstrieren.
[66] Vgl. zur Karlsbrücke Michael Diefenbacher: Karlsbrücke. In: Ders./Rudolf Endres (Hg.): Stadtlexikon Nürnberg. 2. verb. Aufl. Nürnberg 2000. S. 518.

gistrat eine multimediale Strategie, um einen hohen Bekanntheitsgrad der Baumaßnahme zu erreichen. Dazu wurden Medaillen mit einer Abbildung der Karlsbrücke gepresst. Auf dem Avers befand sich eine Abbildung der Brücke und eine Stadtansicht sowie der Spruch *CAROLO SEXTO AVGVSTO PIO AC FELICI PONTEM HVNC CONSECRABAT S.P.Q.N.*, auf dem Revers die im Lorbeerkranz eingeschlossenen Worte *QVI PONTEM HVNC CAROLI TRANSIS FAC VOTA PERENNET CAESARIS AVGVSTVM DVM FLVIT VNDA GENVS.*[67] Ergänzend wurde ein Flugblatt mit einer Beschreibung der Medaille in Druck gegeben.[68] Außerdem wurden die Medaillen 1729 nach Wien an den kaiserlichen Beichtvater Pater Veit Georg von Tönnemann gesandt, verbunden mit der Bitte, diese dem Kaiser zu präsentieren und von der Reaktion Karls VI. zu berichten.[69] Aus dem Briefwechsel geht eindeutig hervor, dass diese Maßnahmen Teil einer größeren ‚Imagekampagne' des Magistrats waren. Zugleich wird aus den Antwortschreiben Tönnemanns, der sowohl für seinen großen Einfluss auf den Kaiser wie für seine Unbestechlichkeit und Integrität bekannt war,[70] deutlich, dass dieser Versuch der Informationsgewinnung auf eine ablehnende bis empörte Reaktion stieß. Zwar ließ Tönnemann in seinem Antwortbrief durchblicken, dass der Kaiser der Reichsstadt nicht ungnädig sei, jedoch, schrieb der Pater am 13. Juli 1729 in ungewöhnlicher Deutlichkeit, *falls solches so wäre, so ging es doch Euer Wohlgeboren in particulari nichts an.*[71] Die mehr als deutliche Zurückweisung deckt sich mit den Akten des Handelsvorstands, denen zufolge auch der kaiserliche Beichtvater ein Sympathisant der aufbegehrenden Nürnberger Bürger war.[72]

2.2 Gegenräume und Gegenöffentlichkeiten

Die Empfangszeremonien des Magistrats zeigen, von welch grundlegender Bedeutung der Raum als „Universalmedium" in der städtischen Gesellschaft war.[73] Der wichtigste

---

[67] StAN. Rst. Nbg, Nürnberger Drucksachen, Rep. 56/434. Flugschrift mit Beschreibung der Münze.
[68] Vgl. StAN. Rst. Nbg, Nürnberger Drucksachen, Rep. 56/434. Flugschrift mit Beschreibung der Münze.
[69] Vgl. StAN. Rst. Nbg., Rep. 44e, Losungamt Akten, S I L 153, Nr. 7, Varia betr. das Schreiben des kaiserl. Beichtvaters Tönnemann an Chr. Fürer, wie auch dessen Antwort 1729. Brief Christoph Fürers an Tönnemann (Kopie), abgeschickt am 4.7.1729.
[70] Dem englischen Gesandten in Wien Saphorin zufolge war Tönnemann – neben Prinz Eugen und Starhemberg – einer der wenigen unbestechlichen Akteure am Wiener Hof. Dies deckt sich mit den Ereignissen in einem anderen Fall: Wenig erfolgreich waren auch die Versuche des abgesetzten Mecklenburger Herzogs Karl Leopold, die Sympathien Tönnemanns durch einer Konversion zu erwerben und über diesen den Kaiser auf seine Seite zu bringen. Vgl. Helena Fyfe Thonemann: Confessor to the Last of the Habsburgs. The Emperor Charles VI (1685–1740) & Georg Tönnemann S. J. (1659–1740). Oxford 2000. S. 54, 78 et passim.
[71] StAN. Rst. Nbg., Rep. 44e, Losungamt Akten, S I L 153, Nr. 7. Extrakt des Briefs von den Hr. Pater Tönnermann an Christoph Fürer vom 13.7.1729.
[72] Vgl. StadtAN. E 8,4897. Briefe Tönnemanns vom 23.7.1732 und 12.8.1732 (Kopien).
[73] Vgl. Rudolf Schlögl: Der Raum als ‚Universalmedium' in der frühneuzeitlichen Stadt. Vortrag, gehalten am 9. November 2004 im Rahmen der Tagung ‚Machträume in der frühneuzeitlichen Stadt', die vom Teilprojekt S des SFB 537 in Dresden veranstaltet wurde (http://www.uni-konstanz.de/FuF/Philo/Geschichte/Schloegl/Schloegl/RaumalsUniversalmedium03.pdf, Stand: 20.2.2010).

Raum war das Rathaus, das offizielle Kommunikations- und Machtzentrum. Daneben gab es eine Reihe alternativer Lokalitäten, die von Magistraten mitunter misstrauisch beäugt oder ausspioniert wurden und die aufgrund ihres potenziell subversiven Charakters als „gefährliche Räume" oder „Gegen-Räume" bezeichnet werden können.[74]

Zu ihnen gehören beispielsweise Kaffee- und Wirtshäuser, die häufig als Räume konspirativer Treffen oder sogar aufrührerischer Versammlungen fungierten.[75] Gleichzeitig waren sie wichtige Orte des Nachrichtenaustauschs und der Zeitungsrezeption.[76] Die hier gebildete „öffentliche Meinung der Geselligkeit"[77] erwies sich nicht selten als obrigkeitsskeptisch oder -feindlich; darauf spielt etwa eine satirisch-fiktive Augsburger Schrift aus dem Jahr 1721 mit dem Titel ‚Bier-Diskurs' an, in welcher der anonyme Verfasser einen Augsburger Müller und einen Bäcker den wirtschaftlichen und politischen Zustand der Reichsstadt debattieren lässt.[78] Aus Sicht des Nürnberger Magistrats waren Bier- und Weinwirte zudem auffallend häufig an Protesthandlungen beteiligt,[79] und tatsächlich finden sich bei den Konflikten nicht wenige Akteure mit entsprechenden Berufen.[80] Wirtshäuser konnten beispielsweise als Bühne subversiver, aber auch beleidigender Reden und Darbietungen dienen. In kleineren Städten wie Weißenburg, und nicht nur dort, wurden solche Ereignisse umgehend zum Tagesgespräch. Die in Wirtshäusern entstandenen Gegenmeinungen konnten sich also ausweiten, sowohl auf lokaler als auf überregionaler Ebene, etwa durch Multiplikatoren wie Durchreisende. Im kleinen Weißenburg findet sich ein Beispiel für diesen Effekt: So beklagte sich der dortige Magistrat beim Kaiser wiederholt über die imageschädigenden Protestaktionen des gefürchteten Klägers Wechsler. Dieser diffamiere seine Obrigkeit fortlaufend, und dies *in allen Würthshäußer vor allen zugegen wahrenden Personen, auch auf offentlicher Strasse so tags als nachts.*[81] Unter anderem hatte Wechsler vor dem Haus eines Bürgermeisters *grosse ungelegenheit*

---

[74] So Schwerhoff: Öffentliche Räume (Anm. 10). S. 122f.
[75] Vgl. zur Bedeutung von Wirtshäusern für Konflikte und Unruhen Würgler: Unruhen und Öffentlichkeit (Anm. 42). S. 132. Für Beispiele aus schwäbischen Reichsstädten vgl. Urs Hafner: Republik im Konflikt. Schwäbische Reichsstädte und bürgerliche Politik in der frühen Neuzeit. Tübingen 2001 (Oberschwaben – Geschichte und Kultur. Bd. 8). S. 129 et passim.
[76] Vgl. Jürgen Wilke: Grundzüge der Medien- und Kommunikationsgeschichte. Von den Anfängen bis ins 20. Jahrhundert. 2. durchges. und erg. Aufl. Köln/Weimar/Wien 2008. S. 141.
[77] Vgl. hierzu erneut Bob Scribner: Mündliche Kommunikation und Strategien der Macht in Deutschland im 16. Jahrhundert. In: Kommunikation und Alltag in Spätmittelalter und früher Neuzeit. Wien 1992 (Sitzungsberichte der philosophisch-historischen Klasse der Österreichischen Akademie der Wissenschaften. Bd. 596). S. 183–185.
[78] Vgl. StAA. Reichsstadt Augsburg, Münchner Bestand, 39, Kopien von Berichten und Rechnungen das Augsburger Regiment betreffend, 1716–1722, Nr. 476.
[79] Vgl. Kap. VIII.4.7, Nr. 10 § 21.
[80] Für Nürnberg der besagte Weinwirt Sichart, für Frankfurt der Bierbrauer Wilhelm Fritsch (vgl. HHStA. RHR, Decisa, 2213. Ratsdekret des Frankfurter Magistrats vom 22.10.1710), für Schwäbisch Gmünd der Bierbrauer Dudium (vgl. Kap. VIII.4.3, Nr. 10), beim Aufstand der Augsburger Schuhknechte der Wirt Hieronymus Mayr (vgl. Kap. VIII.4.7, Nr. 1), für Biberach der Wirt Georg Kolesch (vgl. Hafner: Republik im Konflikt [Anm. 75]. S. 121).
[81] StadtAW. A 10174. Kurzer Extrakt an den Reichshofrat mit einer Widerlegung der Beschwerdeschriften der Kläger Wechsler (17.2.1717) und Heberer (17.11.1718) (o. D.).

verübet.[82] Neben derben Beleidigungen und Obszönitäten hatte Wechsler dabei lauthals verkündet, der Bürgermeister hätte den Kaiser und seine Kommission belogen und sei daher seines Amtes unwürdig.[83] Hier zeigt sich einmal mehr die Präsenz der kaiserlichen Gerichtsbarkeit in alltäglichen Auseinandersetzungen. Wechslers Protest hatte auch derbe und geradezu karnevaleske Züge: Einem anderen Magistratsbericht zufolge hatte Wechsler nachts auf offener Straße die Obrigkeit geschmäht und dabei seinen entblößten Hintern gezeigt.[84] Die im Gasthaus anwesenden Fremden hätten sich, dem Magistrat zufolge, nur gewundert und angemerkt, dass *wenn es in Augspurg oder anderer Orten geschehete, […] dergleichen böβewicht ohne alles bedencken erschossen würde.*[85] In Wien wiederum nützten bürgerschaftliche Kläger die gleichen Orte (Wirtshäuser etc.), um gegen ihre Obrigkeit Stimmung zu machen. So beklagte sich der Nürnberger Gesandte Walther darüber, dass der erwähnte Dr. Sörgel in Wien *auf allen bier-bänken* böswilligste Verleumdungen über den Nürnberger Magistrat verbreitete.[86]

Zu den ‚gefährlichen Orten' gehörten außerdem die Versammlungsräume von kaufmännischen und handwerklichen Korporationen. Ihre Bedeutung zeigt sich beispielsweise beim Aufstand der Augsburger Schustergesellen 1726, der vor dem Hintergrund zahlreicher Handwerkerunruhen[87] zu sehen ist und der zwischenzeitlich den Reichshofrat beschäftigte. Auch hier spielte der Raum eine entscheidende Rolle als Protestmedium. So war der Auszug der Gesellen aus der Stadt ins bayerische Friedberg eine gezielte und symbolträchtige Verletzung sozialer Raumgrenzen.[88] Auslöser des Aufstands waren vorangegangene Versuche des Augsburger Magistrats, die Selbstverwaltungsrechte der Gesellen einzuschränken.[89] Dazu gehörte, dass den Schuhknechten ihre Lade weggenommen und auf das Rathaus gebracht wurde,[90] womit der subversive Gegenraum der

---

[82] StadtAW. A 10174. Extrakt eines Protokolls vom 1.7.1700.
[83] Vgl. StadtAW. A 10174. Extrakt eines Protokolls vom 1.7.1700.
[84] Vgl. StadtAW. A 10174. Bittschrift der Weißenburger Obrigkeit an den Kaiser (o. D. nach Juli 1700) (Kopie).
[85] StadtAW. A 10174. Bittschrift der Weißenburger Obrigkeit an den Kaiser (o. D. nach Juli 1700) (Kopie).
[86] StAN. Rst. Nbg., Rep. 26/1, Nr. 45. Brief Walthers vom 27.5.1722.
[87] Vgl. Reinhold Reith/Andreas Grießinger/Petra Eggers: Streikbewegungen deutscher Handwerksgesellen im 18. Jahrhundert. Materialien zur Sozial- und Wirtschaftsgeschichte des städtischen Handwerks 1700–1806. Göttingen 1992 (Göttinger Beiträge zur Wirtschafts- und Sozialgeschichte. Bd. 17). S. 37.
[88] Vgl. zu dieser Protestform: Schlögl: Universalmedium (Anm. 73). S. 12.
[89] Nachdem der Rat das Korrespondenzrecht der Schustergesellen und die Gerichtsbarkeit eingeschränkt hatte, legten rund 150 Schuhmachergesellen ihre Arbeit nieder und zogen ins benachbarte Friedberg. Die Auseinandersetzung dauerte von Mai bis September 1726, der Gesamtkonflikt endete erst 1729. Vgl. Reith/Grießinger/Eggers: Streikbewegungen (Anm. 87). S. 82f. Zu den Folgen und den Verhandlungen am Reichstag vgl. Kristina Winzen: Handwerk – Städte – Reich. Die städtische Kurie des immerwährenden Reichstags und die Anfänge der Reichshandwerksordnung. Stuttgart 2002 (Vierteljahrschrift für Sozial- und Wirtschaftsgeschichte Beihefte. Bd. 160). S. 177–183; Uwe Puschner: Reichshandwerksordnung und Reichsstädte. Der Vollzug des Reichsschlusses von 1731 in den fränkischen Reichsstädten. In: Rainer A. Müller (Hg.): Reichsstädte in Franken. Wirtschaft, Gesellschaft und Kultur. München 1987 (Veröffentlichungen zur bayerischen Geschichte und Kultur. Bd. 15/2). S. 42.
[90] Vgl. Kap. VIII.4.7, Nr. 1, Nr. IV. (Kopie eines Laufbriefs an die Schuh-Knechte zu Heidelberg).

Gesellenherberge geschwächt werden sollte.[91] Außerdem hatte der Magistrat das Korrespondenzrecht der Gesellen eingeschränkt, eine aus obrigkeitlicher Perspektive dringend notwendige Maßnahme (die etwa in Nürnberg schon seit Jahrhunderten galt).[92] Die Augsburger Gesellen verfügten indes über ein weit gespanntes Brief- und Informationsnetz, das ihren Protest zum reichsweiten Medienereignis machte. Mit ihren ‚Laufbriefen' erreichten die ausgezogenen Augsburger Gesellen ausgehend von Friedberg andere Handwerker in Leipzig, Dresden, Berlin, Frankfurt/Main, Frankfurt/Oder, Schwäbisch Hall, Gera, Weißenfels, Marburg, Gotha, Jena, Naumburg, Erfurt, Kassel, Magdeburg, Braunschweig, Hannover, Darmstadt, Mannheim, Mainz und Heidelberg.[93] Die Distribution geschah teilweise indirekt, über Verzweigungen, indem beispielsweise die *vielgeliebten Mit-Brüder* in Heidelberg um Weiterverbreitung nach Mainz und Mannheim gebeten wurden.[94] Zur Geheimhaltung wurden eingehende Briefe beispielsweise an einen Dominikanerfrater und ehemaligen Schustergesellen gesandt,[95] in einem anderen Fall sollten die Schreiben von einem Augsburger Gastwirt weitergeleitet werden.[96] Die Korrespondenzen sind ein Beispiel dafür, dass sich Gegenöffentlichkeiten nicht nur in bestimmten Räumen bilden konnten, sondern auch innerhalb eines Informationsnetzwerks, also im viel beschworenen *space of flows*.[97] Der Augsburger Magistrat war in der Folge zu einer Reaktion in Form einer öffentlichen Gegendarstellung gezwungen.[98] Er ließ im Sommer 1726 eine Sammlung aus Senatsdekreten, Briefen, Fahndungslisten etc. in Druck geben, die dem Wortlaut nach *der gantzen Welt* [zum] *Urtheil* anheim gestellt wurde.[99] Darüber hinaus fungierte der Reichshofrat als Multiplikator, indem er der Bitte des Augsburger Magistrats nachkam, für die Verbreitung der im Schusterprozess ergangenen Resolutionen im Reich und den österreichischen Erblanden zu sorgen.[100]

Der wichtigste ‚Gegenraum' in der Reichsstadt Nürnberg wiederum war das Marktgewölbe, die Niederlassung des Nürnberger Handelsvorstands, das aufgrund seiner zentralen und exponierten Lage am Hauptmarkt einen Gegenpol zum schräg gegenüberliegenden Rathaus bildete. Dort wurden Informationen und Wissen gesammelt, dis-

---

[91] Vgl. zur Herbergskultur und der Bedeutung der Gesellenlade für die Versammlungen Reinhold Reith: Streiks im 18. Jahrhundert. In: Agnete von Specht/Deutsches Historisches Museum (Hg.): Streik. Realität und Mythos. Eine Ausstellung des Deutschen Historischen Museums im Zeughaus Berlin, 21.–28. Juli 1992. Berlin 1992. S. 99f.

[92] Vgl. Horst Dieter Beyerstedt: Rugamt. In: Diefenbach/Endres: Stadtlexikon Nürnberg (Anm. 66). S. 915.

[93] Vgl. Kap. VIII.4.7, Nr. 1 sowie die Ausführungen dabei bei Reith: Streiks im 18. Jahrhundert (Anm. 91). S. 99f.

[94] Kap. VIII.4.7, Nr. 1, Nr. IV. (Kopie eines Laufbriefs an die Schuh-Knechte zu Heidelberg).

[95] Adressat war Frater Benedict Heiß (vgl. Kap. VIII.4.7, Nr. 1, Nr. IV. Kopie eines Laufbriefs an die Schuh-Knechte zu Heidelberg).

[96] Dabei handelte es sich um einen gewissen Hieronymus Mayr (vgl. Kap. VIII.4.7, Nr. 1, Nr. V. Kopie eines Laufbriefs an die Schuhknechte in Frankfurt).

[97] Vgl. grundlegend zu diesem Forschungskonzept Manuel Castells: ‚An introduction to the information age.' In: Hugh Mackay/Tim O'Sullivan (Hg.): The Media Reader: Continuity and Transformation. London 1999. S. 398–410.

[98] Vgl. Kap. VIII.4.7, Nr. 1–4.

[99] Kap. VIII.4.7, Nr. 1.

[100] Vgl. HHStA. RHR, Decisa, 300, insbesondere das Reichshofrats-Conclusum vom 13.8.1727.

kutiert, ausgetauscht, neu geordnet und publiziert; dort konnten sich „partielle öffentliche Meinungen"[101] bilden, die, wie sich zeigen wird, in mündlicher oder schriftlicher beziehungsweise gedruckter Form verbreitet wurden.

2.3 Mündliche und performative Medien

Damit kommen wir zu den medialen Auseinandersetzungen in Nürnberg. Zunächst stellt sich die Frage, welche Techniken der Distribution und der Persuasion die Nürnberger Kläger nutzten, um die reichsstädtische Öffentlichkeit, oder vielmehr deren zahlreiche Teilöffentlichkeiten, zu beeinflussen. In der von Mündlichkeit geprägten städtischen Gesellschaft konnten Protesthaltungen auf vergleichsweise einfache, aber effiziente Weise artikuliert werden. So gab es für die Residenten zahlreiche Möglichkeiten, die von ihnen reklamierte gehobene und exemte Stellung zu demonstrieren: durch Kleidung, Architektur oder gezielte zeremonielle Normverstöße. Als eine außergewöhnliche Provokation empfand es der Nürnberger Magistrat beispielsweise, dass der polnisch-kursächsische Resident Sichart im Mai 1718 an seinem Haus am Weinmarkt ein überdimensionales Wappen seines ‚Landesherrn' angebracht hatte.[102] Obrigkeitliche Gegenmaßnahmen wie Verhöre auf dem Rathaus[103] blieben erfolglos. Selbst nach dem dramatischen Einsturz des Sichart'schen Hauses versuchte der Resident an dem wiederaufgebauten Gebäude erneut ein sächsisches Herrschaftssymbol anzubringen.[104] Auch in der Folgezeit wurde der Nürnberger Magistrat von einzelnen Residenten provoziert, zum Beispiel durch den Kaufmann und Residenten Hannibal Braun, der 1723 eine – aus Sicht des Magistrats – unstandesgemäße Beerdigungszeremonie für seine Frau Rosina Helena organisiert hatte. Hinzu kam, dass Braun seinen Residententitel vor einem größeren Publikum proklamierte, indem er ein mit ausführlicher Titulatur versehenes Gedicht zum Gedenken an seine verstorbene Gattin in Druck gab.[105] Neben Drucken, Objektmedien oder Zeremonien signalisierten viele Residenten durch ihre Kleidung, dass sie sich den lokalen Policey- und Luxusordnungen nicht unterworfen fühlten. Sogar die Körpersprache[106] konnte als Protestmedium genutzt werden. Im Zuge des Residentenstreits, aber keinesfalls nur dort, geschah dies primär in der Auseinandersetzung um die beim jährlichen Eidschwören artikulierte „ritualisierte öffentliche Meinung"[107]. Wirkungsvoll war dies insofern, als sich Reichsstädte auch in der

---

[101] Scribner: Mündliche Kommunikation (Anm. 77). S. 183–185.
[102] Vgl. StAN. Rst. Nbg., Differentialakten, Rep. 4, Nr. 842, Residentenangelegenheiten, Nr. 78. Ratsverlass vom 28.5.1718.
[103] Vgl. StAN. Rst. Nbg., Differentialakten, Rep. 4, Nr. 842, Residentenangelegenheiten, Nr. 98b, 99. Sichart junior verteidigte sich hier durchaus geschickt und schützte beispielsweise Unwissenheit vor.
[104] Dies erfuhr der Magistrat durch die Anzeige eines Bildhauers vom 29.11.1719, den Sichart mit der Erstellung eines neuen Wappens beauftragt hatte. Vgl. StAN. Rst. Nbg., Differentialakten, Rep. 4, Nr. 842, Residentenangelegenheiten, Nr. 134.
[105] Vgl. StAN. Rst. Nbg., Differentialakten, Rep. 4, Nr. 843, Residentenangelegenheiten, Nr. 213. Gedrucktes Gedicht zur Beerdigung von R. H. Braun vom 18.1.1723.
[106] Vgl. allgemein Wolfgang Reinhard: Lebensformen Europas. Eine historische Kulturanthropologie. München 2004. S. 530.
[107] Scribner: Mündliche Kommunikation (Anm. 77). S. 183–185.

Frühneuzeit primär als Schwur- und erst in zweiter Linie als Siedlungsgemeinschaft begriffen.[108] Je unsicherer die Zeitläufte, umso mehr beschwor beispielsweise der Nürnberger Magistrat die kohäsive Kraft des Bürgereids gegen innere und äußere Bedrohungen; der Schwur diente so als Gradmesser für das Verhältnis von Obrigkeit und Bürgerschaft. Wenn es also ein Ereignis gab, bei dem Gegenpositionen allein durch die Performanz ausgedrückt werden konnten, dann das für die Reichsstädte konstitutive Ritual des Eidschwörens, bei dem Oppositionelle im engeren Wortsinne Position beziehen mussten. Zum Ende des 17. Jahrhundert ließ der Nürnberger Magistrat vor dem Hintergrund anderer reichsstädtischer Unruhen den Bürgereid außerplanmäßig ablegen, um sich des bürgerschaftlichen Gehorsams rückzuversichern.[109] Störungen beim Ablegen des Schwurs wurden mit großer Nervosität registriert, wie 1722, als im Elisabeth-Viertel während der Zeremonie ein *ziemlich getös und Rumoren*[110] festgestellt worden war. 1718 ließ der Magistrat die Residenten beim Eidschwören akribisch beobachten: Registriert wurde vor allem das unentschuldigte Nichterscheinen, also „negative Kommunikation"[111] von bekannten Opponenten.[112] Registriert wurden auch die Nuancen der Performanz wie Körperhaltung und Konzentration. Im Bericht des Nürnberger Bürgeramts wurde etwa positiv vermerkt, dass der Resident Peter Zacharias Welker von Anfang bis zum Ende des Eides stehen geblieben war und auf die genaue Ablesung des Losungszettels geachtet hatte.[113]

Umgekehrt stellten die Bürger die Bindekraft des Eids, der seinem Ursprung nach auf dem Prinzip der Gleichheit und Gegenseitigkeit beruhte,[114] mit dem Argument in Frage, dass die Obrigkeit ihre Verpflichtungen nicht mehr erfülle. Die zunehmende Verweigerung des Schwurakts in vielen Reichsstädten[115] ist nicht nur ein Zeichen für vermehrte innenpolitische Auseinandersetzungen, sondern auch ein Indiz für den schleichenden

---

[108] Vgl. dazu grundlegend Gerhard Dilcher: Bürgerrecht und Bürgereid als städtische Verfassungsstruktur. In: Rainer Christoph Schwinges (Hg.): Neubürger im späten Mittelalter. Migration und Austausch in der Städtelandschaft des alten Reiches (1250–1550). Berlin 2002 (Historische Zeitschrift Beihefte. Bd. 30). S. 96; Otto Borst: Demokratie in den Reichsstädten? In: Ders./Haus der Geschichte Baden-Württemberg (Hg.): Südwestdeutschland – die Wiege der deutschen Demokratie. Tübingen 1997 (Stuttgarter Symposion. Bd. 5). S. 31.

[109] Vgl. Franz Willax: Das Verteidigungswesen der Reichsstadt Nürnberg im 17. und 18. Jahrhundert. In: Mitteilungen des Vereins für Geschichte der Stadt Nürnberg. 66. 1979, hier S. 237.

[110] StAN. Rst. Nbg., Rep. 26/1, Nr. 86. Bedenken Scheurls vom 20.8.1722.

[111] Vgl. hier die Ausführungen zur negativen Kommunikation am Beispiel von Krönungszügen in Heinz Duchhardt: Krönungszüge. Ein Versuch zur ‚negativen Kommunikation'. In: Ders./Gert Melville (Hg.): Im Spannungsfeld von Recht und Ritual. Soziale Kommunikation in Mittelalter und Früher Neuzeit. Köln 1997 (Norm und Struktur. Bd. 7). S. 291–303.

[112] Vgl. StAN. Rst. Nbg., Differntialakten, Rep. 4, Nr. 843, Residentenangelegenheiten, Nr. 33. Bericht des Bürgeramts über das Losungschwören vom 3.3.1718.

[113] Vgl. StAN. Rst. Nbg., Differntialakten, Rep. 4, Nr. 843, Residentenangelegenheiten, Nr. 33. Bericht des Bürgeramts über das Losungschwören vom 3.3.1718.

[114] Vgl. Hans-Christoph Rublack: Grundwerte in der Reichsstadt im Spätmittelalter und in der Frühen Neuzeit. In: Horst Brunner (Hg.): Literatur in der Stadt. Bedingungen und Beispiele städtischer Literatur des 15. bis 17. Jahrhunderts. Göppingen 1982 (Göppinger Arbeiten zur Germanistik. Bd. 343). S. 13.

[115] Würgler: Unruhen und Öffentlichkeit (Anm. 42). S. 169–173 sowie mit zahlreiche Beispielen schwäbischer Reichsstädte Hafner: Republik im Konflikt (Anm. 75).

Bedeutungsverlusts des Eids, wie er für das 17. und vor allem das 18. Jahrhundert kennzeichnend ist.[116] In den Augsburger Reichshofratsakten findet sich beispielsweise ein großformatiges illustriertes und in klassisch-abschreckendem Stil verfasstes Flugblatt über die Bedeutung des Eidschwörens oder vielmehr die fatalen Folgen des Eidbruchs.[117] Warum es in diesem Bestand zu finden ist, bleibt unklar. Vor diesem Hintergrund könnte es aber als obrigkeitlicher Versuch gewertet werden, der fortschreitenden Entsakralisierung der reichsstädtischen Schwurgemeinschaft[118] und der schwindenden „sozialen und rechtlichen Gestaltungskraft"[119] des Eids entgegen zu wirken. Es gibt weitere Hinweise für diese These, wie beispielsweise eine 1734 erschienene pamphletische Flugschrift. Der unter dem Namen Alphons Freymuth firmierende Kritiker parodierte darin den Bedeutungsverlust des Eides im Allgemeinen und das Bröckeln der Nürnberger Schwurgemeinschaft im Besonderen mit den Worten, es sei

> *ueberahl zur Gnuege bekandt, wie viel tausend Ayd jaehrlich und umsonst geschwohren werden, welches nur bey dem Losungsschwoeren* [= Steuer- und Bürgereid in Nürnberg, Anm. d. Verf.] *und anderen Pflichten zu observieren ist.*[120]

Die Flugschrift ist so ein Beispiel dafür, wie protestierende Bürger mit Schrift- und Druckmedien gegen obrigkeitliche Formen der Herrschaftssicherung rebellierten.[121] In diesem Sinne können die erwähnten Unterschriftenlisten als ein Gegenmodell zum Schwur, als alternative Form der bürgerlichen Vergemeinschaftung, betrachtet werden. Als ein Motor dieser Verschriftlichungstendenz fungierte der Reichshofrat. Mit Blick auf die Prozesse setzten auch die reichsstädtischen Magistrate auf schriftliche Beweisführung, indem man renitente Bürger Reverse unterschreiben ließ, um sich ihres Gehorsams zu versichern und einen eventuellen Eidbruch vor dem Reichshofrat nachweisen zu können.[122] Und der Nürnberger Magistrat griff nun ebenfalls auf das Autorisierungsmedium der Unterschrif-

---

[116] Vgl. grundlegend André Holenstein: Seelenheil und Untertanenpflicht. Zur gesellschaftlichen Funktion und theoretischen Begründung des Eides in der ständischen Gesellschaft. In: Peter Blickle (Hg.): Der Fluch und der Eid. Die metaphysische Begründung gesellschaftlichen Zusammenlebens und politischer Ordnung in der ständischen Gesellschaft. Berlin 1993 (Historische Zeitschrift Beihefte. Bd. 15). S. 14, 43–48 et passim.

[117] Vgl. Kap. VIII.4.7, Nr. 5.

[118] Vgl. Kathrin Kröll: Die feierliche Ertränkung des Lichts. Umzüge und Theaterspiele der süddeutschen Schreinergesellen im 16. und 17. Jahrhundert. In: Rudolf Schlögl (Hg.): Interaktion und Herrschaft. Die Politik der frühneuzeitlichen Stadt. Konstanz 2004 (Historische Kulturwissenschaft. Bd. 5). S. 512.

[119] Holenstein: Seelenheil (Anm. 116). S. 14.

[120] Kap. VIII.4.7, Nr. 20. S. 2.

[121] Vgl. hierzu allgemein auch Würgler: Unruhen und Öffentlichkeit (Anm. 42). S. 269, 288.

[122] Vgl. StAN. Rst. Nbg., Differentialakten, Rep. 4, Nr. 843, Residentenangelegenheiten, Nr. 7. Ratsverlass vom 15.5.1717; Nr. 10. Ratsverlass vom 20.5.1717 sowie Rep. 4, Nr. 842, Residentenangelegenheiten, Nr. 18. Revers, den man Sichart zum Unterschreiben vorlegen soll (*Zu deßen aufrichtigen und getreuen Vesthaltung ich mich eigenhändig unterschrieben und deme also nachzukommen bey meinen bürgerl. Pflichten versprochen habe.*)
So auch in Weißenburg im Falle des Dauerklägers Wechsler, der sein vielfach geleistetes Versprechen, fortan zu gehorchen, fortlaufend gebrochen hatte. Vgl. StadtAW. A 8678. Revers Wechslers vom 1699, 1701, 1707.

tenliste zurück, in dem er 1731 eine Unterschriftenliste für den Reichshofrat anfertigen ließ, mit der die Bürger ihrer Obrigkeit das Vertrauen aussprechen sollten.[123] Der Ort des Geschehens ist ebenfalls kein Zufall: Angeblich gingen die Nürnberger Amtsträger gerade in den lokalen Weinstuben, den Orten der Gegenöffentlichkeit, auf Stimmenfang.[124]

2.4 Schrift- und Druckmedien

Am Beispiel Nürnbergs lässt sich die zunehmend von Schrift- und Druckmedien geprägte mediale Auseinandersetzung zwischen reichsstädtischer Obrigkeit und Bürgern nachzeichnen. Dies gilt für einen weiteren wichtigen Raum der städtischen Anwesenheitsgesellschaft: die Straße, wo die reichsstädtische Obrigkeit die „offizielle öffentliche Meinung"[125] durch Verrufe oder Aushänge proklamierte. Dass diese keineswegs unwidersprochen über- oder hingenommen wurde, zeigen zahlreiche Beispiele. Zu den einfachen Protestformen gehörte das Entfernen oder Verunstalten von ausgehängten Dekreten. Das mutwillige Abreißen von Verordnungen machte den Modus Publicandi oftmals zu einem schwierigen Geschäft.[126] Es ist kein Zufall, dass die Nürnberger Konsulenten in ihrem Gutachten vom 19. August 1720 empfahlen, am Rathaus und am Marktgewölbe Wachen zum Schutz neu angebrachter Plakate zu postieren (in diesem Fall sollten sie das zugunsten des Magistrats ausgefallene kaiserliche Dekret zur Residentenfrage bewachen).[127] Und eben dort versuchten aufbegehrende Bürger ihre Gegenmeinung zu artikulieren. So empfanden es die Nürnberger Ratsherren als ebenso dreist wie gefährlich, dass im Januar 1730 ein in Reimform verfasstes Pasquill, dessen aufwieglerischer Inhalt nach der Halsgerichtsordnung Karls V. eine Leib- und Lebensstrafe verdient hätte, mit Kreide an die Rathausmauer geschrieben worden war.[128] Die Außenwände, eigentlich ein Medium zur Verbreitung der offiziellen Meinung,[129] wurden in diesem Fall also zur Verbreitung obrigkeitskritischer Botschaften genützt, ein Herrschafts- zu einem Protestmedium umfunktioniert. Der Nürnberger Magistrat reagierte auf die Provokation mit einer öffentlichen Proklamation, in der zur Fahndung nach den Tätern aufgerufen wurde. Zudem ließ man die Bürger durch Predigten zum Gehorsam ermahnen,[130] man setzte also auch hier auf klassische Mensch- beziehungs-

---

[123] Vgl. Kap. VIII.4.7, Nr. 17.
[124] Vgl. Kap. VIII.4.7, Nr. 17. Siehe auch Kapitel III.3.2.
[125] Scribner: Mündliche Kommunikation (Anm. 77). S. 183–185.
[126] Vgl. Schilling: Gesetzgebung (Anm. 6). S. 407 und mit Bezug zu Nürnberg: Werner Faulstich: Die bürgerliche Mediengesellschaft (1700–1830). Göttingen 2002 (Geschichte der Medien. Bd. 4). S. 52.
[127] Vgl. StAN. Rst. Nbg., Differentialakten, Rep. 4, Nr. 843, Residentenangelegenheiten, Nr. 129. Gutachten vom 19.8.1720.
[128] Vgl. StAN. Rst. Nürnberg, Rep. 63a, Nürnberger Mandate, Bände, Band P, Nr. 70. Proklamation vom 25.1.1730. Pasquillieren wurde in besonders schweren Fällen mit dem Tode bestraft. Vgl. Andreas Gestrich: Schandzettel gegen die Obrigkeit. Pasquillen als Mittel der Obrigkeitskritik in der Frühen Neuzeit. In: Borst: Südwestdeutschland (Anm. 108). S. 49–51.
[129] Vgl. Werner Faulstich: Medien zwischen Herrschaft und Revolte. Die Medienkultur der frühen Neuzeit (1400–1700). Göttingen 1998 (Die Geschichte der Medien. Bd. 3). S. 240–245.
[130] Vgl. Kap. VIII.4.7, Nr. 16.

weise Herrschaftsmedien. Zur Denunziation aufgerufen wurde gleich zweifach,[131] beide Male vergeblich. Trotz zugesicherter Anonymität und einer Belohnung von 100 Reichstalern konnte, oder, was wahrscheinlicher ist, wollte niemand den Urheber des Graffito anzeigen.[132] Besonders der März des Jahres 1730 war eine Hochphase des Protests, eine Phase, in der es beinahe täglich zu [b]*oshafften und zur Aufruhr anreitzenden Pasquillen-Anschlagen* kam.[133] Obwohl die Obrigkeiten über ein breites Repertoire an Machtmitteln verfügten,[134] gelang es ihnen in vielen Fällen nicht, die Pasquillanten ausfindig zu machen. Versteht man Denunziation als eine zentrale Kommunikationsform zwischen Herrschaft und Bevölkerung,[135] so lässt die fehlende Bereitschaft zur Anzeige auf ein gestörtes Verhältnis zwischen beiden Seiten schließen. Für Andreas Gestrich der ähnliche Vorfälle im Herzogtum Württemberg untersuchte, spricht generell vieles für eine „kollektive Einbindung" der Urheber und wenig für eine Einzeltäterschaft von Pasquillanten.[136] Darüber hinaus müssen viele der Gegenmaßnahmen wie das Verbrennen von Pasquillen durch den Scharfrichter nicht nur als erfolglos, sondern sogar als kontraproduktiv eingestuft werden. Erfolglos waren sie, weil derartige symbolische Handlungen zunehmend entauratisiert und entsakralisiert wurden,[137] kontraproduktiv waren sie insofern, als etwa das Verbrennen von Schmähschriften in aller Regel den Bekanntheitsgrad und damit die Nachfrage nach den Pamphleten in erheblichem Maße steigerte.[138] Für Nürnberg ist dieser Effekt bereits für das Jahr 1718 nachweisbar. So erregten der Verruf und die öffentliche Verbrennung einer Schmähschrift Anfang 1718 eher das Interesse als, wie beabsichtigt, die Abscheu der Bevölkerung. Anstatt, wie gefordert, gegen das Pasquill vorzugehen, sei das Stück in der Bürgerschaft, wie der Magistrat beklagte, *verschiedentlich abgeschrieben, verkäufflich außgegeben und herumgetragen, und hier und dar divulgiert worden*.[139]

In der Folge modifizierte auch der Nürnberger Magistrat seine Medienstrategie sukzessive zugunsten von Flugschriften. Als 1729 eine gegen das Patriziergeschlecht der

---

[131] So am 26.1. und am 28.1.1730. Vgl. StAN. Rst. Nürnberg, Rep. 63a, Nürnberger Mandate, Bände, Band P, Nr. 70. Proklamation vom 25.1.1730.
[132] Vgl. StAN. Rst. Nürnberg, Rep. 63a, Nürnberger Mandate, Bände, Band P, Nr. 70.
[133] Kap. VIII.4.7, Nr. 17.
[134] Vgl. Katharina Simon-Muscheid: Reden und Schweigen vor Gericht. Klientelverhältnisse und Beziehungsgeflechte im Prozessverlauf. In: Mark Häberlein (Hg.): Devianz, Widerstand und Herrschaftspraxis in der Vormoderne. Studien zu Konflikten im südwestdeutschen Raum (15.–18. Jahrhundert). Konstanz 1999 (Konflikte und Kultur – Historische Perspektiven. Bd. 2). S. 38.
[135] Vgl. Michaela Hohkamp/Christiane Kohser-Spohn: Die Anonymisierung des Konflikts. Denunziation und Rechtfertigungen als kommunikativer Akt. In: Magnus Eriksson/Barbara Krug-Richter (Hg.): Streitkulturen. Gewalt, Konflikt und Kommunikation in der ländlichen Gesellschaft (16.–19. Jahrhundert). Köln 2003 (Potsdamer Studien zur Geschichte der ländlichen Gesellschaft. Bd. 2). S. 392.
[136] Gestrich: Schandzettel (Anm. 128). S. 55.
[137] Vgl. Ute Frevert: Politische Kommunikation und ihre Medien. In: Dies./Wolfgang Braungart (Hg.): Sprachen des Politischen. Medien und Medialität in der Geschichte. Göttingen 2004. S. 16; Faulstich: Zwischen Herrschaft und Revolte (Anm. 129). S. 293.
[138] Vgl. Gestrich: Schandzettel (Anm. 128). S. 56f. sowie Würgler: Unruhen und Öffentlichkeit (Anm. 42). S. 236.
[139] StAN. Rst. Nürnberg, Rep. 63a, Nürnberger Mandate, Band O, Nr. 143. Ratsverlass vom 14.1.1718.

Medienstrategien der Prozessparteien 165

Muffel gerichtete Schmähschrift kursierte, die im Kontext eines vor dem Reichshofrat ausgetragenen Reichshofratsprozesses um die Oberherrschaft im nahe gelegenen Eschenau zu sehen ist,[140] erging der obrigkeitliche Befehl, eine öffentliche Gegendarstellung zur Ehrenrettung der Familie zu publizieren. Sie trug den Titel: ‚Anatomia Oder Abgedrungener, doch wohlfundirter Nachtrag zur Muffelischen Mit Anfang Jun. nup. edirten Ehren-Rettung, Der Georg-Caspar-Zimmermaennischen Unter den Nahmen eines so betitulten Unschuldigen Priester-Wandels/allenthalben/Wie eine Fleder-Mauß/herumflatternden schaendlichen Schmaeh-Schrifft und uebrigen fast nie erhoerten boßhafftigen Diffamationen [...].'[141] Dass die Schrift den vorhergehenden Verleumdungen *standhafft entgegen gesetzt* war, zeigt, dass die Öffentlichkeitsarbeit des Magistrats durch Printmedien vor allem reaktiver Art war. Bemerkenswert ist die Einleitung, in der die Titelgebung des Drucks erläutert wird:

Ausser allen Zweifel ist fast jedermaenniglich sattsam bekannt, was eine Fledermauß seye? Ingleichen derselben häßliche Eigenschafften? Wie daß sie nehmlich, als eine abscheuliche Creatur, das Licht meide, und nur in finstern herum flattere, dann boßhafftig seye, und denen Menschen in denen Haaren einzunisten sich bestrebe, ferners gifftig und unflaetig erfunden werde?

Die Verwendung des Symbols der Fledermaus war zu diesem Zeitpunkt nicht neu. Gerade in propagandistischen Textsorten, in Flugblättern und Flugschriften, wurde die lichtscheue und daher als dämonisch, gottlos und doppelzüngig geltende Kreatur herangezogen, um religiöse oder politische Gegner zu diffamieren.[142] Neu hingegen war, und das ist Ausdruck des beschriebenen Medienwandels, dass nicht eine bestimmte Partei oder Person mit der Fledermaus verglichen wurde, sondern ein Medium: die wie *eine Fleder-Mauß, herumflatternde[] schaendliche[] Schmaeh-Schrifft*. In diesem Vergleich offenbart sich das enorme subversive Potenzial dieser Mediengattung, die der obrigkeitlichen Kontrolle in vielen Fällen entzogen war.

Eine ähnliche Licht-Dunkelheit-Metapher begegnet uns in einer anderen Nürnberger Druckschrift aus dem Jahr 1732. In der offiziellen Publikation ‚Verwarnung an die Luegner/Luegen-Schreiber- und Drucker' wird erneut das Bild des so genannten ‚Schleichers', des im Schutz der Nacht agierenden Verleumders, evoziert, von dem die Reichsstadt überfüllt scheint.[143] Auch in diesem Fall ist der Druck eine gezielte Reaktion und Gegenmaßnahme gegen eine vorhergegangene diffamierende Flugschrift. Attackiert wird dabei nicht nur der Verfasser des Pamphlets, eine *Verlogene Feder*, sondern zugleich dessen Drucker, der mit seinem Werk *das unschuldige Pappier besudel[t]* hätte. Dezidiert wird

---

[140] Auch hier sind Verbindungen zu anderen Reichshofratsprozessen nachweisbar. So ließen protestierende Eschenauer Bürger ihre Aufgaben in Wien zwischenzeitlich von Dr. Sörgel erledigen. Vgl. StAN. Rst. Nbg., Rep. 26/2, Nr. 216.
[141] Kap. VIII.4.7, Nr. 12.
[142] Vgl. Dietmar Peil: Fledermaus. In: Günter Butzer/Joachim Jacob (Hg.): Metzler Lexikon literarischer Symbole. Stuttgart/Weimar 2008. S. 105f.
[143] Vgl. Kap. VIII.4.7, Nr. 13.

darauf verwiesen, dass das Drucken von Schmähschriften eine lukrative und daher gängige Praxis sei, mit der profitgierige Leute *andern ehrlichen Leuten das Geld aus dem Beutel* zu ziehen versuchten.[144]

In die Reihe obrigkeitskritischer Flugschriften gehört ein weiteres Pamphlet aus dem Jahr 1734. Hier kam jene bereits erwähnte regimentskritische Flugschrift zum Vorschein, die von einem Anonymus mit dem Pseudonym Alphons Freymuth veröffentlicht wurde und die eine angebliche Darlegung der ‚Nuernbergische[n] Staats- und Regiments-Verfassung' zum Inhalt hatte.[145] Im Kern zielte auch diese Schrift darauf ab, die Einrichtung einer Lokalkommission zu erwirken. Ausdrücklich betont wurde das Recht der *beschwehrten* Nürnberger Reichsbürger, sich in dieser Frage an den Kaiser zu wenden.[146] Hinzu kam der gängige Vorwurf, der Nürnberger Magistrat verhalte sich dem Kaiser gegenüber ungehorsam und missachte dessen Verordnungen.[147] Der Titel der Flugschrift, in dem sich der Verfasser auf alte Urkunden und Monumente berief, sollte den Anschein einer gelehrten, wenn nicht gar offiziösen Abhandlung erwecken. Originell ist also weniger der Inhalt als vielmehr die Form der Aufbereitung. Darin gab der Autor angebliche Paragrafen und Abschnitte von Nürnberger Rechtstexten wieder und versah sie mit einer magistratskritischen Auslegung. Der Verfasser machte sich also die mangelnde Zugänglichkeit und Kodifizierung des reichsstädtischen Rechts zu Nutze. Besonders prekär für den Nürnberger Magistrat war die weite Verbreitung der Freymuth'schen Schrift, vor allem im süddeutschen Raum. Sie ist noch heute in wenigstens neun Bibliotheken nachweisbar, darunter in Stuttgart, Weimar und Wien[148] – ein durchaus bemerkenswerter Wirkungskreis.

Eben dies nötigte den Nürnberger Rat zum Druck eines ‚Gegen-Species-Facti', mit dem Freymuth als frecher Lügner und ehrloser Verbrecher entlarvt werden sollte.[149] Nötig war dies, und hier zeigt sich der geschickte Einsatz des Pamphlets, weil für den Leser der Wahrheitsgehalt der Freymuth'schen Schrift nicht erkennbar war. In der Gegendarstellung des Magistrats wurde insbesondere die professionelle Machart der Freymuth'schen Schrift beklagt, die beim ahnungslosen Leser den Anschein von Authentizität erwecke.[150]

In den 1730er Jahren sind außerdem eine Reihe weiterer prozessbegleitender Druckschriften nachweisbar.

---

[144] Kap. VIII.4.7, Nr. 13.
[145] ‚Nuernbergische Staats- und Regiments-Verfassung Worinnen Dessen auesserlichen und innerlichen Beschaffenheit/so wohl ueberhaupts/als auch insonderheit Eines Hoch-Edlen Magistrats Wahl-Ordnung und Anderen davon dependirenden Collegien und Aemtern, sowohl in Civil- als Criminal-Sachen/von langen Jahren her/bis auf gegenwaertige Zeit; aus alten wahrhafften Monumenten und Urkunden, ordentlich aufgezeichnet und vorgestellet wird [...]' (Kap. VIII.4.7, Nr. 20).
[146] ‚Nuernbergische Staats- und Regiments-Verfassung […]' (Kap. VIII.4.7, Nr. 20). S. 25, 28.
[147] Vgl. ‚Nuernbergische Staats- und Regiments-Verfassung […] ' (Kap. VIII.4.7, Nr. 20). S. 12.
[148] Vgl. die entsprechenden Signaturen in Kap. VIII.4.7, Nr. 20.
[149] ‚Alphonsus Freymuth/Der freche Luegner/In Species Facti. Das ist: Der verlarvte Nigrino, In dem Nürnbergischen Staats- und Regiments-Verfassung beygefuegten faelschlich so benannten Ausführlichen Bericht von seinem Verbrechen/Straffe/und Entweichung aus dem Gefaengnis der Eisen in Nürnberg; nebst einer Gegen-Species-Facti, von desselben nothduerfftiger Ehre und Redlichkeit/ entlarvet, und aus geschrieben- und vorhandenen Urkunden gezeiget, Um jedermann/wo sich dieser Betrueger noch hinwenden moechte fuer Schaden zu warnen, Anno 1734' (Kap. VIII.4.7, Nr. 21).
[150] ‚Alphonsus Freymuth […]' (Kap. VIII.4.7, Nr. 21).

Medienstrategien der Prozessparteien 167

Der mit seiner Frau um die Befreiung vom Bürgerrecht klagende Zacharius Buck ließ beispielsweise 1730 eine Supplik an den Kaiser inklusive der wichtigsten Beweisstücke (Suppliken an den Nürnberger Magistrat, Ratsdekrete) in Druck geben.[151] Im Kern enthält auch diese Druckschrift die gängigen Vorwürfe an den Magistrat und die üblichen Bitten um kaiserlichen Schutz.[152] Die ausführliche Zusammenfassung des Sachverhalts wird eingerahmt von einer klassischen Bittschrift, die dem traditionellen Muster untertäniger Suppliken entspricht.[153] Eine bildhafte Sprache gehörte auch in anderen Fällen zur Diskursstrategie. Zu nennen ist ferner die 1731 erschienene Druckschrift mit dem Titel ‚Zustand Eines Nürnbergischen Capitalisten Bey Einer Anderthalben Sieben viertel und Doppelten Losung/durch ein lebendes Exempel vor Augen geleget'.[154]

Ebenfalls 1731 erschien ein anonym veröffentlichtes Stück zum Nürnberger Reichshofratsprozess mit dem Titel ‚Allerunterthänigstes Pro Memoria in Sachen Nürnberg contra Nürnberg divers. Gravam. Und darüber zum Vorschein gekommene Anmerckungen/ Nebst Copia eines Sendschreibens von einem benachbahrten Freund und desselben zufällige Gedanken über dieselbe'.[155] Kennzeichnend ist der verschachtelte Aufbau von Darstellungen und Gegendarstellung, wie er für den schriftlichen Schlagabtausch vor dem Reichshofrat und nun auch in der Öffentlichkeit – die Druckschrift galt explizit der Aufklärung des *widrig informirten Publico*[156] – charakteristisch war. Der Text besteht aus zwei Teilen: einer inoffiziellen Darstellung der Magistratsseite (die sich ihrerseits auf eine vorhergehende Schrift bezieht) und einer Gegendarstellung durch einen probürgerschaftlichen Magistratskritiker (der sich selbst als *benachbahrten Freund* bezeichnet). Geradezu prototypisch ist die Makrostruktur beider Texte: Sie besteht aus mehreren Abschnitten, in denen jeweils eine Behauptung der Gegenseite auszugsweise wiedergegeben und anschließend widerlegt wird. Das machte die Abhandlung leicht lesbar und ermöglicht es den Rezipienten, den bisherigen Diskussionsverlauf nachzuvollziehen. Im ersten Text, in dem die Position des Magistrats wiedergegeben ist, wird die Repräsentativität der bürgerschaftlichen Kläger angezweifelt und die schwierige wirtschaftliche Situation Nürnbergs mit makroökonomischen Ursachen erklärt. Zugleich werden die zentralen Vorwürfe des Handelsvorstands mit scharfen Worten als Lügen bezeichnet und der Vorwurf des Eigen-

---

[151] ‚An die Römisch Kayserliche und Königliche Catholische Majestaet Allerunterthaenigstes Supplicatum In Sachen Zacharias Buckens zu Nuernberg Contra Burgermeister und Rat daselbst, Puncto liberationis a nexu civico. Praes. 14. Sep. 1730.' (Kap. VIII.4.7, Nr. 14).
[152] ‚An die Römisch Kayserliche und Königliche Catholische Majestaet' (Kap. VIII.4.7, Nr. 14). Hier heißt es etwa: *Gelanget an Euer Römisch-Kayserliche Majestät [...] das allerunterthaenigste fußfälligste Bitten [...] mich wider alle Thätlichkeiten des Nürnbergischen Magistrats in Dero großmächtigste Kayserliche Beschirmung zu nehmen.*
[153] Vgl. ‚An die Römisch Kayserliche und Königliche Catholische Majestaet' (Kap. VIII.4.7, Nr. 14).
[154] Kap. VIII.4.7, Nr. 16. Die Titelgebung mit ihrem Verweis auf Beispielhaftigkeit und Lebendigkeit kann auch als verkaufsförderndes Element gesehen werden. Vgl. Silvia Serena Tschopp: Rhetorik des Bildes. Die kommunikative Funktion sprachlicher und graphischer Visualisierung in der Publizistik zur Zerstörung Magdeburgs im Jahre 1631. In: Johannes Burkhardt/Christine Werkstetter (Hg.): Kommunikation und Medien in der Frühen Neuzeit. München 2005 (Historische Zeitschrift Beihefte. Neue Folge. Bd. 41). S. 99.
[155] Kap. VIII.4.7, Nr. 15.
[156] Vgl. bis hier hin Kap. VIII.4.7, Nr. 15.

nutzes zurückgewiesen. Kennzeichnend ist die Begründung der Herrschaft als *von Gott* und *von Rechts wegen*. Dem gegenüber wird im zweiten Teil, also der magistratskritischen Gegendarstellung, von einer dem Magistrat lediglich anvertrauten Bürgerschaft gesprochen. Einem fürstlich-absolutistischen Selbstverständnis des Magistrats wird also ein republikanisches gegenübergestellt. Durch die Pflichtverletzungen und Verfehlungen gegenüber den Bürgern und dem Kaiser habe das Patriziat seinen Herrschaftsanspruch verloren. Der Appell an die reichsväterliche Schutzfunktion gehört ebenso ins Repertoire wie das Bild einer erfolgreichen Tätigkeit der bisherigen Reichshofratskommissionen zum Beispiel in Frankfurt, Augsburg, Hamburg, Lübeck oder Dinkelsbühl. Ohne reichshofrätliche Aufsicht, so die Botschaft, seien die meisten Reichsstädte faktisch unregierbar. Dabei prägen stilistische Mischformen die Sprache: Einerseits wird wiederholt an die Vernunft appelliert (*kein vernünfftiger Mensch*), andererseits spielen Gefühlsargumente (*mit heimlichen Seufzen und heissen Thränen wie es ihnen sehr tief zu Herzen gehe*) eine gewichtige Rolle. Bildhafte Vergleiche von am Bettelstabe gehenden Kaufleuten stehen dabei neben elaborierten Formulierungen und Fachwortschatz.[157]

Im Jahr 1731 kam außerdem eine erste Zusammenfassung der Ereignisse und des bisherigen Prozessverlaufs in Druck, die aus einer Reihe anonymer Nürnberger ‚Extract-Schreiben' bestand.[158] Diese Flugschrift zeugt von einem großen Interesse des Publikums, das dem Verfasser zufolge als Richter fungieren sollte.[159] Insbesondere die Reichsöffentlichkeit wird wiederholt angeführt. Unter anderem wird der angeblich große Rückhalt betont, den die Kaufmannschaft im fränkischen Kreis, bei anderen Reichsständen und am Reichstag genieße.[160] Selbstverständlich wird dem Nürnberger Magistrat auch hier die moralische und fachliche Regierungsfähigkeit abgesprochen. Die Flugschrift endete mit der Nachricht von einem kursierendem, altbekannten Gerücht: Angeblich sollte der Nürnberger *Reichs-Adler-Wirt* eine Zimmerreservierung für die bevorstehende Lokalkommission erhalten haben.[161] Auch die wenig später erschienene Fortsetzung (‚Continuatio') der Druckschrift begann mit einem Gerücht.[162] Danach mussten einige der *ärmsten Wittwen und Handwercks-Leuten, aus Mangel an anderen Mitteln, so gar die Haar vom Kopff schneiden und verkauffen*, um die horrenden Steuern in Nürnberg

---

[157] Kap. VIII.4.7, Nr. 15.
[158] ‚Ausfuehrliche Relation, Alles dessen/Was in der von der Nuernbergischen Kauffmann- und darunter ueberhaupt begriffenen Burgerschafft Bey dem daselbstigen Magistrat Die Onera, In specie aber die so genannte Losung betreffend, Zwar allschon von Anno 1716. bis 1730. Beschwehrend angebracht worden; Nun aber in dem Mense Februarii des vergangenen 1730ten Jahres Wuerklich Bey Kayserlicher Majestaet Dißfalls erhobenen wichtigen Klage-Sache Vorgegangen/Samt Copeylichen Anlagen Derer hierinnen vorgekommenen Klag-Schrifften/Supplicationen/Memorialen/Declarationen/und anders. Anno 1731' (Kap. VIII.4.1, Nr. 17).
[159] Vgl. allgemein dazu Würgler: Unruhen und Öffentlichkeit (Anm. 42). S. 187f.
[160] Vgl. ‚Ausfuehrliche Relation [...]'.(Kap. VIII.4.1, Nr. 17).
[161] Vgl. ‚Ausfuehrliche Relation [...]'.(Kap. VIII.4.1, Nr. 17).
[162] ‚Continuatio Der ausfuehrlichen Relationen In Causa Nuernbergische Kauffmann- und Burgerschafft Daselbstige Onera und Losung betreffend; Deme annectirt Fernerweit allerunterthaenigstes Pro Memoria Nebst Begnadigungen und Freyheiten Kaysers Caroli V. Dem kleinern oder Handwercks-Rath in ermeldten Nuernberg ertheilet. Anno 1731.' (Kap. VIII.4.7, Nr. 18).

entrichten zu können.¹⁶³ Diese Behauptung ist deswegen so wirkungsvoll, weil Witwen traditionell zur Gruppe der ‚personae miserabiles' gehörten und damit unter besonderem kaiserlichen Schutz standen.¹⁶⁴ Noch bemerkenswerter ist aber die Persistenz und die Publizität dieses Gerüchts, das bereits 1723 in Wien mündlich kolportiert worden war.¹⁶⁵ Dem Gesandten Walther zufolge soll das Gerücht damals gezielt vom *tausend-Lügner* Sörgel verbreitet worden sein,¹⁶⁶ allerdings war dort nur von einer Witwe, die ihre Haare verkaufen musste, die Rede. Dieses Gerücht bestätigt die Ergebnisse der bisherigen Forschungen: Zum einen zeigt sich, wie Gerüchte zunächst mündlich und später über Printmedien – in diesem Falle modifiziert und verstärkt – verbreitet wurden, zum andern, wie sie die öffentliche Meinung prägten und auf diesem Wege zur Entstehung von Gegenöffentlichkeiten beitrugen.¹⁶⁷ Der Befund entspricht damit jenen Untersuchungen, nach denen Gerüchteverbreitung eine ebenso einfache wie effiziente Widerstandsform war, mit der die jeweilige Obrigkeit diskreditiert, Verbündete mobilisiert und der eigene Protest legitimiert werden konnte.¹⁶⁸ Mündliche Kommunikations- und Protestformen blieben also weiter von Bedeutung, trotz einer vermehrten Produktion und Verbreitung von Printmedien.

3. Medienwandel und Medienereignisse

Im Zuge der Auseinandersetzungen kam es, wie die angeführten Beispiele belegen, zu einer verstärkten Publikation prozessbegleitender oder -bezogener Flugschriften. Sie sind Teil des Kommunikations- und Medienereignisses Reichshofratsprozess. Die ursprünglich zur Information beziehungsweise Beeinflussung von Reichshofräten gedachten Druckschriften¹⁶⁹ erreichten einen immer breiteren Adressatenkreis. Prinzipiell verboten waren nur solche Schriften, die sich gegen eine nach dem Augsburger Religionsfrieden

---

163 ‚Continuatio [...]' (Kap. VIII.4.7, Nr. 18).
164 Vgl. Sabine Ullmann: Vm der Barmherzigkait Gottes willen. Gnadengesuche an den Kaiser in der zweiten Hälfte des 16. Jahrhunderts. In: Rolf Kießling/Dies. (Hg.): Das Reich in der Region während des Mittelalters und der frühen Neuzeit. Konstanz 2005 (Forum Suevicum. Bd. 6). S. 164, 171.
165 Vgl. StAN. Rst. Nbg., Rep. 26/2, Nr. 98 (o. D.)
166 Vgl. StAN. Rst. Nbg., Rep. 26/2, Nr. 105. Extrakt eines Schreibens Walthers vom 16.6.1723.
167 Vgl. grundlegend Michaela Hohkamp: Gerücht. In: Friedrich Jaeger (Hg.): Enzyklopädie der Neuzeit. Stuttgart/Weimar 2006. Bd. 4. Sp. 570; Werner Wunderlich: Gerücht – Figuren, Prozesse, Begriffe. In: Manfred Bruhn/Ders. (Hg.): Medium Gerücht. Studien zu Theorie und Praxis einer kollektiven Kommunikationsform. Bern 2004 (Facetten der Medienkultur. Bd. 5). S. 49–56.
168 Vgl. Andreas Würgler: Fama und Rumor. Gerücht, Aufruhr und Presse im Ancien Régime. In: Werkstatt Geschichte. 15. 1996, hier S. 20; Willem Frijhoff: Communication et vie quotidienne à la fin du moyen âge et à l'époque moderne. Réflexions de théorie et de méthode. In: Kommunikation und Alltag in Spätmittelalter und früher Neuzeit. Wien 1992 (Sitzungsberichte der philosophisch-historischen Klasse der Österreichischen Akademie der Wissenschaften. Bd. 596). S. 27.
169 Grundsätzlich blieb es den Prozessparteien überlassen, ihre Eingaben in Druckform einzureichen, um so möglichst viele Reichshofräte zu informieren. Vgl. Johann Jacob Moser: Einleitung zu dem Reichs-Hof-Raths-Proceß. Frankfurt/Leipzig 1737. Bd. 4. S. 517, § 17.

erlaubte Konfession richteten, die zu Umsturz aufriefen oder durch Schmähungen oder auf andere Art und Weise gegen die guten Sitten verstießen.[170]

Wie effektiv und geschickt klagende Reichsstadtbürger Druckmedien zu instrumentalisieren wussten, lässt sich am Beispiel Frankfurt aufzeigen: Dort erregte eine Prozessschrift im Jahr 1719 großes, ja reichsweites Aufsehen. Sie war vom umstrittenen Bürgerdeputierten Johann Jacob Böhler und dessen Sohn verfertigt, in hoher Auflage in Druck gegeben und heimlich in Frankfurt für die stattliche Summe von immerhin vier Gulden und vier Talern verkauft worden.[171] Nicht nur der Frankfurter Magistrat und die anwesende Lokalkommission unter Rudolf Franz Erwein von Schönborn waren empört,[172] auch konkurrierende Bürgerdeputierte liefen beim Reichshofrat Sturm gegen die angeblich beleidigende und anmaßende Flugschrift Böhlers.[173] Die Affäre zog weite Kreise: Sie wurde zunächst am 22. Juni 1719 vom Reichshofrat behandelt und landete nur einen Tag später als Votum beim Kaiser.[174] Der Reichshofrat befürchtete, dass das Stück *dem gemeinen ungelehrten Mann* nicht bekomme, da dieser zu *tumult und auffstandt gegen die obrigkeit verführet werden* könne. Daher ordnete die Lokalkommission an, die Schmähschrift zur *kundtmachung in der Statt und im Reich* verbrennen zu lassen.[175] Diese Maßnahme zeigt die Notwendigkeit, sowohl auf der lokalen wie auf der überregionalen Ebene ‚Öffentlichkeitsarbeit' zu betreiben. Wie in anderen Fällen ist jedoch auch hier davon auszugehen, dass die Nachfrage nach der Schrift in größerem Maße anwuchs als die Denunziationsbereitschaft in der Bevölkerung. Dass die Druckschrift einen derart hohen Bekanntheitsgrad erreichte, war die Folge einer schwer kontrollierbaren und lukrativen Produktion von polemischem Schriften und – dies ist hervorzuheben – der aktiven ‚Medienkompetenz' Böhlers. Dieser hatte die Schrift nicht nur in einer Auflage von mindestens 100 Exemplaren drucken lassen, sondern eigens für eine großflächige Verbreitung gesorgt, indem er Exemplare nach Preußen, Münster, Darmstadt,[176] Mainz, Trier, Köln und in die Kurpfalz gesandt hatte.[177] Selbstredend hatte Böhler auch Kopien an den Reichshofrat in Wien geschickt. Dass die gedruckte Prozessschrift eines Privatmanns derart weite Kreise zog, ist Ausdruck eines Medienwandels, der sich im Zuge der reichsstädtischen Prozesse vollzog. Wie die Nürnberger Flugschriften sollte Böhlers Druck eine mobilisierende, legitimierende beziehungsweise prozessbeeinflussende Funktion erfüllen. Davon, dass das erste Drittel des 18. Jahrhunderts eine vermehrte Produktion derartiger Schriften ver-

---

[170] Vgl. Ulrich Rosseaux: Das Reich und seine Territorien als Kommunikationsraum im frühen 17. Jahrhundert. In: Blätter für deutsche Landesgeschichte. Neue Folge des Korrespondenzblattes. 137. 2001, hier S. 86.
[171] Vgl. HHStA. RHR, Decisa, 2213. Brief von Franz Erwein von Schönborn an den Kaiser vom 15.7.1719 (Kopie).
[172] Vgl. HHStA. RHR, Decisa, 2213. Brief von Franz Erwein von Schönborn an den Kaiser vom 15.7.1719 (Kopie).
[173] Vgl. HHStA. RHR, Decisa, 2213. Briefe des Bürgerdeputierten Notebohm an den Kaiser, 11.4./19.7.1719 (Kopien).
[174] Vgl. Kap. VIII.4.1, Nr. 18.
[175] Kap. VIII.4.1, Nr. 18.
[176] Vgl. HHStA. RHR, Decisa, 2213. Brief von Franz Erwein von Schönborn an den Kaiser vom 15.7.1719 (Kopie).
[177] Vgl. Kap. VIII.4.1, Nr. 18.

zeichnet, zeugen insbesondere die entsprechenden Gegenmaßnahmen. Als Reaktion auf die Böhler'sche Kampagnen verbot der Reichshofrat 1719 allen Wiener Buchdruckern, künftig Prozessschriften ohne ausdrückliche Erlaubnis zu drucken.[178] Diese Maßnahme verhinderte jedoch nicht, dass auch in den Folgejahren derartige Flugschriften verfertigt und verbreitet wurden.[179] 1722 folgte daher ein weiteres, auch mittels Zeitungen publiziertes Verbot, Prozessschriften zu drucken und zu verteilen:

> *Demnach man wahrgenommen, daß ein- und andere Recht-führende Partheyen formliche Facti Species ohne vorheriger Erlaubnus in Druck geben, und selbe austheilen lassen, als hat man auf Allergnädigsten Befehl iedermann hiemit gemäß erinnern sollen, derley Schriften ohne anderer Erlaubnus künftig nicht mehr zu drucken, oder aufzulegen.*[180]

Besonders im Falle der zahlreichen reichsstädtischen Reichshofratsprozesse spielen diese Flugschriften eine gravierende Rolle. Reichsstädtische Magistrate standen dem Phänomen zunehmend hilflos gegenüber, wie etwa in Frankfurt[181] oder, um ein letztes Beispiel anzuführen, in Nürnberg. Hier schließt sich der Kreis zu der einleitend erwähnten Auseinandersetzung zwischen Vertretern des Nürnberger Magistrats und des Handelsvorstands vor der Hofkommission am 29. Mai 1732, die unter anderem von den Reichshofräten Hartig, Hildebrandt und Wucherer geleitet und vom Sekretär Glandorf protokolliert wurde.[182] Diese mündliche Verhandlung fand nur kurz nach der Welle negativer Zeitungsmeldungen und subversiver Flug- und Prozessschriften 1730/1731 statt. Zu den Vertretern der beiden Prozessparteien gehörten überwiegend bekannte Akteure: auf Seiten der Bürgerschaft Dr. Wülffer, Pflüger und Reichshofratsagent von Schumm, auf der Gegenseite der Sondergesandte des Magistrats Hieronimus Wilhelm Ebner sowie Reichshofratsagent Daniel Hieronimus von Braun. Interessant ist diese Verhandlung weniger, weil sie, wie zu erwarten war, in feindseliger Atmosphäre und ergebnislos geführt wurde – was den Reichshofrat in seiner Geringschätzung solcher Mediationsformen bestätigt haben dürfte[183] –, sondern weil statt über Prozessinhalte über die Form des Konfliktaustrags selbst debattiert wurde. Zunächst stellten Ebner und Braun die Legitimität der Klage in Frage und verwiesen dabei auf Formfehler sowie die geringe Zahl der eingereichten Unterschriften. Gleichzeitig versuchte die Magistratspartei, den Disput jenseits des Prozessgegenstands auf die verleumderische Medienkampagne der Bürgerschaft zu reduzieren. Wenn Ebner und Braun die Kaufleute wegen der in Regensburg gedruckten *brochuren*

---

[178] Vgl. Kap. VIII.4.1, Nr. 18. Vgl. hierzu Würgler: Unruhen und Öffentlichkeit (Anm. 42). S. 232.
[179] Vgl. die entsprechenden Flugschriften im Kap. VIII.4.7.
[180] ‚Wienerisches Diarium' vom 3.1.1722 (SuUB. Ja 2436/7. Nr. 1).
[181] Vgl. HHStA. RHR, Decisa, 2213. Ratsdekret des Frankfurter Magistrats vom 22.10.1710.
[182] Vgl. StadtAN. E 8, 4890. ‚Protokollum Commissionis in Sachen zu Nürnberg Markts-Vorsteher und Handelsleuthe contra den Magistrat daselbst die Loßungs-Sache betreffend' (Kopie) vom 29.5.1732.
[183] Vgl. StadtAN. E 8, 4890. ‚Protokollum Commissionis in Sachen zu Nürnberg Markts-Vorsteher und Handelsleuthe contra den Magistrat daselbst die Loßungs-Sache betreffend' (Kopie) vom 29.5.1732. Die Kommentare des Protokollanten lassen auf eine wenig konstruktive Atmosphäre und ausufernde Diskussionen schließen, z. B. *Gleichwie nun ein und andermahl erinnert worden, dass man zum haubtwerk schreitten mögte.* Vgl. hier erneut Kapitel III.1.1.

und piecen attackierten, so lässt dies einmal mehr auf eine überregionale öffentliche Meinung schließen, um die hier gekämpft wurde. Der zentrale Vorwurf lautete, der Handelsvorstand habe Prozessschriften mit zum Teil vertraulichem Inhalt gezielt veröffentlicht, um das Verfahren weithin bekannt zu machen und den Magistrat zu diffamieren.[184] Mit den Worten der Kläger formuliert: Die Kampagne sei auf *Instruction und Suggestion, auch mit Vorwissen* der Marktvorsteher geschehen.[185] Oder mit den Worten des Titels dieser Arbeit: Der Magistrat beschuldigte seinen Gegner, den Prozess zum Medienereignis gemacht zu haben. Als Beweis reichten die Magistratsvertreter unter anderem eine Liste mit 114 verleumderischen Passagen ein, die sich im Wesentlichen auf den Vorwurf einer schrankenlosen Despotie konzentrierten. Unter anderem wurde das Nürnberger Ratsregiment darin, wie einleitend zitiert, als eine auf dem Boden *des freyen teutsche*[n] *Vatterlandes* nicht zu ertragende *schändliche Mißgeburt* bezeichnet.[186]

Was diese Kontroverse verdeutlicht, ist der enorme Bedeutungszuwachs der Printmedien im Allgemeinen[187] und in den gerichtlichen Auseinandersetzungen zwischen reichsstädtischen Prozessparteien im Besonderen. Diese Entwicklung bedeutete nicht so sehr eine Verdrängung als vielmehr eine Ergänzung anderer Medientypen. Eben diesen Medienwandel reflektiert ein satirisches Nürnberger Flugblatt aus dem Jahr 1723 mit dem Titel ‚Glückwünschende Ehren-Pforten [...]' (Abb. 2).[188] Was das Stück zu einem Unikum oder wenigstens zu einem Ausnahmefall macht, ist der zu einer Ehrenpforte geformte Text. Durch seine Textgestalt reiht sich das Pamphlet damit zwar einerseits in die Tradition barocker Figurengedichte, genauer der so genannten Umrissgedichte ein,[189] gleichzeitig unterscheidet es sich von diesen durch seinen ironischen Duktus. Ironisch sind vor allem die Glückwünsche für die mit ausführlicher Titulatur angesprochene Obrigkeit sowie das Lob auf ihren *Tugend-Glanz*, ihre Sorgfalt und ihre segensreiche Herrschaft. Verhöhnt werden im Flugblatt sowohl die als *Pfeiler dieser Stadt* bezeichneten Patrizier wie auch deren republikanisches Selbstverständnis. So beschreibt der Urheber der ‚Ehren-Pforte' das Nürnberger Regiment ironisch als utopischen Idealzustand, an dem sich antike römische Staatsmänner wie etwa Cato begeistert hätten. Die Ausführungen gipfeln in der

---

[184] Vgl. StadtAN. E 8, 4890. ‚Protokollum Commissionis in Sachen zu Nürnberg Markts-Vorsteher und Handelsleuthe contra den Magistrat daselbst die Loßungs-Sache betreffend' (Kopie) vom 29.5.1732.

[185] StadtAN. E 8, 4890. ‚Protokollum Commissionis in Sachen zu Nürnberg Markts-Vorsteher und Handelsleuthe contra den Magistrat daselbst die Loßungs-Sache betreffend' (Kopie) vom 29.5.1732, hier ‚Unterthänigster Verwahrungs-Rezeß.

[186] Vgl. StadtAN. E 8 4890. ‚Extrakt einiger anzüglicher Passagen, welche in dem Impetrant. Kauffleuthe schriftl. Recess de prsto 17.10.1731 vorkommen'.

[187] Vgl. zu dieser Entwicklung erneut: Faulstich: Zwischen Herrschaft und Revolte (Anm. 129). S. 21f. Diese Entwicklung bedeutete jedoch keine Verdrängung anderer Kommunikationsformen, weder für die Artikulation von Herrschaftsansprüchen noch für die Bildung von Gegenöffentlichkeiten. Und so ist abschließend – trotz einer Bedeutungsverschiebung zugunsten der Druckmedien – von einem komplementären Verhältnis der verschiedenen Medientypen auszugehen.

[188] Vgl. Kap. VIII.4.7, Nr. 11.

[189] Vgl. grundlegend: Ernst Rohmer: Figurengedicht. In: Friedrich Jaeger (Hg.): Enzyklopädie der Neuzeit. Stuttgart/Weimar 2006. Bd. 3. Sp. 996.

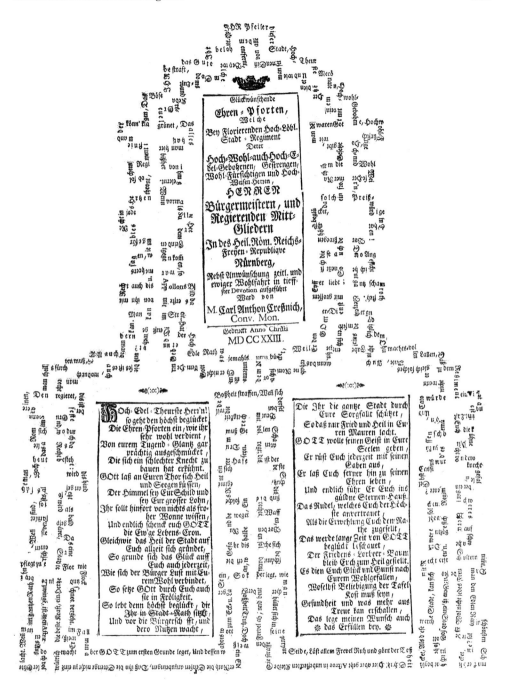

Abb. 2: Nürnberger Flugblatt ‚Ehrenpforte', 1723

Formulierung *Wenn sie* [die Nürnberger Bürgermeister, Anm. d. Verf.] *versammlet sind, so ist als sähe man noch heut das alte Rom sich im Senat vereinet.* Im Gegensatz zu klassischen Figurengedichten unterstreicht die Textgestalt in diesem Fall nicht den Inhalt des Gedichts, sondern sie steht im Gegensatz zur eigentlichen Botschaft. Warum ist der Text nun zu einer Ehrenpforte geformt? Eine mögliche Erklärung ist, dass hier nicht nur eine reichsstädtische Obrigkeit, sondern auch eines ihrer Herrschaftsmedien parodiert wird. Immerhin büßte die Ehrenpforte, die in der Antike und in der Frühneuzeit zu Propagandazwecken eingesetzt wurde, gerade im 18. Jahrhundert stark an Bedeutung ein.[190] So betrachtet könnte die Textgestalt der Flugschrift eine Anspielung auf den langsamen Bedeutungsverlust klassischer Herrschaftsmedien in einem zunehmend von Schrift- und Druckmedien geprägten Zeitalter sein.

4. Zusammenfassung

1. Der Reichshofrat verfügte in den Reichsstädten über ein breites Instrumentarium zur Selbstinszenierung, zur Legitimierung des eigenen Eingreifens und zur Durchsetzung der verordneten Normen. Er verfolgte mitunter multimediale Strategien und nützte situationsabhängig die Ausdrucksmöglichkeiten mündlicher wie schriftlicher Kommunikation.

2. In Bezug auf die Kommunikation mit Ministern oder dem Kaiser ist weiterhin von einer großen Bedeutung oraler und performativer Medien, aber auch von Gestaltungs- und Objektmedien auszugehen. Insgesamt gewannen schriftliche Kommunikationsformen im Zuge der Reichshofratsverfahren weiter an Bedeutung.

3. Auf der lokalen Ebene gelang es den Magistraten zumeist nicht, die sich in verschiedenen Gegenräumen formierenden Gegenöffentlichkeiten zu kontrollieren. Der obrigkeitliche Anspruch auf die lokale Meinungshoheit wurde durch verschiedene Widerstandsformen erfolgreich konterkariert.

4. Besonders bemerkenswert ist die immer professionellere Kommunikationsstrategie klagender Bürger. Bezeichnend ist, dass die Verbreitung von Gegenmeinungen weder auf der regionalen noch der überregionalen Ebene, weder von den Magistraten noch dem Reichshofrat wirkungsvoll unterbunden werden konnte. Durch ihre Publikationen nahmen klagende Bürger am Prozess der öffentlichen Meinungsbildung und der politischen Kommunikation im Reich teil.

---

[190] Vgl. Jan-Dirk Müller: Publizistik unter Maximilian I. Zwischen Buchdruck und mündlicher Verkündigung. In: Ute Frevert/Wolfgang Braungart (Hg.): Sprachen des Politischen. Medien und Medialität in der Geschichte. Göttingen 2004. S. 110f.; Stefan W. Römmelt: Festarchitektur. Beitrag zur 2001 in Augsburg durchgeführten Tagung des Arbeitskreises Frühe Neuzeit. (http://www.medien.historicum-archiv.net/schau/festarchitektur1.htm, Stand: 1.1.2010).

5. Aufgrund ihres Skandalcharakters erfuhren insbesondere scharfe Conclusa eine breite Rezeption. Sie wurden wegen ihres Verkaufswerts von Zeitungen aufgegriffen und so reichsweit verbreitet. In Nürnberg ging die vermehrte Publikation von magistratskritischen Flugschriften mit entsprechenden Presseberichten einher.

VII. Fazit

Mehr Konflikte, mehr Kommunikation, mehr Reich – so könnte man den Integrationsprozess der Reichsstädte im ersten Drittel des 18. Jahrhunderts beschreiben. Oder etwas ausführlicher: Die zahlreichen internen Konflikte und die aus ihnen entstehenden Reichshofratsprozesse führten zu einer kommunikativen Verdichtung, durch die das Reich in der Region präsent war: personell, ideell und medial. Während gewaltsame Proteste ebenso wie obrigkeitliche Repressalien zunehmend seltener wurden, stieg die Zahl der gerichtlichen Auseinandersetzungen auf einen bis dato einmaligen Stand an, so dass sich kein Geringerer als Friedrich Karl von Schönborn über die drastische Vermehrung an Reichsstadtsakten beklagte. Die Reichsstädte gehörten also zu den Trägern eines sich beschleunigenden Verrechtlichungsprozesses nach 1700.

Nur, warum so viele Reichshofratsprozesse im 18. Jahrhundert? Sieht man von einem strukturell bedingten erhöhten Konfliktpotenzial ab, so bieten sich je nach Perspektive zwei Erklärungsmodelle an: Zum einen wurden die Verfahren ‚von unten' durch selbstbewusste, Recht und Schutz suchende Bürger angestoßen, zum anderen waren sie die Folge einer aktiven kaiserlichen Reichspolitik Karls VI., die vor allem in den 1720er Jahren vorangetrieben wurde. Sie hatte nicht weniger als eine Generalreform und Sanierung der Reichsstädte – nach Augsburger und später vor allem nach Frankfurter Vorbild – zum Ziel. Im Kern ging es bei dem besonders von der Hofkammer unterstützten Projekt darum, die Zahlungs- und Zukunftsfähigkeit der Reichsstädte zu sichern und sie als Stützpunkte für eine verstärkte kaiserliche Einflussnahme in der Region zu nützen. Grundlage dieser Generalreform war wiederum eine enge kommunikative Anbindung der Territorien an die Kaiserstadt. Sie wäre ohne die regelmäßige und zuverlässige Nachrichtenübermittlung der Taxis'schen Postdienste kaum denkbar gewesen, obwohl sich das städtische Kurierwesen wie in Nürnberg in einigen Bereichen behaupten konnte und obwohl alle Beteiligten bei besonders wichtigen Transporten meist ausgewählte Kuriere entsandten. Für Karl VI. jedenfalls war die Reichspost nicht weniger als die unabdingbare Voraussetzung zur Ausübung seines *höchst richterlichen Amtes*. Und umgekehrt? Auch der Augsburger Magistrat erhielt durch seinen Agenten regelmäßig aktuelle Nachrichten aus Wien – und dies, wie es ausdrücklich hieß, im Takt der Taxis-Post.

Wie gestaltete sich nun die beschriebene kommunikative Verdichtung und die *praesentia regis et imperii* in der Region? Hier ist zunächst die personelle Präsenz anzuführen. Zu dieser gehörten die zahlreichen Lokalkommissionen ebenso wie die kaiserlichen Residenten, die bereits seit dem Ende des 17. Jahrhundert in Städten wie Bremen, Frankfurt oder Hamburg installiert wurden. Als Außenposten von Kaiser und Reichshofrat erfüllte etwa der Augsburger Resident und spätere Kommissar von Garb gleich mehrere wichtige Aufgaben: Neben seiner Repräsentationsfunktion agierte er als kommunikative Schnittstelle, etwa zwischen unzufriedenen Reichsstädtern und dem Kaiserhof. In Wien war man dank Garb umgehend über obrigkeitliches Fehlverhalten informiert, wobei auch die Nuancen symbolischer Kommunikation – etwa eine falsche Titulatur oder aber ein Zuviel der Ehre für einen französischen Gesandten und ein Zuwenig für einen Reichshofrat – als Indikator für das Verhältnis der Reichsstadt zu Kaiser und Reich dienen konnten. Im Spannungsfeld ständischer Auseinandersetzungen sorgte Garbs Kontrolltätigkeit für ein gewisses Kräftegleichgewicht zwischen den Konfliktparteien, ein Kräftegleichgewicht, das von keinem Geringeren als Montesquieu als vorbildlich gepriesen wurde. Garbs Nachrichtendienste verschafften dem Reichsoberhaupt und seinem Gericht überdies einen entscheidenden Informationsvorsprung, ohne den ein derart erfolgreiches Krisenmanagement wie bei den schweren Konfessionsunruhen von 1718 kaum denkbar gewesen wäre. Der Fall Augsburg ist so ein kaum bekanntes und zugleich eindrucksvolles Beispiel für die erfolgreiche Krisenbewältigung unter Karl VI. in einer Phase sich reichsweit zuspitzender konfessioneller Spannungen.

So wie ein hoher Informationsstand der Garant einer effizienten Reichsgerichtsbarkeit war, waren gute Nachrichtendienste die Grundlage einer erfolgreichen Prozessstrategie. Dem Nürnberger Magistrat gelang es, nicht zuletzt dank der guten Kontakte seiner permanenten Vertreter in Wien, die Einrichtung einer Lokalkommission zu verhindern. Besonders erfolgreich agierte dabei der Nürnberger Gesandte Hochmann, der zahlreiche Angehörige von Reichshofrat und Reichshofkanzlei zu seinem Familien- oder Freundeskreis rechnen konnte. Bemerkenswert ist die Tatsache, dass sich Hochmann sogar für die Belange des *kleinmüthigen* Augsburger Magistrats einsetzte, was zeigt, dass das verstärkte reichshofrätliche Eingreifen als massive Bedrohung gemeinsamer reichsstädtischer Interessen wahrgenommen wurde. Die innenpolitischen ‚Krisen' führten also zu einer verstärkten Kommunikation der Reichsstädte untereinander.

Wie ernst es dem Reichshofrat bei den Reformen mit einer tatsächlichen Kräfteverschiebung zugunsten der Bürger oder gar einer ‚Demokratisierung' der Reichsstädte war, bleibt mehr als fraglich. Zweifelsohne wurden die zahlreichen Klagen über Despotismus und Misswirtschaft von der kaiserlichen Gerichtsbarkeit nur zu gerne als Legitimation für einen verstärkten Zugriff auf die Städte genutzt. Doch unabhängig von machtpolitischem Kalkül hatten nicht wenige Reichshofräte eine offenkundige Sympathie für vermeintlich oder tatsächlich gegängelte Untertanen. Ob der Reichshofratspräsident Windischgrätz, wie kolportiert, tatsächlich lieber ein böhmischer Leibeigener als ein Nürnberger Bürger gewesen wäre, lässt sich freilich nicht eruieren, aber immerhin protegierte er den Nürnberger Kläger Sörgel über mehrere Jahre hinweg. Enge personelle Beziehungen zwischen Reich und Region existierten also auch auf der Ebene der Untertanen. Klagenden Bürgern gelang es, sowohl Zugang zu hohen oder höchsten Stellen des Kaiserhofs zu erhalten wie auch prozessentscheidende Informationen oder gar Reichshofratsinterna zu erlangen. Zudem kam es zu teilweise überregionalen Kooperationen zwischen klagenden Bürgern.

Wie stand es nun um die kommunikative Anbindung jener Prozessparteien, die nicht in Wien persönlich anwesend waren beziehungsweise dort keinen Vertreter hatten? Dafür, dass auch sie nicht vom Nachrichtenfluss abgeschnitten waren, sorgten vor allem die Reichshofratsagenten, die wohl wichtigsten Akteure bei der Kommunikation zwischen Reich und Region. Hier gilt kurz gefasst: Je kleiner die Prozesspartei, umso wichtiger der jeweilige Agent. Aufgrund ihres breiten Tätigkeitsbereichs, der neben ihren offiziellen Aufgaben vor allem Informations- und Beratungsarbeiten sowie die Interessenvertretung ihrer Klienten beinhaltete, können die Agenten als eine Art Ersatzgesandte bezeichnet werden. Vor allem prozessierende Bürger sahen in den Agenten ihren eigentlichen Rechtsbeistand und machten diese dementsprechend für den Erfolg beziehungsweise das Scheitern vor Gericht verantwortlich. Aber auch reichsstädtische Obrigkeiten stellten an ihre(n) Agenten hohe Anforderungen. Bei der Besetzung der meist hart umkämpften Agentenstellen achteten etwa der Weißenburger und der Augsburger Magistrat auf entsprechende Fachkenntnisse, das Renommee und die Beziehungen der Bewerber zu Reichshofräten. In der Regel pflegten die Magistrate ein langfristiges und vertrauensvolles Verhältnis zu ihren Agenten, das mitunter eine Fürsorge zum Beispiel für hinterbliebene Familienangehörige beinhaltete. Das enge Verhältnis zwischen Agenten und Prozessparteien erklärt sich auch aus den Karrierewegen der Agenten, die im ersten Drittel des 18. Jahrhunderts zum größeren Teil aus Reichsterritorien (und hier vor allem Franken, Schwaben, Sachsen sowie einigen norddeutschen Herrschaften) rekrutiert wurden. Dass sich daraus Nachteile ergeben konnten, zeigen die Aktivitäten des auf reichsstädtische Konflikte spezialisierten Daniel Hieronimus Braun, der sich über Gebühr für seine Heimatstadt Nürnberg engagierte und damit bisweilen seine ihm zugedachte Mittlerfunktion nicht erfüllte. Das Beispiel Braun ist – abgesehen von seiner protestantischen Konfession – außerdem insofern beispielhaft, als sowohl Brauns Vater wie auch sein Bruder als Reichshofratsagenten tätig waren. Wenngleich Verwandtschafts- und Patronagebeziehungen den Zugang zu einer Agentenstelle erleichterten, so minderte dies nicht die hohen fachlichen Anforderungen, die an einen Bewerber gestellt wurden.

Zu den Aufgaben der Agenten gehörte in einigen Fällen auch das Anlegen eines mehr oder weniger umfangreichen Privatarchivs, was besonders in einer prozessintensiven Periode wie dem frühen 18. Jahrhundert für alle Beteiligten von Bedeutung war. Ein Mehr an Prozessen bedeutete eben gleichzeitig ein Mehr an Akten. Um dieses Problems Herr zu werden, kam es sowohl in den Territorien wie auch in Wien zu einem Ausbau respektive einer Modernisierung von Archiven und Registraturen. Die vielen Rechtshändel machten für alle Beteiligten eine effiziente Verwaltung sowie die Sammlung des Reichs- und Territorialstaatsrechts erforderlich. Für den Reichshofrat war ein funktionstüchtiges Archiv gar die *Seele eines jeden Gemeinwesens*. Das erste Drittel des 18. Jahrhunderts war in dieser Hinsicht eine Phase der Beschleunigung. Betrachtet man die umfangreichen Sammlungen von Prozessakten in den reichsstädtischen Archiven, so sind sie schlagende Belege für die Präsenz des von Johannes Burkhardt beschriebenen „Reiches der

Schriftlichkeit"¹ in der Region. Auch dieser Befund lässt sich umkehren: Die Reichsstädte beteiligten sich finanziell an der Errichtung des Reichskanzleitrakts der Wiener Hofburg in den 1720er Jahren, wo sie sich im Gegenzug heraldisch präsentieren durften. Das Reich war also auch symbolisch in Wien gegenwärtig. Die insbesondere von Friedrich Karl von Schönborn vorangetriebene Baumaßnahme des Reichskanzleitrakts hatte vor allem zwei Ziele: Zum Ersten sollte durch die systematische Sammlung und Ordnung der Bestände, besonders der Judizialakten, die an Einfluss verlierende Reichshofkanzlei aufgewertet werden, zum Zweiten sollten die Maßnahmen eine schlagkräftige und, wie betont wurde, beschleunigte Reichshofratsjurisdiktion ermöglichen. Stand hier die Sammlung von Wissen im Dienste der Reichspolitik, so kann die Zerstörung des Kommissionsarchivs durch Hamburger Tumultuanten als Beispiel dafür gewertet werden, wie durch eine gezielte Wissensvernichtung der kaiserliche Einfluss zurückgedrängt werden sollte.

Neben den Sammlungsbestrebungen unterstützte Schönborn direkt beziehungsweise indirekt auch die Bemühungen, das Reichshofratsrecht zu kompilieren und zu publizieren: In seiner Amtszeit erschienen mehr Veröffentlichungen zum Wiener Reichsgericht als in den zwei Jahrhunderten zuvor (was allerdings leicht zu erreichen war), die meisten davon (Bertram, Weingarten und natürlich Moser) waren dem Reichsvizekanzler gewidmet. Besonders ragen hier die zahlreichen Publikationen Johann Jacob Mosers hervor, der das reichshofrätliche Prozessrecht ebenso an das *Licht der Öffentlichkeit* brachte wie tausende Reichshofrats-Conclusa, darunter viele reichsstädtische. Mit seinen frühen Veröffentlichungen trug Moser auf diese Weise entscheidend zur Verschriftlichung des Reichsrechts sowie zur Entstehung kritischer Öffentlichkeiten bei. Es ist daher ein weiteres Kennzeichen der Prozesse, dass aktuelle Informationen und juridisches Wissen einem immer breiteren Publikum zugänglich wurden und dass die Magistrate, besonders durch die Veröffentlichung der lokalen Quellenbestände beziehungsweise des Reichsstadtrechts, zunehmend die Kontrolle über einstiges Herrschaftswissen verloren. Mit anderen Worten: Klagende Bürger waren ihren Obrigkeiten gefährliche, in einigen Fällen nahezu ebenbürtige Gegner.

Einen besonderen Beitrag zu dieser Entwicklung leisteten Zeitungen, die prozessrelevante Meldungen sowohl aus den Reichsstädten wie auch aus Wien verbreiteten. Neben Reichshofratspersonalien machten die Zeitungen die reichsstädtischen Verfahren einem weiten überregionalen Publikum bekannt. In fast allen Blättern, ausgenommen den meisten Zeitungen reichsstädtischer Provenienz, lassen sich entsprechende Berichte nachweisen, besonders in der ‚Wöchentlichen Relation' aus Halle, der Münchner ‚Mercurii Relation' oder dem ‚Hildesheimer Relations-Courier'. Dies hatte gravierende Folgen: Mit ihrer Berichterstattung leisteten Zeitungen einen nicht zu unterschätzenden Beitrag zur Inszenierung der kaiserlichen Reichsgerichtsbarkeit und damit zur Aufrechterhaltung des Reichs; zugleich ermöglichten sie die Entstehung informierter Gegenöffentlichkeiten in den Reichsstädten. Dabei reichte das Zeitungsecho zu den reichsstädtischen Konflikten

---

1   Johannes Burkhardt: Vollendung und Neuorientierung des frühmodernen Reiches 1648–1763. Stuttgart 2006 (Gebhardt Handbuch der deutschen Geschichte. Bd. 11). S. 458.

von der bevorstehenden Entsendung einer Lokalkommission wie im Falle Nürnberg über die Teilentmachtung von Magistraten wie in Dinkelsbühl bis hin zum Einmarsch von Kommissionstruppen wie in Biberach oder Mühlhausen. Dieser ‚Skandalcharakter' der Ereignisse war es auch, der ein reges Publikumsinteresse hervorrief und zu einer wiederholten Berichterstattung führte. An keinem anderen der untersuchten Beispiele wird die enorme Breitenwirkung der Zeitungen so deutlich wie in Nürnberg, wo sich der Magistrat bereits 1723 massiv über das aufrührerische Potenzial des so genannten ‚Wiener Blättleins' beklagte. Für andere, zumal größere Reichsstädte, ist von vergleichbaren Entwicklungen auszugehen. Angesichts der überwiegend magistratskritischen Darstellung ist den Zeitungen also eine wichtige Katalysatorfunktion für die beschriebene Prozessvermehrung im ersten Drittel des 18. Jahrhunderts beizumessen.

Hinzu kommt, dass Zeitungen nicht nur aktuelle prozessbezogene Informationen, sondern auch juridisches Wissen über die Reichsgerichtsbarkeit einem breiten Publikum zugänglich machten. An dieser Stelle sei erneut auf die Lehrstunden zum Reichshofrat und zur Reichshofkanzlei in der ‚Wöchentlichen Relation' aus Halle verwiesen. Man kann und muss die Zeitungen daher als Medien der Volksaufklärung bezeichnen, da sie einem breiten reichsstädtischen Publikum Orientierung in politischen und juridischen Angelegenheiten vermittelten. Auch die untersuchten Bitt- und Beschwerdeschriften lassen kaum einen Zweifel daran, dass das Wissen von der Reichsgerichtsbarkeit weithin verbreitet war. Betrachtet man die Argumentationsweise klagender Bürger, so ist festzustellen, dass diese einerseits auf traditionelle Diskursstrategien wie den Appell an die kaiserliche Schutzfunktion zurückgriffen, andererseits sich gleichzeitig auf aufklärerisches Gedankengut wie naturrechtliche Ideen beriefen. Fest verankert war die Vorstellung von natürlichen und unveräußerlichen Freiheitsrechten, die einem Reichsbürger garantiert waren: der Schutz vor obrigkeitlicher Willkür, das Recht auf einen fairen Prozess beziehungsweise das Appellationsrecht bei den Reichsgerichten, die Gleichheit vor dem Gesetz, der Schutz von Hab und Gut, auf den sich Nürnberger Bürger stützten, sowie das Recht auf *irdische Wohlfahrt,* auf das sich der Augsburger Wolf berief. Einen besonders hohen Stellenwert genossen das Recht und der rechtliche Konfliktaustrag als Fundament für den inneren Frieden im Reich; gewaltsame Protestformen wurden abgelehnt und immer seltener praktiziert. Bedenkt man, dass selbst die Bürger Schwäbisch Gmünds die Courage oder – je nach Standpunkt – Impertinenz besaßen, eine ganze Kommission zu erfinden und zu inszenieren, dann lässt dies nicht nur auf ein ausgeprägtes Selbst-, sondern auch auf ein großes Reichs- und Rechtsbewusstsein in kleineren wie in größeren Reichsstädten schließen. Gleichzeitig veränderte sich die Wahrnehmung der Reichsgerichtsbarkeit zusehends. Neben der althergebrachten Verehrung des Kaisers als mildem und machtvollem Richter etablierte sich ein abstraktes, stände- und konfessionsübergreifendes Vertrauen in das Rechtssystem des Alten Reiches.

Um die jeweilige Magistratsherrschaft zu delegitimieren, beriefen sich die Kläger zudem wiederholt auf den Willen der bürgerschaftlichen Mehrheit, um ihn zu beweisen, legten etwa Frankfurter oder Nürnberger Kläger Prozessvollmachten in Form von Unterschriftenlisten vor. Obwohl diese Listen kaum die vom Reichshofrat geforderte bürgerliche Zweidrittel-Mehrheit enthielten, sind sie doch Ausdruck eines Medienwandels zugunsten der Schrift- und Printmedien, der sich in dieser Phase vollzog. Diese Entwicklung bedeutete aber eher eine Ergänzung und nicht so sehr eine Verdrängung klassischer Herrschafts- und Protestmedien. Vor allem auf reichsstädtischer Ebene blieben die mündliche Kommunikation und damit Lokalitäten wie das Wirtshaus oder die Straße wichtige Orte, in denen sich Gegenmeinungen und -öffentlichkeiten bilden konnten. Gleichzeitig setzten sich sukzessive organisierte rechtliche und schriftliche Protestformen durch. Zu ihnen gehörte die Verbreitung von Flugschriften, die je nach Kontext an Reichshofräte beziehungsweise an ein lokales oder überregionales Publikum adressiert sein konnten. Besonders die Verbreitung von magistratskritischen Druckschriften war ein lukratives Geschäft. Die Flugschrift wurde als subversives und kaum kontrollierbares Medium wahrgenommen, was insbesondere der Vergleich von einem *wie eine Fledermaus* herumflatternden Pamphlet in Nürnberg belegt. Dabei legten reichsstädtische Kläger eine erstaunliche passive und aktive Medienkompetenz an den Tag. Für den Nürnberger Rat stand daher außer Frage, dass die klagenden Kaufleute ihren Reichshofratsprozess dazu genutzt hatten, ihre Obrigkeit vor einem lokalen und reichsweiten Publikum zu verunglimpfen. Die Klage des Magistrats, man sei durch die Medienkampagne *auf solch boshafte Weise im ganzen Reich diffamieret worden*, ist der vielleicht deutlichste Beleg dafür, dass reichsstädtische Reichshofratsprozesse zu frühneuzeitlichen Medienereignissen werden konnten.

Diese Ergebnisse werfen ein neues Licht auf die reichsstädtische Geschichte des frühen 18. Jahrhunderts. Zwar kann man in Bezug auf die eingeleiteten Verfassungsreformen sicher nicht von einer Demokratisierung der Reichsstädte sprechen, doch trugen die Reichshofratsprozesse zur Verbreitung demokratischer Ordnungsvorstellungen wie Rechtsstaatlichkeit oder der Menschenrechtsidee bei. Zweifellos war es ein konfliktreiches Kapitel reichsstädtischer Geschichte, gleichzeitig war es eine Phase der Beschleunigung, des intensivierten Informationsaustauschs sowie der vermehrten Ordnung, Sammlung und Publikation von juridischem und administrativem Wissen. Aus kommunikations- und mediengeschichtlicher Perspektive sind die reichsstädtischen Reichshofratsprozesse daher in mehrfacher Hinsicht bemerkenswert: Sie können als Beitrag zur Entstehung der europäischen Informationskultur angesehen werden, aber auch als Vorreiter und Experimentierfeld moderner Konfliktlösungsmechanismen. Der Befund eröffnet überdies neue Forschungsdesiderate für andere Herrschaften. Ausgehend von der Tatsache, dass die Prozessfrequenz am Reichshofrat im frühen 18. Jahrhundert einen vorläufigen Höhepunkt erreichte, erscheint es vielversprechend, die Frage der Integration durch Kommunikation für weitere Reichsstände zu untersuchen. Zu prüfen wäre auch, welche Bedeutung den Konflikten und Prozessen anderer Territorien für die Veränderungen der Mediengeschichte der Frühneuzeit im Allgemeinen und des 18. Jahrhunderts im Besonderen zukommt.

VIII. Anhang

1. Abkürzungen

HHStA	Haus-, Hof- und Staatsarchiv Wien
LAELKB	Landeskirchliches Archiv der Evangelisch-Lutherischen Kirche in Bayern
MEA	Mainzer Erzkanzlerarchiv
MüB	Münchner Bestand (Staatsarchiv Augsburg)
Nbg.	Nürnberg
RHR	Reichshofrat
RK	Reichs(hof)kanzlei
Rst.	Reichsstadt
StAA	Staatsarchiv Augsburg
StadtAA	Stadtarchiv Augsburg
StadtAD	Stadtarchiv Dinkelsbühl
StadtAN	Stadtarchiv Nürnberg
StadtAW	Stadtarchiv Weißenburg
StAN	Staatsarchiv Nürnberg
SuUB	Staats- und Universitätsbibliothek Bremen

2. Abbildungsverzeichnis

Abb. 1: Wöchentliche Relation der Merckwürdigsten Sachen, 7.1.1709. Bremen, SuUB. Ja 2454/1.
Abb. 2: ‚Glückwünschende Ehren-Pforten [...]'.
Nürnberg, StadtAN. B 11, Nr. 58.

3. Quellenverzeichnis

Staats- und Universitätsbibliothek Bremen (SuUB)
Mikrofilmarchiv
Wöchentliche Relation der Merckwürdigsten Sachen (Halle): Ja 2454/1, 2, 3, 4, 5

Mercurii Relation oder wochentliche Reichs Ordinari Zeitungen von unterschidlichen Orten (München): Ja 2463/9, 10, 11
Hildesheimer Relations-Courier (Hildesheim): Ja 2433/6
Frankfurter Oberpostamts-Zeitung (Frankfurt): Ja 2220/1a, 2
Wienerisches Diarium (Wien): Ja 2436/7
Kurtz gefasste Historische Nachrichten (Regensburg): Ja 2342/1, 4, 5
Europäische Zeitung (Hanau): Ja 2272/14
Privilegirte Hallische Zeitungen (Halle): I 323

Landeskirchliches Archiv der Evangelisch-Lutherischen Kirche in Bayern (LAELKB)
Nürnberger Friedens- und Kriegs-Courier, Zeitung 21, 23, 29, 31, 36

Stadtarchiv Dinkelsbühl (StadtAD)
A 3 (1745), E 4, E 5 (1731, 1726–1752, 1737), E 8, F 21 (1733), G 22 (1738)

Stadtarchiv Augsburg (StadtAA)
Reichsstadt Augsburg Reichshofratsakten 1, 2, 3, 4, 5, 6, 7, 8, 9, 10, 11, 12, 13, 14, 15
Reichsstadt Augsburg, Anschläge und Dekrete, Teil III, Nr. 297–497, Nr. 342
Reichsstadt Augsburg, Geheime Ratsprotokolle, Band XXVII

Staatsarchiv Augsburg (StAA)
Reichsstadt Augsburg, Münchner Bestand (MüB), 39, 134
Reichsstadt Augsburg, Akten, 160

Haus-, Hof- und Staatsarchiv, Wien (HHStA)
MEA, Reichskanzlei und Taxamt 44, 45, 48, 49
MEA, Reichshofrat 8a+b
MEA, Postalia 10
RHR, Fabriks-, Gewerbe- und Handlungsprivilegien 11
RHR, Decisa, 287, 288, 289, 300, 1670, 2213, 2763
RHR, Judicialia, Vota 1, 14, 15, 19, 21, 28, 39, 41, 59
RHR, Alte Prager Akten 211
RHR, Salva Guardia 2
RHR, RK Verfassungsakten, RHR 50, 51
RK, Kleinere Reichsstände, 16, 17, 18, 380, 381

Staatsarchiv Nürnberg (StAN)
Reichsstadt Nürnberg, Rep. 26, Rekursakten, Nr. 1, 2, 3, 4, 5, 6, 36, 38, 42, 47, 225
Reichsstadt Nürnberg, Rep. 4, Differentialakten, Residentenangelegenheiten, Nr. 842, 843
Reichsstadt Nürnberg, Rep. 44e, Losungamt Akten, S I L, 140, 147, 151, 153
Reichsstadt Nürnberg, Rep. 17a, Ratskanzlei, C-Laden, Akten, S I L, 91
Reichsstadt Nürnberg, Rep. 63a, Nürnberger Mandate, Bände, Nr. O, P
Reichsstadt Nürnberg, Rep. 56, Nürnberger Drucksachen, 418, 432, 434, 445, 466b

Stadtarchiv Nürnberg (StadtAN)
B 11, Ratskanzlei, 58, 61, 471, 473, 955, 959, 964
D2/IV, Heilig-Geist-Spital/Akten, Sch. 65 B 6; Sch. 92 B 4
E 1, Genealogische Papiere und kleinere Erwerbungen, 1147, Nr. 20
E 8, Handelsvorstand, 589, 4866, 4872, 4889, 4890, 4891, 4892, 4893, 4994, 4895, 4996, 4897, 4898, 4899, 4900, 4902

Stadtarchiv Weißenburg (StadtAW)
A, 279, 646, 991, 8410, 8678, 9989, 9052, 8410, 2471, 2472, 9052, 10174, 10841, 11178
B 15/3

4. Quellenauswertung

4.1 Liste der ausgewerteten *Vota ad Imperatorem* bei reichsstädtischen Prozessen (1708–1735)

Nr.	Prozess	Datum (conclusum)	Datum (lectum et approbatum)	Signatur
1.	Beim Reichskonvent eingegangene Beschwerden der A.C.-Konfessionsverwandten	7.3.1715	3.5.1715	HHStA. RHR, Judicialia, Vota 1
2.	Beim Reichskonvent eingegangene Beschwerden der A.C.-Konfessionsverwandten wegen der Kommissionserteilung	29.4.1723	31.5.1723	HHStA. RHR, Judicialia, Vota 28
3.	Augsburg contra Augsburg, die Kommission betreffend	6.8.1720	16.8.1720	HHStA. RHR, Judicialia, Vota 1
4.	Augsburg, Aufstand der Schuhknechte	13.8.1727	14.8.1727	HHStA. RHR, Judicialia, Vota 1
5.	Hamburger, Kommission betreffend	31.10.1718	20.3.1719	HHStA. RHR, Judicialia, Vota 21
6.	Hamburger Tumulte betreffend das Niederreißen des Kommissionshauses	2.10.1719	8.10.1719	HHStA. RHR, Judicialia, Vota 21
7.	Hamburger Tumulte betreffend das Niederreißen des Kommissionshauses	12.2.1720	18.3.1720	HHStA. RHR, Judicialia, Vota 21

8.	Sörgel contra Nürnberg in pto. Türkensteuer	6.8.1723	13.8.1723	HHStA. RHR, Judicialia, Vota 59
9.	Sörgel contra Nürnberg in pto. Türkensteuer	28.6.1724	13.7.1724	HHStA. RHR, Judicialia, Vota 59
10.	Sörgel contra Nürnberg in pto. Türkensteuer	28.9.1724	3.10.1724	HHStA. RHR, Judicialia, Vota 59
11.	Sörgel contra Nürnberg in pto. Türkensteuer	12.1.1725	15.1.1725	HHStA. RHR, Judicialia, Vota 59
12.	Sörgel contra Nürnberg wegen Befreiung vom Bürgerrecht	20.11.1727	7.1.1728	HHStA. RHR, Judicialia, Vota 59
13.	Nürnberger Marktvorsteher und Handelsstand wegen der 5/4 Losung	23.5.1730	2.6.1730	HHStA. RHR, Judicialia, Vota 41
14.	Nürnberger Kauf- und Handelsleute gegen Magistrat	27.1.1734	2.3.1734	HHStA. RHR, Judicialia, Vota 41
15.	Mühlhausen contra Mühlhausen in pto. div. Grav.	23.6.1727	26.6.1727	HHStA. RHR, Judicialia, Vota 39
16.	Frankfurt contra Frankfurt, betreffend Quartierordnung	27.11.1726	28.11.1726	HHStA. RHR, Judicialia, Vota 15
17.	Frankfurt contra Frankfurt, die Kommission betreffend	21.1.1732	4./5./6./8.3.1732	HHStA. RHR, Judicialia, Vota 15
18.	Frankfurt contra Frankfurt, den Böhler betreffend	22.6.1719	23.6.1719	HHStA. RHR, Judicialia, Vota 14/ RHR; Decisa, 2213
19.	Frankfurt contra Frankfurt, Errichtung einer neuen Kommission	1.6.1717	1.6.1717	HHStA. RHR, Judicialia, Vota 14
20.	Frankfurt contra Frankfurt, die Kommission betreffend	10.2.1735	14.2.1735	HHStA. RHR, Judicialia, Vota 15
21.	Goslarer Bürger contra Rat, der von den Bergleuten erweckte Tumult	8.11.1732	7.12.1732	HHStA. RHR, Judicialia, Vota 19
22.	Schwäbisch Gmünd, den Bourell et aliis betreffend	19.7.1708	6.10.1708	HHStA. RHR, Judicialia, Vota 19

Quellenauswertung

4.2 Belegstellen zu den Schlagworten ‚Beschleunigung'/ ‚Weitläufigkeit' in Reichshofratsurteilen (1710–1729)

Nr.	Fall	Datum	Zitat	Lit.nachweis
1.	Rottweil contra Rottweil	2.10.1710	darauf die schleunige Justiz erteilt werden solle	Johann Jacob Moser: Merckwürdige Reichs-Hof-Raths-Conclusa [...]. Frankfurt 1726. Bd. 1. S. 663
2.	Augsburger Kommissions- sache	24.5.1718	übrigens hätte Commissio zu folge der vorherigen Verordnungen die Commission möglichst zu beschleunigen	Johann Jacob Moser: Merckwürdige Reichs-Hof-Raths-Conclusa [...]. Frankfurt 1728. Bd. 4. S. 66.
3.	Augsburg in puncto Commissionis	3.6.1718	zu großer Weitläuffigkeit abzielet	Johann Jacob Moser: Merckwürdige Reichs-Hof-Raths-Conclusa [...]. Frankfurt 1727. Bd. 3. S. 584.
4.	Kaufbeuren contra Kaufbeuren	20.11.1719	zu Vermeidung beschwerlicher und kostbarer Weittläufigkeit	Johann Jacob Moser: Merckwürdige Reichs-Hof-Raths-Conclusa [...]. Frankfurt 1728. Bd. 4. S. 240.
5.	Rottweil contra Rottweil	29.11.1719	Es wäre zwar von Seiten der Burgerschaft und absonderlich von deroselben Advocato durch erstgemeldtes vergeblich so weitläufftiges und darzu noch mit allerhand unanständigen Expressionen angefülltes Productum	Johann Jacob Moser: Merckwürdige Reichs-Hof-Raths-Conclusa [...]. Frankfurt 1727. Bd. 3. S. 569.
6.	Dinkelsbühler Bäckerhandwerk contra Pestelmeyer und Schäfer	13.11.1721	daß diese Kaiserliche Commission mit möglichster Ersparung der Kosten [...] auf alle Weiße und Wege beschleunigt werden möge	Johann Jacob Moser: Merckwürdige Reichs-Hof-Raths-Conclusa [...]. Frankfurt 1726. Bd. 1. S. 476f.

7.	Biberach Nobiles et Graduati A.C. Contra die Plebejos	3.2.1724	was für Weitläuffigkeit in dem Expens-Wesen der Biberachischen Bürgerschaft	Johann Jacob Moser: Merckwürdige Reichs-Hof-Raths-Conclusa [...]. Frankfurt 1726. Bd. 1. S. 440
8.	Weißenburg contra Weißenburg	12.2.1726	Fiat Excitatorium ad Magistratum zu Weissenburg, um seinen letzt abgeforderten Bericht zu beschleunigen	Johann Jacob Moser: Merckwürdige Reichs-Hof-Raths-Conclusa [...]. Frankfurt 1726. Bd. 1. S. 235.
9.	Mühlhausen Bürgerschaft contra Magistrat, Kommission	9.10.1727	überflüßigen Weitläufftigkeit zu möglichster Ersparung derer Kosten	Johann Jacob Moser: Merckwürdige Reichs-Hof-Raths-Conclusa [...]. Frankfurt 1730. Bd. 6. S. 1001.
10.	Isny Rat contra Schmid von Schmidfelden	19.7.1728	jedoch mit möglicher Ersparhung Zeit und Kosten	Johann Jacob Moser: Merckwürdige Reichs-Hof-Raths-Conclusa [...]. Frankfurt 1730. Bd. 6. S. 634.
11.	Biberach contra Biberach	11.10.1728	sonst den Prozess zum schleunigen Ausgang zu befördern	Johann Jacob Moser: Merckwürdige Reichs-Hof-Raths-Conclusa [...]. Frankfurt 1730. Bd. 6. S. 99.
12.	Wimpfen Bürgerschaft contra Magistrat	13.6.1729	daß er mit möglichster Ersparung Zeit und Kosten diese Untersuchungs-Commission bestmöglichst zu beschleunigen	Johann Jacob Moser: Merckwürdige Reichs-Hof-Raths-Conclusa [...]. Frankfurt 1732. Bd. 8. S. 356f.
13.	Stadt contra Bischof zu Speyer	o. D.	das Commissions-Geschäfft auf alle Weise beschleuniget, und zumahlen die so schwere Kosten bestmöglichst geringeret werden	Johann Jacob Moser: Merckwürdige Reichs-Hof-Raths-Conclusa [...]. Frankfurt 1727. Bd. 3. S. 591.

4.3 Eingaben/Bitt- und Beschwerdeschriften reichsstädtischer Bürger (1707–1731)

Nr.	Dokument	Datum	Signatur
1.	Supplik der Frankfurter Bürgerkapitäne Fritzsche und Böhler (Kopie)	Nach 1707 (?)	HHStA. MEA, Reichshofrat 8a, Gebundener Akt zum Fall der Bürgerschaft und Stadt Frankfurt contra den Magistrat
2.	Eingabe der Frankfurter *Reichs Burger* (Kopie)	9.5.1707 (?)	HHStA. MEA, Reichshofrat 8a, Gebundener Akt zum Fall der Bürgerschaft und Stadt Frankfurt contra den Magistrat
3.	Supplik des Nürnbergers Dr. Johann Konrad Sörgel an den Kaiser (Kopie)	3.7.1722	StAN. Rst. Nbg., Rep. 26/1, Nr. 83
4.	Supplik des Nürnbergers Stephan Werner an den Kaiser in der Streitsache gegen die Tucher und seine Creditores (Kopie)	Januar 1723 (?)	HHStA. RHR, Fabriks-, Gewerbe- und Handlungsprivilegien 11, hier 406–412
5.	‚Anderweites Allerunterthängistes Pro Memoria ad Causam Nürnberg Contra Nürnberg Divers. Gravam. Anno 1730' (Kopie)	1730	StadtAN. B 11, 959
6.	‚Extrakt einiger anzüglicher Passagen, welche in dem Impetrant. Kauffleuthe schriftl. Recess de prsto. 17.10.1731 vorkommen'	17.10.1731	StadtAN. E 8, 4890
7.	‚Memorial der Bevollmächtigten des Nürnberger Handelsstands in Sachen Nürnberg contra Nürnberg'	o. D. (1731?)	HHStA. Reichskanzlei, Kleinere Reichsstände, Nr. 382
8.	Supplik des Augsburger Bürgers Wolf an den Magistrat	28.5.1708 / 9.6.1708	StadtAA. Reichshofratsakten 13, Kaiserliche Reichshofrats Prozess-Acta diversi generis 1724–27, Fasz. 10, Tom V.
9.	Bittbrief der Augsburger Weberknechte an den Kaiser	16.9.1718	StaatsAA, Reichsstadt Augsburg, MüB, Nr. 134, hier 2–3
10.	Supplik des Schwäbisch Gmünder Bierbrauers Johann Isaac Dudium an den Kaiser	17.7.1719	HHStA. RHR, Decisa, 2763, Akten Schwäbisch Gmünder Untertanen gegen Magistrat

4.4 Bewerbungsschreiben um eine Stelle als Reichshofratsagent (1695–1726)

Die folgende Auswertung enthält 37 Bewerbungsschreiben um eine Stelle als Reichshofratsagent der Jahre 1695 bis 1726. Die Liste erhebt keinen Anspruch auf Vollständigkeit. Die Bewerbungsschreiben werden nicht vollständig wiedergegeben; lediglich wichtige Stationen in der Vita des Bewerbers sind aufgeführt. Das angegebene Datum ist dabei das der Zulassung zur Vereidigung (*Admittatur ad iuramentum*).

Sämtliche Bewerbungsschreiben befinden sich in: HHStA. RHR RK Verfassungsakten, RHR 50, Reichshofratsagenten und Reichshofratstürhüter, Listen der Reichshofrats-Agenten. Ergänzt wird im Folgenden lediglich die genaue Signatur.

Nr. 1, Georg Tobias Alberti, 21.1.1695
Faszikel 1 (21/1 1695)
Ist *von Jugend auff zu denen Studiis applicieret worden*; Studium der Rechte und Philosophie an verschiedenen Universitäten in Ober- und Niederdeutschland; Doktor beider Rechte; unterrichtet seit zwei Jahren u.a. das *Jus Publicum Imperii* als Professor an der Universität Olmütz.

Nr. 2, Matthias Wolsching, 5.3.1699
Faszikel 1 (5/3 1699)
Hat vor kurzem sein Jurastudium mit dem Doktorgrad abgeschlossen (Doktor beider Rechte) und praktiziert seit dem.

Nr. 3, Philipp Jacob Khistler, 21.8.1696
Faszikel 1 (21/8 1696)
Gebürtig aus Schlanders, Tirol; Vater Malachias Khistler war Richter und Gerichtschreiber; studierte drei Jahre lang Poesie und Rhetorik in Trient, dann Philosophie- und Jurastudium in Innsbruck (Doktor beider Rechte). Begleitete den jungen Kavalier Franz Benedikt Freiherr von Meiningen zwei Jahre lang als Hofmeister durch Italien und große Teile Frankreichs; stand danach in Tiroler Diensten; war neun Jahre lang beim Reichshofrats-Präsidenten von Oettingen-Wallerstein beschäftigt und hat dabei Erfahrungen in kaiserlichen Gesandtschaften und Kommissionen gesammelt.

Nr. 4, Wilhelm von Immensen (Imbsen), 23.9.1699
Faszikel 1 (23/9 1699)
Studium der Jura und Philosophie; begleitete unter anderem den Herzog von Holstein nach Florenz, Rom und andere Orte; war für den Kurfürst von der Pfalz als Gesandter beim Heiligen Stuhl; beobachtet seit fünf Jahren die Reichshofratsprozesse der Grafen von Lippe; verweist im Schreiben auf die Dienste seines Vaters und bittet um deren Anerkennung.

Nr. 5, Conrad Hermann Osterholz, 30.9.1698
Faszikel 1 (30/9 1698)
Jurastudium in Mainz; ist seit acht Jahren Sekretär des Geheimen Rats und Oberstkanzlers von Böhmen Kinsky; arbeitete unter anderem drei Jahre am Reichskammergericht

Quellenauswertung 191

für die Prokuratoren und Advokaten Johann C. Albrecht von Lauterburg und Gothart Marquart; ist mit dem Reichsrecht sowie den Reichshofratsordnungen vertraut.

Nr. 6, Johann Jacob Joanelli, 27.5.1698
Faszikel 1 (27/5 1698)
Arbeitete nach seinem Jurastudium bei unterschiedlichsten Gerichten in Italien und Deutschland; war Edelknabe und Hofmeister der verstorbenen Königin von Polen und hat sich in dieser Zeit mit Prozessrecht befasst.

Nr. 7, Friedrich Klerff, 13.9.1696
Faszikel 1 (13/9 1696)
Gebürtig aus Esens, Ostfriesland; studierte am Jesuitenkolleg Münster und an der Universität Prag; stand im Dienste des Kölner Erzbischofs; arbeitete als Correpetitor für den Fürsten von Salm und hat daher praktische Erfahrung.

Nr. 8, Tobias Sebastian Braun, 13.9.1696 (?)
Faszikel 1 (13/9 1696)
Großvater war Konsulent in Nürnberg, Vater war Hofrat in Badener Diensten, außerdem hat er weitere berühmte Juristen in der Verwandtschaft; ist von Jugend an auf die Rechte hin ausgebildet worden; studierte Latein, Philosophie und Jura in Altdorf, Straßburg, Gießen, Utrecht und Leiden; stand unter anderem im Dienst des Fürsten von Baden; anwaltliche Tätigkeit am Landgericht in Schwaben, kaiserlichen Landgericht Rottweil und Reichskammergericht; hält sich seit einem Jahr in Wien auf, um das Reichshofratsprozessrecht zu erlernen; möchte wie sein Vater, für den er auch zwischenzeitlich Relationes verfasste, Reichshofratsagent werden. [Dem Brief ist außerdem ein Empfehlungsschreiben des württembergischen Geheimen Rats von Kulpis (der einst Brauns Professor in Straßburg war) für Reichshofratspräsident von Oettingen-Wallerstein beigelegt.]

Nr. 9, Friedrich Wilhelm Wirtz, 20.9.1697
Faszikel 1 (20/9 1697)
Grundstudium der Philosophie in Wien bis zum Magistergrad, danach Studium der Rechte in Dillingen und Prag; hat in Prag im Appellationsdicasterio und für verschiedene Reichshofratsagenten am Reichshofrat in Wien gearbeitet und dabei Schriftstücke kopiert und erstellt; verweist auf die Verdienste seines Vaters Wilhelm von Wirtz, der 20 Jahre lang kaiserlicher Rat und Chirurg war.

Nr. 10, Johann Adam Unrath, 30.6.1700 (?)
Faszikel 1 (21/6 1700)
Doktor beider Rechte; steht seit acht Jahren als Edelknabe in kaiserlichen Diensten.

Nr. 11, Johann Georg von Metzburg, 28.3.1707
Faszikel 2 (28/3 1707)
Jurastudium in Prag; hat im Dienste des Fürsten von Eggenberg Praxiserfahrung gesammelt und sich bereits mit dem Reichshofratsrecht befasst.

Nr. 12, Johann Dietrich Willers, 15.9.1707
Faszikel 2 (15/9 1707)

Hat bereits vor sieben Jahren sein Jurastudium beendet; ist durch seine Tätigkeit für Fürst von Salm mit dem Reichshofratsprozessrecht vertraut.

Nr. 13, Ignatz Franz von Lamprecht, 23.11.1708
Faszikel 2 (29/11 1708)
Studium in Wien sowie in Rom; arbeitete vier Jahre bei Dr. Schmeller und im Anschluss daran bei Reichshofratsagent Unrath.

Nr. 14, Werner Arnold Gronefendt, 14.12.1708
Faszikel 2 (5/12 1708)
Studium in Salzburg, Köln und Prag; befasst sich seit drei Jahren in Wien mit dem Reichshofratsprozessrecht; bezieht sich auf eine Zusage des verstorbenen Reichshofratspräsidenten von Oettingen-Wallerstein, der ihm eine Agentenstelle versprochen haben soll.

Nr. 15, Johann Christoph Schlegel, 14.12.1708 (?)
Faszikel 2 (31/12 1708)
Absolvierte ein fünfjähriges Jurastudium; ist Königlich-Dänischer und Sachsen-Weimarer Rat und Agent und seit zehn Jahren als Rechtsberater tätig; vor allem durch seine langjährigen Dienste für Sachsen-Weimar ist er mit dem Reichshofratsprozess vertraut.

Nr. 16, Johann Albrecht Schumm, 18.12.1708
Faszikel 2 (7/12 1708)
Gebürtig aus Franken. Studium in Würzburg, Wien, Straßburg, dann Promotion an der *weltbekannten Universität zue Rom*; ist weitgereist und polyglott; hat sich im Reichshofratsprozessrecht und Reichsrecht *geübet.*

Nr. 17, Franz Anton Glaßer, 14.8.1709
Faszikel 2 (14/8 1709)
Studium an mehreren Universitäten; arbeitete bereits bei den Reichshofratsagenten Johann Adam von Dietrich sowie Johann Moritz von Hörnick, und dem Hof- und Gerichtsadvokatus Franz Anton Spandel; betont, dass ihm vom ehemaligen Reichshofratspräsidenten von Oettingen-Wallerstein bereits eine Stelle in Aussicht gestellt wurde.

Nr. 18, Daniel Hieronimus Braun, 27.5.1710
Faszikel 2 (27/5 1710)
Von frühester Jugend an zu Haus ausgebildet worden, hat in Nürnberg Privatunterricht gehabt; Jurastudium an der berühmten hessischen Universität Gießen; arbeitet seit drei Jahren bei seinem Bruder, dem Reichshofratsagenten Tobias Sebastian Braun; verweist auf die dreißigjährige Tätigkeit seines Vaters als Reichshofratsagent.

Nr. 19, Moritz Facius, 3.12.1716
Faszikel 2 (6/11 1716)
War als Sekretär im Dienste des Herzogs Johann Ernst zu Sachsen, Jülich und Cleve tätig; wiederholte Bewerbung; das Schreiben ist an den Reichshofratspräsidenten Windischgrätz gerichtet, auf dessen Zusage für eine Agentenstelle er sich beruft. [Der Bewerbung liegt ein Empfehlungsschreiben des Hz. von Sachsen wegen der Besetzung der evang. Stelle bei.]

Nr. 20, Johann Friedrich Mecklenburg, 30.3.1711
Faszikel 2 (30/3 1711)
Ist seit frühester Jugend an den Rechten interessiert; studierte an verschiedenen Universitäten; arbeitete für verschiedene Kurfürsten und hat daher Kenntnisse im Reichsrecht; ist seit einiger Zeit als Anwalt am Reichshofrat beschäftigt; bittet um Berücksichtigung der Dienste seines Onkels, der seit ca. 30 Jahren bei der Reichskanzlei als Protonotarius arbeitet. Zudem haben seine Brüder in kaiserlichen Diensten in den Niederlanden im Krieg ihr Leben gelassen.

Nr. 21, Christoph Kleibert, 30.3.1711
Faszikel 2 (30/3 1711)
Hält sich seit 13 Jahren in Wien auf; vertritt vor allem die fränkische Ritterschaft am Reichshofrat; war zwischenzeitlich Legationssekretär des kaiserlichen Kämmerers und Gesandten Graf von Kufstein; bewirbt sich auf eine der sechs evang. Stellen, derzeit sind nur vier besetzt.

Nr. 22, Johann Nassal, 30.3.1711
Faszikel 2 (30/3 1711)
Stammt aus der Herrschaft Sonnenberg; Studium in Innsbruck; war auf Reisen unter anderem in Italien und Frankreich; war unter anderem Sekretär des österreichischen Gesandten von Halden beim Friedenskongress von Rijswijk; stand im Dienste des österr. Prinzipalgesandten Graf von Lamberg in Regensburg, dann in Lobkowitz'schen sowie Taxis'schen Diensten.

Nr. 23, Anton Friedrich Zimmermann, 30.3.1711
Faszikel 2 (30/3 1711)
Jurastudium in Münster, Köln und Würzburg; arbeitete sechs Jahre lang im Dienste von Reichshofrat Maystetter; war Sekretär im Domkapitel Hildesheim, hat daher Kenntnisse im Reichsrecht.

Nr. 24, Michael Selcke, 31.3.1711
Faszikel 2 (31/3 1711)
Studium der Philosophie, Theologie sowie des öffentlichen Rechts und des Privatrechts; war in Ungarn sieben Jahre lang unter dem fürstl.-anhaltischen Regiment als Generalauditor und Sekretär unentgeltlich tätig; seit elf Jahren Agent bei der Geheimen Böhmischen Hofkanzlei sowie beim Hofkriegsrat.

Nr. 25, Otto von Dietrich, 7.1.1711
Faszikel 2 (27/12 1711)
Studium in Wien und anderen Orten bei den *berühmtesten* Rechtsgelehrten; war ein Jahr angestellt an der Kaiserlichen Geheimen Hofkanzlei in Katalonien; hat bei seinem Vater Reichshofratsagent Johann Adam von Dietrich das Reichshofratsprozessrecht erlernt.

Nr. 26, Johann Joseph Wirsching, 17.9.1712
Faszikel 2 (17/11 1712)
Studium der Rechte in seinem *Vatterland* Würzburg; beherrscht mehrere Sprachen; war drei Jahre lang als Sekretär im Dienste des königl.-böhm. Botschafters Graf Kinsky tätig und hat dabei das Reichsrecht erlernt.

Nr. 27, Johann Adam Strauß, 7.1.1713
Faszikel 2 (8/6 1712)
Aus Augsburg stammend; Studium in Salzburg und Wien; war als Diplomat in Den Haag tätig; war sechs Jahre am Reichstag in Diensten der Reichsstadt Augsburg und hat die Angelegenheiten bei der Reichskanzlei, beim Hofkriegsrat und Reichshofrat vertreten und zahlreiche Schriften verfasst; verweist außerdem auf Tätigkeiten am Hofrat in München und in Haag bei den letzten Friedensverhandlungen; hat die Ehre gehabt, sich dem Kaiser bei dessen letzten Besuch in Augsburg vorzustellen.

Nr. 28, Jacob Schlösser, 9.1.1713
Faszikel 2 (14/11 1712)
Doktor beider Rechte; kurpfälzischer Hofrat, Advokat und Agent; arbeitet im Dienst des Reichshofratsagenten Franz Adam Glaser, der ihm seine Stelle überlassen möchte; beruft sich auf ein Empfehlungsschreiben Glasers und ein Schreiben des Reichsvizekanzlers.

Nr. 29, Johann Heinrich Souffrain, 18.12.1713
Faszikel 2 (24/11 1723)
Stammt aus Aachen; Studium in Mainz; unternahm eine Reise nach Rom; arbeitete bis 1709 unter anderem für den verstorbenen Reichshofratsagenten Johann Adam von Dietrich, der als einer der ältesten Agenten viele angesehene Parteien vertreten hat, und hat für diesen über 2000 Briefe verfasst; insgesamt ist er seit zwölf Jahren am Reichshofrat auch für andere Agenten tätig.

Nr. 30, Zeno Franz Joanelli, 28.7.1715
Faszikel 2 (28/6 1715)
Gebürtig aus dem Bistum Trient; vor kurzem abgeschlossenes Studium der Rechte und Philosophie; zudem Promotion; spricht Deutsch, Latein, Französisch und Spanisch; hat bei seinem Vater Reichshofratsagent Johann Jacob Joannelli gearbeitet sowie bei verschiedenen *allhiesigen Wienerischen Instantien*.

Nr. 31, Johann Nicklas Vogel, 22.9.1717
Faszikel 2 (22/9 1717)
Studierte die Rechte in Jena und Leipzig; hat Reise- und Praxiserfahrung; arbeitete an verschiedenen fürstlichen Höfen und Kanzleien, u.a. bei seinem Landesherrn, dem Herzog von Sachsen-Hildburghausen; als Sekretär des Herzogs von Württemberg war er mit Prozessangelegenheiten beschäftigt; hätte bereits Klienten, die er als Agent vertreten würde; hat beim erfahrenen Reichshofratsagenten von Koch das Prozessrecht erlernt.

Nr. 32, Goswin Schaaf, 20.12.1717
Faszikel 2 (18/11 1717) (16/12 1717)
Kurzes Bewerbungsschreiben mit Verweis auf die finanzielle Not seiner Familie, sowie ein Dankesbrief für die Zulassung.

Nr. 33, Hugo Xaver von Heunisch, 25.9.1719
Faszikel 2 (24/10 1719)
Ist von seinem Vater von Jugend an auf das Studium der Rechte und die Agentenstelle vorbereitet worden; studierte Privatrecht in Wien, öffentliches Recht in Utrecht beim

berühmten Professor Johann Jacob Vitriarius; war bei seinem Vater, dem verstorbenen Agenten Adam Ignatz von Heunisch tätig, um dessen Stelle er sich bewirbt.

Nr. 34, Ferdinand Praunsmantel, 2.12.1721
Faszikel 2 (27/10 1721)
War beim Schwäbischen Kreiskonvent sowie bei unterschiedlichen kaiserlichen Kommissionen beschäftigt; ist ein wiederholte Bewerbung auf die Stelle.

Nr. 35, Sebastian Ernst Türninger, 18.1.1724
Faszikel 2 (18/1 1724)
Seit neun Jahren als ordentlicher Anwalt beim braunschweigischen Oberappellationsgericht beschäftigt; bewirbt sich auf die Stelle des verstorbenen Agenten Wirsching.

Nr. 36, Franz Joseph Khistler, 31.10.1724 (?)
Faszikel 2 (28/9 1624[sic!])
Ist Doktor beider Rechte; Bewerbung auf die Stelle des verstorbenen Agenten Unrath; verweist auf ein beiliegendes (nicht mehr vorhandenes) Empfehlungsschreiben der Kaiserin sowie des Kurfürsten von Bayern.

Nr. 37, Johann Heinrich Middelburg, 8.7.1726
Faszikel 2 (28/6 1726)
Aus Hamburg gebürtig; Jurastudium in Leipzig; konvertierte in Wien zum Katholizismus; nach Konversion fünf Jahr im Dienste der böhmischen Hofkanzlei; außerdem fünf Jahre bei der Privilegierten Orientalischen Kompanie; als Anwalt war er Berater vieler Parteien am Reichshofrat.

4.5 Zeitungsmeldungen zu Reichshofrats-Personalia (1709–1734)

Nr. 1, Wöchentliche Relation, 7.1.1709
SuUB. Ja 2454/1
Meldung von der Wahl des Kemptener Abts zum Reichshofratspräsidenten sowie der Kritik protestantischer Reichsstände daran, mit einem ausführlichen Exkurs zum Reichshofrat.

Nr. 2, Wöchentliche Relation, 20.1.1714
SuUB. Ja 2454/1
Windischgrätz lehnt die Stelle als Reichshofratspräsident ab. Es wird vermutet, er werde aber annehmen, wenn das versprochene Gehalt erhöht wird.

Nr. 3, Wöchentliche Relation, 27.1.1714
SuUB. Ja 2454/1
Windischgrätz wird introduziert. Ausführliche Beschreibung seiner Verdienste.

Nr. 4, Wöchentliche Relation, 17.4.1717
SuUB. Ja 2454/2

Nachricht von der Introduktion sechs neuer Reichshofräte: Windischgrätz [= Leopold von W., Bruder des Reichshofratspräsidenten], Serini, Kuffstein, Nimpsch, Stockhammer, Hildebrandt, von Lichtenstein.

Nr. 5, Wöchentliche Relation, 22.5.1717
SuUB. Ja 2454/2
Melchior Friedrich Graf von Schönborn verstirbt in Frankfurt.

Nr. 6, Wöchentliche Relation, 16.5.1722
SuUB. Ja 2454/3
Weil die Reichs-Cantzley wegen der allzuvielen Staats- und Justiz-Sachen erweitert werden soll, so hat der Reichs-Vice-Cantzler mit Ihro Kayser. Maj. Genehmigung bey denen vornehmsten Reichs-Ständen um einen selbst-beliebigen Beytrag angehalten: da dann I. Churfl. Durch. von Bayern 1000 Ducaten dazu verwilligt haben.

Nr. 7, Wöchentliche Relation, 8.11.1725
SuUB. Ja 2454/4
Bericht über die Fertigstellung des Reichskanzleitrakts und den Einzug von Reichsvizekanzler von Schönborn in das Gebäude, mit einem ausführlichen Exkurs zur Reichskanzlei.

Nr. 8, Wöchentliche Relation, 13.4.1726
SuUB. Ja 2454/4
Nachricht von der Introduzierung von fünf neuen Reichshofräten am 29.3.1726 (Obstein, von der Natt, Burkard (Herrenbank) sowie Albrechtsburg und Sinzendorf (Gelehrtenbank)).

Nr. 9, Wöchentliche Relation, 26.5.1731
SuUB. Ja 2454/5
Graf von Galen, der dienstälteste Reichshofrat, ist verstorben.

Nr. 10, Wöchentliche Relation, 31.12.1734
SuUB. Ja 2454/5
Reichshofrat von Hartig wird Reichshofratsvizepräsident.

Nr. 11, Frankfurter Oberpostamts-Zeitung, 10.9.1720
SuUB. Ja 2220/1a
Wien, den 30.8.: Nachricht von der Ernennung des Reichshofrats Gottfried Freiherr von Beck durch den Kaiser, sowie von der Einführung desselben durch Geheimrat und Obristhofmeister Anton Florian von Lichtenstein.

Nr. 12, Frankfurter Oberpostamts-Zeitung, 29.1.1729
SuUB. Ja 2220/2
Nachricht über die Besetzung der Reichshofratsvizepräsidenten-Stelle.

Nr. 13, Frankfurter Oberpostamts-Zeitung, 4.4.1729
SuUB. Ja 2220/2

Quellenauswertung 197

[Wien 23.3.] *Der kaiserliche Gesandte in Haag, Graf von Sintzendorf, der Graf von Gahlen, oder der Graf von Schonburg sollen ohnfehlbar die Reichs-Hof-Raths-Vice-Präsidentenstelle erhalten.*

Nr. 14, Frankfurter Oberpostamts-Zeitung, 10.9.1729
SuUB. Ja 2220/2
Wien 31.8.: Der hiesige Braunschweig-Blankenburger Hofrat Herr von Knorr soll zum Reichshofrat ernannt werden, sobald eine protestantische Stelle frei wird.

Nr. 15, Frankfurter Oberpostamts-Zeitung, 17.9.1729
SuUB. Ja 2220/2
Wien, vom 7. Septembr. Den 15. dieses gegen 10. Uhr Vormittags hatten auf allergnädigst Befehl Der Herrn Obrist-Hofmeister Herrn Grafen Rudolph von Sintzendorf Excell. Sich in der Dero mit 6. Pferden bespannten in dem Graf [K]aunitzischen Haus auf der Freyung haltenden höchst-preißlichen Kayserl. Reichs-Hof-Raths-Collegium verfüget, und in selbiges den unter dem 30. Martii letzthin von Wittenberg aus Sachsen anhero berufenen und vor wenigen Tagen dahier angekommenen […] Königl. Polnisch- und Chursächsischen Hof- und [...] Rath des Wittenbergisch-Geistlichen Consistorii Directorium, der dortigen Juristen-Facultät Ordinarium, und Antecessorem primarium, Herrn Johann Balthasar Werner, als unter die Zahl deren der Augspurgischen Glaubens-Bekanntnuß zuthanen allergnädigst neu-angenommenen würcklichen Reichs-Hof-Rath von der Gelehrten Banck gewöhnlicher massen eingeführt, und in die Eydespflicht nehmen lassen.

Nr. 16, Kurtz gefasste Historische Nachrichten, Regensburg, 1728 (VI)
SuUB. Ja 2342/1
Reichshofratsvizepräsident von Wurmbrand wird Reichshofratspräsident.

Nr. 17, Kurtz gefasste Historische Nachrichten, Regensburg, 1728 (XVI)
SuUB. Ja 2342/1
Angeblich soll von Metsch oder von Galen neuer Reichshofratsvizepräsident werden.

Nr. 18, Kurtz gefasste Historische Nachrichten, Regensburg, 1729 (XVIII)
SuUB. Ja 2342/2
Nachricht vom Tod des Reichshofrats von Braillard.

Nr. 19, Kurtz gefasste Historische Nachrichten, Regensburg, 1729 (XXXV)
SuUB. Ja 2342/2
Ausführliche Beschreibung der Zeremonien in Wittenberg anlässlich des Auszugs des designierten Reichshofrats Werner.

Nr. 20, Kurtz gefasste Historische Nachrichten, Regensburg, 1729 (XXXVII)
SuUB. Ja 2342/2
Auszug aus der Abschiedsrede des designierten Reichshofrats Werner in Wittenberg.

Nr. 21, Kurtz gefasste Historische Nachrichten, Regensburg, 1729 (XXXVIII)
SuUB. Ja 2342/2
Bericht über den Empfang Werners in Wien durch Obristhofmeister Sinzendorf und die festliche Einführung Werners als Reichshofrat.

Nr. 22, Wienerisches Diarium, 14.11.1722
SuUB. Ja 2436/7
Wien 14.11. Reichshofrat von Wurmbrand wird wegen seiner Verdienste zum Reichshofratsvizepräsidenten ernannt.

Nr. 23, Wienerisches Diarium, 25.11.1722
SuUB. Ja 2436/7
Wien, 25.11. Meldung über die Neuernennung verschiedener Reichshofräte.

Nr. 24, Wienerisches Diarium, 28.11.1722
SuUB. Ja 2436/7
Wien 28.11., Meldung, dass der neue Reichshofratsvizepräsident Wurmbrand seinen Eid abgelegt hat.

Nr. 25, Hildesheimer Relations-Courier, 21.8.1725
SuUB. Ja 2433/6
Wucherer wird zum Reichshofrat ernannt.

Nr. 26, Hildesheimer Relations-Courier, 4.1.1727
SuUB. Ja 2433/6
Wien, 28.9. Bericht von der Erkrankung des Reichshofratspräsidenten Windischgrätz.

Nr. 27, Hildesheimer Relations-Courier, 28.6.1727
SuUB. Ja 2433/6
Bericht von Tod und Begräbnis eines Reichshofrats in Frankfurt.

Nr. 28, Mercurii Relation, 31.1.1733
SuUB. Ja 2463/11
Wien, 26.1. Der Braunschw.-Lüneb.-Wolfenbütt. Rat Zenck soll die vakante evangelische Reichshofratsstelle besetzen.

Nr. 29, Mercurii Relation, 14.2.1733
SuUB. Ja 2463/11
Der kursächsische Justizrat Berger soll Reichshofrat werden.

Nr. 30, Friedens- und Kriegs-Courier, 13.5.1723
LAELKB. Zeitung 29
Wien, 5.5.: Ein anders vom vorigen, Im Reich-Hof-Raths-Collegio ist durch ein Kayserl. Decret bekannt gemacht, welchergestalt der Herr Graf von Wurmbrand Vice-Praesident desselben, waehrender Abwesenheit des Hofes, das Praesidium darueber zu fuehren, der Praesident aber, und einige andere Raethe, mit nach Prag gehen sollen.

Nr. 31, Friedens- und Kriegs-Courier, 27.9.1723
LAELKB. Zeitung 29
Wien vom 21. September. Am Montag hat der Kayserliche Reichs-Hof-Rath, Herr von Bartholotti, das allhiesige hohe Kayserliche Ministerium zu Mittag auf das herrlichste tractiret.

Nr. 32, Friedens- und Kriegs-Courier, 2.6.1732
LAELKB. Zeitung 36
Wien, vom 26. May. Vor einigen Tagen ist der Kayserliche Reichs-Hof-Rath, Herr Graf von Uhlefeld, als Kayserlicher Commissarius nach Ellwangen zu dasiger Probstei-Wahl abgereist, nach seiner Zuruckkunft, er so dann als Kayserlicher Gesandter nach Moscau abgehen wird.

4.6 Zeitungsmeldungen zu Reichshofratsprozessen (1712–1735)

Biberach

Nr. 1, Wöchentliche Relation, 6.12.1732
SuUB. Ja 2454/5
In dem von den Seiten des Reichs-Städtischen Collegii vor den Stadt-Magistrat zu Bieberach an Ihro Kayserl. Maj. abgelassenen allerunterthänigsten Interceßions-Schreiben vom 27. Nov. dieses Jahres wird unter anderen angeführt: Daß, ohnerachtet von der Kayserl. Majest. die klagende Bürgerschaft zu Bieberach alles Ernstes und bey Vermeidung schwerer Kayserl. Ungnade nachdrücklich erinnert worden, sich ins künftige gegen ihre vorgesetzte Obrigkeit in denen Schrancken des schuldigen Gehorsams, Respect und Bescheidenheit unverbrüchlich zu halten, und die Kayserl. weitere Verordnung friedlich und ruhig abzuwarten, ermeldte Bürgerschaft dennoch nur erst am 26. Sept. in grosser Anzahl gantz unvermuthet, und währender Zeit, da noch Rath gehalten worden, auf das Rath-Hauß tumultuarischer Weise eingedrungen, ihrer vorgesetzten Obrigkeit den Gehorsam völlig aufgekündiget, und mit dürren Worten und ohne alle Scheu sich heraus gelassen, wie sie nicht allein an dem nechst bevorstehenden Schwehr-Tage den gewöhnlichen Huldigungs Eyd nicht mehr ablegen, sondern bis zur Einlangung einer würcklichen Kayserl. Local-Commission keine Steuern und Anlagen mehr an ihre Obern reichen, sondern dieselben unter einander selbst einziehen und verwahrlich aufbewahren würden. Es stünde also nicht unbillig zu besorgen, es mögte, wenn diesem Unwesen durch geschärfte allerhöchste Poenal-Mandate nicht in Zeiten nachdrücklich gesteuret, und die abbelfliche Maaß gegeben werden sollte, sich solches täglich verschlimmern, und nicht nur bey dasiger Bürgerschaft zunehmen, und unbefugte Weiterungen erwachsen, sondern auch bey andern unruhigen, und aufrührerischen Gemüthern in mehren Städten, wie es ohne dem an verschiedenen Orten eine Zeit her das betrübte Ansehen gewinnen wollen, zu üblen Folgerungen einen schädlichen Eindruck machen, mithin der edle Friede und Ruhestand hiedurch boshaft [...] werden. Dannenhero und wie bey solchem der Sachen gefährlichen Ansehen Kayserl. Majest. allerpreißwürdigster Eiffer vor die Gerechtigkeit ohnedem nicht zweifeln liesse, daß allerhöchst. Dieselbe diese unruhige und widerspänstige Bürger durch allerhöchst geschärfte Verordnungen in den Schrancken des schuldigen Gehorsams zu erhalten, allergnädigst geneigt seyn würden; also nähmen sie in allerunterthänigster Devotion die Erlaubniß bey Sr. Kayserl. und Cathol. Majestät mehr angeregte Statt Bieberach blosser Dings allerunterthänigt zu verbitten, daß bey fernerweit nöthig erachtenden Untersuchungen der zwischem dem Magistrat und dasiger Bürgerschaft obschwebenden Differentzen nach Dero allererleuchtetesten Gutbefinden ein solcher Weg möge genommen, oder vielmehr beybehalten werden, wodurch diese in mercklichen Abnahm gerathene gute Stadt nicht mit neuen unerträglichen Lasten und unerschwinglichen Commissions-Kosten beladen, und hiedurch zu Kayserl. Maj. und des

Reichs fernern schuldigen Diensten noch mehr unkräftig oder wohl gar gantz unvermögend gemachet werden möge.

Nr. 2, Kurtz gefasste Historische Nachrichten, 1733 (Nr. IV)
SuUB. Ja 2342/5

Wegen derer in der Schwäbischen Reichs-Stadt Biberach zwischen dem Magistrat und der Bürgerschafft entstandenen Mißhelligkeiten ist auf das von Ihro Kayserl. Majestät an das Schwäbische Creyß-Ausschreib-Amt ergangene Rescript letztlich am 23. passato eine ansehnliche Commission mit 500. Mann regulirten Trouppen einmarschiret, um die vom Magistrat wider die Burgerschaft eingeklagten Sachen gründlich und baldigst zu untersuchen, und selbige beyzulegen.

Nr. 3, Wöchentliche Relation, 24.1.1733
SuUB. Ja 2454/5

Die Streitigkeiten des Magistrats der in Schwaben gelegenem freyen Reichs-Stadt Bieberach mit der Bürgerschaft daselbst sind nunmehro dahin gediehen, daß, weil der Rath die Bürger eines erregten Tumults beschuldigt hat, ein Kayserl. Rescript an das Schwäbische Creiß-ausschreibende Amt ergangen ist, eine Commission, nebst behöriger Mannschaft, dahin abzusenden, und die Sache gründlich zu untersuchen, dem zu folge auch würcklich 500 Mann regulirter Trouppen, nebst denen subdelegirten Herren Commissariis, zu gedachtem Bieberach eingerücket sind.

Nr. 4, Mercurii Relation, 21.2.1733
SuUB. Ja 2463/11

Wien, vom 15. Februarii. Aus Schwaben wird berichtet, daß die in der Reichs-Stadt Biberach mit 500. Mann noch befindliche Kays. Subdelegations-Commission fortfahre, den von dem Magistrat wider die klagende Burgerschafft angegebenen Punctum Seditionis auff das genauiste zu untersuchen. Es wollen aber verschidene, so hiervon Information zu haben praetendiren, in der Persuasion stehen, daß die Burgerliche Conduite, ob schon anfänglich circa modum et pendente lite in Puncto der Abgaben, und Renovation deß Bürger-Eydes gefählt, darauff aber alles wider reparirt worden, auff keine Tumult, oder andere seditiose Anschläge sich qualificiren lasse, sonderen der Magistrat nur lediglich suche, die gegründete Burgerliche Gravamine mit allersinnlichen, und ad Causam Principalem nicht gehörigen Neben-Puncten zu embrovilliren, und hierdurch eine Local-Commission, und mit folgender Untersuchung seiner geführten Würthschaft zuvermeiden, wonebst auch noch zugedencken ist, da so jederzeit die Beklagte Reichs-Städtische Magistratus Causam Communem zumachen, und das Reichs-Städtische Collegium zu Intercessionalien, wie in hac Causa, ebenfahl geschehen, zu excitiren pflegen, weilen die Burgerliche Gravamina in Ansehung der Excessiven Imposten sich bey genauer Einsicht en General in denen Reichs-Städten auff ein Regulativum concentriren, und in eines comcidiren, auch jederzeit nur von denen obhabenden Schulden, und Außgaben, niemahlen aber von der Einnahme geschryen wird, will man auch in die von Magistratibus bey denen Creysen ansuchende Matricular-Anschlags-Moderation gehen, einfolglich die hierzu ohnumgänglich nöthige Inquisitionem in Vires et Facultates vornehmen, so desistiren alsobalden die weithere Negotia, angesehen, man ex ratione status die Sache nicht ad Fontem kommen lassen, auch die Reichs-Städtische Qualität nicht in toto complexu, sondern nur in Particulari constituiren, und sich denen höcheren Reichs-Städten in Oppositione der Chur- und Fürsten eine mercklliche Limitation anzutreffen, und die Kayserl. Authorität, und Interesse weit mehrers hierunter impegnirt ist, nicht zu appliciren seyn.

Indessen seynd allhier in dem gegenwärtigen Biberachischen Fall verschiedene Impressa zum Vorschein gekommen.

Nr. 5, Wöchentliche Relation, 21.2.1733
SuUB. Ja 2454/5

Die in der Schwäbischen Reichs-Stadt Biebrach mit 500 Mann sich befindende Kayserl. subdelegirte Commission fährt zwar annoch fort, den von dem Magistrat wider die klagende Burgerschaft angegebenen Punct eines erregten Aufruhr auf das genaueste zu untersuchen; indessen soll sich schon zum voraus zeigen, daß, obwol die Bürger sich zu anfangs geweigert, die ordentliche Abgaben und die Erneuerung des Bürger-Eides zu leisten, dennoch, da sie sich bald hierauf eines bessern wieder besonnen, solches ihr Verfahren für einen Aufruhr nicht eigentlich anzusehen sey. Dagegen man den Magistrat beschuldigen will, als suche derselbe nur durch diesen Neben-Punct die Haupt-Sache aufzuhalten, oder derselben gar aus dem Wege zu gehen, um also eine Local-Commißion, und die damit verknüpfte Untersuchung der bishero geführten Wirthschaft, zu vermeiden. Dabey von einigen angemerckt worden, daß die beklagten Reichs-Städte gemeiniglich bey vorkommenden Beschwerden an der Stadt gemeinschaftlich Theil zu nehmen, und mit Interceßionalien einander zu vertreten pflegten, wie dergleichen auch ingegenwärtiger Sache geschehen: dessen Ursache diese seyn soll, daß wie die bürgerlichen Klagen meistens die allzuschweren Abgaben beträfen, also auch diese letztere in denen meisten Reichs-Städten auf einen Fuß gesetzt wären. Daher es geschehe, daß, wenn man die nicht bloß die angegebene Schulden und Ausgaben derselben respicire, sondern nun auch die Einnahme, u. ob derselbe zufolge die oft gesuchte Matricular-Anschlags-Moderation statt habe, untersuchen wolle, gemeiniglich solches mit aller Mühe abgelehnet werde, um also das Vermögen einer Stadt nicht offenbar werden zu lassen. Welche Vermuthungen, wie man sie hier lediglich referiret, man also auch eines jeden eigener Beurtheilung überläßt.

Nr. 6, Wöchentliche Relation, 28.2.1733
SuUB. Ja 2454/5

Von denen in die Schwäbische Reichs-Stadt Bieberach eingelegten 500 Mann Schwäbischer Creyß-Trouppen sind, nachdem man wegen eines Tumults und anderer Gewaltthätigkeiten daselbst nichts sonderliches zu befürchten hat, bereits wieder 300 Mann abmarschiret. So soll auch wider die wegen angestifteten Aufruhrs von dem Magistrat daselbst angeklagte und dieserwegen gefänglich eingezogene Bürger keine gnugsamer Grund beygebracht werden können, um gegen dieselbe weiter mit der Inquisition zu verfahren.

Dinkelsbühl

Nr. 7, Wöchentliche Relation, 27.7.1726
SuUB. Ja 2454/4

Teutschland, […] Beym Reichs-Hof-Rath ist ein hartes Conclusum wider den Stadt Magistrat zu Dünckelspiel abgefasset worden. Es hat nemlich die Bürgerschaft schon seit etlichen Jahren verschiedene grosse Beschwerden wider besagten Magistrat angebracht. Da nun selbiger von der schon längst dieserwegen alda angestellten Kays. Commission für schuldig befunden worden; so hat er nicht nur verschiedenes restituiren müssen, sondern es ist auch die dortige Regierungs-Form und bisherige gar zu grosse Obrigkeitliche Gewalt auf einen gantz andern und schwächern Fuß gesetzt worden.

Nr. 8, Hildesheimer Relations-Courier, 7.8.1726
SuUB. Ja 2433/6

Beym Reichs-Hof-Rath zu Wien ist ein hartes Conclusum wider die Reichs-Stadt Dünckelspiel abgefasset worden. Es hat nemlich die Bürgerschaft alda, schon seit etlichen Jahren, wider ihren Magistrat verschiedene Beschwerden gebracht, so, daß eine Kayserl. Commission, zu Untersuchung dieser Sache daselbst angestelt, werden müsse. Da nun der Magistrat für schuldig befunden worden; so hat ihm der Reich-Hof-Rath nicht allein condemniret, verschiedenes zu restituiren, sondern auch die bisherige Regierungs-Form und Oberkeitliche Gewalt übern Hauffen geworffen, und die Sachen auf einen gantz andern Fuß gesetzet.

Nr. 9, Frankfurter Oberpostamts-Zeitung, 17.9.1729
SuUB. Ja 2220/2

Regenspurg vom 30. Augusti. Man siehet alhier eine gedruckte Nachricht, wie die wegen der Streitigkeiten zwischen Magistrat und Bürgerschaft zu Dünckelspiel angeordnete Kayserl. [C]^{1}ommission schon am 11. Julii alda eingerücket sey; und bald Anfang dem Magistrat eine scharfe Lection [g]^{2}elesen; nicht weniger demselben alle Einnahme und Ausgabe genommen; ferner die Ehren-Aemter theils mit anderen Männern besetzet, theils ihnen noch 16. Personen von beyden Religionen zugeordnet, und das Stadt-Wesen in ganz anderm Stand gesetzet habe.

Frankfurt

Nr. 10, Wöchentliche Relation, 9.1.1717
SuUB. Ja 2454/2

Die Bürgerschaft zu Franckfurt am Mayn hat wegen der bekannten Streitigkeiten mit dem Rath ein allergnädigstes Kays. Decret gegen denselben erhalten, Kraft welches gedachtem Magistrat anbefohlen worden, von hundert Jahren her die Rechnungen und Bücher von der Einnahme und Ausgabe der Stadt Revenuen, der Bürgerschaft vorzuzeigen, und zu justificiren, zu welchem Ende den 24. Dec. aus gemeldeter Bürgerschaft 9. von denen vornehm- und geschicktesten Männern denominiret worden, welche dieses grosse Rechnungs-Werck examiniren sollen, und wird, wie man vernimmt, den 6. Februarii dazu der Anfang gemacht werden.

Nr. 11, Wienerisches Diarium, 8.7.1722
SuUB. Ja 2436/7

Frankfurt, 23.6. 1722: Letzt verwichenen Mittwochen, [...] am 17 dieses, wurde auf Befehl und allergerechtsamste Verordnung Ihrer Kayserl. und Königl. Catholischen Majestät, die von einem Burgern und Blau-Färbern allhier, wieder Einen Hoch-Edlen und Hoch-Weisen Rath dieser des Heil. Reichs-Stadt Franckfurt, in öffentlichen Druck gegebene, und divulgirte famose Läster-Schrift, wodurch er seine vorgesetzte Obrigkeit sowol insgesamt, als verschiedene dessen Mitglieder ins besondere, aufs aller [...] Gott- und Ehren-vergessene Weise vor aller Welt frevel [...] traduciret und angeschwärtzet, ihme zur wohlverdienten Ahndung und anden Obrigkeits-Schändern zum Absehen, öffentlich auf hiesigem Römerberg in Zuschauung vieler tausend Menschen verbrannt worden.

---

1 [C]: Rand abgeschnitten.
2 [g]: Rand abgeschnitten.

Nr. 12, Friedens- und Kriegs-Courier, 10.3.1725
LAELKB. Zeitung 31
Franckfurt vom 6. Martii. Verwichenden Sambstag Nachmittag haben sich Ihr. Hoch-Graefliche Excellen, der Kayserliche geheime Rath und hochansehnlicher Commissarius Herr Graf von Schoenborn, alhier eingefunden, und sind gestern Morgens von Einem Hoch-Edlen und Hochweisen Magistrat durch einige Herren Deputirte comlimentirt worden, und doerfften nun nechster Tagen die Commissions-Sachen wieder ihren Anfang nehmen.

Nr. 13, Privilegirte Hallische Zeitungen, 19.3.1725
SuUB. I 323
Frankfurt 7.3.: Am 3.7 ist der Geheime Rat und Kommissar Graf von Schönborn eingetroffen und hat sich mit Deputierten getroffen.

Nr. 14, Friedens- und Kriegs-Courier, 21.3.1725
LAELKB. Zeitung 31
Franckfurt vom 17. Martii. Ob sich schon bey 14. Tagen her des Kayserlichen Herrn geheimen Raths und ansehnliche Kayserlichen Commissarii Herrn Grafen von Schoenborn Excellentz allhier eingefunden, so ist doch bis dahin keine Session gehalten, noch eine Eroeffnung von Sr. Excellentz obhandener Commission geschehen, wie aber verlautet so wird ein solches nechster Tagen erfolgen.

Nr. 15, Friedens- und Kriegs-Courier, 31.3.1725
LAELKB. Zeitung 31
Franckfurt vom 27. Martii. Verwichenen Sambstag haben sich Ihr. Excellenz der Kayserliche geheime Rath und hoch-ansehnliche Kayserliche Commissarius Herr Graf von Schoenborn von hier nach Maynz erhoben allda die Char-Woche und das Oster-Fest ueber ihre Andacht zu verrichten nach Vollendung dessen werden sie wieder anhers kommen.

Nr. 16, Mercurii Relation, 25.2.1730
SuUB. Ja 2463/9
Wien vom 11. Februarii [...] Die Augspurgisch- und Franckfurtische Deputierte können in ihren bekandten Negotiationen dato nicht reussieren, und därfften wohl unverrichteter Sache retournieren müsssen, ausser daß der Franckfurtische Herr von Ochs in einigen Neben-Commissionen gute Hoffung zu reussieren haben solle.

Nr. 17, Kurtz gefasste Historische Nachrichten, Regensburg, 1732 (Nr. XXXIX)
SuUB. Ja 2342/5
Mit der Franckfurther Bürgerlichen Streit- und Commissions-Sache gehet es nunmehro völlig zum Ende, und ein von diesem Ort bekannt-gewordenes Schreiben nachfolgenden Innhalts versichert: Daß die Kayserl. Final-Resolution auf die von denen Bürgern abermahl gemachte Einwendungen vor wenig Tage daselbst von Wien eingelauffen; worauf man zu deren Publication sogleich Anstalt gemacht, so, daß sie in voriger Woche auf dem Römer würcklich geschehen. In Krafft dieser Kayserlichen Allerhöchsten Resolution wird denen Bürgern ihr Petitum nicht nur völlig abgeschlagen, sondern sie werden auch nochmahl zu Parition angewiesen und dabey ernstlich erinnert, den Kayserlichen Hof mit dergleichen Sollicitationen bey nachdrücklicher Ahndung nicht ferner zu belästigen; worauf sich denn also die Bürgerschafft zur Parition verstanden. Mithin ist die Hoffnung, die sie

sich gemachet, in ein- oder andern Punct eine Aendrung zu erlangen, und es dahin zu bringen, daß der Magistrat die Process- und Commissions-Kosten bezahlen muste, nicht erfüllet worden. Da nun weder der Magistrat aus dem Aertio, noch die Bürgerschaft solche tragen will, welche auf ein grosses Quantum ansteigen; es seye denn, daß man dem Magistrat eine Rechnung über die Ausgabe überreiche, wozu man sich aber nicht wohl bequemen kan, ohne ein- oder andere bedenckliche Umstände aufzudecken, so möchten wohl diejenigen, welche solche Capitalien auf ihren Credit aufgenommen, und von denen Creditoribus scharff getrieben werden, sich ziemlich in die Enge gebracht finden.

Goslar

Nr. 18, Relationis Historicae Semestralis Vernalis Continuatio. Jacobi Franci Historische Beschreibung der denckwuerdigsten Geschichten/so sich in Hoch- und Niedern-Teutschland/auch Italien/Hispanien/Franckreich/Ungarn/Boeheim/Pohlen/Engeland/Portugal/Schweden/Daennemark [...] vor und zwischen juengst verflossener Herbst-Meß 1730. diß an die Franckfurther Oster-Meß dieses lauffenden 1731 Jahres/hin und wieder in der Welt/zu Land und zu Wasser zugetragen. Alles aus ueberschickten Lateinischen, Italiaenischen, Spanischen, Frantzoesischen/Hoch- und Nieder-Teutschen Documentis, brieflichen Urkunden/und Geschicht-reichen Schriften/Theils aus selbsteigener Erfahrung; mit nuetzlichen Marginalien/so an statt eines kurtzen Registers dienen koennen; und etlichen Kupffer-Figuren ausgedruckt [...] Franckfurt am Mayn 1731.
StAN. Nürnberger Druckschriften, Rep. 56, Nr. 445 (S. 37)
Bericht von den Unruhen in Goslar 1731. Nachricht vom kaiserlichen Reskript vom August 1731 mit dem Befehl zur Ruhe an die Bürgerschaft.

Hamburg

Nr. 19, Friedens- und Kriegs-Courier, 18.3.1712
LAELKB. Zeitung 23
Hamburg vom 8. Martii. Die hohe Ministri zu der hiesigen Commission haben sich wieder eingefunden und hat der Graf von Schönborn in einer ausgefertigten Schrifft Ihr. Kayserl. Majest. Befehl eroeffnet daß sie zum Ruhestand dieser Stadt solche Commission geendiget wissen wolten.

Nr. 20, Wöchentliche Relation, 5.8.1719
SuUB. Ja 2454/2
Meldung, dass der Hamburger Magistrat gegen den Willen der Bevölkerung und Zünfte eine katholische Kapelle zum öffentlichen Gottesdienst bauen lässt.

Nr. 21, Europäische Zeitung, 22.9.1719
SuUB. Ja 2272/14
Hamburg 12.9.: Nachricht von den Hamburger Tumulten.

Nr. 22, Wöchentliche Relation, 23.9.1719
SuUB. Ja 2454/2
Hamburg: Während eines katholischen Gottesdienstes kommt es zu Gewalt durch eine aufgebrachte Menge. Der Hamburger Magistrat schreitet ein und befiehlt die aus der geplünderten Kirche geraubten Stücke zurückzugeben.

Quellenauswertung

Nr. 23, Wöchentliche Relation, 30.9.1719
SuUB. Ja 2454/2
Der Hamburger Magistrat bietet dem kaiserlichen Residenten Kurzrock, dessen Haus beim Aufstand auch beschädigt wurde, eine Entschädigung an. Man erwartet aber noch einen kaiserlichen Befehl. Derweil bewacht die Stadtmiliz das Residentenhaus.

Nr. 24, Wöchentliche Relation, 7.10.1719
SuUB. Ja 2454/2
Der Hamburger Magistrat hat die verwüstete Kapelle in Augenschein nehmen lassen. Man hat darüber dem Niedersächsischen Kreis Bericht erstattet und darum gebeten, dass dem Magistrat und der Kaufmannschaft nicht *das Verbrechen des Pöbels beygemessen werden möchte*.

Nr. 25, Wöchentliche Relation, 21.10.1719
SuUB. Ja 2454/2
Kaiser Karl VI. verlangt vom Hamburger Magistrat Wiedergutmachung und die Festnahme von zwei Geistlichen sowie eines Anführers der Bürgerschaft. Der kaiserliche Resident hat die Erlaubnis, sich jederzeit aus der Stadt zurückzuziehen, wenn er sich nicht sicher fühlen sollte.

Nr. 26, Wöchentliche Relation, 9.12.1719
SuUB. Ja 2454/2
Laut Wiener Briefen soll der Reichshofrat beschlossen haben, zwei kaiserliche Regimenter nach Hamburg einrücken zu lassen, wenn der Magistrat nicht schleunigst Satisfaction geben sollte.

Nr. 27, Wöchentliche Relation, 4.2.1720
SuUB. Ja 2454/3
Die Hamburger Bürgerschaft hat *endlich* zugestimmt, dass das Kollegium der 60er mit dem Magistrat zusammentreten kann. Man hat beschlossen, dem Kaiser Satisfaction zu geben, die in einer neuen Wohnung besteht, allerdings *nach der Stadt Verfassung* nur mit einer kleinen Hauskapelle.

Nr. 28, Wöchentliche Relation, 10.2.1720
SuUB. Ja 2454/3
Der kaiserliche Gesandte Metsch hat den Hamburger Deputierten zu Braunschweig klar zu verstehen gegeben, dass der Kaiser nach dem Tumult eine Delegation in Wien zur Abbitte und Wiedergutmachung erwarte.

Nr. 29, Hildesheimer Relations-Courier, 26.7.1721
SuUB. Ja 2433/6

Wien, vom 11. Julii. Die Hamburger Deputirten haben nunmehro die Ihnen auferlegte Submissinn oder Abbitte bey dem Printzen Eugenio, in Beyseyn des Reichs-Vice-Cantzlers, abgelegt, wie denn auch selbige nicht an einem öffentlichen Ort, sondern in Ihr. Kayserl. Majestät gewöhnlichen Audientz-Zimmer, in der Favorita, bereits am 7ten dieses vor sich gegangen, und muß gemeldte Stadt über die aufgelegte Straffe der 200000 Rthlr. abtragen.

Nr. 30, Wöchentliche Relation, 26.7.1721
SuUB. Ja 2454/3
Am 27.6. sind die Hamburger Deputierten von Prinz Eugen empfangen worden und haben bei diesem sowie beim Kaiser Abbitte geleistet.

Nr. 31, Hildesheimer Relations-Courier, 6.8.1721
SuUB. Ja 2433/6
Wien, 23.7.: Bericht von der Geldstrafe gegen den Hamburger Magistrat in Höhe von 200.000 Gulden. Hamburg, 26.7., Man vernimmt aus Wien die Meldung vom Erfolg der Hamburger Deputation und dass Bürgermeister Sylm wieder als *habile*[r] *Mann* zurückkehrt.

Nr. 32, Wöchentliche Relation, 9.8.1721
SuUB. Ja 2454/3
Der Hamburgische Bürgermeister Sylm hat sich bey Gelegenheit der ihm aufgetragenen Deprecation am Kayserl. Hof dergestalt recommendiret, daß er für einen habilen Mann passiret und allenthalben grosse Approbation findet.

Nr. 33, Wöchentliche Relation, 4.12.1723
SuUB. Ja 2454/3
Die Frage der Wiedergutmachung nach der Zerstörung des Gesandtschaftshauses in Hamburg ist endlich geklärt. Es wurde beschlossen, dass der *Görtzische Palast* dem kaiserlichen Gesandten zur Verfügung gestellt wird – allerdings mit nur einem Saal für den katholischen Gottesdienst.

Nr. 34, Mercurii Relation, 25.2.1730
SuUB. 2463/9
Wien vom 11. Februarii. Nachdem die Präuschafft zu Hamburg wieder den Magistrat und Erbgesessene Burgerschafft daselbst verschidentlich grosse Beschwärden angebracht, als ist dise Sach am 6. hujus beym Hochpreyßl. Reichs-Hof-Rath untersuchet und resolvieret worden, an den Magistrat zu Hamburg zu rescribieren, damit derselbe die Sache mit der Präuschafft in der Güte abtun und deßhalb einen fordersambsten standhafften Bericht, sambt Erklärung über etwelche strittige Puncta einschicken solle.

Nr. 35, Mercurii Relation, 1.4.1730
SuUB. 2463/9
Wien vom 18. Martij [...] Wegen der zwischen dem Magistrat zu Hamburg und der Präuschafft daselbst, am Kayserl. Reichs-Hofrath angebrachten Strittigkeiten, seynd dem Vernehmen nach diser Tagen abermahlen scharpffe Verordnungen von hier auß abgefertiget worden.

Mühlhausen (Thüringen)

Nr. 36, Wöchentliche Relation, 19.7.1727
SuUB. Ja 2454/4
Der Bürger von Mühlhausen ihrem Gesuch ist statt gegeben, und, auf Kosten des Raths u. der Bürgerschaft daselbst eine Commißion, zur Untersuchung ihrer unter einander habenden Streitigkeiten angeordnet worden.

Nr. 37, Wöchentliche Relation, 29.8.1733
SuUB. Ja 2454/5

Weil zu Mühlhausen wegen einiger Unruhe weiter nichts mehr zu besorgen ist, so sind die darin gelegene Commissions-Trouppen bis etwas über 400 Mann wiederum ausgezogen. Denen zurück gebliebenen sollen ferner weder einige Präsente noch Tafel-Gelder gereichet werden, und haben zum Behuf derer übrigen Kosten ihre Kayserl. Maj. darein gewilliget, daß der Magistrat 2 Capitalien, eines von 4000, das andere von 6000 Rthl aufnehmen möge. Übrigens werden derer subdelegirten Commissarien eigenem Befinden überlassen, wie und wem von denen Beschuldigten ein freyes Geleit zu verstatten seyn mögte, jedoch also, daß Sander u. Werneburg, nebst noch einigen derer vornehmsten Rädelsführer, davon gäntzlich ausgeschlossen bleiben. Denen Beschuldigten sey insgesamt ohne Ausnahme eine Defension zu verstatten, jedoch die End-Urtheil wegen Ermangelung ihres eigenen Geständnisses nicht aufzuschieben, wenn sie sonsten nur gnugsam überzeuget seyn würden. Zu Beschleunigung der Sache wird auch denen Subdelegatis nachgelassen, daß, dafern die übrigen von ihnen wegen Kranckheit oder anderer Abhaltung nicht zugegen seyn könten, auch einer allein die Sachen, so nicht das Hauptwerck angehen, expediren möge.

Nürnberg

Nr. 38, Wöchentliche Relation, 5.9.1722
SuUB. Ja 2454/3

Nachdem I. Kayserl. M. in Erfahrung gebracht, daß in Nürnberg verschiedene Kaufleute und andere Bürger bey einigen Puissancen, Chur- und Fürsten, den Titul von Rath, Agent oder Anwalt sich ausgewircket haben, und deshalben allerhand Freyheiten und Vorzüge prätendiren; so haben Dieselbe unter 2. Aug. An den Magistrat daselbst rescribiret, denen hierunter begriffenen Unterthanen zu gebiethen, daß in 3 Monaten entweder dergleichen Character niederlegen, und ihre Profesionen treiben oder mit Unterlassung ihrer Professionen von ihren Tituln leben solten: widrigen Falls die Kayserl. Ungnade nicht ausbleiben würde.

Nr. 39, Wiener Blättlein(?), 26.5.1723[3]
StAN. Rep. 26/2, Nr. 82/StadtAN. E 8, 4902 (=Verzeichnis handschriftlich kopierter Zeitungsmeldungen)

Das abgehende scharffe Reichs Hof-Raths Conclusum[4] *wider den Magistrat*[5] *zu Nürnberg, dörffte vielen Reichs Städten einiges Nachsinnen erwecken; Es wird dem Magistrat zu Nürnberg aufgetragen*[6]*, auf*[7] *die unerhörten Beschwehrden*[8] *der gesammten Burgerschaft, wegen der Anlage*[9] *der bißhero*[10] *continuirenden Türcken-Steur, Rechnung*[11] *zu*

---

[3] Der Text beruht auf der Kopie des StAN. Abweichungen in StadtAN sind in den Fußnoten wiedergegeben.
[4] Reichs Hof-Raths Conclusum: R.H. RathsConclusum.
[5] Magistrat: Magst.
[6] aufgetragen: auffgetrag
[7] auf: auff
[8] Beschwehrden: beschwerten
[9] der Anlage: anlagen
[10] bißhero: bißherig
[11] Türcken-Steur, Rechnung: Türckensteuer Rechnung

thun, von Anfang biß jezund, wohin die Gelder verwendet, und[12] *wie viel es eingetragen*[13]*. Ihro Kays.*[14] *May. wollten aus dem grund die Sache untersuchet wissen, ihr bißhero geführtes Regiment wäre nicht nach Art der Reichs-Städte, sondern gleichsam Souverain eingerichtet. Weßhalber*[15] *Sie auch ihr Regiments-Einrichtung Ihro Kays. May. Unterthgst. einschicken sollen etc.*

Nr. 40, Wiener Blättlein(?), Juni 1723?
StAN. Rep. 26/2, Nr. 90 (Vom Nürnberger Informanten Hofmann in Wien verfertigte Kopie einer Zeitungsmeldung, die nach dessen Angaben aus Wien oder Regensburg stammt)
Wien, d. 26. May 1723. Die Stadt Nürnberg bearbeitet sich aufs eusserste wegen ihrer veranlasten Untersuchungs Sache einen großen fischzug von sich abzuhalten und thut per Deputatos extraordinarios alles anwenden, damit keine Kayser. Commission dahin kommen möge, wovon Sie das frische Exempel von Hamburg und Frankfurth vor augen hat.

Nr. 41, Wiener Blättlein, Juni 1723?
StAN. Rep. 26/2, Nr. 90 (Vom Nürnberger Informanten Hofmann in Wien verfertigte Kopie einer Zeitungsmeldung, die nach dessen Angaben aus Wien oder Regensburg stammt)
Wien d. 29. May 1723. Leztern Brieffen nach von Nürnberg, ist der Magistrat sehr consternirt über das leztere Reichs HoffRaths Conclusum, und suchet auf alles weise die angedrohte Commission von sich abzulehnen, wie dann Ihr Abgeordneter deßhalb eine Vorstellung gethan, und darinnen declariret, daß der Magistrat per Deputator extraordinatios, das Unrecht und das fälschliche Vorgeben der Burgerschafft baldigst zeigen werde; es findet aber erwehnter Deputirter nicht solchen Ingress wie der verstorbene Hohmann, und wol versichern, wann dieser noch am leben, es so weit nimmermehr gekommen wäre.

Nr. 42, Amsterdamer Courant, Mai/Juni 1723? (Extrakt)
StAN. Rep. 26/2, Nr. 100
Weenen, den 26. May, 1723, De Ryksstad Neurenberg zoekt op alle Wyze de Keyzerlyhe Commissie tegen haen gedecreteert, af te bidden, wyl dezelve de Gevolgen daer van, ombtrent Hamburg, voor Oogen heeft.

Nr. 43, Lippstädter Zeitung, 13.6.1723
StAN. Rep. 26/2, Nr. 113
Wien vom 2. Jun. [...] Die Reichs-Stadt Nürnberg suchet alle wege die kayserl. Commission, so wider sie erkannt ist, von ihr abzulehnen.

Nr. 44, Unbekannt, Juli 1723(?)
StAN. Rep. 26/2, Nr. 132 (diese nicht zugeordnete Nachricht findet sich in einem Brief aus Regensburg)
De Ratisbonne le 2 Juillet. Il s'est élevé un grand different entre le Magistrat et la Bourgeoisie de Nurenberg au sujet de l'augmentation des Taxes, dont les habitans se plein-

---

[12] und: u.
[13] eingetragen: eingetrag.
[14] Kays.: Kayß.
[15] eingerichtet. Weßhalber: ingerichtet, weßhalb

gent, pretendant, que ces nouvelles charges ont été etablies sans aucune necessité, et qu'ils ne font plus en état de les suporter: Surquoi la Bourgeoisie s'est adressée à la Cour Imperiale pour obtenir une Commission, afin d'examiner leur Griefs et les rétablir dans le Privilege d'asfister à la redition des Comptes de la Villle, dont on les a exclus depuis quelque tems [sic!]; ce qui leur a été accordé par l'Empereur, non obstant les oppositiones du Magistrat.

Nr. 45, Hollsteinischer unpartyischer Correspondent, 25.6.1723
StAN. Rep. 26/2, Nr. 123/StadtAN. E 8, 4902[16]

Wie von sicherer[17] Hand vernehme, so ist der Magistrat zu Nuernberg[18] ueber das letzt empfangene Conclusum sehr consterniret, und suchet anitzo[19] die Buergerschaft[20] zu gewinnen, da die Contribuenda nunmehro sehr leidlich[21] eingerichtet sind. Allein es duerffte[22] nun wol zur[23] Sache nichts mehr thun, denn obschon Magistratus in dem letzten Schreiben die Untersuchung der Rechnung frey gestellet, so flistert man dennoch[24] heimlich bey Hofe,[25] daß solches nur pro forma geschehen, um desto füglicher sothane Untersuchung von sich abzulehnen; Inzwischen mag auch[26] sein, daß Obrigkeit die in den Reichs-Staedten[27] uebliche[28] Regierungs-Form ueberschritten, und einer eclatanten Gewalt gegen die Buergerschaft[29] sich bedienet hat, indem selbige wegen der immer angehaltenen unmäßigen[30] Türcken-Steuer und anderer schwehrer Aufsätze, fast ausser[31] Stand gesetzt, künftig[32] dergleichen zu ertragen. Wie nun der Magistrat sich heraus wickeln, oder ob es gar zu einer Commißion[33] kommen wird, davon kan nichts positives melden.[34]

Nr. 46, Hildesheimer Relations-Courier, 24.8.1726
SuUB. Ja 2433/6

Wien, vom 24. Augusti. Weil nun der Teutsche Orden über den Magistrat zu Nürnberg sich nachdrücklich beschweret, und selbiger Stadt schon ohne des, wegen gewissen Affairen, eine Kayserl. Commission angedrohet worden, als dörffte solche vorjetzo umso ehender den Fortgang gewinnen;

---

[16] Der Text beruht auf der Kopie des StAN. Abweichungen in StadtAN sind in den Fußnoten wiedergegeben.
[17] sicherer: versicherer
[18] Nuernberg: Nürnberg
[19] anitzo: anjezo
[20] Buergerschaft: bürgerschaft
[21] leidlich: leidentl.
[22] duerffte: dörffte
[23] zur: Zur
[24] dennoch: doch
[25] Hofe: Hoff
[26] wohl mehr als wahr: wahr sein
[27] Reichs-Staedten: Reichsstädten
[28] ueblich: übliche
[29] Buergerschaft: Bürgerschafft.
[30] unmäßigen: unmässigen
[31] ausser: außer
[32] künftig: künfftig
[33] zu einer Commißion: zur Commission
[34] melden: meld.

Nr. 47, Wöchentliche Relation, 20.9.1727
SuUB. Ja 2454/4

Teutschland [...] Wider den Magistrat zu Nürnberg sind bey dem Reichs-Hof-Rath neue Beschwehrden angebracht worden, so demselben nächstens zur Verantwortung communiciret werden sollen. Und weil von verschiedenen Reich-Städten immer neue Klagen beym Reich Hof-Rath einlauffen; so haben I. Kays. Maj. Allergnäd. anbefohlen, man möchte doch die Sachen mit Nachdruck untersuchen, damit denen gedruckten Bürgern Recht wiederfuhre, und sie einmal Klag loß gestellet würden, denn das Exempel von Dinkelspiel wäre noch in frischem Andencken, wie man aldort verfahren hätte.

Nr. 48, Relationis Historicae Semestralis Vernalis Continuatio. Jacobi Franci Historische Beschreibung der denck-wuerdigsten Geschichten [...], Frankfurt 1731
(= Anhang VIII.4.7, Nr. 18).
Bericht von den Unruhen in Goslar 1731 sowie vom Nürnberger Kaufmannsprozess: *Die Schwäbische und Fränckischen Neuigkeiten sind dißmahl gar rar, ausser daß man dem geneigten Leser nachfolgendes von Nürnberg. welches unter dem Titul: Quint-Essence &c. Im Druck herauskame, jetzo mittheilet [...].*

Nr. 49, Kurtz gefasste Historische Nachrichten, 1731 (Nr. X)
SuUB. Ja 2342/4

Von denen Edicten und Actis publicis. Alhier in Regenspurg siehet man ein Kayserl. Reich-Hof-Raths-Conclusum vom 12. Febr. 1731 in Sachen Nürnberg contra Nürnberg divers. Gravam. folgenden Inhalts: [...].
Darin Abdruck des Urteils, in dem die Einrichtung einer Kommission unter Reichshofratsvizepräsident von Metsch sowie Dankelmann, Hartig, Berger, Hildebrand und Wucherer zur Untersuchung der Nürnberger Ereignisse angeordnet wird. Dem Nürnberger Magistrat wird befohlen, *der klagenden Handelschaft und den Ihrigen, wie auch denenjenigen, so ihnen mit Rath an die Hand gehen, wegen des anhero genommenen Recurses nichts widriges in Weg zu legen [...].*

Nr. 50, Mercurii Relation, 7.4.1731
SuUB. Ja 2463/10

Wien, den 31. Martii 1731 [...] Der allhier subsistirende Nürnbergis. Syndicus Senfft, hat auff die von seinen Obern erhaltene Ordre, Zimmer für 2. nächstens anhero kommende Raths Herren gemiethet, besagte Raths Herren wollen vor der von Ihro Kayserl. Majestät in Puncto diversorum Gravaminum und Verpachtung der Stadt Einkünfften angeordneten hiesigen Hoff Commission erscheinen, und ihre mit sich bringende Documenta produciren; Vile aber seynd der Meynung, daß die Sache allhier fast unmöglich außgemachet werden könte, weilen es eine Rechnungs-Sache seye, auch man zu Quelle der Einnahm und Außgab ad Locum sich verfügen und die Original:Bücher und Register einsehen, auch Beamte und Unterthanen über dise jene sich äussernde Umstände, wovon man alhier keine gründliche Nachricht erlangen könte, vernehmen müste; Gleich wie ein solches zu Franckfurt geschehen ist, also nach fest gestellten Regulativo das Nürnbergis. Systema fast meistentheils könte eingerichtet werden, obschon in ein und andern Punct eine Differentz vorkomme und auf die Nürnbergis. Regiments Form nicht applicable seyn solle wovon in kurtzen ein mehrers zu vernehmen seyn wird.

Nr. 51, Mercurii Relation, 12.5.1731
SuUB. Ja 2463/10

Ohnlängst seynd wider 2. Deputirte von der Nürnbergischen Kauffmannschaft und andern ihnen accedirten und alhier anlanget, und haben bereits an verschidenen hochen und andern Orten Audientz gehabt; die von ihnen gegen den Magistrat bey Kayserl. Majestät angebrachte Gravaminum allergnädigste Commission wird nun ehehalden wider eröffnet werden. Vile stehen in der Persuasion, daß dise Sache alhier wohl schwerlich werde können abgethan sondern einer Local Commission umb ad Fontem zu gehen, alle Gravamina daselbst zu untersuchen, aufgetragen werde.

Nr. 52, Wöchentliche Relation, 19.5.1731
SuUB. Ja 2454/5

Es sind ohnlängst wieder 2 Deputirten von der Nürnbergischen Kaufmannschaft und Consorten zu Wien angekommen, und haben bereits an verschiedenen Orten daselbst Audientz gehabt. Die, in Ansehung derer wider den Nürnberger Magistrat bey Ihro Kayserl. Maj. angebrachten Beschwerden, allergnädigst erkannte Commission wird zu Wien ehestens wieder eröffnet werden. Jedoch stehen viele in der Meynung, daß dieselbe Sache wol schwerlich alda werde abgethan, sondern eine Local-Commission, um alle Beschwerden näher zu untersuchen, aufgetragen werden.

Nr. 53, Mercurii Relation, 26.5.1731
SuUB. Ja 2463/10

[Wien 19.5.] *Die dorthin unterm 14. Februarii a.c. von Ihro Majest. in Sachen zu Nürnberg Marcks Vorstehere & Cons. contra den Magistrat daselbst erkannte hiesige Hof-Commission solle nun ehehalden durch ein Kayserl. Reichs-Hoff-Rathliche Conclusum eröffnet werden, wobey noch immer die Rede gehet, daß der Magistrat 2. Bevollmächtige Deputierte anhero schicken werde. Indessen seynd sehr vil begierig zu vernehmen, was dise Sache für einen Außgang gewinnen werde.*

Nr. 54, Wöchentliche Relation, 26.5.1731
SuUB. Ja 2454/5
Meldung vom Nürnberger Konflikt. Abdruck eines Extrakts des Memorials der Kaufleute (zweiter Teil).

Nr. 55, Wöchentliche Relation, 2.6.1731
SuUB. Ja 2454/5
Meldung vom Nürnberger Konflikt. Abdruck eines Extrakts des Memorials der Kaufleute (dritter Teil).

Nr. 56, Wöchentliche Relation, 9.6.1731
SuUB. Ja 2454/5
Meldung vom Nürnberger Konflikt. Abdruck eines Extrakts des Memorials der Kaufleute (vierter Teil). Darin heißt es unter anderem:

[...] *Es wäre darum auch kein Wunder, daß bishero nicht ein einiger, wie oft mans auch tentiret hätte, zum Bürger-Recht, welches anderer Orten sehr hoch gehalten würde, umsonst hätte gebracht werden können, sondern sich einige lieber, die Stadt zu quittireren resolviren wollen. Ausländer müsten hieraus schliessen, daß dieses an andern Orten so theure Kleinord zu Nürnberg ein unterträgliches Joch wäre, und deswegen hätte sich*

auch in fast undencklicken Jahren keine ausländischer Capitalist darum angemeldet.
[...]

Nr. 57, Mercurii Relation, 28.12.1731
SuUB. Ja 2463/11/StadtAN E 8, Nr. 4895 (Nr. 18, 19.12.1731)[35]

Wienn vom 28. December. [...] Ehegestern[36] ist die Kayserliche Hof-Commission in der Nürnbergischen Commissions-Sache ressumiret worden. So vil äusserlich zuvernemmen stehet, so ist hauptsächlich der Puncten Legitimationis derer beeden Rathsherren darinnen berühret, und der Kauffmannschafft schrifftliche Revers coram Commissione Caesarea vorgelegt worden. Es solle zwar der forderiste[37] Rathsherr[38] Ebner, wegen der Communication deß Gegen-Berichts allerhand unmögliche[39] in der That aber nichtsgiltige Rationes und Vorstellungen gemacht haben; Allein die Kauffmannschafft solle nicht allein disen Punct solidé und solchen nach Erheischung der bey einer Summarischen Untersuchung erforderlichen Puncten in instanti widerlegt haben; Wovon[40] man nun eine formliche Resolution ehestens zu erwarten hat; Inwischen lieget schon so vil am Tag,[41] daß der Magistrat sein ehemaliges wider die allerhöchste Kayserl. Authorität lauffendes Principium, als ob Er unsterblich,[42] und nicht gehalten seye, auff die klagende[43] Gravamina zu antworten, und vor Ihro Kayserl. Majestät mit der Burgerschaft zu stehen, nit[44] behaupeten kan, noch wird. Welches auch ein ewiges Denck- und Merckmahl einer sich in Ordine Politica haltenden Burgerschafft seyn kan, was auch gegenüber immer außgedaht werden kann.[45]

Nr. 58, Mercurii Relation, 5.1.1732
SuUB. Ja 2463/11/StadtAN E 8, Nr. 4895 (Nr. 20, Meldung vom 22.12.1731)[46]

In der Nürnbergis. Commißions.Sache[47] wird die fernere Resolution erst post ferias erfolgen; Weilen die Kauffmannschafft ein grosses Convolut mit verschidenen Beylagen und so genannten schrifftlichen Receß coram Commißione übergeben[48], und deswegen die Commission vorhero ersehen müssen, ob die von denen Raths Deputirten gebethen Communication Formo[49], oder nur ad Notitiam geschehen solle.

---

[35] Der Text entspricht der gedruckten Zeitungsnachricht (SuUB). Textvarianten in der handschriftlichen Abschrift (StadtAN E 8, Nr. 4895) sind in den folgenden Fußnoten wiedergegeben.
[36] Ehegestern: Vorgestern.
[37] forderiste: vorderste.
[38] Rathsherr: Rats Deputierte.
[39] unmögliche: mündliche.
[40] Wovon: wo von.
[41] Tag: Tage.
[42] unsterblich: unsträfflich.
[43] klagende: einklagende.
[44] nit: nicht.
[45] kan: mag.
[46] Der Text entspricht der gedruckten Zeitungsnachricht (SuUB). Textvarianten in der handschriftlichen Abschrift (StadtAN E 8, Nr. 4895) sind in den folgenden Fußnoten wiedergegeben.
[47] Commißions.Sache: Commissions-Sache.
[48] übergeben: übergeben habe.
[49] Formo: in forma.

Nr. 59, Mercurii Relation, 16.2.1732
SuUB. Ja 2463/11

Wien, den 9. Februari 1732 [...] Die Nürnbergische Magistrats Deputirte seynd zwar jüngst erwehntermassen deß Vorhabens gewesen von hier nacher Hauß zu retourniren, so vil man aber seithero deß weiteren vernommen, sollen selbige annoch in solange dahier verbleiben müssen, biß der Admodiations Punct bey der angeordneten Reichs-Hoff Raths-Commission ventiliret und darüber ein Votum ad Imperatorem abgestattet seye worden; Wie nun bekantlich kein besseres Moyen als die Admodiation bißhero außkündig gemacht werden können, wordurch man die Einkünffte eines Orts recht gründlich zu erfahren vermag, und ein solches sich auch bißhero bey der Stadt Franckfurth gantz deutlich gezeiget hat; als wird die Burgerschafft zu gedachten Nürnberg einen grossen Vortheil gegen ihren Magistrat erhalten, wann sothane Admodiation allda auf die Art und Weiß wie zu gedachten Franckfurt eingerichtet werden.

Nr. 60, Mercurii Relation, 1.3.1733
SuUB. Ja 2463/11

Wien, den 12. Februarij 1733. Den 30. nächst abgewichenen Monaths ist ein in causa zu Nürnberg Kauff und Handelstand Cons. Contra dem Magistrat daselbst in Puncto Diversorum Gravaminum in specie aber den Admodiation Punct betreffend [...] Seßione Collegii Imperial Aulici abermahlen eine Commißion gehalten worden; dem vernehmen nach ist hierbey nichts sonderliches paßiret, ausser daß der Magistrat Deputierte von Ebner abermahlen ein schrifftliche Gegen-Erklärung übergeben, und darauff sich besagte Commißion alsobalden geendiget hat. Worbey auch zu gedencken ist, daß der Kayserl. Evangelis. Reichs-Hoff-Rath Knorr statt deß verstorbenen Berger als constituirter Commissarius hiebey gesessen habe. Wider die von der Kauffmannschafft anbegehrte admodiation der Stadt Revenien solle sich der Nürnbergische Magistrat auß nicht geringen Ursachen setzen. Gedachter Stadt Nürnbergis. Deputirte von Ebner hat bereits zum drittenmahl bey seinen Committenten umb die Erlaubnuß nach Hauß zu retourniren angesuchet, solche aber bis dato nicht erhalten können.

Nr. 61, Wöchentliche Relation, 26.4.1735
SuUB. Ja 2454/5

In der bekannten Nürnberg. Streitigkeit ist jüngsthin auf das von dem Kays. Reichs-Hofrath bereits unter den 27. Jan. vorigen Jahres ad Imperatorem erstattete Votum die Kayserl. Resolution erfolget, daß die vorgewesene Commission wieder eröffnet, und darin angebrachte Beschwerden weiter untersucht und erörtert werden sollen.

4.7 Verzeichnis der Flug- und Prozessschriften (1717–1735)

Augsburg

Nr. 1, ‚Gründliche Facti Species von der Schuh-Knechten höchst-sträflich Unternommenen Auffstand. Worinnen Nicht nur das jenige/was Mense Majo dieses lauffenden 1726. Jahrs in Druck publiciert worden/alles wiederholt/und respective erläutert/sondern auch/was bißher weiter passirt/umständlich angezeiget/und mit darzu gehörigen Beylagen versehen ist. Augspurg den 16. Aug. 1726'
HHStA. RHR, Decisa, 300.

Nr. 2, ‚Specification Deren In Augspurg aufgestandenen, und nach Friedberg außgetrettenen Schuh-Knechten, nach ihrem Tauff- und Zunahmen, wie auch Geburts- und Lehr-Stadt/wie solche zwar bey der den 16. Aug. 1726. gedruckten Facti Specie sub Num. XI. beschrieben/auf inzwischen eingezogene naehere Erkundigung aber besser bekannt/und von neuem im Druck gebracht worden/welche also/vermoeg Kayserl. allergerechtesten Patenten d. 13. Sept. besagten Jahrs/ohne Augspurgisch-Obrigkeitliche Attestat ausserhalb nicht passierlich zu halten.'
StAN. Rst. Nbg., Nürnberger Drucksachen, Rep. 56, Nr. 432.

Nr. 3, ‚Continuatio Was von Zeit der unterm 16. Augusti des lauffenden 1726 Jahres gedruckten Facti Speciei Mit denen zu Augspurg höchst-sträflich aufgestandenen und nach Fridberg außgetrettenen Schuh-Knechten biß zum 21. September weiters sich zu getragen. Gedruckt zu Augsburg' (1726)
HHStA. RHR, Decisa, 300. Schreiben des Augsburger Magistrats an den Kaiser vom 17.12.1726, Lit. A.

Nr. 4, ‚Zweyte Continuatio Was von Zeit der unterm 16. Augusti des lauffenden 1726 Jahres gedruckten Facti Speciei Mit denen zu Augspurg höchst-sträflich aufgestandenen und nach Fridberg außgetrettenen Schuh-Knechten biß Vom 21. September biß Ende Novembr. diß Jahrs sich weiters zugetragen. Gedruckt zu Augsburg' (1726)
HHStA. RHR, Decisa, 300. Schreiben des Augsburger Magistrats an den Kaiser vom 17.12.1726, Lit. B.

Nr. 5, ‚Ein sehr schöne Auslegung/Deß Ayd Schwurs [...] Augsburg bey Albrecht Schmidt, Formschneider und Briefmahler'
StadtAA. Rst. Augsburg, Reichshofratsakten 13, Kaiserliche Reichshofrats Prozess-Acta diversi generis 1724–27, Fasz. 10, Tom V.

Nr. 6., ‚An die Römisch. Kayserl. Auch zu Hispanien/Ungan und Böhem Königliche Majestät/etc. etc. Allerunterthänigste Anzeig und Verantwortung Auf das Allergnädigste Kayserliche Rescriptum De Dato 18. Martii & praes. 20. Maji nup. Pflegeren Burgermeisteren und Rath deß Heil. Reichs Stadt Augspurg. Mit Beylagen a N. I usque ad N. 25 inclus. Die Wahl und Regiments Sachen betreffend' (1717)
HHStA. RHR, Decisa, 288.

Nr. 7, ‚Kurtze Deduction, So Hoechst-preyßlichsten Kayserlichen Reichs-Hof Rath von denen Abgeordneten der Reichs-Stadt Augspurg in ihrem allerunterthaenigsten Exhibito vom 31. Martii, Anno 1718, sub Lit. D einkommen/und submissist vorgestellet worden/ daß die sub 27. Septembris vorigen Jahrs allerunterthaenigst beantwortete 13. Punca dermalen theils cessiren/theils auf Kayserl. allergnaedigste Decision beruhen/theils aber einen ordentlichen Process erfordern/und folglich kein Objectum, Commissionis seyn.' (1718)
StAN. Rst. Nbg, Rep. 44e, Losungamt Akten S I L 153 Nr. 13, Impressa, die Ratswahl zu Augsburg betr. 1718.

Nr. 8, ‚Historie des Regiments In des Heil. Roem. Reichs Stadt Augspurg [...] Zusammengetragen durch David Langenmantel, Ausgefertigt aber, und nunmehr mit wichtigen Urkunden vermehret von Jacob Brucker/Der Koenigl. Preussischen

Quellenauswertung

Gesellschaft der Wissenschaften Mitgliede/Augspurg/verlegts David Raymund Mertz und Johann Jacob Mayer, 1734'
StAN. Rst. Nbg., Rekursakten, Rep. 26/38.

Frankfurt

Nr. 9, ‚An Die Röm. Kayserl. auch in Hispanien/zu Hungarn und Böheimb König. Majestätt Allerunterthänigste inhaesiv Anzeig ad Exhibitum de 11. May nup. und Bitte ut latius intus Sämbtlicher bevollmächtigter Ober-Officier und Deputirten Löblicher Burgerschaft der Kayserl. und des Heil. Reich-Stadt Franckfurth am Mayn/Das angemaste Böhlerische Impressum betreffend/Bey Höchst-preyßlichen Reichs-Hof-Rath exhibirt den 5.ten Junii 1719. Mit einer getruckten Beylag.'
HHStA. RHR, Decisa, 2213.

Nürnberg

Nr. 10, ‚Allerunterthaenigste Vorstellung Das Nuernbergische Policey-Weesen/Insonderheit/zu dessen Verwirrung ueberhandnehmende/Koenigliche Chur- und Fuerstliche Titular-Raethe/Residenten und Agenten Betreffend'
StAN. Rst. Nbg., Differentialakten, Nr. 843, Residentenangelegenheiten, Nr. 81.

Nr. 11, ‚Glückwünschende Ehren-Pforten Welche Bey Florierenden Hoch-Löbl. Stadt-Regiment Derer Hoch-Wohl-auch Hoch-Edel-Gebohrnen, Gestrengen, Wohl-Fürsichtigen und Hoch-Weisen Herren, Herren Bürgermeistern, und Regierenden Mitt-Gliedern In des Heil. Röm. Reichs-Freyen Republique Nürnberg, Nebst Anwünschung zeitl. und ewiger Wohlfahrt in tieffster Devotion angeführt Ward von M. Carl Anthon Creßnich, Conv. Mon. Gedruckt Anno Christi MDCCXIII'
StadtAN. B 11, Ratskanzlei 58.

Nr. 12, ‚Anatomia Oder Abgedrungener, doch wohlfundirter Nachtrag zur Muffelischen Mit Anfang Jun. nup. edirten Ehren-Rettung, Der Georg-Caspar-Zimmermaennischen Unter den Nahmen eines so betitulten Unschuldigen Priester-Wandels/allenthalben/Wie eine Fleder-Mauß/herumflatternden schaendlichen Schmaeh-Schrifft und uebrigen fast nie erhoerten boßhafftigen Diffamationen/Wodurch Die Eschenauische rechtmaeßige Orths-Herrschafft und Dero Getreue/anmaßlich wollen turbiret werden/standhafft entgegen gesetzet/Und zu des löbl. Publici fernern Desabusir- und Vindicirung der Wahrheit/Auf Befehl zum Druck befoerdert Mense Februar. 1729. Freystadt d. 15. Febr 1729, per Veridicium'.
StadtAN. E 1, 1147, Nr. 20.

Nr. 13, ‚Verwarnung an die Luegner/Luegen-Schreiber- und Drucker.' (1732?)
StAN. Rst. Nbg., Rekursakten, Rep. 26/34.

Nr. 14, ‚An die Römisch Kayserliche und Königliche Catholische Majestaet Allerunterthaenigstes Supplicatum In Sachen Zacharias Buckens zu Nuernberg Contra Burgermeister und Rat daselbst, Puncto liberationis a nexu civico. Praes. 14. Sep. 1730.'
StadtAN. B 11, 955/ StAN. Rst. Nbg., Rekursakten, Rep. 26/36.

Nr. 15, ‚Allerunterthänigstes Pro Memoria in Sachen Nürnberg contra Nürnberg divers. Gravam. Und darüber zum Vorschein gekommene Anmerckungen/Nebst Copia eines Sendschreibens von einem benachbahrten Freund und desselben zufällige Gedancken über dieseselbe/Welche dem widrig informirten Publico zur besseren und gründlicheren Information mitgetheilet worden. Anno 1730'
StadtAN. B 11, 955/ StAN. Rst. Nbg., Rekursakten, Rep. 26/36.

Nr. 16, ‚Der Zustand Eines Nürnbergischen Capitalisten Bey Einer Anderthalben Sieben viertel und Doppelten Losung/durch ein lebendes Exempel vor Augen geleget. Anno 1731'
HHStA. Reichskanzlei, Kleinere Reichsstände, Nr. 382.

Nr. 17, ‚Ausfuehrliche Relation, Alles dessen/Was in der von der Nuernbergischen Kauffmann- und darunter ueberhaupt begriffenen Burgerschafft Bey dem daselbstigen Magistrat Die Onera, In specie aber die so genannte Losung betreffend, Zwar allschon von Anno 1716. bis 1730. Beschwehrend angebracht worden; Nun aber in dem Mense Februarii des vergangenen 1730ten Jahres Wuerklich Bey Kayserlicher Majestaet Dißfalls erhobenen wichtigen Klage-Sache Vorgegangen/Samt Copeylichen Anlagen Derer hierinnen vorgekommenen Klag-Schrifften/Supplicationen/Memorialen/Declarationen/ und anders. Anno 1731'
StAN. Rst. Nbg., Rekursakten, Rep. 26/36.

Nr. 18, ‚Continuatio Der ausfuehrlichen Relationen In Causa Nuernbergische Kauffmann- und Burgerschafft Daselbstige Onera und Losung betreffend; Deme annectirt Fernerweit allerunterhaenigstes Pro Memoria Nebst Begnadigungen und Freyheiten Kaysers Caroli V. Dem kleinern oder Handwercks-Rath in ermeldten Nuernberg ertheilet. Anno 1731.'
StAN. Rst. Nbg., Rekursakten, Rep. 26/36.

Nr. 19, ‚Actenmässige und wahrhaffte Humillima Informatio Der Bey einer Allerhöchst angeordneten Kayserlichen Hof-Commission, von dem Handels-Stand zu Nürnberg eingeklagten Gravaminum [...] nebst einer gründlichen Widerlegung der von Einem Wohl-Löblichen Magistrat darwieder gemachten Einwendungen In Sachen Nürnberg contra Nürnberg' (1733) mit Beilagen A-I.
HHStA. Reichskanzlei, Kleinere Reichsstände 381.

Nr. 20, ‚Nuernbergische Staats- und Regiments-Verfassung Worinnen Dessen auesserlichen und innerlichen Beschaffenheit/so wohl ueberhaupts/als auch insonderheit Eines Hoch-Edlen Magistrats Wahl-Ordnung und Anderen davon dependirenden Collegien und Aemtern, sowohl in Civil-als Criminal-Sachen/von langen Jahren her/bis auf gegenwaertige Zeit; aus alten wahrhafften Monumenten und Urkunden, ordentlich aufgezeichnet und vorgestellet wird [...] nebst beygefügter Tabell. Einer Raths-Session, Von Anno 1734 bis 1735 Derer Alten und Jungen Burgermeister, alten Benannten und Handwercker, wie selbige in der Rath-Stuben nach denen aufgezeichneten Stimmen untereinander zu sitzen pflegen, mit einem kurtzen jedoch curieusen Anhang/Den Herren Liebhabern zu gefälligen Belieben dargestellt von Alphonso Freymuth. Wasserburg, 1734.'
StAN. Rst. Nbg., Rekursakten, Repertorium 26/38.
Weimar, Herzogin Anna Amalia Bibliothek, 11, 3 40 [c].
Stuttgart, Württembergische Landesbibliothek, Geogr.fol.91.

Wienbibliothek im Rathaus, B 22327.
Staats- und Stadtbibliothek Augsburg, 2 S 113 (Sigel: 37).
Staatsbibliothek Bamberg, 22/JH.Top.f.20.
Universitätsbibliothek Würzburg, 55/Rp 23, 257.
Universitätsbibliothek Eichstätt - Zentralbibliothek und Teilbibliotheken in Eichstätt, 04/1 BO E IV 79.
Universitätsbibliothek Bayreuth, 20/H. Hist. 2827, Campus/Magazin, SonderLS.
Universitätsbibliothek Erlangen-Nürnberg, H00/4 G.N.A 65# (angeb. 1.).

Nr. 21, ‚Alphonsus Freymuth/Der freche Luegner/In Species Facti. Das ist: Der verlarvte Nigrino, In dem Nürnbergischen Staats- und Regiments-Verfassung beygefügten faelschlich so benannten Ausführlichen Bericht von seinem Verbrechen/Straffe/und Entweichung aus dem Gefaengnis der Eisen in Nürnberg; nebst einer Gegen-Species-Facti, von desselben nothduerfftiger Ehre und Redlichkeit/entlarvet, und Aus geschrieben- und vorhandenen Urkunden gezeiget, Um jedermann/wo sich dieser Betrueger noch hinwenden moechte fuer Schaden zu warnen, Anno 1734'
StAN. Rst. Nbg., Rekursakten, Rep. 26/38.

Regensburg

Nr. 22, ‚Species Facti in causa Einiger Buergerlichen Bier-Brauer zu Regenspurg, contra Cammerer und Rath daselbst. den dermahligen Verungeldungs-Modum betreffend. Daselbst gedruckt bey Johann Georg Hofmann, Anno MDCCXXX.' (1730)
StAN. Rst. Nbg., Rekursakten, Rep. 26/38.

Nr. 23, ‚An die Roemisch-Kaeyserl. auch zu Hispanien Koenigliche Majestaet Allerunterhaenigste Anzeige, Ad Conclusum d.d. 18. Octobr. a.p. Cammerer und Raths Indes Heil. Röm. Reichs Freyen Stadt Regenspurg, [...] In causa Einiger querulirender Bier-Brauer zu gedachten Regenspurg Contra Ermeldte Cammerer und Rath daselbst.' (ca. 1732)
StAN. Rst. Nbg., Rekursakten, Rep. 26/38.

Biberach

Nr. 24, ‚Abdruck Eines An die Roemisch-Kayerliche auch zu Hispanien Hungarn und Boehmen Koenigliche Majestaet Ubergebenen Allerunterthaenigsten Memorialis pro communicandis adversae Partis Exhibitis, In Causa Burgermeister und Rath des Heil. Roemischen Reichs Stadt Biberach Contra Einige dero ohnruhige Burger und dero Aufwickler/in specie den L. Doertenbach Sambt Dieses letzeren an seine Obrigkeit abgelassener Schmäh-Schrifft und deren Widerlegung'
StAN. Rst. Nbg., Nürnberger Drucksachen, Rep. 56, Nr. 466 b.

Hamburg

Nr. 25, ‚Schreiben eines Passagiers, Darinnen er wegen der jetzigen Religions-Affairen zu Hamburg Einem vornehmen Minister kurtzen Bericht ertheilet.' (23.9.1719)
StAN. Rst. Nbg., Nürnberger Drucksachen, Rep. 56, Nr. 418.

5. Literaturverzeichnis

5.1 Literatur vor 1800

Erste Nachlese der neuen Bibliothec Oder Auszüge Aller sowohl ausländischen als einheimischen [...] Gelehrten Journals und Neuigkeiten von Gelehrten Sachen. Frankfurt/Leipzig 1717.

Kluge Conduite Eines künfftigen Gelehrten, Und insonderheit eines Rechts-Gelehrten, Oder: Vernünfftige Manier, Sowohl Andere Disciplinen, als fürnemlich die Rechte auf Universitäten zu studieren, worinn gezeigt wird, sowohl was, als wie viel, und wie man studieren solle. Sammt einer Vorrede Von denen Klagen über die Eytelkeit, Zumahlen Deß vielen Bücher-schreibens. Frankfurt/Leipzig 1715.

Nützliche und Auserlesene Arbeiten der Gelehrten im Reich/das ist in Francken, Schwaben, Ober-Rhein, Bayern, Österreich, Böhmen und angräntzenden Orten. Nürnberg 1734. Bd. 3.

Bertram, Franz Winand: Breviculum Praxis Imperialis Aulicae [...]. Frankfurt 1709.

Cramer, Johann Friedrich: Manuale Processus Imperialis Sive Compendiosa Introductio Ad Praxin Augustissimi judicii Caesareo-Imperialis Aulici: In qva Modus agendi, procurandi, advocandi & dijudicandi causas tam Justitiae, qvam Gratiae, ad Excelissimum hoc Dicasterium devolutas, brevissimis verbis, solide tamen atqve perspicue, subjunctis ubiqve formulis, nec non adjectis Cautelis, in ipso Processus curfu observari solitis, exponitur. 2. Aufl. Frankfurt 1730.

Gottsched, Johann Christoph: Vollständigere und Neuerläuterte Deutsche Sprachkunst Nach den Mustern der besten Schriftsteller des vorigen und itzigen Jahrhunderts abgefasset, und bey dieser fünften Auflage merklich verbessert […]. [Leipzig 1762]. Hg. von Phillip M. Mitchell (Johann Ch. Gottsched Ausgewählte Werke. Bd. VIII/1). Berlin 1978.

Lünig, Johann Christian (Hg.): Das Teutsche Reichs-Archiv. 24. Bde. Leipzig 1710–1722 (Auch als Digitalisat der Universität Augsburg: http://digbib.bibliothek.uni-augsburg.de/23/index.html, Stand: 26.2.2010).

Moser, Johann Jakob: Unpartheyische Urtheile von Juridisch- und Historischen Büchern. 6 Stücke. Frankfurt/Leipzig 1722–1724.

Ders.: Merckwürdige Reichs-Hof-Raths-Conclusa [...]. Frankfurt 1726. Bd. 1; Frankfurt 1726. Bd. 2; Frankfurt 1727. Bd. 3; Frankfurt 1728. Bd. 4; Frankfurt 1728. Bd. 5; Frankfurt 1730. Bd. 6; Frankfurt 1731. Bd. 7; Frankfurt 1732. Bd. 8.

Ders.: Reichs-Fama, welche das Merckwürdigste von demjenigen, so sich ganz kürzlich auf dem Reichs-Convent, an dem Kayserlichen und anderen Höfen, auch mit denen übrigen Ständen des Heiligen Römischen Reichs zugetragen, besonders das, so in das Jus publicum Germaniae tam universale, quam singulorum statuum einschläget, aufrichtig und in guter Ordnung mittheilet und wo es nöthig und möglich, jederzeit mit genugsamen historischen Erläuterungen begleitet. Frankfurt/Leipzig 1728. Bd. 3; Frankfurt/Leipzig 1729. Bd. 4; Frankfurt/Leipzig 1731. Bd. 7.

Ders.: Miscellanea Iuridico-Historica. Frankfurt/Leipzig 1729. Bd. 1; Frankfurt/Leipzig 1730. Frankfurt/Leipzig. Bd. 2.

Ders.: Einleitung zu dem Reichs-Hof-Raths-Proceß. Frankfurt/Leipzig 1731. Bd. 1; Frankfurt/Leipzig 1737. Bd. 4.

Ders.: Von der Reichs-Stättischen Regiments-Verfassung. Nach denen Reichs-Gesezen und dem Reichs-Herkommen, wie auch aus denen Teutschen Staats-Rechts-Lehrern, und eigener Erfahrung; mit beygefügter Nachricht von allen dahin einschlagenden öffentlichen und wichtigen neuesten Staats-Geschäfften, so dann denen besten, oder doch neuesten, und in ihrer Art einigen, Schrifften davon. Frankfurt/Leipzig 1772 (Neues teutsches Staatsrecht. Bd. 19).

Weingarten, Dominik Adolph von: Verzeichnuß Derer bey dem Kaiserl. höchst.-preislichen Reichs-Hof-Rath Von dem Jahr 1613. bis ad Annum 1725 ergangenen/Die Agenten, Procuratoren Und Partheyen Betreffenden Decretorum Communium. Wien 1728.

Wieland, Christoph Martin: Auszug aus einem Schreiben an einen Freund in D. In: Der Teutsche Merkur 1773–89. 3. Viertelj. 1778, hier S. 241–259.

Will, Georg Andreas: Nuernbergisches Gelehrten-Lexicon. 8 Bde. Altdorf 1755. Bd. 1 (A–G); Altdorf 1756. Bd. 2 (H–M); Altdorf 1758. Bd. 4 (T–Z).

5.2 Literatur nach 1800

Althoff, Gerd/Stollberg-Rilinger, Barbara: Rituale der Macht in Mittelalter und Früher Neuzeit. In: Ders./Michaels, Axel (Hg.): Die neue Kraft der Rituale. Sammelband der Vorträge des Studium Generale der Ruprecht-Karls-Universität Heidelberg (Wintersemester 2005/2006). Heidelberg 2007. S. 141–177.

Aretin, Karl Otmar von: Das Alte Reich. Stuttgart 1993. Bd. 1: Föderalistische oder hierarchische Ordnung (1648–1684); Stuttgart 1997. Bd. 2: Kaisertradition und österreichische Großmachtpolitik (1684–1745); Stuttgart 1997. Bd. 3: Das Reich und der österreichisch-preußische Dualismus (1745–1806).

Arndt, Johannes: Gab es im frühmodernen Heiligen Römischen Reich ein ‚Mediensystem der Publizistik'? Einige systemtheoretische Überlegungen. In: Jahrbuch für Kommunikationsgeschichte. 6. 2004, hier S. 74–102.

Augner, Gerd: Die kaiserliche Kommission der Jahre 1708–1712. Hamburgs Beziehung zu Kaiser und Reich zu Anfang des 18. Jahrhunderts. Hamburg 1983 (Beiträge zur Geschichte Hamburgs. Bd. 23).

Bader, Karl Siegfried: Der deutsche Südwesten in seiner territorialen Entwicklung. Stuttgart 1950.

Ders.: Die Reichsstädte des Schwäbischen Kreises am Ende des Alten Reiches. In: Ulm und Oberschwaben. 42. 1951, hier S. 47–70.

Bátori, Ingrid: Die Reichsstadt Augsburg im 18. Jahrhundert. Verfassung, Finanzen und Reformversuche. Göttingen 1968 (Veröffentlichungen des Max-Planck-Instituts für Geschichte. Bd. 22).

Dies.: Reichsstädtisches Regiment, Finanzen und bürgerliche Opposition. In: Gottlieb, Gunther u.a. (Hg.): Geschichte der Stadt Augsburg. Von der Römerzeit bis zur Gegenwart. Stuttgart 1984. S. 457–468.

Bauernfeind, Walter: Kaufmannsprozeß. In: Diefenbacher, Michael/Endres, Rudolf (Hg.): Stadtlexikon Nürnberg. 2. verb. Aufl. Nürnberg 2000. S. 528f.

Ders.: Nürnberg 1793 bis 1814. Eine Darstellung der politischen Entwicklung aus patrizischer Sicht und der Verfassungsentwurf für eine wieder zu errichtende Reichsstadt. In: Mitteilungen des Vereins für Geschichte der Stadt Nürnberg. 92. 2005, hier S. 199–248.

Baumann, Anette: Die Prokuratoren am Reichskammergericht in Speyer und Wetzlar. Stand der Forschung und Forschungsdesiderate. In: Dies. u.a. (Hg.): Reichspersonal. Funktionsträger für Kaiser und Reich. Köln/Weimar/Wien 2003 (Quellen und Forschungen zur höchsten Gerichtsbarkeit im Alten Reich. Bd. 46). S. 179–198.

Dies.: Advokaten und Prokuratoren. Anwälte am Reichskammergericht (1690–1806) Köln/Weimar/Wien 2006 (Quellen und Forschungen zur höchsten Gerichtsbarkeit im Alten Reich. Bd. 50).

Bayly, Christopher Alan: The Birth of the Modern World (1780–1914). Global Connections and Comparisons. Oxford 2004.

Becker, Hans-Jürgen: Die Städtekurie am Immerwährenden Reichstag zu Regensburg als Rechtsform. In: Weber, Andreas Otto (Hg.): Städtische Normen – genormte Städte. Zur Planung und Regelhaftigkeit urbanen Lebens und regionaler Entwicklung zwischen Mittelalter und Neuzeit. Ostfildern 2009 (Stadt in der Geschichte. Veröffentlichungen des Südwestdeutschen Arbeitskreises für Stadtgeschichtsforschung. Bd. 34). S. 145–161.

Behne, Axel: Archivierung von Schriftgut. In: Günther, Hartmut/Ludwig, Otto (Hg.): Schrift und Schriftlichkeit. Ein interdisziplinäres Handbuch internationaler Forschung. An Interdisciplinary Handbook of International Research. Berlin 1994 (Handbücher zur Sprach- und Kommunikationswissenschaft. Bd. 10/1). S. 146–157.

Behringer, Wolfgang: Im Zeichen des Merkur. Reichspost und Kommunikationsrevolution in der Frühen Neuzeit. Göttingen 2003 (Veröffentlichungen des Max-Planck-Instituts für Geschichte. Bd. 189).

Ders.: ‚Von der Gutenberg-Galaxis zur Taxis-Galaxis'. Die Kommunikationsrevolution – ein Konzept zum besseren Verständnis der Frühen Neuzeit. In: Burkhardt, Johannes/Werkstetter, Christine (Hg.): Kommunikation und Medien in der Frühen Neuzeit. München 2005 (Historische Zeitschrift Beihefte. Neue Folge. Bd. 41). S. 39–54.

Benedik, Christian: Die Architektur als Sinnbild der reichsstaatlichen Stellung. In: Klueting, Harm (Hg.): Das Reich und seine Territorialstaaten im 17. und 18. Jahrhundert. Aspekte des Mit-, Neben- und Gegeneinander. Münster 2004 (Historia profana et ecclesiastica. Bd. 10). S. 97–112.

Berbig, Joachim: Kaisertum und Reichsstadt. Eine Studie zum dynastischen Patriotismus der Reichsstädte nach dem Westfälischen Frieden bis zum Untergang des Reiches. In: Mitteilungen des Vereins für Geschichte der Stadt Nürnberg. 58. 1971, hier S. 211–263.

Berger, Thomas: Ausstellungstext zur Übersichtskarte von Oberschwaben. In: Jahn, Wolfgang u.a. (Hg.): ‚Geld und Glaube'. Leben in evangelischen Reichsstädten. Augsburg 1998. S. 75–78.

Beyerstedt, Horst-Dieter: Rugamt. In: Diefenbacher, Michael/Endres, Rudolf (Hg.): Stadtlexikon Nürnberg. 2. verb. Aufl. Nürnberg 2000. S. 915.

Bierbach, Arthur: Die Geschichte der Hallischen Zeitung. Landeszeitung für die Provinz Sachsen für Anhalt und Thüringen. Halle 1908.

Blickle, Peter: Deutsche Untertanen. Ein Widerspruch. München 1981.

Bluhm, Harald/Fischer, Karsten: Einleitung. Korruption als Problem politischer Theorie. In: Dies. (Hg.): Sichtbarkeit und Unsichtbarkeit der Macht. Theorien politischer Korruption. Baden-Baden 2002 (Schriftenreihe der Sektion Politische Theorien und Ideengeschichte in der Deutschen Vereinigung für politische Wissenschaft. Bd. 3). S. 9–22.

Blühm, Elger: Deutscher Fürstenstaat und Presse im 17. Jahrhundert. In: Ders./Garber, Jörn/Garber, Klaus (Hg.): Hof, Staat und Gesellschaft in der Literatur des 17. Jahrhunderts. Amsterdam 1982 (Daphnis. Bd. 11. Heft 1–2). S. 287–313.

Bog, Ingomar: Reichsverfassung und reichsstädtische Gesellschaft. Sozialgeschichtliche Forschungen über reichsständische Residenten in den Freien Städten, insbesondere in Nürnberg. In: Jahrbuch für fränkische Landesforschung. 18. 1958, hier S. 325–340.

Böning, Holger: Weltaneignung durch ein neues Publikum. Zeitungen und Zeitschriften als Medientypen der Moderne. In: Burkhardt, Johannes/Werkstetter, Christine (Hg.): Kommunikation und Medien in der Frühen Neuzeit. München 2005 (Historische Zeitschrift Beihefte. Neue Folge. Bd. 41). S. 105–134.

Ders.: Zeitung und Aufklärung. In: Welke, Martin/Wilke, Jürgen (Hg.): 400 Jahre Zeitung. Die Entwicklung der Tagespresse im internationalen Kontext. Bremen 2008 (Presse und Geschichte – neue Beiträge. Bd. 22). S. 287–310.

Borst, Otto: Demokratie in den Reichsstädten? In: Ders./Haus der Geschichte Baden-Württemberg (Hg.): Südwestdeutschland – die Wiege der deutschen Demokratie (Stuttgarter Symposion. Bd. 5). Tübingen 1997. S. 24–42.

Brodbeck, Doris (Hg.): Dem Schweigen entronnen. Religiöse Zeugnisse von Frauen des 16. bis 19. Jahrhunderts. Markt Zell 2006.

Brück, Anton Ph.: Art. Bertram, Konstantin von. In: Historische Kommission bei der Bayerischen Akademie der Wissenschaften und der Bayerischen Staatsbibliothek (Hg.): Neue Deutsche Biographie (NDB), Elektronische Version (http://mdz1.bib-bvb.de/~ndb/ndbmaske.html, Stand: 2.1.2010) (=NDB. Berlin 1955. Bd. 2. S. 170f.).

Brückner, Wolfgang: Art. Flugschrift. In: Jaeger, Friedrich (Hg.): Enzyklopädie der Neuzeit. Stuttgart/Weimar 2006. Bd. 3. Sp. 1027–1032.

Buchmann, Bertrand Michael: Hof – Regierung – Stadtverwaltung. Wien als Sitz der österreichischen Zentralverwaltung von den Anfängen bis zum Untergang der Monarchie (Schriftenreihe des Instituts für Österreichkunde). Wien 2002.

Bühl, Charlotte: Nürnberger Friedens- und Kriegskurier. In: Diefenbacher, Michael/Endres, Rudolf (Hg.): Stadtlexikon Nürnberg. 2. verb. Aufl. Nürnberg 2000. S. 758.

Bünz, Enno: Bücher, Drucker, Bibliotheken in Mitteldeutschland um 1500. Zur Einführung. In: Ders. (Hg.): Bücher, Drucker, Bibliotheken in Mitteldeutschland. Neue Forschungen zur Kommunikations- und Mediengeschichte um 1500. Leipzig 2006 (Schriften zur Sächsischen Geschichte und Volkskunde. Bd. 5). S. 13–47.

Burgdorf, Wolfgang: Tagungsbericht: Die deutsche Nation im frühneuzeitlichen Europa. Politische Ordnung und kulturelle Identität? [Georg Schmidt: Historisches Kolleg München 13.3.2008–15.3.2008, München] (http://hsozkult.geschichte.hu-berlin.de/tagungsberichte/id=2057, Stand: 2.1.2010).

Burke, Peter: Papier und Marktgeschrei. Die Geburt der Wissensgesellschaft. Berlin 2001.

Burkhardt, Johannes: Der Dreißigjährige Krieg als frühmoderner Staatenbildungskrieg. In: Geschichte in Wissenschaft und Unterricht. 45. 1997, hier S. 509–574.

Ders.: Über das Recht der Frühen Neuzeit, politisch interessant zu sein. Eine Antwort an Martin Tabaczek und Paul Münch. In: Geschichte in Wissenschaft und Unterricht. 50. 1999, hier S. 748–756.

Ders.: Vollendung und Neuorientierung des frühmodernen Reiches. 1648–1763. 10. völlig neu bearb. Aufl. Stuttgart 2006 (Gebhardt Handbuch der deutschen Geschichte. Bd. 11).

Ders./Werkstetter, Christine: Die Frühe Neuzeit als Medienzeitalter und ihr kommunikatives Spektrum. Einleitung. In: Dies. (Hg.): Kommunikation und Medien in der Frühen Neuzeit. München 2005 (Historische Zeitschrift Beihefte. Neue Folge. Bd. 41). S. 1–10.

Castells, Manuel: An introduction to the information age. In: Mackay, Hugh/O'Sullivan, Tim (Hg.): The Media Reader: Continuity and Transformation. London 1999. S. 398–410.

Cherubim, Dieter: Rituell formalisierte Syntax in Texten des 16. und 19. Jahrhunderts. In: Betten, Anne (Hg.): Neuere Forschungen zur historischen Syntax des Deutschen. Referate der Internationalen Fachkonferenz Eichstätt 1989. Tübingen 1990. S. 269–285.

Crivellari, Fabio/Sandl, Marcus: Die Medialität der Geschichte. Perspektiven einer interdisziplinären Zusammenarbeit von Geschichts- und Medienwissenschaften. In: Historische Zeitschrift. 277. 2003, hier S. 619–654.

Crossley, Nick/Roberts, John Michael (Hg.): After Habermas. New Perspectives on the Public Sphere. Oxford 2004 (The sociological review monographs. Bd. 52/1).

Diefenbacher, Michael: Karlsbrücke. In: Ders./Rudolf Endres (Hg.): Stadtlexikon Nürnberg. 2. verb. Aufl. Nürnberg 2000. S. 518.

Diestelkamp, Bernhard: Verwissenschaftlichung, Bürokratisierung, Professionalisierung und Verfahrensintensivierung als Merkmale frühneuzeitlicher Rechtsprechung. In: Ders. (Hg.): Recht und Gericht im Heiligen Römischen Reich. Frankfurt 1999 (Ius Commune. Sonderhefte. Bd. 122). S. 263–276.

Dilcher, Gerhard: Bürgerrecht und Bürgereid als städtische Verfassungsstruktur. In: Schwinges, Rainer Christoph (Hg.): Neubürger im späten Mittelalter. Migration und Austausch in der Städtelandschaft des alten Reiches (1250–1550). Berlin 2002 (Historische Zeitschrift Beihefte. Bd. 30). S. 83–97.

Droste, Heiko: Patronage in der Frühen Neuzeit. Institution und Kulturform. In: Zeitschrift für Historische Forschung. 30. 2003, hier S. 555–590.

Duchhardt, Heinz: Krönungszüge. Ein Versuch zur ‚negativen Kommunikation'. In: Ders./Melville, Gert (Hg.): Im Spannungsfeld von Recht und Ritual. Soziale Kommunikation in Mittelalter und Früher Neuzeit. Köln 1997 (Norm und Struktur. Bd. 7). S. 291–304.

Ders.: Die Reichsstadt in der Frühen Neuzeit. In: Behringer, Wolfgang/Roeck, Bernd (Hg.): Das Bild der Stadt in der Neuzeit 1400–1800. München 1999. S. 39–45.

Ehrenpreis, Stefan: Die Reichshofratsagenten: Mittler zwischen Kaiserhof und Territorien. Winfried Schulze zum 60. Geburtstag. In: Baumann, Anette u.a. (Hg.): Reichspersonal. Funktionsträger für Kaiser und Reich. Köln/Weimar/Wien 2003 (Quellen und Forschungen zur höchsten Gerichtsbarkeit im Alten Reich. Bd. 46). S. 165–178.

Eibach, Joachim: Städtische Strafjustiz als konsensuale Praxis. Frankfurt am Main im 17. und 18. Jahrhundert. In: Schlögl, Rudolf (Hg.): Interaktion und Herrschaft. Die Politik der frühneuzeitlichen Stadt. Konstanz 2004 (Historische Kulturwissenschaft. Bd. 5). S. 181–216.

Emich, Birgit/Reinhardt, Nicole/Wieland, Christian/Thiessen, Hillard von: Stand und Perspektiven der Patronageforschung. Zugleich eine Antwort auf Heiko Droste. In: Zeitschrift für historische Forschung. 32. 2005, hier S. 233–265.

Endres, Rudolf: Sozial- und Bildungsstrukturen fränkischer Reichsstädte im Spätmittelalter und in der Frühen Neuzeit. In: Brunner, Horst (Hg.): Literatur in der Stadt. Bedingungen und Beispiele städtischer Literatur des 15. bis 17. Jahrhunderts. Göppingen 1982 (Göppinger Arbeiten zur Germanistik. Bd. 343). S. 37–72.

Ders.: Die Rolle der Kaufmannschaft im Nürnberger Verfassungsstreit am Ende des Alten Reiches. In: Jahrbuch für fränkische Landesforschung. 45. 1985, hier S. 125–167.

Ders.: Nürnberg im 18. Jahrhundert. In: Mitteilungen des Vereins für Geschichte der Stadt Nürnberg. 75. 1988, hier S. 133–153.

Ders.: Verfassung und Verfassungswirklichkeit in Nürnberg im späten Mittelalter und in der Frühen Neuzeit. In: Ehbrecht, Wilfried (Hg.): Verwaltung und Politik in Städten Mitteleuropas. Beiträge zu Verfassungsnorm und Verfassungswirklichkeit in altständischer Zeit. Köln/Weimar/Wien 1994 (Städteforschung A. Bd. 34). S. 207–219.

Farge, Arlette: Frauen im Aufstand. Aus dem Französischen von Roswitha Schmid. In: Dies./Zemon Davis, Natalie (Hg.): Geschichte der Frauen. Frühe Neuzeit. Frankfurt/New York 1994. Bd. 3. S. 507–524.

Faulstich, Werner: Medien zwischen Herrschaft und Revolte. Die Medienkultur der frühen Neuzeit (1400–1700). Göttingen 1998 (Die Geschichte der Medien. Bd. 3).

Ders.: Der Öffentlichkeitsbegriff. Historisierung – Systematisierung – Empirisierung. In: Szyszka, Peter (Hg.): Öffentlichkeit. Diskurs zu einem Schlüsselbegriff der Organisationskommunikation. Wiesbaden 1999. S. 49–76.

Ders.: Die bürgerliche Mediengesellschaft (1700–1830). Göttingen 2002 (Geschichte der Medien. Bd. 4).

Ders.: Diskussionsbeitrag. Podiumsdiskussion: Begann die Neuzeit mit dem Buchdruck? Ist die Ära der Typologie im Zeitalter der digitalen Medien endgültig vorbei? Podiumsdiskussion unter der Leitung von Winfried Schulze. Diskutanten: Werner Faulstich, Michael Giesecke, Johannes Burkhardt, Gudrun Gersmann (Historiker/in). In: Burkhardt, Johannes/Werkstetter, Christine (Hg.): Kommunikation und Medien in der Frühen Neuzeit. München 2005 (Historische Zeitschrift Beihefte. Neue Folge. Bd. 41). S. 20–22.

Fenske, Michaela: Der Kampf um die Grenze. Rationale Interessendurchsetzung in Stadt und Land in der Frühen Neuzeit. In: Krug-Richter, Barbara/Mohrmann, Ruth-Elisabeth (Hg.): Praktiken des Konfliktaustrags in der frühen Neuzeit. Münster 2004 (Symbolische Kommunikation und gesellschaftliche Wertesysteme. Bd. 6). S. 157–168.

Fimpel, Martin: Reichsjustiz und Territorialstaat. Württemberg als Kommissar von Kaiser und Reich im Schwäbischen Kreis (1648–1806). Tübingen 1999 (Frühneuzeit-Forschungen. Bd. 6).

Fleischmann, Peter: Professionalisierung oder Ausschluß von Führungseliten in der Reichsstadt Nürnberg? In: Schulz, Günther (Hg.): Sozialer Aufstieg. Funktionseliten im Spätmittelalter und in der frühen Neuzeit. München 2002 (Deutsche Führungsschichten in der Neuzeit. Bd. 25). S. 49–72.

Forst, Rainer: Das grundlegende Recht auf Rechtfertigung. Zu einer konstruktivistischen Konzeption von Menschenrechten. In: Brunkhorst, Hauke/Köhler, Wolfgang R./Lutz-Bachmann, Matthias (Hg.): Recht auf Menschenrechte. Menschenrechte, Demokratie und internationale Politik. Frankfurt 1999 (Suhrkamp-Taschenbuch Wissenschaft. Bd. 1441). S. 66–105.

François, Etienne: Augsburger Freiheit und preußische Tyrannei. Montesquieus Reisetagebuch durch Deutschland 1729. In: Burkhardt, Johannes/Ullmann, Sabine/Safley, Thomas Max (Hg.): Geschichte in Räumen. Festschrift für Rolf Kießling zum 65. Geburtstag. Konstanz 2006. S. 73–84.

Freist, Dagmar: Öffentlichkeit und Herrschaftslegitimation in der Frühen Neuzeit. Deutschland und England im Vergleich. In: Asch, Ronald G./Freist, Dagmar (Hg.): Staatsbildung als kultureller Prozess. Strukturwandel und Legitimation von Herrschaft in der Frühen Neuzeit. Köln 2005. S. 321–351.

Frevert, Ute: Vertrauen – eine historische Spurensuche. In: Dies. (Hg.): Vertrauen. Historische Annäherungen. Göttingen 2003. S. 7–66.

Dies.: Politische Kommunikation und ihre Medien. In: Dies./Braungart, Wolfgang (Hg.): Sprachen des Politischen. Medien und Medialität in der Geschichte. Göttingen 2004. S. 7–19.

Friedrich, Susanne: Drehscheibe Regensburg. Das Informations- und Kommunikationssystem des Immerwährenden Reichstages um 1700. Berlin 2007 (Colloquia Augustana. Bd. 23).

Friedrichs, Christopher R.: Politik und Sozialstruktur in der deutschen Stadt des 17. Jahrhunderts. In: Schmidt, Georg (Hg.): Stände und Gesellschaft im Alten Reich. Stuttgart 1989 (Veröffentlichungen des Instituts für Europäische Geschichte Mainz Beiheft. Bd. 29). S. 151–170.

Friess, Peer: Reichsstädtische Diplomatie als Indikator für die politische Struktur einer Region. In: Hoffmann, Carl A./Kießling, Rolf (Hg.): Kommunikation und Region. Konstanz 2001 (Forum Suevicum. Bd. 4). S. 113–139.

Frijhoff, Willem: Communication et vie quotidienne à la fin du moyen âge et à l'époque moderne. Réflexions de théorie et de méthode. In: Kommunikation und Alltag in Spätmittelalter und früher Neuzeit. Wien 1992 (Sitzungsberichte der philosophisch-historischen Klasse der Österreichischen Akademie der Wissenschaften. Bd. 596). S. 9–38.

Fuchs, Ralf-Peter: Kaiser und Reich im Spiegel von Untertanenbefragungen des 16. und 17. Jahrhunderts. In: Wendehorst, Stephan/Westphal, Siegrid (Hg.): Lesebuch Altes Reich. München 2006 (bibliothek altes Reich. Bd. 1). S. 48–52.

Fuhrmann, Rosi/Kümin, Beat/Würgler, Andreas: Supplizierende Gemeinden. Aspekte einer vergleichenden Quellenbetrachtung. In: Fuhrmann, Rosi/Blickle, Peter (Hg.): Gemeinde und Staat im Alten Europa. München 1998 (Historische Zeitschrift Beihefte. Neue Folge. Bd. 25). S. 267–323.

Gabel, Helmut: ‚Daß ihr künftig von aller Widersetzlichkeit, Aufruhr und Zusammenrottierung gänzlich abstehet'. Deutsche Untertanen und das Reichskammergericht. In: Scheurmann, Ingrid (Hg.): Frieden durch Recht: Das Reichskammergericht 1495–1806. Katalog zur gleichnamigen Ausstellung. Mainz 1994. S. 273–280.

Gerteis, Klaus: Die deutschen Städte in der Frühen Neuzeit. Zur Vorgeschichte der ‚bürgerlichen Welt'. Darmstadt 1986.

Gestrich, Andreas: Absolutismus und Öffentlichkeit. Politische Kommunikation in Deutschland zu Beginn des 18. Jahrhunderts. Göttingen 1994 (Kritische Studien zur Geschichtswissenschaft. Bd. 103).

Ders.: Schandzettel gegen die Obrigkeit. Pasquillen als Mittel der Obrigkeitskritik in der Frühen Neuzeit. In: Borst, Otto/Haus der Geschichte Baden-Württemberg (Hg.): Südwestdeutschland – die Wiege der deutschen Demokratie. Tübingen 1997 (Stuttgarter Symposion. Bd. 5). S. 43–57.

Ders.: The Early Modern State and the Public Sphere in 18th Century Germany. In: Knabe, Peter-Eckhard (Hg.): Opinion. Concepts and Symbols of the Eighteenth Century in Europe – Concepts et symboles du XVIIIe siécle européen. Berlin 2000. S. 1–14.

Giesecke, Michael: Die Entdeckung der kommunikativen Welt. Studien zur kulturvergleichenden Mediengeschichte. Frankfurt 2007.

Gotthard, Axel: Wohin führt uns der ‚Spatial turn'? Über mögliche Gründe, Chancen und Grenzen einer neuerdings diskutierten historiographischen Wende. In: Wüst, Wolfgang/Blessing, Werner K. (Hg.): Mikro – Meso – Makro. Regionenforschung im Aufbruch. Erlangen 2005 (Arbeitspapiere des Zentralinstituts für Regionalforschung. Bd. 8). S. 15–50.

Gross, Lothar: Die Geschichte der deutschen Reichshofkanzlei von 1559 bis 1806. Wien 1933 (Inventare österreichischer staatlicher Archive. Bd. 5,1).

Gschließer, Oswald von: Der Reichshofrat. Bedeutung und Verfassung, Schicksal und Besetzung einer obersten Reichsbehörde von 1559 bis 1806. Nachdruck. Nendeln/Liechtenstein 1970 (Wien 1942 [Veröffentlichungen der Kommission für neuere Geschichte des ehemaligen Österreich. Bd. 33]).

Habel, Thomas: Gelehrte Journale und Zeitungen der Aufklärung. Zur Entstehung, Entwicklung und Erschließung deutschsprachiger Rezensionszeitschriften des 18. Jahrhunderts. Bremen 2007 (Presse und Geschichte – neue Beiträge. Bd. 17).

Häberlein, Mark: Garb, Kaufmannsfamilie. In: Grünsteudel, Günther/Hägele, Günther/Frankenberger, Rudolf (Hg.): Augsburger Stadtlexikon. Geschichte, Gesellschaft, Kultur, Recht, Wirtschaft. 2. völlig neu bearb. und erheblich erw. Aufl. Augsburg 1998. S. 428f.

Hafner, Urs: Republik im Konflikt. Schwäbische Reichsstädte und bürgerliche Politik in der frühen Neuzeit. Tübingen 2001 (Oberschwaben – Geschichte und Kultur. Bd. 8).

Hantsch, Hugo: Friedrich Karl Graf von Schönborn (1674–1746). Einige Kapitel zur politischen Geschichte Kaiser Josefs I. und Karls VI. Augsburg 1929 (Salzburger Abhandlungen und Texte aus Wissenschaft und Kunst. Bd. 2).

Hartmann-Polomski, Carola: Die Regelung der gerichtsinternen Organisation und des Geschäftsgangs der Akten als Maßnahmen der Prozessbeschleunigung am Reichshofrat. Dissertation Göttingen. Göttingen 2000.

Haß-Zumkehr, Ulrike: ‚Wie glaubwürdige Nachrichten versichert haben'. Formulierungstraditionen in Zeitungsnachrichten des 17. bis 20. Jahrhunderts. Tübingen 1998 (Studien zur deutschen Sprache. Bd. 13).

Haug-Moritz, Gabriele: Des ‚Kaysers rechter Arm'. Der Reichshofrat und die Reichspolitik des Kaisers. In: Klueting, Harm (Hg.): Das Reich und seine Territorialstaaten im 17. und 18. Jahrhundert. Aspekte des Mit-, Neben- und Gegeneinander. Münster 2004 (Historia profana et ecclesiastica. Bd. 10). S. 23–42.

Hecker, Hans-Joachim: Die Reichsstädte und die beiden oberen Reichsgerichte. In: Müller, Rainer A. (Hg.): Reichsstädte in Franken. Aufsätze 1: Verfassung und Verwaltung. München 1987 (Veröffentlichungen zur bayerischen Geschichte und Kultur. Bd. 15/1). S. 169–182.

Heller, Martin Johannes: Reform der deutschen Rechtssprache im 18. Jahrhundert. Frankfurt 1992 (Rechtshistorische Reihe. Bd. 97).

Hildebrandt, Mathias: Menschenrechte und ihre Entwicklung in der Ideengeschichte. In: Bendel, Petra/Fischer, Thomas (Hg.): Menschen- und Bürgerrechte. Ideengeschichte und internationale Beziehungen. Erlangen 2004 (Arbeitspapiere des Zentralinstituts für Regionalforschung. Bd. 6). S. 23–48.

Hildebrandt, Reinhard: Rat contra Bürgerschaft. Die Verfassungskonflikte in den Reichsstädten des 17. und 18. Jahrhunderts. In: Zeitschrift für Stadtgeschichte, Stadtsoziologie und Denkmalpflege. 1. 1974, hier S. 221–240.

Hoffmann, Carl A.: ‚Öffentlichkeit' und ‚Kommunikation' in den Forschungen zur Vormoderne. Eine Skizze. In: Ders./Kießling, Rolf (Hg.): Kommunikation und Region. Konstanz 2001 (Forum Suevicum. Bd. 4). S. 69–113.

Hohkamp, Michaela: Art. Gerücht. In: Jaeger, Friedrich (Hg.): Enzyklopädie der Neuzeit. Stuttgart/Weimar 2006. Bd. 4. Sp. 570.

Dies./Kohser-Spohn, Christiane: Die Anonymisierung des Konflikts. Denunziation und Rechtfertigungen als kommunikativer Akt. In: Eriksson, Magnus/Krug-Richter, Barbara (Hg.): Streitkulturen. Gewalt, Konflikt und Kommunikation in der ländlichen Gesellschaft (16.–19. Jahrhundert). Köln 2003 (Potsdamer Studien zur Geschichte der ländlichen Gesellschaft. Bd. 2). S. 389–416.

Holenstein, André: Seelenheil und Untertanenpflicht. Zur gesellschaftlichen Funktion und theoretischen Begründung des Eides in der ständischen Gesellschaft. In: Blickle, Peter (Hg.): Der Fluch und der Eid. Die metaphysische Begründung gesellschaftlichen Zusammenlebens und politischer Ordnung in der ständischen Gesellschaft. Berlin 1993 (Historische Zeitschrift Beihefte. Bd. 15). S. 11–63.

Hölscher, Lucian: Öffentlichkeit und Geheimnis. Eine begriffsgeschichtliche Untersuchung. Stuttgart 1979 (Sprache und Geschichte. Bd. 4).

Hughes, Michael: Law and Politics in Eighteenth Century Germany. The Imperial Aulic Council in the Reign of Charles VI. Suffolk 1988 (Royal Historical Society Studies in History. Bd. 55).

Isenmann, Eberhard: Die Reichsstadt in der Frühen Neuzeit. In: Mölich, Georg/Schwerhoff, Gerd (Hg.): Köln als Kommunikationszentrum. Studien zur frühneuzeitlichen Stadtgeschichte. Köln 2000 (Der Riss im Himmel. Bd. 4). S. 39–87.

Jung, Rudolf: Uffenbach, Johann Friedrich von. In: Historische Kommission bei der Bayerischen Akademie der Wissenschaften und der Bayerischen Staatsbibliothek (Hg.): Allgemeine Deutsche Biographie, Elektronische Version (http://mdz1.bib-bvb.de/~ndb/adb_index.html, Stand: 1.2.2010) (= ADB. Leipzig 1895. Bd. 39. S. 132–134).

Kiesow, Rainer Maria: Die Ordnung des juridischen Wissens. In: Stammen, Theo/Weber, Wolfgang E. J. (Hg.): Wissenssicherung, Wissensordnung und Wissensverarbeitung. Das europäische Modell der Enzyklopädien. Berlin 2004 (Colloquia Augustana. Bd. 18). S. 59–70.

Kießling, Rolf: Kommunikation und Region in der Vormoderne. Eine Einführung. In: Ders./Hoffmann, Carl A. (Hg.): Kommunikation und Region. Konstanz 2001 (Forum Suevicum. Bd. 4). S. 11–42.

Ders.: Einführung. In: Ders./Ullmann, Sabine (Hg.): Das Reich in der Region während des Mittelalters und der frühen Neuzeit. Konstanz 2005 (Forum Suevicum. Bd. 6). S. 11–23.

Ders.: Augsburg im Aufstand. Ein systematischer Vergleich von Unruhen des 14./16. Jahrhunderts mit denen des 17./18. Jahrhunderts. In: Westermann, Angelika (Hg.): Streik im Revier. Unruhe, Protest und Ausstand vom 8. bis 20. Jahrhundert. Herrn Prof. Dr. Harald Winkel gewidmet. St. Katharinen 2007. S. 153–175.

Klueting, Harm: Das Reich und Österreich 1648–1740. Münster 1999 (Historia profana et ecclesiastica. Bd. 1).

Ders.: Grafschaft und Großmacht. Mindermächtige Reichsstände unter dem Schutz des Reiches oder Schachfiguren im Wechselspiel von Großmachtinteressen. Der Weg der Grafschaft Tecklenburg vom gräflichen Territorium zur preußischen Provinz. In: Neuhaus, Helmut/Stollberg-Rilinger, Barbara (Hg.): Menschen und Strukturen in der Geschichte Alteuropas. Festschrift für Johannes Kunisch zur Vollendung seines 65. Lebensjahres, dargebracht von Schülern, Freunden und Kollegen. Berlin 2002 (Historische Forschungen. Bd. 73). S. 103–131.

Knoop, Ulrich: Ist der Sprachwandel ein historisches Phänomen? Überlegungen zu den Gegenständen der Sprachgeschichtsschreibung. In: Gardt, Andreas/Mattheier, Klaus J./Reichmann, Oskar (Hg.): Sprachgeschichte des Neuhochdeutschen. Tübingen 1995 (Germanistische Linguistik. Bd. 156). S. 19–38.

Koopmans, Joop W.: ‚Unverschämte und Ärgernis erregende Nachrichten verboten'. Politische Einmischung in niederländischen Zeitungen des 17. Jahrhunderts. In: Welke, Martin/Wilke, Jürgen (Hg.): 400 Jahre Zeitung. Die Entwicklung der Tagespresse im internationalen Kontext. Bremen 2008 (Presse und Geschichte – neue Beiträge. Bd. 22). S. 123–139.

Körber, Esther-Beate: Der soziale Ort des Briefs im 16. Jahrhundert. In: Wenzel, Horst (Hg.): Gespräche – Boten – Briefe. Körpergedächtnis und Schriftgedächtnis im Mittelalter. Berlin 1997 (Philologische Studien und Quellen. Bd. 143). S. 244–258.

Krause, Peter: Die Auswirkungen des Westfälischen Friedens auf das Reichsstaatsrecht. In: Schröder, Meinhard (Hg.): 350 Jahre Westfälischer Friede. Verfassungsgeschichte, Staatskirchenrecht, Völkerrechtsgeschichte. Berlin 1999 (Schriften zur europäischen Rechts- und Verfassungsgeschichte. Bd. 30). S. 9–42.

Kremer, Bernd Mathias: Der Westfälische Friede in der Deutung der Aufklärung. Dissertation. Tübingen 1989 (Jus ecclesiasticum. Bd. 37).

Krischer, André: Reichsstädte in der Fürstengesellschaft. Politischer Zeichengebrauch in der Frühen Neuzeit. Darmstadt 2006 (Symbolische Kommunikation in der Vormoderne).

Kröll, Kathrin: Die feierliche Ertränkung des Lichts. Umzüge und Theaterspiele der süddeutschen Schreinergesellen im 16. und 17. Jahrhundert. In: Schlögl, Rudolf (Hg.): Interaktion und Herrschaft. Die Politik der frühneuzeitlichen Stadt. Konstanz 2004 (Historische Kulturwissenschaft. Bd. 5). S. 499–513.

Kühnel, Harry: Die Hofburg zu Wien. Graz/Köln 1964.

Landwehr, Achim: Geschichte des Sagbaren. Einführung in die historische Diskursanalyse. Tübingen 2001.

Lau, Thomas: Bürgerunruhen und Bürgerproteste in den Reichsstädten Mühlhausen und Schwäbisch Hall in der Frühen Neuzeit. Bern 1999 (Freiburger Studien zur Frühen Neuzeit. Bd. 4).

Ders.: Die Reichsstädte und der Reichshofrat. In: Sellert, Wolfgang (Hg.): Reichshofrat und Reichskammergericht. Ein Konkurrenzverhältnis. Köln/Weimar/Wien 1999 (Quellen und Forschungen zur höchsten Gerichtsbarkeit im Alten Reich. Bd. 34). S. 129–153.

Ders.: Diplomatie und Recht. Die Rolle der kaiserlichen Residenten bei innerstädtischen Konflikten in den Reichsstädten der Frühen Neuzeit. In: Amend, Anja u.a. (Hg.): Die Reichsstadt Frankfurt als Rechts- und Gerichtslandschaft im Römisch-Deutschen Reich. München 2008 (bibliothek altes Reich. Bd. 3). S. 97–106.

Lauth, Hans-Joachim: Rechtsstaat, Rechtssysteme und Demokratie. In: Becker, Michael/Lauth, Hans-Joachim/Pickel, Gert (Hg.): Rechtsstaat und Demokratie. Theoretische und empirische Studien zum Recht in der Demokratie. Wiesbaden 2001. S. 21–44.

Lehmann, Kai: Der lange Weg zur Wissensgesellschaft. In: Ders./Schetsche, Michael (Hg.): Die Google-Gesellschaft. Vom digitalen Wandel des Wissens. Bielefeld 2005. S. 33–39.

Litten, Mirjam: Bürgerrecht und Bekenntnis. Städtische Optionen zwischen Konfessionalisierung und Säkularisierung in Münster, Hildesheim und Hamburg. Hildesheim 2003 (Historische Texte und Studien. Bd. 22).

Luhmann, Niklas: Das Recht der Gesellschaft. 2. Aufl. Frankfurt 1995.

Macho, Thomas: Handschrift – Schriftbild. Anmerkungen zu einer Geschichte der Unterschrift. In: Paragrana. Internationale Zeitschrift für Historische Anthropologie. Beiheft 1. 2005, hier S. 111–120.

Marquardt, Bernd: Zur reichsgerichtlichen Aberkennung der Herrschergewalt wegen Missbrauchs. Tyrannenprozesse vor dem Reichshofrat am Beispiel des südöstlichen schwäbischen Kreises. In: Baumann, Anette u.a. (Hg.): Prozesspraxis im Alten Reich. Annäherungen – Fallstudien – Statistiken. Köln/Weimar/Wien 2005 (Quellen und Forschungen zur höchsten Gerichtsbarkeit im Alten Reich. Bd. 50). S. 53–90.

Matsche, Franz: Die Kunst im Dienst der Staatsidee Kaiser Karls VI. Ikonographie, Ikonologie und Programmatik des ‚Kaiserstils'. Berlin 1981 (Beiträge zur Kunstgeschichte. Bd. 1).

Schnettger, Matthias: Die Reichsgerichtsbarkeit in Italien in der Frühen Neuzeit. Das Beispiel Ligurien. In: zeitenblicke. 3. 2004 (http://www.zeitenblicke.de/2004/03/schnettger/index.html, Stand: 2.1.2010).

Meier, Ulrich/Schreiner, Klaus: Regimen civitatis. Zum Spannungsverhältnis von Freiheit und Ordnung in alteuropäischen Stadtgesellschaften. In: Schreiner, Klaus/Meier, Ulrich (Hg.): Stadtregiment und Bürgerfreiheit. Handlungsspielräume in deutschen und italienischen Städten des Späten Mittelalters und der Frühen Neuzeit. Göttingen 1994 (Bürgertum. Bd. 7). S. 11–34.

Merten, Klaus: Öffentlichkeit in systemtheoretischer Perspektive. In: Szyszka, Peter (Hg.): Öffentlichkeit. Diskurs zu einem Schlüsselbegriff der Organisationskommunikation. Wiesbaden 1999. S. 47–66.

Moraw, Peter/Press, Volker: Probleme der Sozial- und Verfassungsgeschichte des Heiligen Römischen Reiches im späten Mittelalter und in der frühen Neuzeit. Zu einem Forschungsschwerpunkt. In: Zeitschrift für historische Forschung. 2. 1975, hier S. 95–107.

Müller, Jan-Dirk: Publizistik unter Maximilian I. Zwischen Buchdruck und mündlicher Verkündigung. In: Frevert, Ute/Braungart, Wolfgang (Hg.): Sprachen des Politischen. Medien und Medialität in der Geschichte. Göttingen 2004. S. 9–122.

Müller, Rainer A.: Das ‚Heilige Römische Reich Deutscher Nation' in allegorischen Darstellungen. In: Ders. (Hg.): Bilder des Reiches. Tagung in Kooperation mit der Schwäbischen Forschungsgemeinschaft und der Professur für Geschichte der Frühen Neuzeit der Katholischen Universität Eichstätt. Sigmaringen 1997 (Irseer Schriften. Bd. 4). S. 397–432.

Münch, Paul: Einleitung. In: Ders. (Hg.): ‚Erfahrung' als Kategorie der Frühneuzeitgeschichte. München 2001 (Historische Zeitschrift Beihefte. Neue Folge. Bd. 31). S. 11–30.

Neuber, Wolfgang: Ökonomie des Verstehens. Markt, Buch und Erkenntnis im technischen Medienwandel der Frühen Neuzeit. In: Wenzel, Horst/Seipel, Wilfried/Wunberg, Gotthart (Hg.): Die Verschriftlichung der Welt. Bild, Text und Zahl in der Kultur des Mittelalters und der Frühen Neuzeit. Mailand/Wien 2000 (Schriften des Kunsthistorischen Museums. Bd. 5). S. 180–211.

Neugebauer-Wölk, Monika: Reichsstädtische Reichspolitik nach dem Westfälischen Frieden. In: Zeitschrift für historische Forschung. 17. 1990, hier S. 27–47.

Neuhaus, Helmut: Das Reich in der Frühen Neuzeit. München 1997 (Enzyklopädie deutscher Geschichte. Bd. 42).

Ders.: Supplikationen auf Reichstagen des 16. Jahrhunderts. Zahl, Inhalt und Funktion. In: Lanzinner, Maximilian/Strohmeyer, Arno (Hg.): Der Reichstag 1486–1613. Kommunikation – Wahrnehmung – Öffentlichkeiten. Göttingen 2006 (Schriftenreihe der Historischen Kommission bei der Bayerischen Akademie der Wissenschaften. Bd. 73). S. 149–168.

Neumann, Heinz-Georg: Der Zeitungsjahrgang 1694. Nachrichten und Nachrichtenbeschaffung im Vergleich. In: Blühm, Elger/Gebhardt, Hartwig (Hg.): Presse und Geschichte II. Neue Beiträge zur historischen Kommunikationsforschung. München u.a. 1987 (Deutsche Presseforschung. Bd. 26). S. 127–157.

Neves, Marcelo: Von der symbolischen Gesetzgebung zur symbolischen Konstitutionalisierung. Ein Überblick. Neubiberg 1999 (IfS-Nachrichten: Diskussions-Papiere des Instituts für Staatswissenschaften. Bd. 16).

North, Michael: Die Integration des südlichen Ostseeraumes in das Alte Reich. In: Jörn, Nils/North, Michael (Hg.): Die Integration des südlichen Ostseeraumes in das Alte Reich. Köln/Weimar/Wien 2000 (Quellen und Forschungen zur höchsten Gerichtsbarkeit im Alten Reich. Bd. 35). S. 1–11.

Ders.: Das Reich als kommunikative Einheit. In: Burkhardt, Johannes/Werkstetter, Christine (Hg.): Kommunikation und Medien in der Frühen Neuzeit. München 2005 (Historische Zeitschrift Beihefte. Neue Folge. Bd. 41). S. 237–246.

Oestmann, Peter: Menschenrechte und ihre Durchsetzung im Alten Reich. In: Schmidt-von-Rhein, Georg/Cordes, Albrecht (Hg.): Altes Reich und neues Recht. Von den Anfängen der bürgerlichen Freiheit. Katalog zur gleichnamigen Ausstellung vom 15.9.2006 bis 10.12.2006 im Reichskammergerichtsmuseum und im Stadt- und Industriemuseum Wetzlar. Wetzlar 2006. S. 57–74.

Ortlieb, Eva: Im Auftrag des Kaisers. Die kaiserlichen Kommissionen des Reichshofrats und die Regelung von Konflikten im Alten Reich (1637–1657). Köln/Weimar/Wien 2001 (Quellen und Forschungen zur höchsten Gerichtsbarkeit im Alten Reich. Bd. 38).

Dies.: Vom Königlichen/Kaiserlichen Reichshofrat zum Reichshofrat. Maximilian I., Karl V., Ferdinand I. In: Diestelkamp, Bernhard (Hg.): Das Reichskammergericht. Der Weg zu seiner Gründung und die ersten Jahre seines Wirkens (1451–1527) Köln/Weimar/Wien 2003 (Quellen und Forschungen zur höchsten Gerichtsbarkeit im Alten Reich. Bd. 45). S. 221–289.

Dies./Polster, Gert: Die Prozessfrequenz am Reichshofrat (1519–1806). In: Zeitschrift für Neuere Rechtsgeschichte. 26. 2004, hier S. 189–216.

Pecar, Andreas: Die Ökonomie der Ehre. Der höfische Adel am Kaiserhof Karls VI. (1711–1740). Darmstadt 2003 (Symbolische Kommunikation in der Vormoderne).

Peil, Dietmar: Fledermaus. In: Butzer, Günter/Jacob, Joachim (Hg.): Metzler Lexikon literarischer Symbole. Stuttgart/Weimar 2008. S. 105f.

Petry, David: Demokratischer Aufbruch oder folgenloses Strohfeuer? Patronage, Spionage und Kolportage im Reichshofratsprozess Dr. Sörgel contra Nürnberg (1722–1730). In: Jahrbuch für fränkische Landesforschung. 65. 2005, hier S. 135–161.

Polenz, Peter von: Deutsche Sprachgeschichte vom Spätmittelalter bis zur Gegenwart. Berlin/New York 1994. Band II: 17. und 18. Jahrhundert.

Ders.: Sprachsystemwandel und soziopragmatische Sprachgeschichte in der Sprachkultivierungsepoche. In: Gardt, Andreas/Mattheier, Klaus J./Reichmann, Oskar (Hg.): Sprachgeschichte des Neuhochdeutschen. Tübingen 1995 (Germanistische Linguistik. Bd. 156). S. 39–69.

Pollmann, Judith: Introduction. In: Dies./Spicer, Andrew (Hg.): Public Opinion and Changing Identities in the Early Modern Netherlands. Essays in Honour of Alastair Duke. Leiden/Boston 2007 (Studies in Medieval and Reformation Traditions. History, Culture, Religion, Ideas. Bd. 121).

Dies./Spicer, Andrew (Hg.): Public Opinion and Changing Identities in the Early Modern Netherlands. Essays in Honour of Alastair Duke. Leiden/Boston 2007 (Studies in Medieval and Reformation Traditions. History, Culture, Religion, Ideas. Bd. 121).

Popkin, Jeremy D./Censer, Jack R.: Some paradoxes of the eigtheenth-century periodical. In: Lüsebrink, Hans-Jürgen/Popkin, Jeremy D. (Hg.): Enlightenment, Revolution an the Periodical Press. Oxford 2004 (Studies on Voltaire and the Eighteenth Century. Bd. 6). S. 1–22.

Postman, Neil: Die zweite Aufklärung. Vom 18. ins 21. Jahrhundert. 2. Aufl. Berlin 2007.

Press, Volker: Das Römisch-Deutsche Reich. Ein politisches System in verfassungs- und sozialgeschichtlicher Fragestellung. In: Lutz, Heinrich/Klingenstein, Grete (Hg.): Spezialforschung und ‚Gesamtgeschichte'. Beispiele und Methodenfragen zur Geschichte der frühen Neuzeit. München 1982 (Wiener Beiträge zur Geschichte der Neuzeit. Bd. 8). S. 221–242.

Ders.: Die Reichsstädte im Reich der frühen Neuzeit. In: Müller, Rainer A. (Hg.): Reichsstädte in Franken. Aufsätze 1: Verfassung und Verwaltung. München 1987 (Veröffentlichungen zur bayerischen Geschichte und Kultur. Bd. 15/1). S. 9–27.

Ders.: Biberach – Reichsstadt im späten Mittelalter und in der frühen Neuzeit. In: Ders./Stievermann, Dieter/Diemer, Kurt (Hg.): Geschichte der Stadt Biberach. Stuttgart 1991. S. 21–64.

Ders.: Die kaiserliche Stellung im Reich 1648 und 1740. Versuch einer Neubewertung. In: Ders.: Das Alte Reich. Ausgewählte Aufsätze. Hg. von Johannes Kunisch. Berlin 1997.

Ders.: Der Reichshofrat im System des frühneuzeitlichen Rechts. In: Battenberg, Friedrich/Ranieri, Filippo (Hg.): Geschichte der Zentraljustiz in Mitteleuropa. Festschrift für Bernhard Diestelkamp zum 65. Geburtstag. Köln/Weimar/Wien 2004. S. 349–365.

Puschner, Uwe: Reichshandwerksordnung und Reichsstädte. Der Vollzug des Reichsschlusses von 1731 in den fränkischen Reichsstädten. In: Müller, Rainer A. (Hg.): Reichsstädte in Franken. Wirtschaft, Gesellschaft und Kultur. München 1987 (Veröffentlichungen zur bayerischen Geschichte und Kultur. Bd. 15/2). S. 33–45.

Reinhard, Wolfgang: Lebensformen Europas. Eine historische Kulturanthropologie. München 2004.

Reith, Reinhold: Streiks im 18. Jahrhundert. In: Specht, Agnete von/Deutsches Historisches Museum (Hg.): Streik. Realität und Mythos. Eine Ausstellung des Deutschen Historischen Museums im Zeughaus Berlin, 21.–28. Juli 1992. Berlin 1992. S. 99–102.

Ders./Grießinger, Andreas/Eggers, Petra: Streikbewegungen deutscher Handwerksgesellen im 18. Jahrhundert. Materialien zur Sozial- und Wirtschaftsgeschichte des städtischen Handwerks 1700–1806. Göttingen 1992 (Göttinger Beiträge zur Wirtschafts- und Sozialgeschichte. Bd. 17).

Renz, Sabrina-Simone: Johann Jacob Mosers staatsrechtlich-politische Vorstellungen. ‚Niemals war je eine so merkwürdige Zeit, niemals ein solcher Kampf zwischen Finsternis und Licht, Vernunft und Glauben, Natur und Gnade.' Würzburg 1997 (Spektrum Politikwissenschaft. Bd. 2).

Repgen, Konrad: What is a ‚Religious War'? In: Kouri, E.I./Scott, Tom (Hg.): Politics and Society in Reformation Europe. Essays for Sir Geoffrey Elton on his Sixty-Fifth Birthday. London 1987. S. 311–328.

Requate, Jörg: Öffentlichkeit und Medien als Gegenstände historischer Analyse. In: Geschichte und Gesellschaft. 25. 1999, hier S. 5–32.

Rieder, Otto: Geschichte der ehemaligen Reichsstadt und Reichspflege Weißenburg am Nordgau (1). Neuauflage bearbeitet von Rainer Kammerl. Weißenburg 2002 (Weißenburger Heimatbücher. Quellen und Forschungen zur Geschichte von Stadt und Weißenburger Land. Bd. 10).

Roeck, Bernd: Lünig, Johann Christian. In: Historische Kommission bei der Bayerischen Akademie der Wissenschaften und der Bayerischen Staatsbibliothek (Hg.): Neue Deutsche Biographie (NDB), Elektronische Version (http://mdz1.bib-bvb.de/~ndb/ndbmaske.html, Stand: 2.1.2010) (=NDB. Berlin 1987. Bd. 15. S. 468f.).

Ders.: Geistiges Leben 1650–1800. In: Gottlieb, Gunther u.a. (Hg.): Geschichte der Stadt Augsburg. Von der Römerzeit bis zur Gegenwart. Stuttgart 1984. S. 480–488.

Ders.: Reichsstädtische Rathäuser der frühen Neuzeit und ihre Bildprogramme. In: Müller, Rainer A. (Hg.): Bilder des Reiches. Tagung in Kooperation mit der Schwäbischen Forschungsgemeinschaft und der Professur für Geschichte der Frühen Neuzeit der Katholischen Universität Eichstätt. Sigmaringen 1997 (Irseer Schriften. Bd. 4). S. 275–295.

Rohmer, Ernst: Figurengedicht. In: Jaeger, Friedrich (Hg.): Enzyklopädie der Neuzeit. Stuttgart/Weimar 2006. Bd. 3. Sp. 996–999.

Römmelt, Stefan W.: Festarchitektur. Beitrag zur 2001 in Augsburg durchgeführten Tagung des Arbeitskreises Frühe Neuzeit (http://www.medien.historicum-archiv.net/schau/festarchitektur1.htm, Stand: 1.1.2010).

Rosa, Hartmut: Beschleunigung. Die Veränderung der Zeitstrukturen in der Moderne. Frankfurt 2005.

Rosseaux, Ulrich: Das Reich und seine Territorien als Kommunikationsraum im frühen 17. Jahrhundert. In: Blätter für deutsche Landesgeschichte. Neue Folge des Korrespondenzblattes. 137. 2001, hier S. 73–99.

Rublack, Hans-Christoph: Grundwerte in der Reichsstadt im Spätmittelalter und in der Frühen Neuzeit. In: Brunner, Horst (Hg.): Literatur in der Stadt. Bedingungen und Beispiele städtischer Literatur des 15. bis 17. Jahrhunderts. Göppingen 1982 (Göppinger Arbeiten zur Germanistik. Bd. 343). S. 9–36.

Sailer, Rita: Verwissenschaftlichung des Rechts in der Rechtspraxis? Der rechtliche Austrag reichsstädtischer Verfassungskonflikte im 17. und 18. Jahrhundert. In: Zeitschrift der Savigny-Stiftung für Rechtsgeschichte. Germanistische Abteilung. 119. 2002, hier S. 106–156.

Schiersner, Dietmar: Wer bringt das Reich in die Region? Personelle Verbindungen zwischen Schwaben und dem Reich. In: Kießling, Rolf/Ullmann, Sabine (Hg.): Das Reich in der Region während des Mittelalters und der frühen Neuzeit. Konstanz 2005 (Forum Suevicum. Bd. 6). S. 61–80.

Ders.: Überblick von unten – oder: ein kleines Reich. Was hat die Regionalgeschichte der Reichsgeschichte zu sagen? In: Burkhardt, Johannes/Ullmann, Sabine/Safley, Thomas Max (Hg.): Geschichte in Räumen. Festschrift für Rolf Kießling zum 65. Geburtstag. Konstanz 2006. S. 295–322.

Schilling, Lothar: Gesetzgebung und Erfahrung. In: Münch, Paul (Hg.): ‚Erfahrung' als Kategorie der Frühneuzeitgeschichte. München 2001 (Historische Zeitschrift Beihefte. Neue Folge. Bd. 31). S. 401–411.

Schilling, Michael: Medienspezifische Modellierung politischer Ereignisse auf Flugblättern des Dreißigjährigen Krieges. In: Frevert, Ute/Braungart, Wolfgang (Hg.): Sprachen des Politischen. Medien und Medialität in der Geschichte. Göttingen 2004. S. 123–138.

Schindling, Anton: Der Straßburger Schuldirektor Johannes Sturm, die Schule in Lauingen und die Jesuiten in Dillingen. Humanistische Bildungsreform an Oberrhein und oberer Donau. In: Kreuzer, Georg/Wüst, Wolfgang/Petry, David (Hg.): Grenzüberschreitungen. Die Außenbeziehungen Schwabens in Mittelalter und Neuzeit. Augsburg 2008 (Zeitschrift des Historischen Vereins für Schwaben. Bd. 100). S. 327–366.

Ders.: Kaiser, Reich und Reichsverfassung 1648–1806. Das neue Bild vom Alten Reich. In: Asbach, Olaf/Malettke, Klaus/Externbrink, Sven (Hg.): Altes Reich, Frankreich und Europa. Politische, philosophische und historische Aspekte des französischen Deutschlandbildes im 17. und 18. Jahrhundert. Berlin 2001 (Historische Forschungen. Bd. 70). S. 25–54.

Schlögl, Rudolf: Der Raum als ‚Universalmedium' in der frühneuzeitlichen Stadt. Vortrag, gehalten am 9. November 2004 im Rahmen der Tagung ‚Machträume in der frühneuzeitlichen Stadt', die vom Teilprojekt S des SFB 537 in Dresden veranstaltet wurde (http://www.uni-konstanz.de/FuF/Philo/Geschichte/Schloegl/Schloegl/RaumalsUniversalmedium03.pdf, Stand: 20.2.2010).

Ders.: Vergesellschaftung unter Anwesenden. Zur kommunikativen Form des Politischen in der vormodernen Stadt. In: Ders. (Hg.): Interaktion und Herrschaft. Die Politik der frühneuzeitlichen Stadt. Konstanz 2004 (Historische Kulturwissenschaft. Bd. 5). S. 9–62.

Schlumbohm, Jürgen: Gesetze, die nicht durchgesetzt wurden – ein Strukturmerkmal des frühneuzeitlichen Staates? In: Geschichte und Gesellschaft. 23. 1997, hier S. 647–663.

Schmale, Wolfgang: Das Heilige Römische Reich und die Herrschaft des Rechts. Ein Problemaufriß. In: Asch, Ronald G./Duchhardt, Heinz (Hg.): Der Absolutismus – ein Mythos? Strukturwandel monarchischer Herrschaft in West- und Mitteleuropa (ca. 1550–1700). Köln/Weimar/Wien 1996 (Münstersche Historische Forschungen. Bd. 9). S. 229–249.

Ders.: ‚Liberty is an Inestimable Thing'. Some Unexpected ‚Laboratories' of Human Rights in France and Germany. In: Coleman, Janet (Hg.): The Individual in Political Theory and Practice. Oxford 1996 (European Science Foundation: The Origins of the Modern State, 13th–18th Centuries, Theme F).

Ders.: Mentalitätengeschichte: Historiographische Wenden. In: Völker-Rasor, Anette (Hg.): Oldenbourg Geschichte Lehrbuch. Frühe Neuzeit. München 2006. S. 167–182.

Schmidt, Georg: Deutschland am Beginn der Neuzeit: Reichs-Staat und Kulturnation? In: Roll, Christine (Hg.): Recht und Reich im Zeitalter der Reformation. Festschrift für Horst Rabe. Frankfurt/New York 1996. S. 1–30.

Ders.: Geschichte des Alten Reichs. Staat und Nation in der Frühen Neuzeit 1495–1806. München 1999.

Schmidt, Hans: Joseph I. In: Schindling, Anton/Ziegler, Walther (Hg.): Die Kaiser der Neuzeit 1519–1918. München 1990. S. 195–199.

Schmidt-Voges, Inken: Wissensspeicher. Das Reich in Bild und Text. In: Wendehorst, Stephan/Westphal, Siegrid (Hg.): Lesebuch Altes Reich. München 2006 (bibliothek altes Reich. Bd. 1). S. 28–33.

Schnabel, Werner Wilhelm: Herrscherliche Willkür und ihre Opfer. Handlungsmuster und Wertehorizonte im voraufklärerischen Drama. In: Bendel, Petra/Fischer, Thomas (Hg.): Menschen- und Bürgerrechte. Perspektiven der Regionen. Erlangen 2004 (Arbeitspapiere des Zentralinstituts für Regionalforschung. Bd. 7). S. 569–588.

Schnell, Ralf: ‚Medienumbrüche'. Konfigurationen und Konstellationen. In: Schnell, Ralf (Hg.): MedienRevolutionen. Beiträge zur Mediengeschichte der Wahrnehmung. Bielefeld 2006 (Medienumbrüche. Bd. 18). S. 7–12.

Schnettger, Matthias: ‚Impero romano – Impero germanico'. Italienische Perspektiven auf das Reich in der Frühen Neuzeit. In: Schnettger, Matthias (Hg.): Imperium Romanum – irregulare corpus. Das Alte Reich im Verständnis der Zeitgenossen und der Historiographie. Mainz 2002 (Veröffentlichungen des Instituts für Europäische Geschichte Mainz Beiheft. Bd. 57). S. 53–75.

Ders.: Von der ‚Kleinstaaterei' zum ‚komplementären Reichs-Staat'. Die Reichsverfassungsgeschichtsschreibung seit dem Zweiten Weltkrieg. In: Kraus, Hans-Christof/Nicklas, Thomas (Hg.): Geschichte der Politik. Alte und neue Wege. München 2007 (Historische Zeitschrift Beihefte. Neue Folge. Bd. 44). S. 129–154.

Ders.: Kleinstaaten in der Frühen Neuzeit. Konturen eines Forschungsfeldes. In: Historische Zeitschrift. 286. 2008, hier S. 605–641.

Schömbs, Erwin: Das Staatsrecht Johann Jakob Mosers (1701–1785). Zur Entstehung des historischen Positivismus in der deutschen Reichspublizistik des 18. Jahrhunderts. Berlin 1968 (Schriften zur Verfassungsgeschichte. Bd. 8).

Schorn-Schütte, Luise: Politische Kommunikation in der Frühen Neuzeit. Obrigkeitskritik im Alten Reich. In: Geschichte und Gesellschaft. 32. 2006, hier S. 273–314.

Schultheiß-Heinz, Sonja: Propaganda in der Frühen Neuzeit. In: Weber, Wolfgang E. J. (Hg.): Wissensfelder der Neuzeit. Entstehung und Aufbau der europäischen Informationskultur. Sommerakademie des Graduiertenkollegs Augsburg. 2.–6.9.2002. Augsburg 2003 (Mitteilungen des Instituts für Europäische Kulturgeschichte der Universität Augsburg. Sonderheft 2003). S. 253–278.

Schulz, Günther: Soziale Position und gesellschaftliches Netzwerk in Spätmittelalter und Frühneuzeit. Ansätze und Fragen der Forschung. In: Schulz, Günther (Hg.): Sozialer Aufstieg. Funktionseliten im Spätmittelalter und in der frühen Neuzeit. München 2002 (Deutsche Führungsschichten in der Neuzeit. Bd. 25). S. 9–18.

Schumann, Jutta: Die andere Sonne. Kaiserbild und Medienstrategien im Zeitalter Leopolds I. Berlin 2003 (Colloquia Augustana. Bd. 17).

Schwerhoff, Gerd: Justiz-Erfahrungen. Einige einleitende Gedanken. In: Münch, Paul (Hg.): ‚Erfahrung' als Kategorie der Frühneuzeitgeschichte. München 2001 (Historische Zeitschrift Beihefte. Neue Folge. Bd. 31). S. 341–348.

Ders.: Öffentliche Räume und politische Kultur in der frühneuzeitlichen Stadt. Eine Skizze am Beispiel der Reichsstadt Köln. In: Schlögl, Rudolf (Hg.): Interaktion und Herrschaft. Die Politik der frühneuzeitlichen Stadt. Konstanz 2004 (Historische Kulturwissenschaft. Bd. 5). S. 113–136.

Scribner, Bob: Mündliche Kommunikation und Strategien der Macht in Deutschland im 16. Jahrhundert. In: Kommunikation und Alltag in Spätmittelalter und früher Neuzeit. Wien 1992 (Sitzungsberichte der philosophisch-historischen Klasse der Österreichischen Akademie der Wissenschaften. Bd. 596). S. 183–197.

Seggern, Harm von: Herrschermedien im Spätmittelalter. Studien zur Informationsübermittlung im burgundischen Staat unter Karl dem Kühnen. Ostfildern 2003 (Kieler Historische Studien. Bd. 41).

Seif, Ulrike: Der missverstandene Montesquieu: Gewaltenbalance, nicht Gewaltentrennung. In: Zeitschrift für Neuere Rechtsgeschichte. 22. 2000, hier S. 149–166.

Sellert, Wolfgang: Prozeßgrundsätze und Stilus Curiae am Reichshofrat im Vergleich mit den gesetzlichen Grundlagen des reichskammergerichtlichen Verfahrens. Aalen 1973 (Untersuchungen zur deutschen Staats- und Rechtsgeschichte. Bd. 18).

Ders. (Hg.): Die Ordnungen des Reichshofrates 1550–1766. Köln/Wien 1990 (Quellen und Forschungen zur höchsten Gerichtsbarkeit im Alten Reich. Bd. 8/I und Bd. 8/II).

Ders.: Richterbestechung am Reichskammergericht und am Reichshofrat. In: Battenberg, Friedrich/Ranieri, Filippo (Hg.): Geschichte der Zentraljustiz in Mitteleuropa. Festschrift für Bernhard Diestelkamp zum 65. Geburtstag. Weimar 1994. S. 329–349.

Ders.: Der Reichshofrat. In: Diestelkamp, Bernhard (Hg.): Oberste Gerichtsbarkeit und zentrale Gewalt im Europa der frühen Neuzeit. Köln/Weimar/Wien 1996 (Quellen und Forschungen zur höchsten Gerichtsbarkeit im Alten Reich. Bd. 29). S. 15–44.

Ders.: Der Mainzer Erzkanzler und die Reichshofratsordnungen. In: Hartmann, Peter Claus (Hg.): Kurmainz, das Reichserzkanzleramt und das Reich am Ende des Mittelalters und im 16. und 17. Jahrhundert. Stuttgart 1998 (Geschichtliche Landeskunde. Bd. 47). S. 153–172.

Ders.: Beschleunigung des Verfahrens am Reichshofrat durch Gerichtsorganisation. In: Rhee, Cornelis H. van (Hg.): The Law's Delay. Essays on Undue Delay in Civil Litigation. Antwerpen 2004 (Ius commune europaeum. Bd. 47). S. 257–273.

Ders.: ‚[…] der Pöbel hätte mich fast gesteinigt, wie er hörte, ich sei ein Jurist', (J. W. v. Goethe). In: Kern, Bernd-Rüdiger u.a. (Hg.): Humaniora. Medizin, Recht, Geschichte. Festschrift für Adolf Laufs zum 70. Geburtstag. Berlin 2006. S. 387–400.

Ders.: Pax Europae durch Recht und Verfahren. In: Auer, Leopold/Ogris, Werner/Ortlieb, Eva (Hg.): Höchstgerichte in Europa. Bausteine frühneuzeitlicher Rechtsordnungen. Köln/Weimar/Wien 2007. S. 97–114.

Sharpe, Jim: History from Below. In: Burke, Peter (Hg.): New Perspectives on Historical Writing. Cambridge 2001. S. 25–42.

Simon-Muscheid, Katharina: Reden und Schweigen vor Gericht. Klientelverhältnisse und Beziehungsgeflechte im Prozessverlauf. In: Häberlein, Mark (Hg.): Devianz, Widerstand und Herrschaftspraxis in der Vormoderne. Studien zu Konflikten im südwestdeutschen Raum (15.–18. Jahrhundert). Konstanz 1999 (Konflikte und Kultur – Historische Perspektiven. Bd. 2). S. 35–52.

Dies.: Frauen vor Gericht. Erfahrungen, Strategien und Wissen. In: Münch, Paul (Hg.): ‚Erfahrung' als Kategorie der Frühneuzeitgeschichte. München 2001 (Historische Zeitschrift Beihefte. Neue Folge. Bd. 31). S. 389–398.

Specker, Hans Eugen: Residenten im reichsstädtischen Ulm. Ein Beitrag zum Gesandtschaftswesen im 17. und 18. Jahrhundert. In: Zeitschrift für Württembergische Landesgeschichte. 40. 1981, hier S. 452–475.

Speth, Rudolf: Vertragstheorien und Demokratie. In: Politische Bildung. 32/2. 1992, hier S. 31–45.

Stammen, Theo/Weber, Wolfgang E. J.: Zur Einführung. In: Dies. (Hg.): Wissenssicherung, Wissensordnung und Wissensverarbeitung. Das europäische Modell der Enzyklopädien. Berlin 2004 (Colloquia Augustana. Bd. 18). S. 9–15.

Steffenhagen, Emil: Cramer, Johann Friedrich. In: Historische Kommission bei der Bayerischen Akademie der Wissenschaften und der Bayerischen Staatsbibliothek (Hg.): Allgemeine Deutsche Biographie, Elektronische Version (http://mdz1.bib-bvb.de/~ndb/adb_index.html Februar, Stand: 1.1.2010) (=ADB. Leipzig 1876. Bd. 4. S. 548).

Stollberg-Rilinger, Barbara: Der Staat als Maschine. Zur politischen Metaphorik des absolutistischen Fürstenstaats. Berlin 1986 (Historische Forschungen. Bd. 30).

Dies.: Zeremoniell, Ritual, Symbol. Neue Forschungen zur symbolischen Kommunikation in Spätmittelalter und Früher Neuzeit. In: Zeitschrift für Historische Forschung. 27. 2000, hier S. 389–405.

Dies.: Rang vor Gericht. Zur Verrechtlichung sozialer Rangkonflikte in der frühen Neuzeit. In: Zeitschrift für Historische Forschung. 28. 2001, hier S. 385–418.

Dies.: Die zeremonielle Inszenierung des Reiches, oder: Was leistet der kulturalistische Ansatz für die Reichsverfassungsgeschichte? In: Schnettger, Matthias (Hg.): Imperium Romanum – irregulare corpus. Das Alte Reich im Verständnis der Zeitgenossen und der Historiographie. Mainz 2002 (Veröffentlichungen des Instituts für Europäische Geschichte Mainz Beiheft. Bd. 57). S. 233–246.

Dies.: Symbolische Kommunikation in der Vormoderne. Begriffe – Thesen – Forschungsperspektiven. In: Zeitschrift für Historische Forschung. 31. 2003, hier S. 489–528.

Dies.: Des Kaisers alte Kleider. Verfassungsgeschichte und Symbolsprache im Alten Reich. München 2008.

Stolleis, Michael: Geschichte des öffentlichen Rechts in Deutschland. München 1988. Bd. 1: Reichspublizistik und Policeywissenschaft 1600–1800.

Thonemann, Helena Fyfe: Confessor to the Last of the Habsburgs. The Emperor Charles VI (1685–1740) & Georg Tönnemann S. J. (1659–1740). Oxford 2000.

Troßbach, Werner: Untertanenprozesse am Reichshofrat. In: zeitenblicke. 3. 2004 (http://www.zeitenblicke.de/2004/03/trossbach/index.html, Stand: 2.2.2010).

Ders.: Soziale Bewegung und politische Erfahrung. Bäuerlicher Protest in hessischen Territorien 1648–1806. Weingarten 1987 (Sozialgeschichtliche Bibliothek).

Ders.: ‚Audigenz…beim H. Reichs Bressedenten'. Bauernprotest und Reichsinstitutionen. In: Wendehorst, Stephan/Westphal, Siegrid (Hg.): Lesebuch Altes Reich. München 2006 (bibliothek altes Reich. Bd. 1). S. 95–100.

Tschopp, Silvia Serena: Rhetorik des Bildes. Die kommunikative Funktion sprachlicher und graphischer Visualisierung in der Publizistik zur Zerstörung Magdeburgs im Jahre 1631. In: Burkhardt, Johannes/Werkstetter, Christine (Hg.): Kommunikation und Medien in der Frühen Neuzeit. München 2005 (Historische Zeitschrift Beihefte. Neue Folge. Bd. 41). S. 79–103.

Ullmann, Sabine: Friedenssicherung als Kommunikationsereignis. Zur Arbeitsweise des Reichshofrats unter Kaiser Maximilian II. In: Hoffmann, Carl A./Kießling, Rolf (Hg.): Kommunikation und Region. Konstanz 2001 (Forum Suevicum. Bd. 4). S. 203–228.

Dies.: Vm der Barmherzigkait Gottes willen. Gnadengesuche an den Kaiser in der zweiten Hälfte des 16. Jahrhunderts. In: Kießling, Rolf/Dies. (Hg.): Das Reich in der Region während des Mittelalters und der frühen Neuzeit. Konstanz 2005 (Forum Suevicum. Bd. 6). S. 161–187.

Rhee, Cornelis H. van: The Law's Delay; an Introduction. In: Ders. (Hg.): The Law's Delay. Essays on Undue Delay in Civil Litigation. Antwerpen 2004 (Ius commune europaeum. Bd. 47). S. 1–20.

Wagner, Günter: Dinkelsbühl contra Dinkelsbühl. Innere reichsstädtische Konflikte zwischen dem Westfälischen Frieden und dem Reichsdeputationshauptschluss. In: Müller, Rainer A. (Hg.): Reichsstädte in Franken. Aufsätze 1: Verfassung und Verwaltung. München 1987 (Veröffentlichungen zur bayerischen Geschichte und Kultur. Bd. 15/1). S. 328–337.

Weber, Andreas Otto: Grenzüberschreitung und Friedenspolitik in der Mitte Frankens. Studien zu politischer Praxis, Professionalisierung und Institutionalisierung in der Außen- und Nachbarschaftspolitik zu Beginn der Neuzeit. Die hohenzollerschen Markgraftümer, das Hochstift Bamberg und die Reichsstadt Nürnberg im Vergleich (Habilitationsschrift Universität Erlangen-Nürnberg). Erlangen 2007.

Weber, Johannes: Straßburg 1605: Die Geburt der Zeitung. In: Jahrbuch für Kommunikationsgeschichte. 7. 2005, hier S. 3–26.

Weber, Wolfgang E. J.: Der südliche Ostseeraum im Spiegel der Reichspublizistik. Ein kulturhistorischer Versuch. In: Jörn, Nils/North, Michael (Hg.): Die Integration des südlichen Ostseeraumes in das Alte Reich. Köln/Weimar/Wien 2000 (Quellen und Forschungen zur höchsten Gerichtsbarkeit im Alten Reich. Bd. 35). S. 473–536.

Ders.: Der Reichsabschied von 1555 im Kommunikationsgefüge des Reiches. In: Wüst, Wolfgang/Kreuzer, Georg/Schümann, Nicola (Hg.): Der Augsburger Religionsfriede

1555. Ein Epochenereignis und seine regionale Verankerung. Augsburg 2005 (Zeitschrift des Historischen Vereins für Schwaben. Bd. 98). S. 37–48.

Ders.: ‚Bekennen und thun hiemit kunth und offentlich'. Bemerkungen zur kommunikativen Funktion der Reichsabschiede des 16. Jahrhunderts. In: Lanzinner, Maximilian/Strohmeyer, Arno (Hg.): Der Reichstag 1486–1613. Kommunikation – Wahrnehmung – Öffentlichkeiten. Göttingen 2006 (Schriftenreihe der Historischen Kommission bei der Bayerischen Akademie der Wissenschaften. Bd. 73). S. 281–311.

Weitzel, Jürgen: Die Anwaltschaft an Reichshofrat und Reichskammergericht. In: L'Assistance Dans La Résolution Des Conflits – Assistance in Conflicts Resolution. Brüssel 1998 (Recueils de la Société Jean Bodin pour l'histoire comparative des institutions. Bd. 65). Quatrième partie: L'Europe médiévale et moderne. S. 197–214.

Welke, Martin: Russland in der deutschen Publizistik des 17. Jahrhunderts. In: Forschungen zur osteuropäischen Geschichte. 23. 1976, hier S. 105–276.

Wendehorst, Stephan: Zwischen Kaiser und Reichsständen. Das öffentliche Notariat in der frühen Neuzeit – Einige Vorüberlegungen. In: Baumann, Anette u.a. (Hg.): Reichspersonal. Funktionsträger für Kaiser und Reich. Köln/Weimar/Wien 2003 (Quellen und Forschungen zur höchsten Gerichtsbarkeit im Alten Reich. Bd. 46). S. 343–351.

Westphal, Siegrid: Zur Erforschung der obersten Gerichtsbarkeit des Alten Reiches. Eine Zwischenbilanz (http://www.ahf-muenchen.de/Forschungsberichte/Berichte2000/Westphal.shtml, Stand: 8.11.2006).

Dies.: Kaiserliche Rechtsprechung und herrschaftliche Stabilisierung. Reichsgerichtsbarkeit in den thüringischen Territorialstaaten 1648–1806. Köln/Weimar/Wien 2002 (Quellen und Forschungen zur höchsten Gerichtsbarkeit im Alten Reich. Bd. 43).

Dies.: Die Inanspruchnahme des Reichshofrats durch Frauen – quantitative Aspekte. In: Dies. (Hg.): In eigener Sache. Frauen vor den höchsten Gerichten des Alten Reiches. Köln/Weimar/Wien 2005. S. 29–39.

Dies.: Stabilisierung durch Recht. Reichsgerichte als Schiedsstelle territorialer Konflikte. In: Asch, Ronald G./Freist, Dagmar (Hg.): Staatsbildung als kultureller Prozess. Strukturwandel und Legitimation von Herrschaft in der Frühen Neuzeit. Köln 2005. S. 235–253.

Dies.: Der Reichshofrat – kaiserliches Machtinstrument oder Mediator? In: Auer, Leopold/Ogris, Werner/Ortlieb, Eva (Hg.): Höchstgerichte in Europa. Bausteine frühneuzeitlicher Rechtsordnungen. Köln/Weimar/Wien 2007. S. 115–138.

Wilke, Jürgen: Grundzüge der Medien- und Kommunikationsgeschichte. Von den Anfängen bis ins 20. Jahrhundert. 2. durchges. und erg. Aufl. Köln/Weimar/Wien 2008.

Ders.: Vom stationären zum mobilen Rezipienten. Entfesselung der Kommunikation von Raum und Zeit – Symptom fortschreitender Medialisierung. In: Jahrbuch für Kommunikationsgeschichte. 6. 2004, hier S. 1–55.

Willax, Franz: Das Verteidigungswesen der Reichsstadt Nürnberg im 17. und 18. Jahrhundert. In: Mitteilungen des Vereins für Geschichte der Stadt Nürnberg. 66. 1979, hier S. 192–147.

Windler, Christian: Städte am Hof. Burgundische Deputierte und Agenten in Madrid und Versailles (16.–18. Jahrhundert). In: Zeitschrift für historische Forschung. 30. 2003, hier S. 207–250.

Winzen, Kristina: Handwerk – Städte – Reich. Die städtische Kurie des immerwährenden Reichstags und die Anfänge der Reichshandwerksordnung. Stuttgart 2002 (Vierteljahrschrift für Sozial- und Wirtschaftsgeschichte Beihefte. Bd. 160).

Wunderlich, Werner: Gerücht – Figuren, Prozesse, Begriffe. In: Bruhn, Manfred/Ders. (Hg.): Medium Gerücht. Studien zu Theorie und Praxis einer kollektiven Kommunikationsform. Bern 2004 (Facetten der Medienkultur. Bd. 5). S. 41–65.

Würgler, Andreas: Das Modernisierungspotential von Unruhen im 18. Jahrhundert. In: Geschichte und Gesellschaft. 21. 1995, hier S. 195–217.

Ders.: Unruhen und Öffentlichkeit. Städtische und ländliche Protestbewegungen im 18. Jahrhundert. Tübingen 1995 (Frühneuzeit-Forschungen. Bd. 1).

Ders.: Fama und Rumor. Gerücht, Aufruhr und Presse im Ancien Régime. In: Werkstatt Geschichte. 15. 1996, hier S. 20–32.

Ders.: Veröffentlichte Meinungen – Öffentliche Meinung. Lokalinternationale Kommunikationsnetze im 18. Jahrhundert. In: Knabe, Peter-Eckhard (Hg.): Opinion. Concepts and Symbols of the Eighteenth Century in Europe – Concepts et symboles du XVIIIe siécle européen. Berlin 2000. S. 101–135.

Ders.: Zwischen Verfahren und Ritual. Entscheidungsfindung und politische Integration in der Stadtrepublik Bern in der Frühen Neuzeit. In: Schlögl, Rudolf (Hg.): Interaktion und Herrschaft. Die Politik der frühneuzeitlichen Stadt. Konstanz 2004 (Historische Kulturwissenschaft. Bd. 5). S. 63–91.

Wüst, Wolfgang: Süddeutsche Reichsstädte als Informationsdrehscheibe. In: Kreuzer, Georg/Ders./Petry, David (Hg.): Grenzüberschreitungen. Die Außenbeziehungen Schwabens in Mittelalter und Neuzeit. Augsburg 2008 (Zeitschrift des Historischen Vereins für Schwaben. Bd. 100). S. 305–326.

Ders.: Reichsstädtische Kommunikation in Franken und Schwaben. Nachrichtennetze für Bürger, Räte und Kaufleute im Spätmittelalter. In: Zeitschrift für Bayerische Landesgeschichte. 62. 1999, hier S. 681–707.

Ders.: Wege ins Nirgendwo? Die Frage nach den herrschaftlichen Koordinaten in der Landesgeschichte vor 1800. Das Beispiel Franken. In: Blätter für deutsche Landesgeschichte. Neue Folge des Korrespondenzblattes. 136. 2000, hier S. 253–281.

Ders.: Sammlungsauftrag und Wissenssicherung in Intelligenzblättern. Regionale Alternativen zur ‚großen‘ Enzyklopädie? In: Zeitschrift des Historischen Vereins für Schwaben. 95. 2002, hier S. 159–182.

Ders.: ‚Kleeblatt Fürth'. Konsensfindung und Herrschaftsteilung als Herausforderung für die gesellschaftliche Entwicklung vor 1800. In: Ohm, Barbara (Hg.): Die Universität Erlangen zu Gast im Geschichtsverein Fürth. Vorträge zur Fürther Geschichte. Fürth 2007 (Fürther Geschichtsblätter 2,3,4/2007). S. 17–36.

Zedelmaier, Helmut: Facilitas inveniendi. Zur Pragmatik alphabetischer Buchregister. In: Stammen, Theo/Weber, Wolfgang E. J. (Hg.): Wisssenssicherung, Wissensordnung und Wissensverarbeitung. Das europäische Modell der Enzyklopädien. Berlin 2004 (Colloquia Augustana. Bd. 18). S. 191–204.

Zemon Davis, Natalie: Die aufsässige Frau. Humanismus, Narrenherrschaft und die Riten der Gewalt. Gesellschaft und Kultur im frühneuzeitlichen Frankreich. Frankfurt/New York 1987. S. 136–170.

IX. Register

1. Personenregister

Behringer, Wolfgang 16
Berger, Johann Heinrich von, Reichshofrat 77, 83, 110, 128
Bertram, Franz Winand von, Reichshofratssekretär und Publizist 126, 180
Binder, Friedrich von, Reichshofrat 77, 78
Binder, Johann von, Reichshofrat 74
Blümegen, Hermann Jodok von, Reichshofrat 77, 101
Bodmann, Rupert Freiherr von, Fürstabt von Kempten 108
Burke, Peter 18
Burkhardt, Johannes 126, 179

Cramer, Johann Friedrich, Publizist 125

Dankelmann, Friedrich Karl von, Reichshofrat 44, 84, 110

Endres, Rudolf 30
Erlach, Josef Emanuel Fischer von 132
Eugen Franz, Prinz von Savoyen-Carignan 40, 79, 86, 101, 112, 156

Frauen als Klägerinnen 34, 60, 63

Garb, Jacob Emmanuel von, kaiserlicher Resident in Augsburg 25, 29, 64, 72, 73, 74, 75, 104, 148, 178
Gestrich, Andreas 164
Glandorf, Ernst Franz von, Reichshofratssekretär 77, 80, 171
Habermas, Jürgen 21

Hartig, Anton Esaias von, Reichshofrat 110, 171
Heffner, Franz, Reichshofratssekretär 81
Hewel, Heinrich von, Reichshofrat 77
Hildebrandt, Johann Lukas von 132
Hildebrandt, Karl Ludwig, Reichshofrat 81, 95, 110
Hochmann, Heinrich Christoph, Nürnberger Gesandter 43, 75, 76, 77, 78, 80, 138, 139, 178
Hume, David 15

Kaiser 15, 16, 28, 30, 31, 32, 35, 37, 38, 39, 41, 45, 46, 47, 49, 50, 51, 52, 53, 54, 57, 60, 61, 65, 73, 74, 76, 77, 80, 87, 99, 101, 102, 107, 111, 112, 113, 114, 115, 117, 120, 132, 134, 136, 139, 146, 147, 149, 151, 153, 154, 155, 156, 157, 158, 166, 167, 168, 169, 170, 174, 178, 181
– Joseph I. 45, 65, 123, 126
– Karl V. 25, 163
– Karl VI. 12, 31, 34, 37, 38, 39, 40, 41, 42, 43, 44, 45, 47, 49, 50, 57, 62, 65, 69, 72, 73, 76, 77, 80, 86, 100, 101, 102, 103, 107, 111, 112, 114, 115, 117, 119, 120, 123, 127, 132, 133, 134, 135, 143, 146, 147, 150, 151, 154, 155, 156, 166, 167, 168, 177, 178
– Leopold I. 72, 158
– Maximilian I. 43

Knorr, Georg Christian von, Reichshofrat 110
Kurtzrock, Theobald von, kaiserlicher Resident in Hamburg 29, 75

Langenmantel, von, Augsburger Patrizierfamilie 25
Leibniz, Gottfried Wilhelm 45
Leopold Johann, Erzherzog 100
Locke, John 15
Lünig, Johann Christian, Publizist 125
Lyncker, Nikolaus Christoph von, Reichshofrat 45, 57, 81

Maria Elisabeth, Erbprinzessin 154
Menßhengen, Franz Wilderich von, Reichshofratssekretär 77
Metsch, Johann Adolf von, Reichshofratsvizepräsident, Abgesandter am niedersächs. Kreis 110, 112
Montesquieu, Charles-Louis de Secondat 59, 75, 178
Moser, Johann Jacob 15, 23, 24, 39, 47, 105, 124, 127, 128, 129, 130, 131, 180

Nesselrode, Wilhelm Franz Johann Bertram von, Reichshofrat 41
Nostitz, Franz Wenzel Graf von, Reichshofrat 128, 130

Oettingen-Wallerstein, Wolfgang von, Reichshofratspräsident 92
Ortlieb, Eva 34

Pflüger, Andreas Martin, Vertreter der Nürnberger Kaufleute 48, 61, 83, 84, 85, 86, 97, 143, 171
Polenz, Peter von 47
Polster, Gert 34
Pufendorf, Samuel von 52

Reichshofratsagent 17, 41, 45, 70, 75, 84, 87, 88, 89, 90, 91, 92, 93, 94, 95, 96, 97, 98, 99, 100, 101, 102, 103, 104, 116, 124, 127, 128, 135, 139, 140, 141, 142, 146, 153, 171, 177, 179
– Braun, Daniel Hieronimus 41, 89, 90, 91, 93, 95, 96, 97, 98, 99, 100, 101, 102, 103, 140, 171, 179
– Facius, Moritz 94, 95, 96
– Filzhofer, Johann Michael 90, 91, 96, 103
– Gay, Aloisus von 95, 97
– Heunisch, Hugo Xaver von 90, 93, 95, 97
– Kleibert, Christoph 89, 91, 95
– Klerff, Friedrich 91, 92, 93, 94, 97, 100, 101, 135, 141
– Schlegel, Johann Christoph 92, 95, 97, 98, 100
– Schumm, Johann Albrecht 87, 90, 91
– Vogel, Johann Nicklas 90, 91, 93, 94, 95, 97, 98, 124
Roeck, Bernd 126

Salm, Karl Theodor Otto Fürst zu, Obersthofmeister 92
Schmidt, Georg 56
Schönborn, Friedrich Karl von, Reichsvizekanzler 35, 37, 40, 48, 65, 79, 81, 84, 95, 100, 101, 108, 126, 127, 128, 130, 131, 132, 133, 134, 135, 143, 177, 180
Schönborn, Lothar Franz von, Kurfürst von Mainz 39, 45, 69, 80, 133, 134, 135
Schönborn, Rudolf Franz Erwein von, kaiser. Geheimer Rat u. Kommissar in Frankfurt 115, 170
Sellert, Wolfgang 106
Senft, Friedrich, Nürnberger Sekretär 76, 78, 80, 81, 82, 99, 116, 140, 152, 153
Sinzendorf, Ludwig Philipp Graf, Hofkanzler 40, 136
Sörgel, Johann Konrad, Nürnberger Kläger 33, 41, 51, 52, 57, 70, 78, 79, 80, 81, 84, 86, 101, 142, 155, 158, 169, 178
Starhemberg, Gundacker Thomas Graf von, Hofkammerpräsident 40, 42, 79, 101, 156

Personenregister

Stein, Christoph Heinrich von, Reichshofrat 81
Stetten, von, Augsburger Patrizierfamilie 25
Stieler, Kaspar 122

Tönnemann, Pater Veit Georg von, Beichtvater Karls VI. 156

Uffenbach, Johann Christoph, Reichshofrat und Publizist 87, 98, 123, 124, 125, 126, 127

Völckern, Georg Ludwig von, kaiserlicher Resident in Frankfurt 26, 71, 75

Walther, Joachim Ernst, Nürnberger Gesandter 58, 76, 78, 79, 80, 81, 122, 139, 158, 169
Wechsler, Johann Georg, Weißenburger Kläger 33, 100, 101, 157, 158

Weingarten, Adolph von, Reichshofratstürhüter und Publizist 35, 87, 127, 180
Werner, Johann Balthasar, Reichshofrat 45, 107, 108
Wieland, Christoph Martin 11
Windischgrätz, Ernst Friedrich Graf von, Reichshofratspräsident 57, 82, 95, 107, 131, 154, 155, 178
Windischgrätz, Leopold Johann Victorin von, Reichshofrat 155
Wolf, Johann Christoph, Augsburger Bürger 50, 51, 181
Wucherer, Heinrich Bernhard, Reichshofrat 110, 171
Wurmbrand, Johann Wilhelm von, Reichshofrats(vize)präsident 77, 78, 79, 81, 84, 127, 131
Wüst, Wolfgang 69

2. Orts- und Sachregister

Aachen 91
Aktenvermehrung 35
Ansbach, Fürstentum 49, 79, 86, 125
Archiv 19, 84, 122, 126, 137, 141, 179
  – der Hamburger Kommission 136, 180
  – des Augsburger Magistrats 141
  – des Dinkelsbühler Magistrats 138
  – des Nürnberger Handelsvorstands 19, 84
  – des Nürnberger Magistrats 136, 138, 142
  – Haus-, Hof- und Staatsarchiv, Wien 17, 134
  – Privatarchiv 99, 124, 179
  – regionale Archive 19, 84, 137, 138, 141, 142, 144
  – Reichsarchiv 51, 131, 132, 136, 137, 144
  – Stadtarchiv Nürnberg 84
Arkanpolitik 82, 99, 115, 137, 150
Augsburg 12, 17, 21, 24, 25, 26, 27, 28, 31, 34, 40, 41, 43, 44, 47, 50, 59, 61, 64, 67, 71, 72, 73, 74, 75, 76, 77, 82, 91, 94, 95, 97, 98, 100, 104, 124, 128, 132, 133, 134, 135, 136, 140, 141, 145, 146, 147, 148, 157, 158, 159, 162, 168, 169, 177, 178, 179, 181
Augsburg, Hochstift 59, 148

Bamberg, Hochstift 135
Bayern, Kurfürstentum 132, 135, 148
Berlin 159
Bestechungen am Reichshofrat 79, 82, 83
Biberach 12, 26, 55, 61, 62, 86, 95, 96, 111, 112, 113, 114, 123, 129, 134, 139, 152, 157, 180
Böhmen 57, 92, 178
Boten, Botenwesen 43, 67, 69, 70, 177
Braunschweig 159
Braunschweig-Lüneburg-Wolfenbüttel, Herzogtum 108
Bremen 31, 71, 72, 178
Buchau 95

Burgau, Markgrafschaft 148
Bürgereid 32, 114, 161, 162

Dänemark 30
Darmstadt 159, 170
Dinkelsbühl 12, 21, 26, 29, 55, 56, 59, 61, 86, 96, 97, 99, 119, 120, 130, 134, 137, 140, 141, 145, 149, 150, 151, 152, 168, 180
Donauwörth 29, 61
Dresden 107, 159

Eidschwören 32, 114, 160, 161, 162
England 68, 74, 156
Erfurt 159

Flugschrift 22, 29, 59, 63, 130, 162, 164, 165, 166, 168, 169, 170, 171, 174, 175, 182
Franken 12, 42, 69, 89, 91, 95, 121, 135, 153, 168, 179
Frankfurt/Main 12, 26, 27, 31, 40, 41, 51, 55, 60, 62, 67, 71, 72, 75, 80, 86, 96, 107, 110, 115, 117, 118, 119, 120, 123, 124, 125, 129, 130, 134, 140, 145, 150, 152, 155, 157, 159, 168, 170, 171, 177, 178, 181
Frankfurt/Oder 159
Frankreich 91, 178
Friedberg 158

Geheime Konferenz 99
Gera 159
Gerücht 28, 77, 116, 117, 148, 153, 168
Gießen, Universität 90
Goslar 41, 55, 68
Gotha 159

Hamburg 12, 26, 29, 31, 41, 55, 71, 73, 75, 89, 91, 112, 113, 117, 136, 140, 168, 178, 180
Hannover 159

Heidelberg 159

Innsbruck, Universität 90
Isny 96, 129
Italien 48, 91, 98

Jena 159

Kassel 159
Kaufbeuren 29, 96, 128, 141
Kaufmannschaft, Nürnberg 11, 17, 19, 30,
    33, 46, 48, 49, 51, 61, 63, 70, 82, 83,
    84, 85, 86, 88, 96, 102, 104, 110, 118,
    121, 136, 142, 143, 153, 154, 156,
    159, 167, 168, 171
Kempten, Fürststift 108
Köln 24
Köln, Universität 90
Konstanz, Hochstift 25, 150

Leipzig 90, 159
Leutkirch 96, 129, 131
Lokalkommission 16, 21, 25, 26, 28, 30, 33,
    40, 41, 43, 50, 51, 52, 61, 70, 71, 72,
    73, 74, 76, 78, 79, 85, 86, 99, 102,
    110, 111, 114, 115, 116, 117, 120,
    134, 138, 140, 141, 145, 146, 147,
    148, 149, 155, 158, 166, 168, 170,
    177, 178, 181
Lübeck 31, 71, 72, 168

Magdeburg 159
Mainz 159, 170
Mannheim 159
Marburg 159
Mecklenburg, Herzogtum 141
Mecklenburg-Schwerin, Herzog Karl Leopold von 152, 156
Memmingen 82
Memorial 15, 27, 49, 61, 121, 124, 139, 140
Mühlhausen (Thüringen) 12, 26, 41, 55, 59,
    72, 85, 96, 111, 112, 113, 129, 131,
    137, 141, 149, 180
Münster, Jesuitenkolleg 90
Naumburg 159

Nepotismus 24, 25, 26, 74
Niederlande 67, 68, 91, 117
Nürnberg 11, 12, 17, 19, 24, 27, 30, 31, 32,
    33, 40, 41, 42, 43, 46, 48, 49, 51, 52,
    55, 56, 57, 58, 59, 60, 61, 62, 63, 64,
    67, 68, 69, 70, 73, 75, 76, 77, 78, 79,
    80, 81, 82, 83, 84, 85, 86, 87, 88, 91,
    96, 97, 99, 101, 102, 103, 104, 106,
    110, 115, 116, 117, 118, 119, 120,
    121, 122, 125, 129, 135, 136, 137,
    138, 139, 140, 141, 142, 143, 145,
    152, 153, 154, 155, 156, 157, 159,
    160, 162, 163, 164, 165, 166, 167,
    168, 170, 171, 172, 173, 175, 177,
    178, 179, 181, 182

Öffentlichkeit 19, 20, 21, 143, 148, 159,
    160, 167, 172, 180, 182
– kritische 12, 19, 21, 122, 123, 131, 138,
    156, 159, 163, 169, 174, 180, 182
– Reichsöffentlichkeit 30, 31, 112, 150,
    151, 159, 167, 168, 172, 174, 182
Öffentlichkeitsarbeit 20, 76, 103, 165, 170
Osmanisches Reich 98
Österreich 38, 90, 91, 92, 131, 159

Pamphlet 11, 51, 58, 140, 164, 165, 166,
    170, 172, 182
Patronage 17, 57, 78, 79, 81, 82, 93, 104,
    128, 179
Policey 26, 31, 32, 64, 150, 160
Prag 38
Prag, Universität 90
Preußen 125, 170
Prokuratoren (Reichskammergericht) 17,
    87, 88, 103

Rathaus 138, 154, 157, 158, 159, 160, 163
Regensburg 19, 68, 107, 110, 117, 120, 134,
    140, 153, 171
Reichs-Archiv (Lünig) 125
Reichsbewusstsein 53, 181
Reichsbürger 11, 50, 51, 52, 53, 60, 64, 65,
    75, 119, 166, 181

Reichshofratsrecht 38, 39, 46, 47, 62, 77, 78, 80, 84, 89, 92, 98, 105, 106, 108, 113, 115, 119, 120, 122, 123, 124, 125, 127, 128, 129, 139, 142, 155, 167, 169, 180, 182
Reichsitalien 48, 91, 133
Reichskammergericht 34, 46, 47, 60, 82, 88, 92, 102, 103, 105, 126, 152, 153
Reichskanzlei 48, 51, 77, 81, 89, 91, 93, 99, 101, 108, 124, 132, 133, 135, 139, 144, 178, 180, 181
Reichskanzleitrakt, Wiener Hofburg 101, 108, 132, 135, 144, 180
Reichskleinodien 154
Reichskreis
 – fränkischer 42, 168
 – niedersächsischer 112, 152
 – schwäbischer 26, 53, 55, 111, 135, 150, 151, 152
Reichspost 16, 67, 69, 70, 76, 78, 92, 98, 103, 177
Reichspublizistik 18, 39, 98, 105, 106, 123, 125, 126, 127, 128, 131, 143
Reichsrecht 11, 18, 24, 39, 50, 51, 52, 53, 60, 69, 75, 89, 90, 108, 119, 122, 123, 125, 132, 136, 139, 151, 166, 179, 180, 181
Reichsritterschaft 133
 – fränkische 91, 135
Reichsstil 47, 48, 125, 152
Reichstag 68, 91, 129, 168
Rijswijker Friedenskongress 91
Rom 90, 91, 174
Rom, Universität (Sapienza) 90
Rothenburg 82, 135
Rottweil, Kaiserliches Landgericht 92
Russland 98

Sachsen, Kurfürstentum 45, 107, 142, 160
Sachsen-Weimar, Herzogtum 92
Schmähschrift 11, 58, 163, 165, 166, 170
Schwaben 12, 64, 69, 95, 121, 134, 179
Schwäbisch Gmünd 52, 54, 70, 97, 125, 145, 157, 181
Schwäbisch Hall 134, 159

Schweinfurt 135
Speyer 96
Stuttgart 166
Supplik(en) 15, 34, 49, 50, 51, 60, 61, 62, 73, 128, 167

Tirol 89, 91, 92
Titulatur, Titulaturfragen 31, 47, 74, 124, 147, 160, 172, 178
Türkenkriege 116, 155

Überlingen 134
Ulm 71, 134
Ungarn 98
Unruhe(n) 23, 24, 26, 28, 29, 55, 56, 60, 61, 68, 73, 111, 112, 114, 123, 136, 146, 147, 148, 149, 151, 152, 154, 158, 161, 164, 180
Utrecht, Universität 90

Vatikan 91
Vertrauen 15, 28, 50, 53, 134, 148, 163, 181
 – in die Reichshofratsjurisdiktion 28, 50, 53, 65, 181
 – Systemvertrauen 53, 65, 181
Votum ad Imperatorem 39, 41, 53, 57, 79, 86, 101, 110, 118, 122, 143, 170

Wangen 131
Weimar 166
Weißenburg 12, 17, 33, 42, 51, 54, 56, 59, 62, 64, 70, 78, 82, 83, 94, 95, 96, 97, 100, 102, 128, 129, 135, 137, 141, 157, 162, 179
Weißenfels 159
Westfälischer Friede 14, 44, 53
Wien 11, 16, 23, 30, 35, 37, 38, 39, 41, 42, 43, 46, 52, 53, 54, 57, 58, 59, 60, 61, 63, 69, 71, 72, 75, 76, 77, 78, 79, 80, 81, 83, 84, 86, 88, 89, 90, 94, 95, 98, 99, 100, 101, 102, 103, 104, 105, 107, 108, 112, 113, 115, 116, 117, 118, 120, 124, 125, 127, 128, 130, 131, 132, 138, 139, 141, 142, 144,

Orts- und Sachregister

152, 153, 156, 158, 166, 169, 170, 171, 177, 178, 179, 180
Wien, Hofburg 132, 144, 180
Wien, Universität 90
Wimpfen 54, 129
Windsheim 135
Wirtshaus 146, 147, 157, 168, 182
Wittenberg 107
Worms 42, 43, 96, 140
Württemberg, Herzogtum 53, 150
Würzburg, Hochstift 79, 91
Würzburg, Universität 90

Zeitungen 18, 34, 45, 71, 76, 80, 84, 85, 98, 103, 106, 108, 110, 112, 113, 115, 116, 117, 118, 119, 122, 123, 141, 142, 143, 148, 152, 153, 157, 171, 175, 180, 181
– Amsterdamer Courant 116, 117
– Frankfurter Oberpostamts-Zeitung 107, 120
– Friedens- und Kriegs-Courier 19, 106, 115, 125, 129, 130, 154
– Harlemer Courant 142
– Hildesheimer Relations-Courier 19, 112, 113, 115, 119, 120, 180
– Kurtz gefasste Historischen Nachrichten 107, 111, 113, 120
– Lippstädter Zeitung 116, 117
– Mercurii Relation 19, 71, 84, 85, 108, 110, 111, 113, 115, 117, 118, 120, 122, 153, 180
– Wiener Blättlein 103, 115, 116, 117, 122, 181
– Wienerisches Diarium 171
– Wöchentliche Relation 19, 34, 106, 107, 108, 109, 111, 112, 113, 114, 115, 119, 120, 121, 122, 123, 180, 181